日本近代憲法思想史研究

家永三郎著

岩波書店

序言

本書は、日本における近代憲法思想の形成発展に関する綜合的研究の一環として成立したものである。その内でも、美濃部達吉の憲法思想に関する研究がもっとも早く、かついちばんまとまった形でき上ったので、とりあえずそれだけを独立の単行本として公刊した。『美濃部達吉の思想史的研究』がそれである。本来ならば、まず明治初年以来の近代憲法思想の移植・発展の過程、アカデミズム憲法学の成立を明らかにした上で、明治憲法下における近代憲法思想の最高峰の一つをなす美濃部達吉の業績に論及するのが順序であったから、研究成果の発表の順序は逆になった観があるけれど、本書においてようやく前著の前史に当る部分をまとめて公にすることができた次第である。そのようなわけで、本書は前著『美濃部達吉の思想史的研究』の姉妹篇とも称すべき書物であって、内容上からいえば、本書のほうが、著者の日本近代憲法思想史の第一部、前著がその第二部の位置をそれぞれ占めるものといってよいであろう。

本書の原稿は一千枚を超える分量をもっていたが、出版に際し、㈠第一編第二章「明治憲法制定以前の憲法の諸構想」の各構想の個別的解説の大部分を省略し、㈡同編第四章「明治憲法制定をめぐる思想史的状況」と㈢第二編第三章第二節「国民の間で自発的に形成された憲法思想」との両部分はその要旨を摘記するにとどめることにより、相当の分量を縮減した。㈠㈡はすでにこれまで多くの詳細な研究が発表されていて、特に本書において新知見を附加するところはきわめて乏しいし、また㈢ははなはだ中途半端な調査しかなし得ず、その全文を印刷することはかえって誤解を招くおそれがあるので、いずれも要旨を略述して、著者の基本的な考え方を示すにとどめることとした(ちなみに、本書の主要部分は、昭和四十年三月刊行の『東京教育大学文学部紀要　史学研究』に「アカデミズム憲法学の成立」と題して発表され、また第二編第一章は稲田正次氏編『明治国家形成過程の研究』の内の一篇として発表されたことがあるが、序論・第一編第一章・第二編第三章第一節の全文は本書において初めて発表されるものである。第二編第三章第一節で行なった、教科書で憲法がどう扱われていたかの考察は、これまで全然なされたことのない作業であり、教育史の方面にも利用して頂くことができると思う)。

本書は、前著『美濃部達吉の思想史的研究』とあわせて、明治憲法時代までの日本憲法思想史に関する著者の現時点での研究の総決算として世に送るものであるが、前述のように第二編第三章第二節の主題のごとくなお今後いっそうの精考を必要とする部分が遺されているし、美濃部を除く大正デモクラシー期以降のアカデミズム憲法学者の憲法思想のようにいまだ手を着けるにいたらなかった領域も少くない。著者の今後の研究計画については目下明確な予定を立て得ぬ状態にあるけれど、事情が許すならば、本書ならびに前著において埋め得なかった部分を補填するとともに、日本憲法思想史の第三部に当る戦後憲法思想史の研究に進んで行きたいと考えている(ただし、戦後日本の憲法思想については、多くのすぐれた研究や詳細な調査が公にされているので、新しく開拓される余地はあまり遺されていないようにも見えるが)。

憲法学の門外漢である著者が、あえてこのような主題の研究に取り組むにいたった学問上の理由については、すでに前著で詳しく述べておいたので、ここにくり返すことは避ける。顧みれば、私が本書の内容をなす原稿を起草しつつこれを講壇に発表し始めたのは、昭和三十六年四月からであった。それ以来東京大学で二年間、東京教育大学で三年間、東京都立大学で一年間にわたり講義を続けながら脱稿にこぎつけ、これを前記刊行物上に活字化したのであった。その間、拙い講義を聴いて下さった受講学生諸君ならびに活字化の後に公私の場所で非法学者の大胆な問題提起を寛大にも受けとめて下さった法学専門家諸氏の激励や批判が、どれほど私の学問的試行の継続のためにはげみとなったか測りしれぬものがある。でき上った成果は本書に見られるごとき貧しくまたおそらく誤や不足にみちみちているであろうお恥しいものであるけれど、とにかくこのような形で一冊の書物にまとめるにいたった機会に、改めて深い感謝の意を表するとともに、本書を読んで下さる方々のきびしい叱正をお願いしたいと思う。

著者しるす

一九六六年五月二十九日

目　次

序　言
序論　問題の所在……一
第一編　明治憲法制定にいたるまでの憲法思想……一七
第一章　近代憲法思想の移植……一九
第二章　明治憲法制定以前の憲法の諸構想……四三
第三章　明治十年代におけるアカデミズム憲法学の萌芽……六七
第四章　明治憲法制定をめぐる思想史的状況……七八
第二編　明治憲法下の憲法思想……八三
第一章　明治憲法制定当初の憲法解釈……八五
第一節　明治憲法制定当局者の憲法思想……八六
第二節　明治憲法制定直後に刊行された憲法註釈書の一般的傾向……九三
(イ) 主権の所在と君主権の制限についての解釈……九四
(ロ) 立法権についての解釈……九七
(ハ) 天皇の独裁大権についての解釈……一〇〇
(ニ) 人権についての解釈……一〇三

(ホ) 帝国議会の地位権限についての解釈……一〇九
(ヘ) 国務大臣の責任と輔弼・副署についての解釈……一一六
(ト) 枢密顧問についての解釈……一一九
(チ) 司法権の独立についての解釈……一一九
(リ) 憲法改正権についての解釈……一二一
(ヌ) 結論……一二三
第二章　アカデミズム憲法学の成立とその憲法思想……一二五
第一節　天皇機関説学派の憲法思想……一二九
(イ) 有賀長雄の憲法思想……一三一
(ロ) 末岡精一の憲法思想……一三六
(ハ) 一木喜徳郎の憲法思想……一四〇
(ニ) 副島義一の憲法思想……一五〇
第二節　天皇主権説学派(穂積八束)の憲法思想……一五七
第三節　初期の京都帝大教授(井上密・岡村司)の憲法思想……一七六
第四節　機関説主権説両学派の決定的対立点……一八九
第五節　大正デモクラシー期以降における憲法学界の大勢の概観……二〇〇
第三章　一般国民の憲法思想……二二三
第一節　学校教育を通して国民に注入された憲法意識……二二七
(イ) 官僚政治時代の小学校教科書における憲法の取り扱い……二三一
(ロ) 官僚政治時代の中等学校教科書における憲法の取り扱い……二三八
(ハ) 憲法教育の実情に対する批判の発生……二五一

(ニ) 政党政治時代の小学校教科書における憲法の取り扱い……二五八
(ホ) 政党政治時代の中等学校教科書における憲法の取り扱い……二六二
(ヘ) ファッシズム時代の初等・中等学校教科書における憲法の取り扱い……二九三
(ト) 歴史教科書における憲法制定の由来の説明の仕方……二九八
第二節　国民の間で自発的に形成された憲法思想……三一二
(イ) 立憲主義の方向への憲法的自覚……三一二
(ロ) 明治憲法の改正または否定の主張……三一五
第二刷増訂……三一九
第三刷増訂……三三一

序論　問題の所在

我が国において憲法についての関心が今日ほど高まった時期は、過去にはなかったであろう。それほどまでに憲法が大きな国民的関心の対象となり、したがって憲法をめぐる諸問題を取り扱った著書論文もきわめて数多く公にせられているにもかかわらず、日本の憲法の歴史に関する厳密な学問的研究は、若干の限られた領域を除けば[1]、必ずしも十分になされているとはいえないのであって、ことに日本憲法史の諸分野を綜合的かつ全時代的に展望した研究書は皆無にちかく、その結果私たちの当面する現実の課題の受けとめ方にも、歴史的理解の欠如から来るさまざまの混迷を免れていないのである。

右のような実情のよって来る所以としては、いろいろな理由が考えられる。一つには、憲法の歴史を明らかにするためには、法律学と歴史学という異なる学問領域からの照明を必要とし、いわば二つの学問の限界領域《グレンツゲビート》に属する分野であるために、専門領域の厳守を尊重する日本の学界の雰囲気からすれば、手をつけにくい対象であったということも、大きな原因であったにちがいない[2]。しかし、そのような「縄張り」の尊重というような傾向こそ、今日もっとも打破の必要に迫られているとされねばならないであろう。異なる学問の協力や限界領域の開拓によって、従来いずれの学問からも閑却されていた対象を究明していくことの切実に要望されるようになった今日、当面の現実の社会的関心に学問的裏づけを与える必要からいっても、憲法の歴史的研究のごとき、もっとも急速に進められねばならない重要な学問的課題とされねばならないのではなかろうか。

事実、過去においても吉野作造氏を中心とする明治文化研究会のように、多くの異なる専門家の協力によって、日本の憲法の歴史の研究に大きな業績をあげた先例も存するのである[3]。中でも尾佐竹猛氏の数多い労作[4]は、日本憲法史の学問的研究の礎石を据えたものであり、この分野の研究を志す者は、今日なお同氏の労作を出発点とすることなしにはその仕事を進めえないであろうと考えられるほど、意義ある成果に富んでいるのであった。それにもかかわらず、同氏の業績には、外延と内包との両面にわたり、大きな限界を包蔵していたように思われる。

その一つは、その研究が、もっぱら明治憲法の成立過程の研究に終始し、明治憲法成立後の歴史にほとんど及んでいないことである。いま一つは、明治憲法の成立過程を主として議会制度の移植過程という角度からのみ把握しようとしたかに感ぜられる点である。思うに、尾佐竹氏らの研究の行なわれたのは明治憲法下の時代であったから、欽定憲法としての大日本帝国憲法が「不磨の大典」としての権威を有し、みだりにその批判を許さないものがあって、それがために、憲法の歴史を考える場合にも、いわば憲法の欽定にいたる経過のみがその歴史のすべてであり、ひとたび憲法が「不磨の大典」として「欽定」された後の時期について憲法の歴史を論ずることは憚られねばならなかったのではないであろうか。かつまた基本的人権の保障の完備しない明治憲法においては、議会の機能の最大限の発揮が立憲政治完成の唯一の道と考えられることを免れず、吉野氏らの実践的努力の目標ももっぱらその方向に求められたのであって、おのずから憲法の歴史を議会制度の歴史と同一視するような問題意識を導く結果となったのではないかとも推察されるのである。

しかしながら、今日においては、私たちの問題意識は根本的に違っている。明治憲法がもはや実定法ではなく歴史上の存在となった今日、私たちは明治憲法を批判の許されぬ大前提としてでなく歴史的客観的に理解し得るし、またしなければならないのであるから、明治憲法の制定までの経過だけではなく、その制定以後についての歴史をも徹底的に究明しなければならないし、さらに憲法の歴史を主として議会制度の歴史として見る観点からも脱却しなければならないのではなかろうか。ここにおいて、私たちはそもそも憲法とは何かということを改めて考え直してみなければばならない。

憲法学者の説くところによれば、憲法という語には広狭二つの意味がある、広義の憲法とは国家の組織および作用に関する基礎法根本法を言い、この場合は、すべての国家にはみな憲法があるとされねばならないが、狭義の憲法は立憲主義の憲法を意味するのであって、この場合は立憲国の憲法のみを憲法と称する、というのである。(5) 今日私たちが講学上の所謂広義の憲法として憲法の語を用いることは実際上絶無といってよく、憲法といえば常に狭義の憲法のみを指していると考えてまちがいないのであるが、それにもかかわらず、憲法を単に国家の基本法というような意味で理解し、その前提から憲法を論じたりするきらいがなお跡を絶っていないのではあるまいか。現に憲法改正を主張する人々の多くがしばしば口にする、日本国憲法は国民の権利の保障にのみ厚く、国民の義務の規定に薄い、といった批判は、狭義の憲法として取り扱わねばならぬ日本国憲法を単に国家の基本法という観点のみから見た結果生ずる混乱のように思われるのである。

もっとも、憲法を「改正」して国民の国家に対する忠誠の義務を明記せよと主張する人々といえども、専制主義の憲法を作れとは言っていないようであるから、憲法を立憲主義の憲法として理解していないわけでもあるまい。それにもかかわらず、日本国憲法がいたずらに権利の保障にのみ厚く義務の規定に薄いというような主張がなされるのは、狭義の憲法の本質、学者の所謂立憲主義なるものの内容の受けとり方に大きな問題があるということになろう。すなわち、立憲主義ということを議会政治というくらいの意味に理解している人々が少くないのではなかろうか。現に美濃部達吉氏の『憲法撮要』という大正デモクラシー時代の立憲主義を代表する名著においてさえ、「近代ノ意義ニ於テノ憲法ハ(中略)、専制政体ノ国ニ対シテ国民ノ参政権ヲ認メ其代表機関トシテ代議制度ヲ設クル国ノミヲ立憲国ト謂ヒ、立憲国ノ基礎法ノミヲ憲法ト称スルノ慣例ト為レリ」と定義されていて、あたかも議会制度が立憲主義の本質であるかのごとく説明されており、さらにさかのぼって氏の憲法学に関する最初の体系的著作として明治四十年に刊行された『日本国法学』(上巻上)においては、「実質上ハ憲法ニ属セザル法則ニシテ却テ憲法中ニ規定セラルルモノアリ。之ヲ我国ノ憲法ニ付テ見ルモ、(中略)臣民ノ権利義務ニ関スル法則ノ如キ実質上行政法ニ属スベキ法則ニシテ却テ憲法中ニ規定セラルルモノアリ」と言い、国民の人権に関する規定は「憲法ニ属セザル法則」であるとまで説かれているほどであるが、今日でもこうした意味での憲法の理解がかなり広く行なわれているように思われるのである。

しかし、立憲主義の憲法という意味での憲法——以下これを近代憲法と呼ぶこととする——すなわち近代憲法の歴史をふりかえってみるときに、なんらかの形での議会制度が近代憲法に不可欠の要素であることは否定できないにもせよ、近代憲法をして近代憲法たらしめる本質的要素は、むしろもっと別のところに求められるべきであって、初期の美濃部憲法学において「憲法ニ属セザル」ものとされたものの内にかえって近代憲法にとっていちばん大切な要素があったことを理解できるのではなかろうか。

鵜飼信成氏は、その著『憲法』において、各国の近代的諸憲法に例外なく共通する基本的な諸原則として、㈠国民の政治参加の原則、㈡権力分立の原則、㈢基本権保障の原則の三を挙げ、「少くとも右の原則が、なんらかの形でとりいれられていることが」「近代的意義の憲法」「立憲主義的憲法」の「基本的要件である」としているが、右の三原則は必ずしも平等の資格で並列するものと考えられるべきではあるまい。その間には、さらに基本的なものと第二次的なもの、あるいは目的と手段という序列が考えられて然るべきであって、この点、久野収氏が日本国憲法について、「国民の人権章典を法文化した第三章があくまで憲法の目的であって、戦争を放棄した第二章をのぞく他の諸章は、すべてこの目的を実現する手段の組織規定である」と言ったことは[6]、そのまま近代憲法一般に適用できるであろう。すなわち、近代憲法の不可欠の要件である三原則中、人権保障が近代憲法の究極の目的なのであり、国民の政治参加や三権分立はこの目的を達する手段にとどまるのであって、近代憲法の歴史とは、議会政治発達の過程であるだけでなく、むしろ人権保障確保の過程を中核として考えられねばならないはずなのである。そして、そのことは、近代憲法の歴史が如実に物語っているところであった。

イギリスには体系的な成文憲法がないが、近代的立憲主義はイギリスにおいてもっとも早くから発達したと言われている。ただし、初期のイギリスの憲法的諸法典がはたして近代的立憲主義の範疇で理解されるべきものかどうかは学問上問題の多いところではあるが、(7)通常近代的立憲制度の起源を成すものとして説かれている一二一五年のマグナカルタ(Magna Carta)をはじめ、一六二八年の権利請願(Petition of Right)、一六七九年の人身保護律(Habeas Corpus Act)、一六八九年の権利章典(Bill of Rights)等がいずれも人権保障のための法典であることは、近代的憲法がもともと人権保障を目的とするものであることを端的に物語っているといえよう。同じことが歴史上最初の成文憲法であるアメリカの憲法についても言えるのであって、最古の成文憲法であるヴァジニア憲法は、権利章典(The Virginia Bill of Rights)と政府組織規定(Frame of Government)との二部より成るのであるが、一七七六年六月十二日まず前者だけが採択され、おくれて同月二十九日後者が採択されているのであって、これをみても憲法として人権章典のほうが優先的かつ基本的な部分と考えられていたことを推測し得るであろう。次いで同年七月四日に発せられたアメリカ合衆国独立宣言においても、人民の権利とその「権利を確保するために政府が組織されたこと」、およびこの目的を害するにいたった場合に人民が政府を改廃する権利を有することが述べられており、人権と政府組織とが目的手段の関係にあることが明瞭に主張されているのである。その後一七七六年から一七八三年にかけて、ペンシルヴァニア・メリーランド・ノースカロライナ・ヴァーモント・マサチューセッツ・ニューハンプシャイア諸州の憲法が制定されたが、これらにおいては、いずれも第一編を権利章典、第二編を政府組織とし、権利章典が憲法の首位に位置づけられているのである(一七八七年の合衆国憲法では最初人権章典を欠いていたけれど、これには諸州の反対が強く、一七九一年に修正一条以下十条の人権章典が追加された)。アメリカ独立革命の重要な指導者の一人であったトーマス・ペインの『人権論』第二篇(Thomas Paine, *Rights of Man*, Part II, 1792)に「憲法を制定するに際しては、政府を必要とする目的が何であるかを第一に考慮する必要がある。第二に、それらの目的を達成するための最善の手段及び最も経費のかからぬ手段が何であるかを」と言い、「憲法は政府に対して監督する法律としての役目をしている」と言っているのをみても、近代憲法の本質に関する上述のごとき理解の仕方が、近代憲法を創造した人々の主観的意図にもよく合致するものであることを裏附けるに足りるであろう。(8)

アメリカ憲法を範型として作成されたフランス革命の諸憲法においても、右の基本的な関係はそのまま継承されている。すなわち、革命政府は憲法制定に先立ち、まず一七八九年に人権宣言(Déclaration des droits de l'homme et du citoyen)を採択し、近代的立憲主義の根本目標が何処にあるかを明らかにしたが、その第十六条に「権利の保障が確保されず、権力の分立が規定されないすべての社会は、憲法をもつものでない」と断定して、人権の保障こそが憲法の不可欠にしてかつ第一の要件であることを示したのであった。この人権宣言は一七九一年の憲法においてその冒頭に編入されたが、その後一七九三年四月にもジロンド憲法の内の人権宣言の部分が、同年六月にも人権宣言をふくむモンタニアル憲法がそれぞれ採択されており、これらのすべてを通じ、人権保障規定が政府組織規定に優先ないし並列する不可欠の要素としての位置を占めているのである。(9)

フランス革命の影響はやがて全ヨーロッパに波及し、専制主義諸国を逐次立憲国家に変えていき、ついにヨーロッパ以外にも及んで極東の日本でも憲法が制定されるにいたった。ただ立憲主義の世界的な普及の過程において、アメリカやフランスの革命当初におけるごとき急進性は緩和され、特に近代化の後れていたドイツ・日本や日本よりもさらにおそく憲法を制定したロシアなどにおいては、立憲主義の原則は大きな変容を受けたため、もちろんこれら諸国の憲法といえども人権章典を全く欠いてはいないけれど、人権保障が憲法の目的であるという自覚はいちじるしく困難となっていたのであり、前述のように、明治憲法下の我が国で憲法を単に国家の基本法としてのみ考える、あるいはせいぜい立憲主義イコール議会制度という程度の理解の仕方が優勢であったのも、そうした歴史的理由に因るものに外ならなかったのである。

けれども、明治憲法の特殊な歴史的性格も、近代憲法の歴史の全体の内に位置づけてみれば、畢竟その一変種にすぎないことが判明するのであって、明治憲法下でも人権保障を立憲主義の根本目標とする思想は厳存したし、まして明治憲法成立以前および明治憲法がその権威を失なった一九四五年八月以後の時期についてみれば、近代憲法の本来の理念を求める要求がむしろ主流をなしているとさえ考えられるのであるから、日本の憲法の歴史を綜合的に展望しようとするならば、私たちはどうしても人権保障を究極理念とするという観点から近代憲法の発達を見ていかなければ、到底問題の核心に迫ることができないであろう。このような前提に立って日本の憲法の歴史を展望するとき、おそらく従来の諸研究や一般常識で考えられているところとはかなり相違した歴史像が浮び上がってくるのではなかろうか。すなわち、明治憲法の制定にいたる過程も、憲法制定のイニシアティヴをとった藩閥政府官僚の側の動きを中心としてでなく、むしろこれと相対立する自由民権派を中心とした国民的規模での憲法に対する要求の側に重点を置いて考えねばならぬ必要が生じてくるであろうし、また明治憲法下における憲法思想の歴史についても、従来のように天皇主権説対天皇機関説の対立というシェーマだけでなく、もっと異なる観点からの認識が要求されるようになるのではないかと考えられるのである。

しかも、現在の客観情勢はこのような新しい視野からの認識を可能ならしめる諸条件を具備するにいたっている。

国民の人権を十分に保障せず、むしろこれを極度に制約するにもっぱらであった明治憲法下では、すべての法は権力が国民を統制するための手段としてのみ受け取られる外なく、憲法を人権保障のとりでとして理解できなかったのは当然であったろう。憲法の歴史が単に憲法の「欽定」にいたるまでの経過としてのみ取り扱われ、国民が権力とたたかってその自由を拡大し、人権を守りぬくための努力の歴史という角度から憲法の歴史を見ることができなかったとしても、それはいたし方のないところであったろう。しかし、今日では情勢は一変した。今や憲法が国民の権利を守り権力の専制をはね返すためのバリケードの役割を有するものであることが、多くの人々によって意識されるにいたった。それはもちろん大日本帝国憲法ではなく日本国憲法の下においての意識なのであって、それを過去の歴史にそのまま遡及させることはできないが、しかしこの現代国民の意識に立脚して改めて過去をふり返るとき、かつては問題意識の欠如のために視野から脱落していた重要な多くの諸現象が改めて認識し直されるということも少くないであろうと思われる。例えば、明治憲法の成立過程も、単なる憲法「欽定」の歴史ではなくして、民主主義勢力の国民の権利をかちとるためのたたかいの歴史として見直されることが可能となるであろうし、明治憲法制定以後の歴史も、明治憲法のわくを内在的または超越的に突き破ることにより国民の権利を拡大させて行くためのたたかいの歴史として見直される余地も生ずるのではなかろうか。そして、そのような見方を推し進めていけば、日本国憲法の歴史もまた、そうした国民のたたかいの歴史の連続線上で把握されることとなるはずであって、常識的に考えられているのとはかなり違った歴史像の形成されることも十分に期待できるはずなのである。

なお、ここでぜひとも一言しておきたいのは、右のような意味で定義されたところの近代憲法なるものは、歴史的にはブルジョア民主主義憲法として形成されたものであって、上来挙げてきたいくつかの実例はすべてブルジョア民主主義憲法に属するものであったが、人権保障を目的とする近代憲法の理念は必ずしもブルジョア民主主義憲法のみに局限されるものではなく、プロレタリア民主主義すなわち社会主義の憲法にも継承され、ある意味では新しい次元においていっそう高度の発展をとげているという事実である。社会主義革命の当初においては、ブルジョア民主主義との対抗面が強く表に現われ、ブルジョア民主主義と社会主義との間の断絶面のみが強調された傾向があったが、社会主義体制の世界的な発展と内部的安定に伴ない、社会主義がブルジョア民主主義を単に否定するだけでなく、一方これをより高い次元で継承発展させる側面をもつことがようやく自覚されるにいたり(10)、事実社会主義諸国の憲法においても、内戦や外戦下の非常事態の時期には棚上げせざるをえなかった人権の保障がふたたびその意義を回復してきているのである。社会主義諸国の憲法がひとしく人権章典を重要な一篇としてふくんでいる点では、ブルジョア民主主義諸国の憲法と少しも相違がない(人権の内容に重要な相違のあることはもちろんであるが)ばかりでなく、ことに注目に値するのはソヴィエト連邦における刑事上の人権に関する考え方の変化である。そもそも司法上の人権は、国家権力と人権とがもっとも尖鋭な形で接触する領域の問題であって、ここでの人権保障が完璧でありうるかどうかが人権保障の程度を測定するためのキイポイントといえるのではないかと考えることさえできるのであるが、一九五六年第二十回共産党大会は、過去のソヴィエト刑事裁判と刑事法学の偏向をきびしく批判し、刑事法分野における将来の路線として「社会主義合法性の強化」および「市民の権利保障」を強調し、これに基づいて一九五八年に制定せられた新刑事訴訟法においては、明らかに市民の権利保障を、当事者主義的方法により実現しようとしている、ということである。この事実を紹介したある刑事法学者は、ソヴィエト政権が、過去に人権保障制度を近代刑事訴訟制度の基本原則として省みる余裕がなかった事実に着目するとき、一九五六年党大会の決議は、フランス革命の人権宣言に類した性格を有するものではないかと言って、その画期的意義を特筆しているのである(11)。法の強制作用にのみその意義を求めることなく、むしろ説得と教育の機能を重視する社会主義国家、特に中国の場合など、刑事訴訟制度についてブルジョア民主主義国家のそれと同一の基準を以て律し難い要素の多いのはもちろんであるにしても、右のごときソヴィエトの刑事訴訟制度の改革に対しては、ソ連と異質的な中国の制度にも深い理解を有する社会主義法の専門家からも高く評価されているのであり、[12] 今やブルジョア民主主義の貴重な達成が、単なるブルジョア的限定に跼蹐しない普遍人類的な精神的遺産としての意義を帯びるにいたったことを物語るものといえよう。換言すれば、人権保障を中核とする近代憲法の理念が、体制の相違にもかかわらず、現代国家の基本的要請として、グローバルな規模において歴史的発展をつづけつつある事実を確認することができるのである。

前に述べたとおり、今日日本の憲法の歴史に対する学問的研究が特に緊要な課題となってきたのは、限界領域の開拓という学問世界内部からの要請に基づくばかりでなく、憲法が大きな国民的関心の対象となっているという社会的・実践的必要に対応するものであって、いっそう端的にいえば日本国憲法の運命をめぐる現実的関心から喚起されたところと言ってもよいのであるが、そのことは決してブルジョア民主主義憲法としての日本国憲法の運命に対する関心のみがこうした学問上の問題提起を誘導したことを意味するのではないことに留意しなければならない。何となれば、日本国憲法はたしかにブルジョア民主主義憲法にちがいないけれど、現在その運命が気づかわれているのは、プロレタリア民主主義の側からの攻撃によってではなく、近代憲法の本質を否定するファッシズムの側からの改憲の企図によってであって、日本国民の憲法に対する関心は、はたしてよく日本の憲法がこの脅威にたえぬいて人権保障の理念を維持できるかどうかに向けられているのであり、そのブルジョア的性格が維持できるかどうかに向けられているわけではないのであるから、この現実的関心に対応して提起された学問上の問題も、ブルジョア民主主義の理念において憲法の歴史を究明しようというのではなく、ブルジョア民主主義とプロレタリア民主主義との区別を超えた近代憲法理念を中核として日本の憲法の歴史を認識しようとするにあることは、当然といわなければならないのである。

この研究は、以上のような問題意識に基づく日本の憲法の歴史の綜合的研究の一環として、日本における近代憲法思想の形成発展について著者のささやかな研究の結果を論述しようとするものである。前述のとおり、日本の憲法の歴史的研究としては、すでに尾佐竹猛氏をはじめ、鈴木安蔵氏・稲田正次氏らのすぐれた業績が戦前以来数多く学界に発表されており、[13] 戦後の新しい世代に属する研究者の間からも、長谷川正安氏・中瀬寿一氏らの研究が公にされていて、[14] 部分部分については別段未開拓の余地が多く残されているともいえないように見えるが、日本憲法史の全般を綜合的に展望する段階にはまだ到達していないばかりでなく、上記のような問題意識から対象を見直すとき、先行の諸研究とは異なった景観が生じてくることもありうるであろう。従来の研究がいかに精細をきわめているにしても、意識的無意識的に素通りしてきたところも無いわけではなく、その内には新しい観点から再認識してみる必要のあるものもあろうし、また従来の研究があまりに精密化したためかえって全体の巨視的理解の困難になった点もないではないので、ある場合には逆に思い切った単純化を施すことによって基本的歴史像をいっそう鮮明にするのも無意味なしごとではあるまい。特に著者は思想史を専攻する研究者として、その角度から日本憲法史の綜合的研究に些少なりとも寄与したいと考え、法律学の専門教育を受けた経歴なくしてこのような主題と取り組むことの冒険であるのを承知の上であえてこの拙い研究を試みた次第である。

(1) 明治憲法制定過程については、藤井甚太郎氏『明治憲法制定史』、尾佐竹猛氏『日本憲政史』、同氏『日本憲政史大綱』、同氏『日本憲政史の研究』、清水伸氏『独墺に於ける伊藤博文の憲法調査と日本憲法』、同氏『帝国憲法制定会議』、鈴木安蔵氏『日本憲法史概説』、同氏『憲法制定とロエスレル』、稲田正次氏『明治憲法成立史』、大久保利謙氏『明治憲法の出来るまで』、小島和司氏「明治憲法起草過程の資料的研究」(『日本学士院紀要』第十五巻第三号)等の、精緻な実証的研究が数多く発表せられており、ことに稲田氏の大著によって、ほとんど可能なかぎりの実証が達成せられたといってもよかろう。日本国憲法制定過程についても、佐藤達夫氏「日本国憲法成立史」(『ジュリスト』八一号以下連載)、同氏『日本国憲法成立史』(続刊中)、憲法調査会『憲法制定の経過に関する小委員会報告書』その他の資料等の綿密な事実調査がすでに公表されていて、これまた相当の程度にまで調査が進んでいる。かように二つの成文憲法の制定経過の実証的研究に関するかぎり、むしろ近・現代史の他の諸分野に例のないくらい長足の進歩をとげてはいるが、日本憲法史の全般からみれば、それはきわめて局部的な現象というべきであろう。

(2)　拙著『司法権独立の歴史的考察』序文参照。

(3)　『明治文化全集』の刊行や、註(1)所引の藤井・尾佐竹諸氏の研究は、いずれも明治文化研究会の成果といってよい。

(4)　註(1)所引の諸著の外に、『維新前後に於ける立憲思想の研究』、『日本憲政史論集』等。

(5)　美濃部達吉氏『憲法撮要』に「憲法トイフ語ハ種々ノ意義ニ用キラル。第一ニ其実質的意義ト形式的意義トヲ区別スルコトヲ要ス。実質的ノ意義ニ於テハ、憲法トハ国家ノ組織及作用ニ関スル基礎法ヲ意味ス。(中略)此意義ニ於ケル憲法ハ如何ナル国家ト雖モ必ズ之ヲ有ス。(中略)然レドモ近代ノ意義ニ於テノ憲法ハ此ノ如キ広キ意義ニ用キラルルニ非ズ(下略、以下本文に引用する)」。佐々木惣一氏『我が国憲法の独自性』に「今日我が国の用語として、憲法が国家の根本法といふ意味を有するものたることと疑ない。(中略) Konstitution 又は constitution は、今日、後に述ぶる所の立憲主義を定むる根本法を指すものとして用ゐらるることもあるが、其の本来の語義には立憲主義といふことはない。国家を秩序立てるものを意味するのである」。

(6)　『朝日新聞』昭和三十三年十月二十一日号論説。

(7)　マグナカルタは封建的特権を公認させたものにすぎないという見解が有力であるが、それはマグナカルタの英訳の誤訳によるという(田中秀央氏訳著『マーグナ・カルタ』)。

(8)　五十嵐豊作氏訳本による。

(9)　以上は、イェリネック著・美濃部達吉氏訳『人権宣言論』、宮沢俊義氏『憲法Ⅱ』等によった。

(10)　この問題は、史的唯物論において、上部構造に属する歴史の所産のすべてが土台の変革とともに消滅するものではないとされるにいたった哲学上の考え方の変化と対応させて考えると、よく理解できる。かつてスターリンは『マルクス主義と言語学の諸問題』において、「上部構造は、ある経済的土台が生きてはたらく一時代の産物であ」り、その「経済的土台の根絶と消滅とともに根絶し消滅する」と言い、歴史における上部構造の非連続的性質の側のみを一面的に主張していたが、コンスタンチーノフ監修の『史的唯物論』には、「社会および文化の発展のうちにおこる革命は、文化の発展上の歴史的関連と継承性をけっして除外するものでなく、反対にそれを前提としている。(中略)労働者階級は社会主義革命を遂行し、共産主義社会を建設するさいには、いっさいの反動的なものをなげすてて、奴隷社会、封建社会、ブルジョア社会の抑圧のもとで人類が創造した文化、科学、芸術におけるすべての積極的なもの、価値あるものをうけいれる」とあって、上部構造の歴史的連続面が重視されるようになってきたことがわかる(拙著『日本の近代史学』所収「文化史と文化遺産の問題」参照)。

(11) 宮崎昇氏「ソヴェト刑事訴訟法の諸問題」(『季刊法律学』第二七号『社会主義国家の刑法』所収)。

(12) 福島正夫氏は「社会主義司法の本質と発展」(『社会主義国家の裁判制度』序説)において、「理論の面では、法典の完備、罪刑法定主義および類推適用の禁止、無罪推定の原則等によって適法性がはじめて保障されうるとする主張に対して」「基本的に反対」している中国の司法の実態にも十分の理解を示しながら、なおソ連共産党第二十回大会以来の「市民の基本的人権を十分に保障する」ための「まじめな努力については、十分に評価する必要がある」と言っている。

(13) 特に鈴木氏の『自由民権』等には、明治憲法制定の過程を、国民の下からの憲法制定要求との対抗関係においてとらえる立場から多くの重要な事実が紹介されているし、稲田氏の『明治憲法成立史』も、主として制定経過の考証に力を注ぎながら、民間の憲法制定要求の動きについてもしばしば詳しい紹介を行なっている。

(14) 長谷川氏「憲法学史」(『講座日本近代法発達史』6・7・9連載)、同氏『昭和憲法史』等、中瀬氏「天皇機関説の源流」(『歴史評論』一三八号以下連載)、同氏「明治憲法下における天皇機関説の形成」(『法律時報』第三十四巻第四号)、同氏『近代における天皇観』。

第一編　明治憲法制定にいたるまでの憲法思想

第一章　近代憲法思想の移植

日本の近代化は、もちろん日本社会内部の歴史的発展に基づいて生じた現象であるが、同時に欧米近代文明との接触とその移植とが日本の近代化のために不可欠の歴史的条件となってはたらいたことは言うまでもない。近代憲法というような欧米社会特有の高度の文化的所産もまた当然欧米諸国との接触を通じて移植されたのであり、そのかぎり、日本の近代憲法思想は、その歴史的端緒においては、欧米から移植せられることによってのみ日本人の思想となりえたのである。近代憲法思想の移植過程については、議会知識の輸入という観点に拘泥しすぎたうらみはあるけれど、尾佐竹氏『維新前後に於ける立憲思想の研究』『日本憲政史大綱』等の、豊富な史料に立脚した精細な研究がいくつかすでに広く学界で利用されており、新たに加えるべきものは少いのであるが、日本における近代憲法思想の歴史を辿っていくには省略できないところであるから、若干の史料を補足しながら、一わたりの展望を試みておきたい。

欧米の近代憲法思想は、江戸時代にあって早く開国以前より、西洋の書物を通じて断片的ながら紹介されているのである。文化七年の青地林宗訳『輿地誌略』の「諳厄介亜」の項下に「把爾列孟多《パルレメント》」として議会制度につき記述されていることは周知のとおりであるが、単に合議制の政庁として議会を説明しているだけで、立憲主義の意義は明らかにされていない。むしろ文政八年の『諳厄利亜人性情志』の高橋景保序に「中古改革このかた、政刑法典皆一国の議り立つる所にして、王も背く能はず、乃政法は国の政法なり、王の政治に非ずとし、執政権貴の威も其下を御するに足らず、反て民に下るを以て得たりとし、下民は能く権貴の威を挫くをもて潔しとす、云々」と述べ、きわめて抽象的ながら、国民主権思想や法による王権の制限などを端的に指摘しているほうが、近代憲法思想の本質を正確に把握した実例として特筆に値しよう。

開国以後、現実に欧米立憲諸国との交通が開始されることにより、近代憲法思想に対する理解のいっそう進んでいったのは、当然である。例えば、橋本左内が安政二、三年の頃に起草した『西洋事情書』に「殊に国家の大事、法令を改、兵革を動、工作を起し候様之儀は、学校へ下し熟議上にて釁論相定、政府へ申達、政府にても夫々之官反覆討論して衆議一同之上にて行候よし、因て国王迚も一人にて吾意に任せ恣に大事を作すこと不能由」とあるごとき、万延元年遣米使節随員某の『航米記』(1)に「凡政事ハ衆ト議シテ民ノ欲スル所ニ従フ」とあるごとき、制度の紹介としては十分でないにもかかわらず、近代憲法の精神をかなりよくつかんでいるといえよう。やがてこのような知識に基づき、日本でも彼を摸した政治を実行してみようという意欲を惹起するのであって、文久二年頃に越前藩主松平慶永が記した『虎豹変革備考』に

満清、日本の制度は自ら権を政府に掌握して恣に賞罰黜陟を用ゆ。西洋諸州の史をみるに、ハルリモン、コンモンスありて、国中の政事を公共に論議に登せ、これを賞罰黜陟せしめ、与奪といへども又然り。英の王も、仏の帝といへども、これを自由にする事を得ず。今皇朝の制度も一変革して巴力門を江戸に、高門士を江戸に創建し、此巴力門は幕府の臣下又は諸侯の内なるべく、高門士は諸藩士の有名の者也、又は巴力門を諸侯の藩士に命じ、高門士は百姓町人又は庶人を加ふるも一法なるべし。天子、将軍といへど、此公共の論にいたつてはこれを動揺する事を得ず。

と述べ、日本にも議会を設けて君主権を制限する政治体制を作ることを提案しているは、這般の事情をよく物語るものである。この一例に窺われるとおり、幕藩体制の危機に臨み、封建社会の支配層の間から、この危機を克服するた

めに欧米の国会を摸した合議組織を設けて幕藩体制を補強しようとする要望が有力化し、徳川慶喜の大政奉還もまたそのような企画を背景として行なわれたのであり、つづいて明治維新政府の成立後も、基礎の薄弱な新政府は、諸藩の協力を確保する必要上、その初期においては、しきりに公論の尊重を呼号したのであって、外形だけの摸倣にすぎなかったとはいえ、議会制度に関する為政者の関心が幕末維新の交にかなり高められたのであったが、それらの事実は、すでに一般によく知られていることであるから、ここでは一切省略に従う。

かように、幕末維新の時期になると、近代的立憲政治は、もはや海外知識の紹介という域にとどまらず、現実の政治上の必要に基づいてその活用が試みられるまでにいたったのであるけれど、結局それは政治的支配者の必要をみたすかぎりの範囲で利用されたにすぎなかったので、いかに外形が摸倣されても、近代憲法思想の本質的な要素はかえって見失なわれる結果としかならなかった。ただそのような雰囲気の中で、欧米の社会と思想とに高度の理解を示した洋学者の何人かが、近代憲法思想について、かなり本質に触れた紹介を試みている事実は注意されてよかろう。幕末に幕府に登用せられ、維新以後多くは新政府に仕え、文明開化時代に明六社を組織し、啓蒙思想家として日本近代思想史の劈頭に巨歩を印した福沢諭吉・津田真一郎(真道)・加藤弘之・西周・箕作麟祥らの著作に見えるものがそれである。

福沢は、慶応二年初冬公刊の『西洋事情初編』において、ヨーロッパにおいて「文明の政治」と称せられるものの「要訣」の第一条として、「国法寛にして人を束縛せず」「士農工商の間に少しも区別を立てず」という意味での「自主任意」、第二条として「人々の帰依する宗旨を奉じて政府より其妨をなさず」という意味での「信教」を挙げ、「天の人を生ずるは億兆皆同一轍にして、之に附与するに動かす可からざるの通義を以てす」「政府の処置、此趣意に戻るときは、則ち之を変革し、或は之を倒して、更に此大趣旨に基き、人の安全幸福を保つべき新政府を立るも、亦人民の通義なり」との内容をふくむ「亜米利加十三州独立の檄文」や、「宗旨を開くことに付き議事院より其法則を立つることなく、自由に之を許すべし。又事を議論し或は書を著すことを禁ずべからず。又人民平穏に集会して政府に愬訴すること勝手たるべし」という「亜米利加合衆国の律令増補修正したる条」を訳出し、英国の政治について、「血統の君主、国内に号令するの権あれども、別に法律ありて君主の権を抑制す」「王室より議を起すことありと雖ども、上下両院にて異論あれば、之を施行するを得ず」との説明を加えており、明治三年刊の同書『二編』でも、英国の項で「王室の特権を抑制して明かに其分限を定め、国王をして必ず其分を守らしめ、民人の然諾を得るに非ざれば此分限を踰越すること能はず、又公然と之を犯すこと能はざらしむることなり」と説いている。

津田は、オランダに留学中に聴いたフィッセリングの講義を慶応四年『泰西国法論』と題して公刊したが、その内には

国家の大権国民に帰する国に於ては、或は兆民会議して法律を制定し、或は国中より推挙する所の人、国民に代て之を論制す。

一人天下の大権を操る国に於ては、一人の独断を以て法律を制定す。然れども、（中略）一人所定の条理其国の臣民を覊約する耳ならず、国君及び嗣君の身を束縛して世々衰ざる可し。

国家に対して住民有する所の通権

所謂住民の国家に対して有する所の本権左の如し。

第一、自身自主の権。第二、住居を犯す可らざる権。第三、行事自在の権。第四、建社会合の権。第五、思・言・

書自在の権。(以下略)

若夫君主親ら非法の命令を下し暴虐無道なる時は、臣民直に君命を拒む事を得可し。其法暴虐の軽重に従て差異あり。

甲　或は惟命に従ふを拒む。

乙　或は諫書を呈して明に命を拒む。

丙　或は兵を以て起り、暴を以て暴を拒む。

然りと雖、実に止むを得ざる極に至らざれば、国民謹て兵を執て起ること勿れ。(中略)然れ共爰に百方術尽き絶て彼不正を拒み我正を守るに由無きに至れば、暴を以て暴を拒む術を試ずんばある可らず。

定律国内均勢の制

見今定律国法の要旨は、国内に威権の平均を調へて威権を操る者の威論を張るを防ぎ、人々自主の業及び其諸権を保全し、幷に国家の公益を保護するに在り。

右の要旨を達するが為に、定律国法に於て制法・政令・司法の三権を別す。政令を制法の下に置き、司法を自立自治の法士に託す可し。

代民総会の列即ち議事に任ずる人は、宰相の如く国君の臣に非ず。故に必しも其命令に恭順するを要せず。

定律の国法論に従ば、〔宰相は〕独君主の責に対ふるのみならず、又其自己の処分及び政府の処分に就て代民総会の詰問を弁解す可し。

というごとき、近代憲法思想の中核に触れたきわめて重要な論述が豊に含まれていた。

加藤弘之は、慶応四年の著作『立憲政体略』において、「立憲政体」にあっては「天下ヲ以テ所謂天下ノ天下トナス」ものであり、「是故ニ其臣民タル者ノ身、自ラ権利ノ存スルアリ。権利ニ二類アリ。一ヲ私権ト称シ、二ヲ公権ト称ス。私権トハ私身ニ関係スル所ノ権利ニシテ、所謂任意自在ノ権ト称スル者」、例えば「生活ノ権利」「自身自主ノ権利」「行事自在ノ権利」「結社及ビ会合ノ権利」「思・言・書自在ノ権利」「信法自在ノ権利」「万民同一ノ権利」「各民所有ノ物ヲ自在ニ処置スルノ権利」等が「其著大ナル者」であり、これに対し「公権トハ国事ニ預カルノ権利ヲ云フ」と説明し、また明治八年刊行の『国体新論』においても、「君主政府ノ権力ハ頗ル強大無限ナルガ如シト雖モ、決シテ左ニアラズ。(中略)君主政府ノ権力ト雖モ、絶エテ公共ノ交際ニ利害ナキ私事ヲ裁制スルヲ得ルトキハ、各民自由ノ権ヲ失フガ故ニ、決シテ安寧幸福ヲ求ムル能ハザルコト必然ナリ。蓋シ自由権ハ天賦ニシテ安寧幸福ヲ求ムルノ最要具ナレバナリ。況ンヤ人民ノ霊魂心思上ニ至リテハ、君主政府固ヨリ敢テ其権ヲ施ス能ハザル者トス。(中略)彼ノ奉教ノ自由及ビ其他何事ニ拘ハラズ各人自ラ思考スル所ヲ論述書記スルノ自由ナル者生ズル所以ニシテ、是等ノコトハ全ク君主政府ノ権外ニ属スルコト固ヨリ当然ナリ」と論じている。

明治三年永見裕の筆記にかかる『燈影問答』は、西周の講義内容を伝えるものとして、戦後版の『西周全集』に初めて収載紹介された新史料であるが、その内に

君主も田夫野人もおなじ人にして、ともに天よりうけゐたる性をそなへたれば、田野の人なればとて、とりけだものにもあらざるなり。ゆへにこれをとりけだもののごとく卑み見ることなく、つねにしたしみおしへて、おの

〳〵その自由を得せしめ、そをわたくしすることなきをもて、君主および政にあづかるものの常規とす。

凡そ国てふものは、土地ありて人民あり、人民ありて政府ある、これを国といふなり。土地ありて人民あれば、(中略)その人民のうちよりいとかしこき人を撰びて是非善悪を弁別せしむ。これを君主たるものの源とす。故に人民は君主たるものの民にあらずして、人民の君主たるがゆへに位たかく禄おふしといへども、さらに人民をわたくしすることあたわず、その位たかく禄おふきは、人民の善悪是非を弁別する役人の役料にぞありける。(中略)いわゆる天下は一人の天下にあらず天下の人の天下なりてふは、君主のいと心をもちゐざるべからざるところにぞある。

凡法てふものは、(中略)人の性にもとるることなきをもていとかなめとはするなり。たとへばいま法をたてて、酒を呑みあるは肴を食ひあるは遊びたのしむことなどのごときを一切に禁じなば、たれひとりその法をあまんじうくべきや。さるを政府の権威もておさへつけるものから、しばしばその権威におそれてまもるとも、その自由の性にもとるがゆへに、ほどもあらでその法にそむかざるを得ず、法にそむけばつみせざるを得ず。さればその法をやぶるのとどめがたきのみかは、終に大なる害をひきいだすべし。

法は最も厳正なるものにして偽りなきものなるが故に、君主といへどもこれを侵すときは、その罪を免がるることあたわざるものなり。

政府或は官吏を誹るものあるが如きは、敢て罪となし侍らざるところなり。もしこを罪することあるときは、政府に於て要めなる言語の道塞がるに至るべし。言語の道を開き、広く議を万民に採らむと欲せば、官吏の是非を論じて、誹譏するをよしとこそし侍るべけれ。さるに官吏おのれを誹れるものをいたく憎み退くるが如きは、官吏の利なるべし。彼の英吉利の如き、人民の官吏を誹謗するを却て政府の私を除くの一助ともなせり。

といった注目すべき見解が述べられているのである。

箕作麟祥の訳した『勧善訓蒙』は、明治五年の小学教則において修身教科書に推され、実際にも学校で最も広く採用されて普及を見た書物であるが、フランス学士ボンヌ氏の所著を訳して明治四年に公刊した正篇には

第百八十七章　憲章ノ立定セシ国ニ於テハ、士民皆其法令ヲ守ル可ク、君主ト雖モ之ニ背クヲ得ズ。

第二百四章　士民ノ国ニ報ユル務ニ換へ、国法ニテ士民ニ左ノ権利ヲ授ク。曰ク、身体自由ノ権、本身自由ノ権、意思自由ノ権、出板自由ノ権、言詞自由ノ権、物件自由ノ権。

第二百六章　意思ハ他人ヨリ料知ス可カラザルモノナリ。故ニ官ヨリ強テ之ヲ制限スルコト能ハズ。是意思自由ノ権アル所以ナリ。又出板自由ノ権、言詞自由ノ権ハ、他人ノ自由ノ権ヲ害セザル時、官ヨリ之ヲ禁制ス可カラズ。

アメリカ人 Winslou 所著の“Moral Philosophy”を訳し、同六年に発行した『勧善訓蒙後篇』には

夫ノ独裁ノ国ハ其政ヲ立ツルト其政ヲ行フトノ二者皆其君主ノ独リ占有スル所ト雖ドモ、立憲ノ国及ビ共和政治ノ国ニ於テハ、全国ノ民互ニ其権ヲ分有シ、之ヲ一人ニ帰セザルガ故ニ、立法、司法、行法ノ三権互ニ相維制シテ其宜ニ適シ、(下略)

国ハ法教ヲ保護ス可シト雖ドモ、亦一箇ノ宗派ヲ以テ其国ノ法教ト定メ、専ラ之ヲ幇助シテ他ノ法教ヲ排撃ス可カラズ。然ル所以ノ者ハ何ゾヤ。蓋シ国ハ其民ヲ総括スルノ称ニシテ、一箇ノ人タルモ其国ノ一部タルハ、猶一指ノ細モ亦一身ノ一部ニシテ敢テ棄去ス可キニ非ザルガ如ク、卑賤微弱ノ与ニ歯スルニ足ラザル者ト雖ドモ、固ト之ヲ虐ス可キノ理ナシ。然ルニ若シ国ノ為メ一箇ノ法教ヲ定メ他ノ法教ヲ排撃シテ之ヲ抑制スル時ハ、強者ノ力必ズ弱者ヲ圧シ、其国ノ法教ヲ奉戴セザル者其本心ニ信ズル所ヲ妨害スルニ至ル可シ。夫レ人ノ本心ハ其身ト上帝トノ間ニ通ジ人ニ於テ特ニ貴重ノ者タレバ、国タル者豈ニ其本心ニ迫リ之ヲ阻害スルノ理アランヤ。故ニ国若シ人ノ本心ヲ圧制スル時ハ、則チ其国タルノ務ニ背クト謂フ可シ。

人民ノ其国ニ従フ義務ハ如何ナル事情アリト雖ドモ之ヲ廃スルヲ得可カラザルヤ、又国ノ法律制度ハ如何ニ其正ヲ得ザル者ト雖ドモ必ズ之ニ順聴ス可キヤ。答テ曰ク、順聴ノ義務ハ正シキ国ノ法律ヲ守リ国ノ権限ヲ過サザル命令ニ従ヒ且人智ノ及ブ可カラザル上帝ノ意ト抵触セザル制度ヲ遵奉スルニ在リ。若シ人ノ権力ヲ以テ設立シタル法律、夫ノ無上至妙ノ天律ニ悖ル時ハ、各人自カラ其本心ニ於テ之ヲ循守スルノ義務ヲ絶ス可シ。（中略）若シ我国至当ノ権限ヲ過ギ、以テ命ズ可カラザルヲ命ジ令ス可カラザルヲ令スル時ハ、我ガ義務此ニ於テ消除ス可シ。（中略）政府ハ原ト人民ヲ資益スルガ為メ之ヲ立ル者ニシテ、人民ハ帝王、鎮台、官吏ノ為メ之ヲ設クルニ非ズ、帝王、鎮台、官吏ハ人民ノ為メ之ヲ設ケ、又人民ハ法ノ為メ之ヲ設クルニ非ズ、法ハ人民ノ為メ之ヲ設クルガ故ニ、法ト政トノ主要ヲ論ズル時ハ、人民ヲ保護シテ之ヲ資益スルニ在リトス。故ニ現在ノ政其主要ヲ失ヒ、其人民ヲ資益ス可キ者却テ之ヲ阻撓シ、人民ノ自由ト善道トヲ保護ス可キ者却テ之ヲ妨害スルニ至ル時ハ、政府タル者其任ニ背クガ故ニ、人民啻ニ之ニ抵敵シ其政ヲ変易ス可キノ権アルノミニ非ズ、必ズ之ヲ為ス可キノ義務アリ。

（中略）彼ノ高名ナル勧善学家「ドクトル、ペーリー」氏ノ如キモ亦嘗テ人民ノ政府ニ抵敵ス可キ権アルヲ許認シ、而シテ其抵敵ヲ聴ス可キト否トニ至テハ、人民タル者其政府ノ暴虐不正ニ苦ムノ害ト之ヲ掃除ス可キガ為メ政府ニ抵敵シ乱ヲ生ジテ其志ヲ遂グルヲ得可キ預算ノ有無トニ管スルヲ説キ、若シ政府ニ抵敵シテ其志ヲ得可キ預算ノ既ニ定マル後、其費害モ亦少ナキ時ハ其政ヲ転変ス可ク、又其志ヲ得可キ預算ナク其費害モ亦許多ナル時ハ、現在ノ政府ニ順聴スルヲ善トスルノ論ヲ唱ヘタリ。

アメリカの Laurens Persens Hickok の “System of Moral Science” の一部を抄出し、同七年に公刊した『続篇　国政論』の内には

凡ソ国政ヲ設クル奥遠ノ主目ハ畢竟衆庶ノ自由ヲ保全スルニ在リ。

凡ソ国政ヲ設クルノ旨趣ハ、固ト国民社中一般ノ自由ヲ保護スルニ在リ。（中略）而シテ又国ノ主権ハ国人共通ノ者タリ。（中略）国ハ啻ニ帝王ナキヲ得可キノミニ非ズ、国ノ権ハ遽カニ帝王ノ権ヲ超ユル者トス。

国ノ主権ヲ総ブル者、若シ其智心能力ノ欠乏スルガ為メ国政ヲ設ケシ其目的ヲ達スル能ハザレバ、其過チタルヤ細小ナラズ。是レ人民ハ斯クノ如キ時ニ方リ、政府ヲ更改ス可キ要メヲ為スノ権アル所以ナリ。

国ノ法ヲ立テ政ヲ行フモ亦人民心力ノ能クス可キ処ヲ以テ之レガ限トス可シ。故ニ主権ヲ総ブル者若シ其人民ニ強フルニ力ノ能ハザル処ヲ以テシ敢テ顧惜ノ意ナキ時ハ、人民ノ苛虐ニ堪ヘザル此ニ過ル者ナカルベシ。而シテ斯ノ如キ苛虐ノ政ニ苦ム人民ハ断然其苛政ニ抗スルヲ義務トス。

国ノ主権ヲ総ブル者ハ、司法、行法ノ権ヲ行ニ、自ラ其制定セシ法律ノ限外ニ出ヅ可カラズ。若シ其限外ニ出テ自カラ制定セザル法律ヲ行ハント欲スル時ハ、是レ其権限ヲ超エ、已レニ属セザル権ヲ僭竊スル者トス。

凡ソ国ニ立法、行法、司法ノ官ヲ置キ以テ主権ヲ分掌セシムル其要ヲ論ズルニ、畢竟唯其衆庶ノ自由ヲ保全スルニ過ギザレバ、凡ソ国政上勧善ノ道ニ於テ無二ノ要領タル者ハ、即チ衆庶ノ自由ヲ保全スルニ在リ。（中略）然ルニ国ノ主権ヲ総ブル者此大主目ヲ外ニシ他ノ目的ニ従フ時ハ、是レ其人民ニ対シ信ヲ失ヒ職ヲ怠ルニ在レバ、人民ハ之ヲ論訴スル権アル可ク、而シテ若シ主権ヲ総ブル者猶其民ノ論訴ヲ聴カザル時ハ、人民自カラ其力ニ憑リ強テ改革ヲ為サシムルノ理アリ。

国ニ対スル人民ノ地位ヲ論ズ。（中略）第一、各人ハ事ニ因リ全ク国権ノ干渉ヲ受ク可カラザルヲ論ズ。（中略）凡ソ各人ノ互ニ有スル権利中ニ国権ノ敢テ抑制ス可カラザル者アレバ、此等ノ権利ハ法律ヲ以テ之ヲ沮害ス可カラズ。而シテ若シ此等ノ権利ト法律ト互ニ抵触スル時ハ、国ノ司法権ヲ掌ル者、宜シク其法律ヲ廃揮シ以テ其刑罰ヲ止ムベシ。斯ク国権ノ得テ抑制ス可カラザル各人固有ノ権利中、特ニ著大ノ者アレバ、其大畧ヲ左ニ掲グ。
自由ノ同等。意思及ビ信従ノ抑制ヲ受ク可カラザル理。本心ノ自由。衆庶ノ自由ヲ害セザル諸事ニ於テ各人行為ノ自由。人ハ法律ニ徇ヒ有罪ノ証アルニ至ル迄ハ無辜タル可キノ理。人民ハ其国籍ヲ脱ス可キ権。

租税ヲ納ルル者ハ、之ヲ賦課スル国ノ政ニ干渉スル為メ、其代理者ヲ出ス可シ。

夫レ国ハ固ト政府ト相異ナルガ故ニ、縦令或ハ政府ノ体裁変易シ、或ハ帝王ノ世朝廃興シ、或ハ宰相執政ニ黜陟アル時ト雖モ、国ハ之レガ為メ敢テ亡滅セズ、依然常ニ存在スル者ナリ。故ニ転変ハ独リ政府ニ在テ国ニ在ラズ。(中略)凡ソ現ニ国ノ政府タル者、力メテ衆庶ノ自由ヲ保全ス可キ主旨ニ適応スル能ハザル時ハ、其理更ニ之レニ適応スル政府ヲ立テ、以テ代ラシメザル可カラズ。然ルニ若シ其政府タル者、或ハ私利ヲ懐キ人民自由ノ要需ニ抗スル時ハ、国民等宜シク兵力ヲ用ヒ以テ之ヲ廃滅スベシ。

というような論述がそれぞれふくまれているのであった。ことに『後篇』と『続篇』とにおいて、国民に抵抗権・革命権のあることを縷々として力説しているのは最も注目に値しよう。箕作が明治八年『万国叢話』第二号に掲載した「国政転変の論」と題する、革命権を主張した洋書一節の訳文は、急進民権派の機関紙『評論新聞』に激越な評言を附して転載されたため、当局の忌諱に触れて筆禍事件をまき起した言論史上有名な文献で、早く『明治文化全集』に収載されて研究者に広く知られていたものであるが、どのような性質の書物から出たか不明とされていた。ところが、これは実は『勧善訓蒙続篇』の、右の最後に引用した「政ノ転変」の部分をぬき出したものなのであって、かような内容を一部にふくむ書物が小学校の教科書として広く採用されていたというのは、まことに興味深い事実ではあるまいか。もっとも、これほど詳細な論述ではないけれど、これに類する主張をふくむ教科書は他に例がないわけではなく、例えば明治七年阿部泰蔵が Wayland の "Moral Science" を訳した『修身論』のごとき、文部省の刊行した教科書なのであるが、その一節に「政府ノ中ニ於テ官吏不善ニシテ残忍暴虐ナルトキハ、変革ヲ行ヒ内乱ヲ起スニ非ラザレバ其権柄ヲ制御スルノ術無キモノアリ」といったことが書かれているのであった。

文部省の著作といえば、明治六年文部省がアメリカのジョセフ－ヲルデン著 "The Science of Government" を訳

して刊行した『米国政治略論』にも

蓋シ国ハ家主ノ如クニシテ政府ハ則チ甲幹《テダイ》ナレバ、国権ヲ管掌スル者ナレドモ、国人常套ヲ脱シテ政府ヲ変革スルトキハ、猶ホ家主ノ権ヲ以テ甲幹ヲ廃黜スル如シ。然ラバ則チ国権ハ政府ニ在ズシテ国ニ在リ。故ニ政府ノ施行セル事件ニ於テ不正不義ノコト有レバ、其責国内一般ニアリ。但シ斯ノ如キ政府ハ則チ国内一般ノ権ヲ以テ之ヲ廃止シ又之ニ易フルニ良政府ヲ以テスルモノナリ。国権ハ人民一般ニ在リ。

或ハ詐偽ヲ用ヒ或ハ暴虐ヲ用ヒテ創建セル政府ト雖ドモ、能ク政府ノ体裁ヲ立ルトキハ、其正否ヲ論ゼズ国人皆之ニ服従ス可シ。然レドモ其所為惨刻無道ニ出ル者多クシテ国民塗炭ノ苦ミヲ蒙ルトモ尚ホ此政府ニ服従ス可シト謂フニ非ズ。元来国民ニハ革命ノ権アルガ故ニ、政府妄ニ残虐ノ所業ヲ為ストキハ、之ヲ廃止シテ更ニ良政府ヲ設立スルニ如カズ。然レドモ国民ノ力弱ニシテ之ヲ果スノ目的アルニ非ザレバ、如何ニ政府ノ所為残刻ナルトモ、容易ニ廃止ノ企ヲ為ス可カラズ。仮令其企ヲ為スモ唯困苦ヲ生ゼンノミニテ更ニ成効ナケレバ、残虐ナル政府ト雖ドモ無キニハ勝レリ。

という人民主権説やそれに基づく革命権の理論が説かれているのであり、政府自らこの種の思想を紹介するのを別に忌避しようとしなかったところに、後年の常識では考えもつかないこの時期の特有の雰囲気が窺われる、と言ってよいであろう。

もっとも、右に挙げた『勧善訓蒙』以下、もっとも徹底したブルジョア革命の行なわれたアメリカやフランスの書物を訳したものに右のような記述の現われるのはふしぎはないが、ブルジョア民主主義の発達がおくれ、国権主義的色彩の強いドイツの国法学の紹介として、上下を通じて広く読まれた加藤弘之訳の『国法汎論』は、ルソーの国民主権説・民主政体論を「国家ノ為ニ大害ア」る「暴論」として排斥する立場に立つ、Bluntschli の "Allgemeine Staatsrecht" の一部を訳したものであり、訳者もまた「仏国偏理論ノ鼻祖ハルウソウニシテ、爾来其説ヲ信奉スル者益多ク、遂ニ之ヲ実際ニ用ヒ、今ニ至リテ其余毒猶消セズ、真ニ歎息スベシ」という按文を附しているように、ブルジョア民主主義革命に反対する信念の下に訳出した書物なのであるにもかかわらず、「若シ国憲不是ノ為メニ国家将サニ危乱ニ趨ラントシ、ホルクノ生力将サニ痿痺セントシ、或ハ天下ノ公益公利将サニ亡滅セントスルニ至レバ、ホルクナル者強盛活潑ノ威力ヲ発シ、不得已ノ権利ヲ施行シ、以テ切要ノ変革ヲ遂ゲザルヲ得ズ。スターツマンニーブール大ニ保守ヲ旨トセル人ニテ、既ニ仏国第五月ノ顚覆ヲ聴テ大ニ悲歎セシト云フ。然ルニ顚覆ノ是非ニ就テ左ノ論ヲ述ベタリ。曰ク、(中略)常ニ苛酷残虐ノ政令ヲ受ケテ恣ニ殺戮セラレ、百方スレドモ遂ニ免ガルルコト能ハザルニ至レバ、是レ実ニ已ムヲ得ザルノ時ト云フベシ。此時ニ至リテハ、断然顚覆傾倒ヲ起シテ此災厄ヲ免レント謀ルコト、大ニ正理ニ合スト云フベシ。若シ此ノ如キ時ニ及テモ仍ホ顚覆ヲ不義トスル者ハ、真ニ悪人ト云フ可キノミト」という一節があって、ここでさえも革命権が原理として肯定されていることが知られるのであり、これが近代憲法思想の洗礼を受けた西洋思想に例外なく貫通する常識であって、西洋の種本を用いて忠実な紹介を試みるかぎり、その種の言説が常に現われてくるのは当然であったとしなければなるまい。なお、『国法汎論』は、上引諸書に比べると、立憲主義の古典的形態からはやや距った立場に立っているけれども、なおその内には

継位法ハ方今必ズ国憲《スターツヘルハッスング》ニ載セテ確定スル所ニシテ、(中略)君主ト雖ドモ私意ヲ以テ軽々シク動ス能ハザル者ナリ。(中略)方今立憲国ノ文明ナル制度ニ於テハ、継位法ヲ変革セント欲スレバ、必国憲ヲ改正スル規律ニ随テ、立法諸部局ノ議定ニ因ラザルコトナシ。(中略)嗣君行状不正ノコトアレバ、必ズ未ダ其位ヲ継ガザルニ及ビ、立法府ヲシテ之ヲ議セシメ、以テ廃立ヲ定ムベシ。

羅馬ニテハ君主ハ敢テ憲法ノ為メニ限制セラレズシテ可ナル者ト為セシカドモ、方今無限ノ君権アラザル各国ニテハ、全ク此意ヲ取ラズシテ、君主ナル者ハ必ズ国憲及ビ憲法ヲ敬重スルノ義務ヲ負荷セル者ト為ス。故ニ此事ニ就テハ、方今ノ立憲国、皆共ニ羅馬ノ君権無限ノ法ヲ棄テ、而シテ日耳曼ノ法ヲ取テ、君主ハ国家法制ノ範囲中ニ於テ其頭首ニ位スル者トシテ、必ズ先ヅ其法制ニ従テ自己ノ権柄ヲ施行シ、且ツ共ニ其法制ヲ保護セザル可ラザル者ト為スニ至レリ。各国皆君主自カラ許可シテ此ノ如キ義務ヲ負荷セザル可ラザル者トセリ。故ニ国憲誓約〔按〕国憲ヲ遵奉スベキ旨ヲ述ル誓約及ビ登祚誓約〔按〕登祚ノ時ニ於テ為ス所ノ誓約ヲ以テ之ヲ天神及ビ人民ニ誓フヲ常法ト為ス。

君主及ビ国家共ニ天神ニ対シテ其所為ヲ保任セザルノ理ハ、決シテアルベカラズ。（中略）不保任ノ法ト雖ドモ、決シテ全ク限界ナキニハアラズ。必ズ之ヲ限制スル者ナシト云フ可ラズ。其故何ゾヤ。君主実ニ此権利ヲ恃ミ苛酷暴虐ヲ恣行スルトキハ、臣民敢テ之ニ恭順セズ、遂ニ顚覆ヲ謀リ、以テ厳罰ヲ君主ニ加フルニ至レバナリ。

ミニステルハ決シテ国家元首ノ私臣ニアラズ。是故ニ元首ノ命令依嘱ヲ悉皆遵奉スルノ義務ヲ負ハザルノミナラズ、必ズ亦自ラ任ジテ政府ノ嚮導トナリ、以テ君主ノ命令依嘱スル所実ニ法ニ合シテ国家ニ緊要ナリヤ否ヲ考定シ、且ツ自ラ見ル所ヲ以テ之ヲ君主ニ論述スルノ権アリ。

というごとき、君主権の限界を強調した論旨のくり返されているのは看過しがたいところである。

以上の引例によっても理解せられるとおり、所謂啓蒙思想家と呼ばれている洋学者たちの明治初年までの著作の中には、単なる議会政治の紹介だけではなく、法律によっても侵すことの許されない基本的人権の原理、その種類、国家権力の限界、特に君主権の制限、権力がこれらの限界を無視した場合の国民の抵抗権・革命権等、近代憲法の最も核心をなす基本的諸原理が、人によっては多少東洋思想による変容もなしとせぬにせよ、いずれもきわめて明快な言葉で説述されているのは、日本における近代憲法思想の歴史の上から看過できない事実と言わなければなるまい。ことに、これらの内には、福沢の『西洋事情』のように、当時のベストセラーとなったもの、また箕作の『勧善訓蒙』のように小学校の教科書として広く使用されたものなど、多数の日本人に読まれた書物がふくまれており、たとい近代憲法思想の諸原理が、記されているとおりの厳密な意義で読者の多数に理解されたわけではなかったにしても、この種の書物を読んだ人たちの思想の形成に、程度の差こそあれ何程かの影響を与えなかったとは断言しがたいであろう。前引諸文献の大半が飜訳または飜訳に近い性格の著作(この時期の洋学者の西洋思想紹介書は、飜訳といっても原書を忠実に訳したものでないものが多い反面、自著といっても洋書を種本としたものも多く、飜訳と自著との区別の明らかでないのがむしろふつうであった)であった事実からも考えられるように、この時期に近代憲法思想の本質にふれた紹介の多かったのは、西洋のそれを直訳的に紹介することしかできなかったためであり、唐突に直訳的紹介をつきつけられた読者側でこれを正しく理解することも困難であったにはちがいないが、少くとも後の時期のような近代憲法思想の日本的歪曲を加えない紹介がその時代の思想界の尖端に立つ第一流の思想家によって盛んに行なわれ、それが多数の読者をもっていたという事実は、やはり無視しがたい意義を認めなければならないように思われる。

明治七、八年の時期にいたるまで、ことに小学校の教科書の内にさえ革命権の詳細な解説が行なわれるというほどに、思想家たちが近代憲法思想の徹底的な紹介を競ったのは、一つにはかれらに西洋近代文明を全面的に摂取して日本の近代化を推進しようとする熱情のあふれていたためであったのはもちろんとして、同時にこの頃までは、政治的支配者の側でも西洋文化の摂取にきわめて積極的であったという客観的条件にもよるものであったことを忘れてはならない。欧米列強の外圧という他律的原因に基づくとはいえ、そしてもっぱら軍事科学・産業技術という実用部門に限られていたとはいえ、幕末における幕府の西洋文明移植の政策は相当に積極的なものがあり、明治政府の政策もまたこれを継承して大いに西洋文明の移植につとめた。維新政府には、復古主義的側面と改新主義的側面との相反する二面があって、前者を強調する人たちの提唱によって一時大教宣布運動などの復古的思想が表面に強くおし出されたこともあったけれど、現実的な政治目標のために役立たない時代錯誤の復古主義を長く維持することはできず、政策の基調はむしろ「文明開化」の促進のほうに置かれ、形而下的な領域における先進文明の大量の輸入が行なわれるかたわら、支配層が衷心から好むと否とにかかわらず、社会思想・政治思想の面でも、ある程度まで西洋近代のそれの流れこんでくる結果を必然的に随伴しないではやまなかった。

政府が率先して「文明開化」の精神を民衆に向かって鼓吹したのは、人民を新しい国家体制の目的に役立つ人民として再編制するための上からの啓蒙であって、上からの啓蒙であるかぎり支配者への服従という基本的条件を破壊しない限度の啓蒙にとどまったのは言うまでもないにせよ、そのような上からの啓蒙の内にも、部分的には近代憲法思想の紹介をふくまずにはすまされなかったのである。例えば、明治七年から八年にかけて刊行された小川為治の『開化問答』に「もと日本国といふは天子様御一人ましますゆゑ、日本国といふではござらぬ。日本に四千万の人民が住居するゆゑ、日本国といふわけにて、云々」「政府は人民の仕事を取扱ふ場所、天子様は請負人の頭取でござる」「政府の御威光といふ者はもとより人民の御威光にて、畢竟政府が人民より預りてゐるものに間違ござりません」という人民主権説風の国家論や、「暴政に従ふことなかれ。堂々たる議論をおし立、その無理非道なるを弁駁して、その改正を請ふべし。これまた人民の権利でござる」という抵抗権の主張めいた説述や、「サテこの権利といふは、いはゆる株といふことに同様にて、この株は凡人間たる者、金銀珠玉を鏤めたる御殿に住居せる殿様も、九尺二間の裏店に住居せる日雇稼も、みな同等に所持してゐるべき筈でござる。されば政府に於ては、貴き殿様たりとも、賤しき日雇稼たりとも、少しも偏頗の沙汰なく、みな同等に保護する事にして、殿様日雇稼をえらまず罪科を犯す者あれば、必ず掟に照らしてこれを刑罰に行ふ事でござる」という法の前の平等の説明などが説かれている。ただし、暴政への不服従の権利を教えた上引の文章にすぐつづいて「されどこれをするに道あり。決して過激にわたらぬやう、温順柔和に道理を尽して、これが改正を求むべし。もし徒党を結び、一揆を起し、謀叛に類したる所業を以てすれば、所謂理を以て非に落る筋に陥り、なほさら虐き政事を以て苦めらるるに至るでござらう」と釘をさすことは忘れられておらず、その点、これらのいわゆる開化物が「太政官政府にたいする、どんな意味でのレジスタンスも、およそみつけだすことができない」「たくみに明治の新権力天皇制の御用講話の役をしている」という服部之総氏の評価[(2)]どおりのしろものにすぎないことはまちがいないところであるけれども、それにしても読者は必ずしも「御用講話」としての性格だけから影響を受けたとは断定しきれまい。思想の全体構造の上からいえば部分的断片的な命題にとどまったかもしれないが、前引のような近代憲法思想の平易な解説が、全体のコンテキストから遊離して読者に強い印象を与える可能性も十分に考えられるのであり(総じて客体形象化された思想の他者への影響を考える場合に、その思想の生産者における論理的統一性に眼を奪われて、ともすれば他者がそれと異なる、さまざまの多様な受け取り方をすることの多い実状を忘却しがちであるから、思想史の研究者は、思想の生産主体における主観的論理の構造と他者に伝達された場合の受け取られ方とをきびしく区別して考える用意が肝要と思う)、著作者が主観的には「御用講話」をするだけのつもりであったとしても、同時に近代憲法思想を多くの国民に伝達する結果をもたらす結果を生まなかったと即断することもできないのではあるまいか。

おもしろいことには、まだ自由民権の主張が下からの現実の政治的要求として盛り上ってくるにいたらないこの文明開化の時代に、「民権」またはそれに類する言葉を題目に使った啓蒙書がいくつも出ているのである。管見に入ったかぎりでも、明治六年十月広津弘信著の『自主之権』、同七年三月竹中邦香著の『民権大意』、同年十二月宇喜多小十郎著の『民権夜話』、同八年二月菊池純著の『民権講義略解』の四つを数えることができる。これらは、『自主之権』に従二位大原重徳の「自由権」という題字、特命全権公使沢宣嘉の序、『民権大意』に従四位前田利鬯の題字、『民権講義略解』に秋月種樹の「培国本」という題字がそれぞれ附せられていることからも推測せられ、また『民権講義略解』の自叙に「今茲春三月予自カラ揆ラズ府命ヲ以テ性法畧ヲ勧業場ニ講ズ。聴者《キクモノ》蝟集ス」と記されているところからも明らかなように、すべて支配層の意向にそって人民を教化しようとする半官的啓蒙書であることの一目瞭然たるものばかりであって、内容を通覧しても、外題に掲げる「民権」とか「自由」とかとはおよそうらはらな「君ニ忠、親ニ孝」[3]の説教に終っているとの印象を免れがたいのであるが、そのような書物さえが、少くとも外題だけでも「自主」だの「民権」だのという文字を附さないではいられなかったところに、文明開化時代でなければ見ることのできない特異の思想的状況が現われているといってよいであろう。単に外題ばかりではなく、内容でもやはり一応はその外題に掲げてあるような問題を避けて通ってはいない。例えば、『民権夜話』では、「聖上様は吾御国の国君大統領様なれども、是までの御歴代の如く、聖上様が独政とて御独の気儘に御政事をなされる事を御廃止《やめ》になされ、人民と御相談なされた上にて吾御国を治め度思召な」りと言い、その「御相談を為し玉へるが則御布告にて、此御相談の御布告が条理に協ぬ事あらば、裏店の誰にても構わず住所姓名を記し、其訳を認め所々に出してある目安箱へ入置さへすれば、条理に協ひ尤なる事は御用ひに相成、御布告に出たる事にても変じ更るなり」と説いている。専制政府の独裁に出た布告を「人民と御相談」の立法であるという偽わりを述べた上、大して効果もない目安箱で常に人民の要求が貫徹するかのように言いなす詭弁を重ね、結句「今時の人民は自由の権利を振われる事容易ならざる難有ことなれば、人民義務の志しを厚くして御政府へ専ら国恩を報ずべき事、勿論の義ならずや」という教訓にもっていっている点、徹頭徹尾人民を瞞著する議論と評しても言い過ぎではないほどであるが、とにかく言葉の上だけにせよ君主独裁の制限とか人民の自由権利とかいう論理を用いることなしに人民の政府への忠誠を要求できなかったのを見ても、後の時期の国民道徳論には到底見ることのできないこの時代独得の議論の運び方が分る。『民権講義略解』が「民権」を重要視するのも、つまるところは「民権立ザレバ則チ国体振ハズ、国体振ハズシテ海外万国ト比肩セントス、是レ猶ヲ小児ノ壮丁ト力ヲ角スルガ如シ」という主張に示されているような理由から来たものであったが、それはともかく「其ノ民権ヲ束縛シ、其ノ才力ヲ箝制シ、駆テ諸ヲ範囲ノ中ニ置キ、以テ其ノ術ヲ獲タリトスル者ハ、是レ鉄鉄タル小丈夫ノ所為ニシテ、我ガ得テ知ル所ニ非ルナリ」とか、「国ノ憲法アルハ、尚家ノ閫門アルガ如シ。国ニ憲法アリテ而シテ後ニ君主以テ其暴横ヲ擅ニスルナク、(中略)上ニ政府アリ、以テ其臣民ヲ統一シ、下ニ代議士アリ、以テ民主ノ暴横ヲ抑制ス。憲法一タビ定リ牢シテ動スベカラザル時ハ、暴君汚吏ヲ以テスト雖ドモ、其苛逆ヲ擅ニスルコトヲ得ズ」とかいう国家権力の制限をも説かざるを得なかったのであった。その点これらの書物は、政府への御用と民権の肯定とのディレンマを多かれ少かれふくんでいたのであり、『民権大意』にはそのディレンマの苦しみを最も赤裸々に表明した一節がある。この書は「本ト政府ハ、人民ヨリ其幸福ヲ保護シ、権利ヲ安全ナラシムル為メノ世話ヲ頼マレタルヨリ、其世話ヲスル丈ケノ権利ヲ有シ、決シテ人民ノ権ヲ束縛スル程ノ権利ハ在ラザルナリ。シテ其政府ト人民トノ権利ノ、相互ノ分限ハ何ニテ分ルゾト云フニ、則其約束シタル憲法ニ在リ。(中略)政府モ又此憲法ノ範囲中ニ存スルモノナリ」と、憲法による国家権力の制限という近代憲法思想の論理を相当に忠実に祖述した結果、国家権力がその制限を超えて逆に人民の権利を侵害するにいたった場合の人民の抵抗権という、これまた近代憲法思想の本質的論理に属する思想をどうしても避けて通ることができないはめに陥った。さりとて政府「御用」の啓蒙書が抵抗権をジャスティファイすることは絶対にできない。ここにおいて、著者は「政府ヨリ人民ノ権利ヲ侵シ過グルコトアランニ、之ヲ忍ンデ黙止スルハ、所謂敬重スル意ニ出ルコトナレバ、是モ自由ニ任スベキコトニテ、悪シキコトニハアラザレドモ、之ヲ一体ノ憲法ヨリシテ見ルトキハ、亦賞賛スベキ程ノ能キコトニモ非ズ。然レドモ又其次第順叙ヲ逐ハズシテ、不法ニ政府ト抵抗スル時ハ、即チ憲法ニ触ルルモノニテ、容易ナラザル罪人トナルナリ」という、苦渋にみちた論理を辿ったあげく、最後には「今日ノ人民ハ、憲法ニ触レマジト思フナラバ、能ク御布令ヲ心得ルニ如クハナク、我権利ヲ全フセンニモ、亦能ク御布令ヲ心得ルニ如クハナシ」といった、およそ前引の論理的前提とは縁のない絶対服従の説教に帰結してしまったのである。このように、結論だけを抽出すれば何も珍しいことはない書物ながら、それにもかかわらずその議論が一度は必ず近代憲法思想を通過する道順をふんでいるところによくこの時代の特色が現われているのであり、最後には政府への服従に誘導されるにしても、こうした道筋で啓蒙される場合には、やはり頭から服従を要求される場合と違った何ものかが国民の心理に遺され得たのではないであろうか。

明治五年の小学教則をみると、修身の教科書として箕作の『勧善訓蒙』(この年にはまだ『後篇』『続篇』は出ていないから、正篇のみを指す)、阿部泰蔵訳『修身論』、フィッセリングの自然法の概説を神田孝平の訳した『性法略』等が挙げられており、ことに『勧善訓蒙』は実際にも最も広く行なわれたようであるが、高知県の明治十年師範学校附属変則中学規則には、津田訳『泰西国法論』や加藤の『立憲政体略』などが教科書として挙げられている。通俗啓蒙書と違ってこれら一流思想家の訳出にかかる書物では、前述のとおり近代憲法思想の基本的原理が、日本的歪曲なしに堂々と展開されていたのであるから、そんなむつかしいことを小学校や中学の幼少年がどこまで正確に理解しえたかは疑わしい(4)としても、こういう教科書で勉強させられた世代の物の考え方が、そういう思想から全く無縁であったそれ以前およびそれ以後の世代と異なる方向に向かって形づくられる可能性の豊に存在したことだけは否定できないのではあるまいか。少くともそういう内容をふくむ教科書が政府の公認の下に学校の教科書たり得たのはこの時期の前後に例のない独得の思想的状況を示しているのであり、すぐ次の明治十年代に入って自由民権の思想があれほどに多くの国民の心をひきつける力を発揮し得たのも、右のような歴史的状況の先行していることから切り離しては到底理解できない現象と考えられるのである。事実植木枝盛において最も典型的に見られるように、自由民権の先頭に立った人々は、おおむねこの時期に啓蒙思想家の著作を通じて近代憲法思想の本質を、深浅の差こそあれ、なんらかの程度に理解することにより、自らの思想を選び取っている場合が多いのであって[5]、文明開化時代における近代憲法思想の紹介は、たといそれが欧米思想の直訳にすぎなかったとはいえ、日本の近代憲法思想の成長の歴史の上できわめて大きな役割を果したと言ってまちがいではない。それだからこそ、民権思想の蔓延を必死になってくいとめようとした政府は、明治十三年にいたり、従来学校で使用されていた教科書の内『勧善訓蒙』『国体新論』『性法略』『立憲政体略』『泰西国法論』『修身論』等の使用を禁止する措置をとるにいたったのであって[6]、それはこれらの書物が近代憲法思想を国民に浸透させる有力な媒介者たることを、政府自らが認めたことに外ならないのであった。

江戸時代に紹介の始った近代憲法思想は、このようにして文明開化時代には、ようやく国民の広汎な層に浸透して行き、明治十年前後には国民の間からこれを自らの要求としてその実現を企図するにいたるものさえ現われ、もはや単なる移植の段階を脱し、日本人自らの思想としてその血肉の一部とさえなって来たのである。木戸孝允が明治九年七月九日伊藤博文に書簡を送り、

時勢之転化、人情之変転ほどおそろしきものは無御座候。みちのくの小児まで主上之権限を論じ候もの有之候を過日も承り候にて、他の有様を顧視し、不覚三歎いたし申候。[7]

と言っているのは、文明開化政策の薬の利き過ぎに対する当局者の後悔の念を表明したもので、「みちのくの小児まで

主上之権限を論じ」たものが現実にあったかどうか、やや誇張の疑なしとしないが、事実であるにせよないにせよ、当局者がこういう歎きを表明しなければならないまでに近代憲法思想が日本人の間に浸透してきたことだけは否定できないのではなかろうか。民権運動の組織的展開の発生以前の明治九年においてすでにそうであったとすれば、まして国会開設運動が全国に組織的にひろまっていった次の十二、三年頃にいたれば、もはや近代憲法思想は単なる先進国家の思想の翻訳・移植の域にとどまるものであり得なくなったのは当然というべきであろう。民権運動の最も有力な指導者の一人であった河野広中が明治十四年頃に認めた演説草稿に「自身自主ノ権　行事自裁ノ権　家屋ヲ冒スベカラザルノ権　思言書自在ノ権　門牆ヲ冒スベカラザルノ権　集会結社ノ権　書冊ノ秘密ヲ鄭重ナラシムルノ権　法律ノ上ニ万民同等ナルノ権　宗教ヲ奉ジ礼法ヲ行フノ権　人々相互ノ約束ヲ政府ヲシテ行ハシムルノ権」等という十二か条の「自由」の標目を列挙し、次に日本政府がこれらの自由を現実に蹂躙している暴状をこれまた十二項目に分けて具体的に記述している。(8) 前半の十二か条の人権の標目は、その訳語において前に紹介した『泰西国法論』や『立憲政体略』のそれと一致するものがあり、直接または間接にこれら啓蒙思想家の近代憲法紹介から学んだものであることを物語っているが、もはやここではそれが単なる外国の制度・観念の知識としてでなく、藩閥政府の圧制への抵抗を支える原理として、完全に河野、あるいは河野を囲繞する福島民権家グループの血肉となってその活動を鼓舞する現実的機能を果すにいたっているというべきであった。啓蒙思想家による近代憲法思想の移植が、歴史の全過程の中でどのように積極的な意味をもっていたかが、実に典型的な形で窺われるのではあるまいか。

(1)　東北大学狩野文庫所蔵。
(2)　「文明開化」(『服部之総著作集』6所収)。
(3)　「人性ニコノ真実無比ノ実権〔=自主之権〕ヲ固有スルコトヲ信ズレバ、傲慢ニシテ自ラ暴ナハズ、惰弱ニシテ自ラ棄テズ、我能ク自ラ主張シ、我ヨク自ラ樹立シ、品行自ラ端正ニ志操自ラ貞固ニシテ、君ニ忠、親ニ孝ヲ尽スコトヲ得ルナリ」(『自主之権』)。

(4)『日本教科書大系』近代編第1巻『勧善訓蒙』の解題にも、「児童の発達段階や学年に応ずる配慮が少く、全篇を通じて抽象的な推論が多く程度が高いので、幼童に適するとはいえない」と言っている。

(5) 拙著『植木枝盛研究』第一編第二章参照。なお、同上書附論(c)に記しておいたように、河野広中が自由民権の陣営に投じたのはアメリカ独立宣言書(おそらく中村敬宇訳の『共和政治』所載のものに拠って?)を読んだためであった。

(6) 吉田熊次・海後宗臣両氏「教育勅語渙発以前に於ける修身教授の変遷」(『国民精神文化研究』第一年第三冊)。

(7)『木戸孝允文書』第七所収。

(8)『福島県史第11巻近代資料1』所載河野家文書。

第二章　明治憲法制定以前の憲法の諸構想

近代憲法思想の形成発展の歴史を精細に辿ろうとするならば、自由民権思想の歴史をこくめいに追って行くべきであろう。自由民権思想の歴史がそのまま近代憲法思想の成長史であると言うことさえできるかもしれない。しかし、自由民権の歴史は、日本近代史の内で最も研究が精密に分化している領域であって、そうした領域一般に向って無限定に深入りすることは、必ずしも有効な方法ではなかろう。今ははなはだ乱暴な方法のように見えるかもしれないが、自由民権期に各方面で立案された憲法の諸構想のみを史料とし、他の一切の歴史的事象をしばらく捨象し、それら諸構想の全体に通ずる歴史的傾向を析出することにより、自由民権期における日本人の近代憲法思想がどのような特質を有していたかを考える、というやり方を試みることとしたい。憲法思想は必ずしも憲法案という形をとらないでも、この時期の著作やジャーナリズムや政治運動のいたるところに露呈しているのであって、ことに諸新聞の紙上で花々しくくりひろげられた主権の所在についての論争や帝室内閣議院内閣の可否をめぐる論争等は、憲法をめぐる基本的な考え方の対立を窺うに足りる絶好の事件として憲法思想史の観点から逸することのできないものではあるが、何といってもどのような憲法の実現を期待していたかを端的に示す憲法案がいちばん組織的かつ具体的な憲法思想の表明であるばかりでなく、この時期の各方面の憲法の諸構想に共通する傾向を析出してこれを実際に制定せられた大日本帝国憲法と対照することにより、明治十年代から二十年代への憲法思想の推移を最も明瞭な形で認識することが可能となるのではないかと思われるからである。また、研究史の上からいっても、自由民権期に多くの憲法草案が作製されたことは、たいていの文献に記されているし、その主要なものについてはかなり立入った紹介もしばしばなされていて、それ以上に附加すべき未知の事実が数多く遺されているわけでもないけれど、今まで学界に報告されているすべての諸構想を綜合的に検討し、その全体を貫く歴史的特色を明治憲法との対比において明らかにするという作業は、まだ一度もなされていないように思われるから、その点からいっても、このようなアプローチには学問的な意義が認められるのではなかろうか。ことに明治憲法制定以前の憲法の諸構想の全般的特色を究明することは、日本憲法史における大日本帝国憲法と日本国憲法との客観的位置を認定するためにも欠くことのできない作業なのであって、こうしたいろいろの理由に基づき、ここに自由民権期を中心とする時期の憲法の諸構想についての検討を進めることとした。この時期の私擬憲法草案のリストとして最も充実しているのは、小早川欣吾氏『明治法制叢考』所掲の表であるが、この書の公刊後新たに学界に報告されたものもかなりの数にのぼっているし、また明治憲法以前のすべての憲法の諸構想をもれなく検討するという本書での観点に立つと、右の表に掲載されていない政府官僚の憲法草案や、また憲法草案という形をとらず著書論文の形で実際は具体的に理想とする憲法の全体系を提示した文献までをも取り上げることが必要であるから、今、小早川氏の表を基としながら私の修正増補を加えた表を次に掲げ、そのあとでこれらの諸構想の全体的傾向を検討してみることにしたいと思う。日本人の憲法思想を見るための史料としてであるから、外国人の作製したものは除外することとし、また明治憲法との対比のためであるから、明治憲法の起草作業の一環として作製された草案も除外することとした(明治憲法起草関係者の作製したもので、明治憲法の原型となったものでも、まだ起草作業の開始される以前に作られたものは、個人的意見と見るべきであるから、除外しなかった)。また憲法の構想を組織的に示したものであれば、条文の形式をそなえた私擬憲法草案の体裁となっているといないとにかかわらず取り上げることとしたので、それらの点で従来の憲法草案のリストと多少の出入りの生じたことを附記しておく。

明治憲法制定以前の憲法の諸構想案

◎は全文の判明しているもの、○は一部分のみ判明しているもの、×は全文の不明なもの。
六・二・三は明治六年二月三日を示す。本文の出典は流布公刊本ある場合はそれを挙げる。

（名　　称）	（起草又は発表時日）	（起草者）	（本文の出典）
◎大日本政規（初案）	六・二・三頃以前	青木周蔵	稲田正次氏『明治憲法成立史』上
◎帝号大日本国政典（修正案）	七・五・六頃以前	同右	同右
◎（明治八年の一私擬憲法案）	八・四・一四以前	不明	『明治文化全集（戦後版）月報』14
◎国憲按（第一次案）	九・一〇	元老院	『明治憲法成立史』上
◎同　（第二次案）	一一・七・九	同右	浅井清氏『元老院の憲法編纂顛末』・『明治憲法成立史』上
◎同　（第三次案）	一三・七・上旬	同右	同右
○嚶鳴社案	一二？	嚶鳴社	『植木枝盛遺稿』（尾佐竹猛氏『日本憲政史大綱』下・『明治憲法成立史』上）
◎私擬憲法意見	一二・三頃	共存同衆	『明治文化全集』正史篇下
◎大日本国会法草案	一三・一一・一以前	桜井静	山岸文蔵『国会論続篇』
◎大日本国国会権限	一三・一一・一以後	山際七司	『史潮』八二・八三
◎大日本帝国憲法見込書大略（甲号案）	一三・二	筑前共愛会	『国家学会雑誌』四七の一二
◎大日本帝国憲法見込書草案（乙号案）	右以後	同右	同五二の一一
◎国憲大綱	一三・九・三〇頃	元田永孚	『教育に関する勅語渙発五十年記念資料展覧図録』・『明治憲法成立史』上

○大日本国憲法草案	一三・一〇・二〜三	中立正党政談記者	鈴木安蔵氏『明治初年の立憲思想』
◎大日本国憲法	一三・一二頃	京都府民有志	『日本史研究』八七
◎大隈重信意見書	一四・三	矢野文雄	『明治文化全集』正史篇下
◎国憲意見	一四・三・三〇〜四・一六	福地源一郎	同右
◎私擬憲法案	一四・四・二五	交詢社	同右
◎私考憲法草案	一四・五・二〇〜六・四	同右	鈴木安蔵氏『自由民権』
○私擬憲法案	一五・八・一五以前	交詢社関係者？	『交詢雑誌』九二（『日本憲政史大綱』下）
×私擬憲法意見	一四・五・二三以前	不明	本文不明（『近事評論』一四・五・二三、二八）
×憲法草案	一四・六	東北七州自由会議憲法見込案作成委員	本文不明（『日本憲政史大綱』下）
◎岩倉具視憲法綱領	一四・七・五	井上毅	『岩倉公実記』・『明治憲法成立史』上
○憲法草案	一四・七・五〜九	矢野駿男	『近代熊本』8
○相愛社員私擬憲法案	一四・一〇・三	相愛社	同右
◎国憲私考	一四・七	兵庫国憲法講習会	『国家学会雑誌』五二の一〇
◎私草憲法	一四・七・一〇〜九・一〇	山陽新報記者	同五二の一〇・一一
○日本憲法見込案	一四・八・一九以前	内藤魯一	『明治文化全集（戦後版）月報』12
◎日本国憲法（草稿本）	一四・八・二八	植木枝盛	『国家学会雑誌』五一の九
◎東洋大日本国国憲案（第一次清書本）・日本国国憲案（第二次清書本）	右以後	同右	『憲法資料』・『明治文化全集』正史篇下

×憲法案	一四・九・一〜七	三尾自由党	本文不明(『国会期成同盟本部報』)
◎日本憲法見込案(1)	一四・九・一九頃？	立志社	『自由民権』
○日本国憲法草案	一四・九前後	村松愛蔵	鈴木蔵山『衆議院議員候補者評伝』・『歴史評論』八九
◎憲法草案	一四・九	山田顕義	尾佐竹猛氏『日本憲政史』
◎大日本帝国憲法草案	一四・一〇	菊池虎太郎・黒崎大四郎・伊東藤郎	『三条家文書』
◎各国対照私考国憲按	一四・一〇・一〜一二・二四	東海暁鐘新報記者	『公法雑誌』三の九
×私拾憲法	一四頃	高橋喜惣治	本文不明(『帝国議会議員候補者列伝』)
◎立憲帝政党議綱領	一五・三・一八	福地源一郎等	『自由党史』
◎憲法私案	一五・四・五	井上毅	『憲法類纂雑纂』・『日本憲政史』・鈴木安蔵氏『明治憲法とロエスレル』
◎憲法草案	一五秋頃	西周	『西周全集』二
◎国憲汎論	一五・一二〜一八・九	小野梓	単行本
○私草憲法	一六・一・三〇	北陸自由新聞記者	『法律時報』九の八
◎臆測欽定憲法	一六・三・二七以前	柳窓外史	『二十三年未来記』(江村栄一氏提供)
○私擬草案(2)	一六・五・二九	壬午協会	『明治文化』一一の八
◎日本帝国国憲の草案	一六・七以前	不明	小早川欣吾氏『明治法制叢考』
◎国会審論(3)	一九・一二・二五	浅野義文	単行本

◎国会要覧	一九・一二	星　亨	単行本
◎国会組織論	二〇・五	出野誠造	単行本
◎私草大日本帝国憲法案	二〇・七・一	田村寛一郎	『史潮』八二・八三
◎国会論	二一・一・三〜二・二四	中江兆民	『東雲新聞』(後に単行本)

上掲の諸構想案の大多数のそれぞれについては、すでに浅井清・鈴木安蔵・岡義武・林茂・小早川欣吾・石井良助・長谷川昇・稲田正次・江村栄一・原田久美子等諸氏による説明が公表されているので[4]、ここではしばらくそれらの先行文献に詳細を譲って個別的説明を省略することをお許し願うこととし、ただ今までほとんど具体的内容の紹介されていない二、三の案のみについて、大略を説明しておくにとどめる。

菊池虎太郎外二名の『大日本帝国憲法草案』　民権運動の高揚を敵視する人々が太政大臣三条実美に上った建白書に附せられているものである。建白書には自由民権派の主張を紹介した上で「臣等此言ヲ聞キ、驚愕痛歎、切歯扼腕、国賊ト揚言セザルヲ得ズ。(中略)如何セン彼ノ国賊輩ニ雷同附和スルノ徒、日一日ヨリ多キヲ加フ。豈慨歎痛哭ニ耐ユ可ンヤ」とこれに対しはげしい憎悪感と危機感とを示しているが、そのような意識に基づいて立案した憲法草案のほうを見ると、意外にも立憲主義的色彩がすこぶる濃く、憲法構想としては決して反動的なものではない。「我皇統ハ特リ万国ト異ナルガ故ニ永世一系男ヲ以テ継続シ、世々三種ノ神器ヲ伝フ」「大日本帝国皇帝大統ヲ承ケタルトキハ、父皇帝ノ神器ヲ手授スルヲ以テ譲位ノ基礎ト為ス」といった、建白の精神によく相応する天皇制イデオロギーから出た条文もあるが、それは東京日日新聞案の「皇統ハ神種ナリ云々」の一条のように、実際の政治体制とはあまり関係のない観念的な装飾にとどまり、政治体制として構想されている内容は、そのようなイデオロギーと必ずしも対応していない。

第一に、この案は冒頭に「憲法ヲ以テ君民同治ノ政体ヲ確立ス」と明記し、主権が君民に分有されるものとする立場をとり、君主主権説をとっていない。皇帝は「太政大臣内閣会議院ト共ニ大日本帝国ヲ統治ス」るのである。しかも、立法権は上下両院に、行政権は太政大臣に、司法権は司律院にそれぞれ委任されることになっていて、天皇親裁が原則として否定されている。

第二に、国会は二院制であるが、上議院の議員は民選の下議院議員の中から推選されるのであって、皇族・華族・勅選議員の類から成る他案の上院とは全く性質を異にし、間接選挙による民選議院に外ならず、実質的には一院制も同然である。身分上の特権に基づく議員と勅選議員とが国会に出る道をとざしている点では、交詢社案その他の自由主義派の諸案よりかえって立憲主義的といえよう(華族制度は認めているが、それも「一世限り」としている)。「上議院ハ太政大臣以下各省ノ卿を撰挙シ又黜陟スルノ権ヲ有ス」というのであるから、完全な議院内閣主義を採るものとみなければならぬ。その上に「上議院ハ国憲及ビ国民自由ノ権、法律上国民平等ノ権、財産所有ノ権ヲ監察シ、之レニ抵触スル布令ヲ拒止スルノ権ヲ有ス」とあって、国民の人権を担保するために違憲審査権が国会に与えられているのである。この案に人権章典に当る条項がないのは近代憲法としては致命的な欠陥のようにも見えるが、この一条を備えることで、実質的に人権保障の実をあげようとする意図が認められるから、人権章典の欠如だけで評価するわけにいかない。両院の議決を允可するの権は太政大臣に委任されているけれど、太政大臣が両議院の議決を否としても、「上下両院ノ復議前議ヲ執ラバ之ヲ変更スルヲ得ズ」という停止条件の附せられている点では、植木枝盛草案のごとき最左派の草案と一致している。わずかに「上議院ノ傍聴ハ皇族及ビ各省ノ卿以上ヲ許シ、其他ヲ禁ズ」「下議院ハ人民ノ建議及ビ願書類ハ之ヲ受理セズ」という条項を設けているところなどに、反民主主義的思想が窺われる程度にすぎない。

右のようにこの案は実質的にきわめて立憲的な政治体制を考えており、しかも他の案に類例のない独得のアイデアに富む。建白書に示されたような意識からどうしてこのような構想が出てくるのかふしぎに思われるが、民権派に対しあれほどの敵意を示した人々の間からさえかような構想の生み出されているところに、この時期の国民の憲法に対する基本的な態度をよみとることができるのではあるまいか。

浅野義文の『国会審論』　民権運動の崩壊後、民間からの憲法草案の提示はほとんどなされなくなったが、国会開設予定期の近づくにつれて、国会に対する予測や要望を主題とした単行本が数多く出版されるようになった。国会の構想を論じた単行本や論文は、国会開設請願運動の最高潮期である明治十三、四年前後にもたくさん出ているが、私擬憲法草案の影を潜めるにいたったこの時期の国会論は、憲法草案に代わって民間の憲法構想を示す重要な役割を帯びるにいたったと考えられるので、この時期の著作の中から代表的なもの若干を選んで表に加えた次第である。

その一つである『国会審論』の出た明治十九年十二月といえば、すでに民権運動は潰え去り、政府側の一方的なイニシアティヴの下に憲法制定の準備が着々として進行し、いよいよその起草の開始されようとする直前の時期に当り、国民の側から自由主義的な憲法の制定を要求するだけの政治的エネルギーはすでに消失していたかのような観を呈していたのであるが、そのような時期の刊行物であるにもかかわらず、本書は大体において明治十年代前半期以来の立憲主義を堅持し、交詢社案に近い線での憲法の制定を断念することなく期待しつづけるもののあった事実を示しているのである。

本書はまず「一人(の脱カ)国王や数人の大臣に国家の政り事を任せ切りにして置くことは、人民に取りては中々危険の事なり。(中略)恐れ多くも我邦の武烈天皇の如きもましませば仏国のルイ十四世、英国のチャーレス一世の如き比々として之あれば、人民に取ては中々君主大臣の賢良にのみ任せて置くこと能はず、自から国家の政り事を執りて已れ等の好む所の政り事を行はざる可らず」というところに、ぜひとも立憲政体となさねばならぬ理由を求め、人民が「已れの名代人」を選出して国政を議せしめ、「国王大臣が我儘気儘勝手無法なる法律(脱アルカ)を租税を取立てんとする時は之を論じ、其我儘気儘勝手無法を矯め直す所の役目」を果すのが国会であるとして、立憲政治が国民の代表機関によって権力の濫用を制限する目的のものであることを的確に示し、ドイツのように、国会の議決に対し皇帝が不認可権を行使することが往々あり、「是故に英仏の如く必ず国民の輿論に従ひて国家の政り事を取り行ふことを得るものとは定め難」いものは、「名は立憲政体なれども、実は君主と大臣との専制に似たるものあるなり」と喝破して、政府方面で推進しているドイツ流憲法主義にきびしい批判を示し、「苟も立憲の政り事を行ひ国会を開きたる上は、国会は一国悉皆《のこらず》の政治法律を議し定め」、「内閣大臣は国会に信用あるものにて常に其の多数の賛成ある者に限る」のでなければならぬ、と議院内閣主義の採用を強く主張している。この見地から、近年「内閣諸公に向つて議院内閣の危険なるを説き」、「英国流の国会は不可の極にして独逸流の国会ならざる可らず」「議院多数の信用如何に依て内閣大臣を任免せん抔とは、君主制の本体を知らざる者にて民主主義を唱ふる者なり、民主主義は我が国体を害する者にて、我臣子の本分に於て唱ふべきものにあらざるなり」などといった議論の次第に有力化しつつある現状に対して深い憂を示し、もし政府当局者がこのような主張の方向に傾斜して行き、国会が開かれても下院の議決を意に介しないということになるならば、「立憲政体は名ばかりにて、国会は府県会に毛の生へたるが如きの権限に止まり、君主独裁に似たりとて論者の排斥を被る独逸の立憲政体に似寄るが如き」結果となってしまう、という警告を発しているのは、さすがに民権運動の凋落した明治十九年という時点における客観情勢のきびしさを認識しないではいられなかったからであろう。ただこのような時期においてもなお、憲法「を制定せらるるに当りては、啻だに二三の官吏が集まり合ふて之を議し定めるのみにては少しく不満足なり。(中略)官民共に協議して憲法を定め度もの」であるから、「先づ玆に本年頃より憲法議会とでも称する一会議を起し、国会を開く前に人民の名代人即ち代議士を選挙せしめ、之を憲法会議に出席せしめて内閣の官吏と共に憲法を議し、全く之を定め終りたる後にては一先づ其の会議を閉ぢ、憲法を公布せられ、而して更に国会を開かるることとせば、其の憲法は人民も既に承諾したる者にて、政体の土台を据付けるに於て極めて好都合なるべし」と、官民の協議を経た国約憲法の制定を提案しているのは、悪化する情勢の中で依然として国民の要望に基いた憲法を制定しようとする自由主義者としての節操を示すものであり、客観的にはもはや実現の可能性のない提案に終ったにもせよ、そのような積極性を遺憾なく発揮しているこの書は、やがて制定せらるべき憲法への国民的要望を堂々と開陳して、明治十年代の憲法構想の掉尾をかざる文献の一つとしての歴史的地位を占めているのである。

その要望とは、第一に国会は上下二院に分ち、「我が国立法の大権を握り、一国政治の本根」とすること、上院は皇族・華族および勅選の議員より成り、下院の弾劾した大臣の罪を審判する等の権を有し、下院は、相当の財産と一応の教育ある者を公選して議員となし、財政・内治・外交の「一切此の下議院即ち人民の名代人の承諾を得ざれば取り行ふこと能はざる程の権」を与え、大臣は必ず下院の多数の賛成する者を任ずることとすること、国会の議決に対する認可権、国会の解散権等は君主に帰するも、不認可権の行使は避け、「国会にて議し定めたる大小の政務は必ず認可」するとともに、みだりに解散権を行使して「人民の意見と希望に背くが如きこと」のないようにすること、国会にも議案の提出権、大臣に対する弾劾権を与えること、大臣が国会の信任を失なったときには必ず辞職し、国会の多数の信任ある人物に内閣を組織せしめること等の個条より成るものであった。要するに天皇は「君臨」する「のみとなり、彼の欧州の金言にもある如く、君主は統治《レイン》するのみにて支配《コブルン》せずとの原則に適」うのが立憲政体の理想であると結論しているのであって、交詢社案・大隈案以来の改進党流の議院内閣主義を最も純粋な形で表明したものといえるであろう。

星亨の『国会要覧』『国会審論』と同年同月に出版されたもの。『国会審論』が改進党の憲法構想を堅持したものであるのに対し、これは自由党左派の憲法構想を忠実に維持するものであるのみならず、先行の同派の諸草案よりもさらに急進的な主張を示している。すなわち、一院制国会、国会の議決に対する君主認否権の否定、財産上および男女別による差別をふくまぬ完全な普通選挙制の採用などがそれであって、十九年末にこのような著作の出版されていることは、二十一年五月に植木枝盛が大阪で「憲法の意見」と題する演説を行ない、男女平等の普通選挙による一院制議会という持論を市民に訴えている事実とあわせ、自由党左派の憲法理念が、明治憲法公布の直前まで放棄されていなかったことを物語るものであろう。(5)

出野誠造の『国会組織論』「人民アリテ而シテ後ニ政府アリシナリ。政府ハ即チ人民ノ為メニ設ケシ者」であって、「其権ハ人民ヨリ委托サレタル被雇権ナリ。左レバニヤ泰西人ノ常言ニ人民ハ即チ雇主ニシテ政府ハ即チ雇吏ナリト云ヘリ」という明白な人民主権説に基づき、「既ニ人民ハ雇主ニシテ政府ハ雇吏ナリトセバ、一国ノ憲法ハ乃チ人民ノ起草ス可キ者タルヤ亦明カナルノ権理ナリ」と論じ、人民起草の憲法を政府に承諾させた上で人民の名において確定するという方式で憲法を制定すべきであると主張している。「自由民権ノ発達ヲ防圧緩慢ナラシムル」「政府ノ一機械」にすぎない上院のごときものは有害であるから、国会は一院制でなければならぬとする点でも自由党左派系の構想と同じであるが、ただ「下等社会ノ属望セル中才中智ノ人ヲシテ議場ノ多数ヲ占メシムルニ至」ることを防ぎ、「高才達識ノ士」を議会に多数送り出すために制限選挙を提案している点が、自由党左派系の一院制論と異なる点である。もっともその制限選挙というのは、財産による制限ではなく知識による制限であるし、男女の差別を否定している点では、改進党系の制限選挙論とも全く違っており、きわめて独自の構想に出でたものといえよう。国会の権限については、十分に考慮した形迹がないけれど、立法権至上主義をとっていることだけは明白である。

上掲諸構想案は、その成立の時期からみると、明治七年の民選議院設立建白提出以前に作製されたもの、十年代前半から十六年頃にかけての自由民権運動の全盛期に作製されたもの、十七年以後の民権運動崩壊期に作製されたものという三つの段階に区分することができる。

民選議院設立建白以前から憲法構想を具体的に考案していたのは政府官僚の側であった。起草者不明の明治八年案を除き、青木周蔵案・元老院第一次案ともに、政府の側での制憲準備作業として作製されている。民選議院設立の要求に基づかぬ、上からの構想であるため、幕末維新以来の封建議会の前例にしたがっており、民選議院をふくまぬ国会を考えているところに特徴がある。したがって全体としては本格的な近代憲法構想とは呼び得ないものであるけれど、この時期には下からの政治運動との対決がまだ発生しておらず、政府の側にも開明主義的空気が濃厚であったから、その他の条項では後の民間人の構想に共通する立憲的要素が多分にふくまれていた。

自由民権全盛期に入ると、民間の民権陣営やその周辺の知識人の手で数多くの私擬憲法草案が作製され、これに対抗し官僚側でも制憲を予定し官僚的構想の立案を開始した。作製の主体について分類すると、㈠自由党左派系につながる人々の作製したもの、㈡それ以外の自由党系につながる人々の作製したもの、㈢改進党系につながる人々の作製したもの、㈣御用新聞記者の作製したもの、㈤民権運動に反対する民間人の作製したもの、㈥政府官僚の作製したもの、というふうに分けることができよう。㈠に属するものに相愛社案・内藤魯一案・植木枝盛案・立志社案・村松愛蔵案等、㈡に属するものに筑前共愛会案・京都府民案・山陽新報案・東海暁鐘新報案等、㈢を代表するものに大隈案・交詢社両案・小野梓著『国憲汎論』(以下小野案と呼ぶ)・壬午協会案等がそれぞれある。この時期にいち早く民間案として作製され多くの影響を与えた嚶鳴社案・共存同衆案は、推測される起草者の顔ぶれからいうと簡単に何れとも割り切れぬが、思想内容からすれば㈡ないし㈢と同系統である。㈣に属するのが福地源一郎案(『東京日日新聞』の社論として発表されたものであるから、以下日日案と呼ぶ)、㈤に属するのが菊池虎太郎ら三名の案(正確な呼び方ではないが以下菊池案と呼んでおく)であり、『明治法制叢考』に紹介された案(適当な呼び方ではないが便宜上以下法制叢考案と呼んでおく）もあるいはこれに属するかもしれない。㈥はさらに、㈠政府内部で内閣と相対的に独立した立場に立つ元老院の案（第二次・第三次案）、㈡同じように少しく異なる立場に立つ宮中官僚としての元田永孚の案と、㈢内閣官僚としての井上毅が起草した岩倉具視憲法綱領および井上の個人的私案（こちらのほうだけを井上案と呼ぶ）・山田顕義案・西周案との三群に分類できる。

作製の主体による分類は大体そのまま内容上の特色による分類と重なり合う。最もラディカルな民主主義的構想を示しているのが㈠で、一院制議会・普通選挙を掲げている点が他の案とはっきり区別されるところであるが、その内でも植木案や立志社案のように抵抗権の実定法化を企てているものさえあるのが特色をなす。この㈠が他の諸構想と明瞭な一線を画し、これに対し、二院制議会と制限選挙とを唱えながら議院内閣主義をとる㈡㈢㈣の三群の間には、ほとんど実質的な相違は見出し難く、思想的には大体同一のグループを形づくるとみてよい。㈤の菊池案は、その政治的立場にもかかわらず、憲法構想としてはやはりこのグループに属せしめられてよいもので、むしろ㈠と共通する要素さえ含んでいる。また㈥の内でも、岩倉綱領と元田案とだけが特別で、元老院第二次第三次案はほとんど㈡㈢㈣と同じ枠組の構想を示しているし、山田案・井上案も、部分的には民間諸案にない君権主義的条項を有しているけれど、大局的には㈡㈢㈣と決定的な対立を示すものとは言えない。

以上の立憲主義的諸案を仮に多数意見と称するとき、これに鋭く対立する少数意見が元田案・岩倉綱領・法制叢考案の三である。岩倉綱領は同じ井上毅の起草にかかるものでありながら井上が私案として起草したものに含まれている立憲主義的要素を欠いているし、元田案は政教一致の前近代的封建主義に立脚している（しかし、それは儒教の徳治思想から出たものであるから、ドイツ流君権主義に立脚する岩倉綱領のような権力主義的色彩は必ずしも強くない）。最も反民権的なものが法制叢考案であって、岩倉綱領の権力主義と元田案の前近代的政教一致主義とを兼ねそなえる、徹底した君権主義の制度を構想しており、植木案を最左端に位置するものとすれば、その正反対の側の最右端に位置するものと言ってよいであろう。

自由民権崩壊期に入ると、田村寛一郎案を別とすれば、憲法草案の形をとるものは姿を消し、国会構想のみしか見出すことができない。しかし、その思想内容は依然として民権運動最盛期の諸構想のそれを維持しており、『国会要覧』(以下星案と呼ぶ)・『国会組織論』(以下出野案と呼ぶ)・『国会論』(以下中江案と呼ぶ)[6]は㈠の、『国会審論』(以下浅野案と呼ぶ)は㈡のそれぞれの系統を継承している。[7]官僚案が姿を消すのは、官僚が私案としてでなく公の憲法起草の作業に着手し始める段階に達しているからである。

さて、これらの諸構想について、さらに憲法の基本的な諸綱目ごとに各案がそれぞれどのような見解を示しているかを具体的に検討することにより、全体を通ずる傾向の析出を試み、以て明治十年代を中心とする時期の日本人の憲法思想の大勢を明らかにするための手がかりを求めてみようと思う。この方法によって、次のごとき結果を得た。

㈠　主権または立法権の帰属について

主権が国民の集合体としての国家に在るとする立場に立つものに、青木周蔵両案・植木案・立志社案・小野案・壬午協会案・出野案・中江案があり、立法権を国会のみに専属させた明治八年案・中立正党政談案もこれに近いと見てよいかもしれない。立法権に関しての表現あるにとどまるものをふくめ、君民共治、すなわち君主と人民またはその代表である国会との分有に帰するとするものに、元老院三案・共存同衆案・筑前共愛会両案・桜井静案・日日案・菊池案・西案がある。交詢社両案には明文はないが、主権論争で『郵便報知新聞』の主張したところから類推すれば君民共治説に立脚していると見てまちがいなく、交詢社系別案にいたっては、主権在民の立場に近いようである。主権在君を明示したのは田村案だけであるが、元田案・岩倉綱領・井上案・法制叢考案のごときは、もちろん主権在君主義を前提としていると考えねばならぬ。この五つを除き、他の圧倒的多数は主権在民または君民共治を考えているのであって、青木案・元老院案のような官僚の案、日日案のような御用新聞の案、菊池案のような反民権主義者の案までがこれに属しているのは、きわめて注目に値する事実である。

㈡　憲法制定権(制定の手続)について

国約または民約を主張するものに、桜井案・日日案・内藤案・植木案・立志社案・浅野案・出野案があり、村松案もおそらくこれに属するのではあるまいか。欽定を主張するものに、八年案・大隈案・岩倉綱領・山田案・井上案・柳窓外史案・法制叢考案がある。小野案は欽定を必至としながらも国民の意見を反映させることを期待している。日日案が国約を主張し、大隈案が欽定に同意しているのは、いささか意外の感なしとせぬ。

㈢　編章の順序の立て方

編章の順序など形式的なことのようであるが、明治二十二年刊行の井上操著『大日本帝国憲法述義』に「憲法ハ一国政治ノ大基礎ニシテ至重至大ノ法律ナルヲ以テ、其編次ニ於テモ亦深ク注意ヲ加ヘ、一字一句モ軽忽ニ下ス可カラズト雖ドモ、国体ノ成立ニ因リ亦自ラ其編次ヲ異ニセザル可カラズ。即チ民主国ハ人民ヲ首トシ、立君国ハ君主ヲ基本トシテ以テ之ガ編次ヲ為サザル可カラズ」と言っているように、編章の立て方には、単なる形式問題にとどまらない思想的意義がふくまれている場合も存するのであり、私たちの問題意識からすると、憲法における人権章典の重さがどの程度に自覚されていたかを測定するために役立つ場合もあるのである。そこで、人権章典を君主その他の統治組織の規定の前に置いたものと、君主に関する規定または君主その他の統治組織の規定を人権章典の前に置いたものとに分けてみると、前者に属するものに青木両案・植木案・立志社案・山田案・井上案・西案があり、内藤案もおそらくこれに属するのであろう。後者に属するものに元老院三案・嚶鳴社案・共存同衆案・共愛会両案・元田案・日日案・大隈案・交詢社案・岩倉綱領・山陽新報案・兵庫国憲法講習会案・村松案・東海暁鐘新報案・田村案があり、中立正党政談案もたぶんこれに属するにちがいなく、後者のほうが圧倒的に多い。しかし、後者の内に自由党左派系の村松案が入っているかと思うと、前者の内に山田や井上のような官僚の案が入っていたりするのを見れば、植木案のように明確な自覚に基づいて順序を立てたものばかりではないらしく、この分類にあまり大きな意味をおかないほうが安全かもしれぬ。それにしても、天皇の章を真先に出さなければいけないという強い要求が井上ら官僚の場合にさえなかった点は、やはり注目に値するところではあるまいか。

㈣　国民の権利の保障について

国民の権利を法律の留保なしに保障したものには、植木案・立志社案・村松案があるだけで、他のほとんど全部が法律の留保の下で人権を保障しているにすぎない（ただし、田村案は別に立法原則の画定で法律による人権の制限に絞りをかけているから、条件つきといっても、他の諸案と少しく違う）。もっとも右の二つのグループの内部には、規定の仕方に強弱の程度の差がいろいろあり、積極的に法律による人権縮限を禁止した植木案を一方の極とすれば、他方法律による制限のほうをいっそう強調し、権利よりもむしろ義務を説くに急な法制叢考案のような反対の極にいたるまで、その中間にいくつかの段階がある。しかし、大体においてこの時期では、基本的人権の不可侵性は、自由党左派系の理論家を除くと、あまり自覚されていなかったと見るべきであろう。しかし、保障されるべき人権の種目については、先進立憲国の範例に依存することの多かったせいもあろうが、明治憲法に比べればはるかに広く、ことに司法上の人権の保障に周到を期したものが多い。青木両案・交詢社両案・山陽新報案・講習会案・植木案・立志社案・暁鐘新報案・法制叢考案・田村案のごとき、いずれもそうであって、法制叢考案のような極度に反民主主義的な案までがそうであるのは、興味深い事実である。

右のとおり、人権の保障について周到な規定を掲げた案の少いことは事実であるが、それは人権意識の成熟が十分でなかったという事情によるばかりでなく、人権保障のための周到な規定を設けることが、当時の人々の立法についての技術的知識でははなはだ困難だったことにも原因があったのではあるまいか。

㈤　君主と国会との関係について

まず、国会が皇位の継承、摂政の選定、君主の即位その他君主の地位をめぐる重要事項に関与できるかどうかについてみると、国会の関与を認めたものに青木両案・元老院三案・共存同衆案・共愛会両案・桜井案・京都府民案・日日案・矢野駿男案・山陽新報案・講習会案・植木案・立志社案・井上案・西案・小野案・壬午協会案があり、その内でも青木案・元老院案・共愛会両案・桜井案・日日案・立志社案・西案では、即位に当り天皇が国会において憲法遵守の誓約を行なう義務またはそれに準ずる義務を負うことになっていて、山田案のように皇位の継承は皇室の典則に譲るとしたものでさえ、この誓約義務は認めているほどである。これに対して、この種の事項に一切国会の関与を許さない方針を明示したのは、岩倉綱領と法制叢考案とくらいにすぎず、国会に関与させるという考え方が、元老院はもちろん、山田・井上のような政府中枢の官僚までをふくめて、圧倒的に優勢であったことは明白であろう。

最も重要なのは、国会の議決に対する君主の不裁可権の行使をどう考えるかという点である。不裁可権がやたらに行使されるときには国会が存在しても君主独裁と実際上同じような結果となってしまう危険があることを、当時の人々は地方議会の議決に対する府知事県令の不認可措置の体験によって十分理解していたにちがいない。多くは別に明文を設けてはいないが、日日案と浅野案とは実際の運用上不裁可権の行使を自制すべきであると説いており、内心これと同じような考えをいだくものが他にも多かったのではなかろうか。内藤案・植木案・立志社案では明文で不裁可権に制限を加え、星案にいたっては、不裁可権を否定している。

次に国会の召集開閉を完全に君主の命令下におくかどうかという点も、君主と国会との関係を律する重要点の一つであって、多くは国会の召集開閉は君主の命によるとしているけれど、共存同衆案・桜井案・相愛社案・内藤案・植木案・村松案・西案は、一定の条件の下での国会の自動集会権を認めている。中江案は、あいまいな表現ながら、全面的な自動集会権を主張しているのであろう。

右のように、君主に対して国会に高度の独立の権限を与えようとするものは、自由党左派系の諸案に多いことが分るが、官僚の立案中にも同様の考え方をとるもののいくつか見られることは、注目に値する。

㈥ 国会の構成について

国会の構成については、明治十年以前の案である青木両案・八年案・元老院第一次案のように民選議院を認めないものもあるけれど、これらごく初期の諸案は、国会開設運動のまだ広がらない時期に維新以来の官選合議制の惰性に基づいて立案されたものであるから、しばらく別にして考えてよい。これらを除くと、民選議院一院のみを設けようとするものと、皇族・華族等の特権議員または勅選議員等より成る上院をふくむ二院制を主張するものとの二つに大別することができる。相愛社案・内藤案・植木案・立志社案・村松案・星案・出野案が前者で、大体自由党左派系の人々の構想に限られている。これに対し、他のほとんどすべてが後者に属し、二院制論が圧倒的多数を占めているのである。もっとも、その内で菊池案では、下院議員から選出された議員で上院を構成するというのだから、実質的には前者と性質を同じくすると見なしてよいだろう。これに対し、法制叢考案の国会は府県会代表から成る一院のみとはいうものの、その権限がいちじるしく小さく、元老院・立法官等の官選機関に優越権を与えているのであるから、二院制よりもいっそう非立憲的であり、国会を単なる諮問機関と考えていた元田の見解とともに、明治十年代の構想としては、いちばん専制主義的傾向の強いものといわなければなるまい。

次に民選議院の構成であるが、制限選挙を採るか普通選挙によるかという重大な問題がある。完全な男女平等の普通選挙を考えているものは意外に少く、星案唯一つあるのみであり、税額を問わず租税納入を要件とする京都府民案・日日案・植木案・村松案・暁鐘新報案が比較的に普通選挙に近い構想を示すにとどまる。その内で、女子に選挙権を認めているのは植木案(男女平等)と村松案(女戸主だけ)との二つだけである。内藤案と立志社案もほぼこの線を考えていたのではないかと思われるが、前者は当該部分が伝わっておらず、後者は選挙制度を法律に譲っているので、ともに明らかでない。下院議員を区町村会議員において選挙するとした田村案も、区町村会議員の選挙権の規定を欠くために、これまた財産上の制限をどう考えていたか知ることができない。

出野案が普通選挙を否定しながら財産・性別による制限に反対しているのは、特殊な考え方を示しているが、財産・性別の制限の否定に重点があると見るならば、普通選挙に近い考え方の一変種に属すると考えてよいだろう。

これらに対し、納税額十円以上というように財産上の制限を立てたものが圧倒的多数であって、元老院第二次第三次案・共存同衆案・中立正党政談案・桜井案・交詢社両案・岩倉綱領・山陽新報案・講習会案・山田案・暁鐘新報案・井上案・西案・小野案・柳窓外史案・浅野案がこれに属する。

㈦　国会と内閣との関係について

国会と内閣との関係の中心問題は、国会、特に民選議院に基礎を置く議院内閣制を採るか、それとも君主の信任のみにより進退し、国会によって左右されない帝室内閣制を採るかということに帰するが、この場合は議院内閣制を主張するものが圧倒的に多い。共存同衆案・共愛会両案・大隈案・交詢社両案・相愛社案・山陽新報案・講習会案・内藤案・村松案・暁鐘新報案・菊池案・小野案・浅野案・田村案・星案がみなはっきりそう云っているし、日日案も輿論に違背する大臣は斥けられねばならぬとしているから、実質的にはこれに属すると見てよい。三権分立制を徹底させている植木案と立志社案との場合は少しく違っているけれど、立法府中心主義だから、立憲主義の貫徹を期する点では全く同じ立場である。議院内閣制は採らないが、元老院三案・京都府民案・中立正党政談案・山田案・井上案には、他の諸案の多数が採用している国会の大臣弾劾権の条項があるので、これまた国会に内閣の死命を制する実権を与えたものと見てよいであろう。このように、自由主義各派はもちろん、御用新聞や反民権主義者の案までが議院内閣制を採り、官僚諸案も弾劾権を認めるのに吝でないのに対し、国会に内閣を左右する力を与えないことを明言しているのは、岩倉綱領と法制叢考案との二つだけで、全くの例外的少数意見であることがよくわかる(柳窓外史案に内閣と議会との意見不一致のとき勅裁に委ねるとしたのは、両極の折衷案とみるべきか)。

(八)　国会の権限に関するその他の問題について

国会の権限に関しては、右の外にもなおいくつかの重要問題点がある。まず、財政権を国会、特に下院に掌握させるかどうかが、議院内閣制を実現させるかどうかの実質的条件となるという意味で注目される。この点でも、八年案・元老院案・共存同衆案・共愛会両案・桜井案・京都府民案・日日案・交詢社両案・相愛社案・山陽新報案・講習会案・内藤案・植木案・立志社案・村松案・山田案・暁鐘新報案・菊池案・西案・小野案・北陸自由新聞案・浅野案・星案・田村案・中江案のごとく、自由主義諸派・御用新聞・反民権主義者・官僚のほとんどすべての案にわたって財政権国会帰属主義を採っているのに対し、岩倉綱領と井上案とのみが政府の前年度予算執行権を主張し、少数の例外的立場を示しているのであった。法制叢考案は予算の部分に本文の欠脱があって少しく疑問の余地があるが、地方税につき国憲条目において必要と認めた経費についての議会の議権を制限しているのは、井上案で法律の規定による定額の支出の変更を禁じているのと同じく、やがて明治憲法第六十七条を生み出す前段階的な着想として注目を惹く。

条約の締結についても、その内容に国民の利害に関する事項をふくむ場合には国会の議を経ることを必要とするとして、国会の外交への関与を認めたものが多い。元老院三案・共存同衆案・共愛会両案・京都府民案・交詢社両案・矢野駿男案・相愛社案・山陽新報案・内藤案・植木案・立志社案・暁鐘新報案・井上案・西案・小野案・浅野案のごとく、右は井上毅から左は植木枝盛までのあらゆる立場の人々の案にわたり共通した意見となっている。これに対し、一切の外交を君主の専権に帰したのは、青木両案・日日案・岩倉綱領・山田案・菊池案くらいであって、比較的少数である。

また、共存同衆案・桜井案・相愛社案・山陽新報案・内藤案・植木案・村松案・山田案のように、国会に国政調査権を与える条項を立案したものの少くなかったことも、看過せられるべきでない。

(九)　司法権について

司法権独立の原則については、意見の対立がなかったが、この原則を貫徹するためには裁判事務だけでなく司法行政をも行政府から全面的に司法府に移さなければいけないとした小野案の主張は、日本の司法権独立の実態にかんがみるとき、卓越した着想であったといわなければならない。

また、司法を民主化するために、裁判官の任命に国民を直接関与させようとする共愛会乙号案、国会を関与させようという内藤案・植木案・立志社案・西案・小野案のあったことも重要であるし、共愛会両案・日日案・内藤案・植木案・村松案・暁鐘新報案・小野案が陪審制の採用を主張しているのも注意すべき事実であった。概して司法の民主化については、自由党左派系の人々がもっとも深い関心をはらっていたことが判明する。

(一〇)　憲法改正権について

大部分の案は、憲法の改正を君主と国会との合意によって行なわれるものとしている。その例外として、改正権を国会に専属させる植木案・中江案、改正発案権を国民に留保しようとする立志社案のごとき民主主義の方向に徹した少数意見と、発案権を天皇に専属させる井上案、改正を許さない方針とする法制叢考案のごとき君権主義の方向に傾いた少数意見とがある。君主に関する条項の改正にかぎり天皇の同意を要するとした交詢社案・山陽新報案・講習会案・田村案は、多数意見を少しく右の方に妥協させたものとみてよかろう。

以上によってこの時期に立案された憲法構想の大体の傾向を察知することができたと思う。すなわち、主権在民ないし君民共治の思想に立ち、国会をして皇位に関する事項に関与させるとか、内閣の進退を左右させる(あるいは三権分立を徹底させる)とか、財政権を国会、特に下院に掌握させるとかいう、相当に徹底した立憲主義が、立案者の立場の相違を超えてほとんどすべての構想に共通する最大公約数的な考え方となっており、これに反し、君権中心主義を採るものは、元田案・岩倉綱領・法制叢考案のごとき僅少の例外にとどまっているのである。そればかりでなく、編章の順序において人権章典を君主に関する章の前に置くとか、司法上の人権について周到な規定を設けるとか、納税額を問わず納税者には原則として参政権を与えるとか、国会に自動集会権や国政調査権を与えるとか、裁判官の任命に国民または国会を関与させるとか、陪審制を採るとかいった構想も、比較級的には少数にせよ、かなりの数に上っているし、それが官僚や反民権派の人々によって立案されている場合も珍しくないことは、上に述べたとおりであった。このように明治憲法が採用しなかったところの民主主義的な構想がほぼこの時期の日本人の最大公約数的な考え方であった事実を確認するとき、こうした一般の要望を完全に無視し、僅少例外意見にすぎなかった岩倉綱領の線をさらに君権主義の方向に極端化することによって成立した明治憲法の歴史的意義が、おのずから明瞭に理解せられるであろう。もっとも、この時代の諸構想においても、君主制を認め共和制を採らないこと、人権について法律による制限を認めること、二院制を採ること、完全な普通選挙を採らず有産の男子に限り参政権を与えることなどの点では、明治憲法およびその附属法典と一致する考え方に立つものがむしろ多数を占めていたのであるから、これらの点に関するかぎりは、多数意見に反対して、法律による人権の制限を許さないとした植木案・立志社案・村松案、一院制国会を主張した内藤案・植木案・立志社案・村松案、女子にも参政権を与えた植木案・村松案のごとき自由党左派系の諸案が少数例外に属するといってよいであろう。

以上を綜合して今いちど大きく分類してみると、いちばん右に元田案・岩倉綱領・法制叢考案という君権主義の少数例外グループがある。その他はすべて議院内閣主義の立憲主義グループに属し、これが多数意見をなすが、その多数意見の内では、自由党左派系の諸案がいちばん左に比較的少数のグループを形成しており(その内でも植木案が最左翼に位置する)、その他の自由党系諸案・改進党系諸案・御用新聞案・反民権主義民間案・官僚諸案の間にはほとんど実質的差別なく、ほぼ同一のグループに属している、という形を呈することは前に述べたとおりである。

これが諸構想案の検討の結果得られた明治十年代前後の時期の憲法思想の一般的状況であるが、このような状況の生じたのは、いうまでもなく明治十三、四年をピークとする自由民権運動の高揚の結果に外ならない。明治初年における政府の率先唱導にかかる文明開化政策の下で飜訳的に移植せられ、上から注入されてきた近代憲法思想は、組織・団結の力によって自ら国会開設をかちとろうとする広汎な国民的運動の展開過程の中でようやく日本人自身のものとして定着してきたのである。運動が広汎な国民的基盤を有したこと、それ以上にいっそう広汎な範囲にわたり大なり小なりの影響を及ぼしたことの当然の結果として、その思想的立場は必ずしも一様ではあり得なかったけれど、とにかく先進立憲主義国家の範例を学び取って古典的な立憲政体を樹立しようとする傾向において一致していたし、さらに運動の中で前衛的役割を演じた人々の間では、アメリカの独立革命やフランス革命をひそかに理想として、徹底したブルジョア民主主義革命を日本にも実現しようと志したものが少くなかったのであった。この時期の憲法構想がイギリスやアメリカなどに見られる古典的立憲政体を最大公約数的な期待として共通に有しながら、その内にブルジョア民主主義の極限にちかい徹底した構想を示すものがいくつかあったという上記の結論は、そのような歴史的状況を顧みるときに、まことに自然の現象であったといわなければなるまい。その上に、この民権運動の興隆期の直前には、前章に述べておいたとおり、近代憲法思想を日本的に変容することなしに紹介移植につとめてきた啓蒙時代が先行していたのであって、民権運動がそうした歴史的前提の上に立ってそれを飛躍的に展開させたものであったばかりでなく、上からの啓蒙の政策の推進者であった政府官僚自身が当然その空気を深く呼吸していたのであるから、かれらもまたその最初は立憲思想に相当にコミットしていたのであり、そうした官民を通ずる思想界の決定的な大勢が、おのずから前述のような憲法思想の基本的傾向を生み出すこととなったのである。穂積八束が明治末年にいたりこの時期を回顧して、「憲法制定ノ前後、世論ノ危激ナリシコトハ、今学生ノ想像ノ及ブ所ニ非ズ」(8)と言ったのは、明治十年代における民主主義的空気の横溢していた事実を述べた言葉として理解するならば、決して誇張の言ではなかったといってよかろう。こうした基本的大勢が決定的な転換に遭遇することなく進展をつづけて行ったならば、おそらく古典的立憲主義の線をそれほどはなはだしく逸脱することのない憲法の制定をみることもできたはずであるが、歴史の現実の発展はそうしたコースを進まず、明治十年代の一般的期待とは全く相反する方向にそって憲法の制定が強力におし進められ、官民共通の最大公約数的な憲法構想を実現する可能性はもろくも消え去ってしまったのであった。

(1)　この立志社草案の成立事情について、稲田正次氏と私との間で論争が行なわれたことがあり、私としては稲田説になお納得しがたいものがあるので、一応従来どおりの卑見にしたがって位置づけておき、今後の精考にまちたい。
(2)　この草案を載せた『明治文化』一一の八は、今まで実物が見当らなかったが、松永昌三氏の努力により発見され、氏のコッピーを借覧して、その内容を知り得た。
(3)　国会構想を述べた著書論説は明治十三、四年前後にもたくさん出ているが、ここでは私擬憲法草案の作製がほとんど見られなくなった明治十七年以後の国会論のみをとりあげることとした。
(4)　浅井清氏『元老院の憲法編纂顚末』、鈴木安蔵氏『明治初年の立憲思想』、同『自由民権』、岡義武氏「明治十三年に於け

る筑前共愛会の憲法私案」(『国家学会雑誌』第四十七巻第十二号)、林茂氏「植木枝盛の憲法私案と所謂立志社案の起草」(同第五十一巻第九号)、同「最近発見されたる憲法私案」(同第五十二巻第十号・第十一号)、同「東海暁鐘新報に掲載されたる各国対照私考国憲案」(『公法雑誌』第三巻第九号―第十二号)、同「北陸自由新聞に掲載せられたる私草憲法」(『法律時報』第九巻第八号)、小早川欣吾氏「新たなる一私擬憲法案」(『明治法制叢考』所収)、石井良助氏「明治八年の一私擬憲法案」(『明治文化全集(戦後版)月報』14)、長谷川昇氏「日本憲法見込案――内藤魯一草案――」(同12)、同「村松愛蔵憲法草案」(『歴史評論』第八九号)、稲田正次氏『明治憲法成立史』、同「国会期成同盟の国約憲法制定への工作・自由党の結成」(『明治国家形成過程の研究』所収)、江村栄一氏「新しく見出された『憲法草案』二篇」(『史潮』第八二・八三合併号)、原田久美子氏「明治一三年の憲法草案」(『日本史研究』第八七号)、水野公寿氏「『相愛社私擬憲法案』について」(『近代熊本』8号)其他。本表は江村栄一氏の好意による新資料一篇を附加しているが、その本文・解説は別の場所で発表の予定。植木草案については、拙著『植木枝盛研究』に詳しく卑見を述べてある。

(5)　この書の思想的意義を指摘されたものに後藤靖氏「星亭の『国会論』」(『明治史料通信』第一九号)がある。なお、この時期の国会論を全般的に展望した今中次麿氏「府県会開設より国会開設までの国会論」(『明治文化研究』第四巻第七号)という先駆的な研究のあることをも一言しておく。

(6)　中江兆民の憲法構想を中江の多数の著作から再構成しようとした試みとして、松永昌三氏「中江兆民と明治憲法」(『歴史学研究』二七一号)がある。

(7)　田村寛一郎案がかなり思想的に後退していることは、発見者である江村氏前引論文に指摘されたとおりであるが、しかしその母案である交詢社案の生命となす議院内閣制は堅持されているし、人権の章では、無罪の推定、残虐刑の禁止、死刑の廃止、「日本国民ハ刑期中生存シ得ル的ノ衣食寝所ヲ禁止セラルルコト無カルヘシ」という在監人の人権保障、「法律ハ日本国民ノ公益ニナルヘキコト及ヒ道義ニ従フヘキコトヲ命シ又ハ国民ノ公共ニ妨害ト為ルヘキコトノミヲ禁スルモノトス」という立法原則の画定等、交詢社案にない独自の創案も加わっており、全体的に明治十年代の立憲主義的立場はよく維持されている。

(8)　『憲法提要』明治四十三年八月十三日附「小引」。

第三章　明治十年代におけるアカデミズム憲法学の萠芽

明治憲法が制定せられる以前の時期において、国民の憲法思想がもっぱら如何なる憲法を制定すべきかという憲法構想の形で表現されたのに対し、憲法発布以後においては、アカデミズム憲法学の理論が形成され、憲法思想がきわめて集約的な形で表明されることとなるのである。しかし、アカデミズム憲法学の萠芽的形態は、つとに憲法発布以前の明治十年代ごろから散見しているので、本格的な憲法学の発展に先立つその前史として一瞥しておく必要がある。

自由民権・国会開設要求の運動の高まる中ではなばなしく政論がくりひろげられ、その内には主権論争とか議院内閣帝室内閣論争とかの、主題からいっても、理論的密度からいっても、後年のアカデミズム憲法学のそれと相通ずる性質を帯びたものが少くなく、これらにおいて日本憲法学の源流を見ることも可能であって、憲法学の歴史はまずここからたどって行くのが順序であるが、これらについてはすでに学界で十分な紹介が行なわれており(1)、特に新しく加えるべきものに乏しいので、ここでは、一切それらについての記述を省略し、学問的内容というよりは、人的系譜において後のアカデミズム憲法学に直結する二人の人物の業績をあげることに叙述を限定したいと思う。その一人は合川正道であり、他の一人は穂積八束である。この時期の憲法構想や論争が、もっぱら幕末維新期のまだアカデミックな教育体制の成立しない以前に人間形成を終った知識人によって行なわれていた中で、この二人は東京大学でアカデミックな教育を受けた「学士」であるばかりでなく、ことに穂積は後に帝国大学の教授となり、アカデミズム憲法学の中心人物となるのであるから、この二人のこの時期での活動は、やはり他の政論家やジャーナリストたちの論議とは違った意味をもち、後のアカデミズム憲法学に直結する、その先駆的形態と見られるべきものがあると思う。

合川正道については、残念ながらその伝記を明らかにし得ないのであるが、『東京帝国大学卒業生氏名録』をみると、明治十四年七月に東京大学を卒業した法学士として記載されている。同じ年に文学士として卒業した者に後の帝国大学教授末岡精一があり、次の十五年には法学士として渡辺安積、文学士として有賀長雄・高田早苗が、十六年には法学士として関直彦、文学士として穂積八束がそれぞれ卒業しているのであって、後年のアカデミズム憲法学のにない手たちがこの数年の間に続々として東京大学を巣立って行ったことが知られるのである。『東京大学法理文三学部一覧従明治十四年至明治十五年』をみると、法学部にも文学部にも、憲法を教える教官はいない。民権運動をバックとする憲法論争がジャーナリズムの世界で熱心に論議されていたこの時期でも、大学ではまだ憲法の研究・教育を行なう施設を設けるにはいたっていなかったことがわかる。(2) まだ憲法が実定法として存在しないのだから必要がないということなのであろうが、学生が時代感覚を欠いた大学の教育の枠組内で与えられる知識に満足することなく外の広い社会の内でわき立っている現実の渦巻の中から問題を見つけようとすることは、いつの時代でもかわりはなかった。たとい大学が憲法を教えなくても、ジャーナリズムの世界における憲法問題への積極的な関心の盛り上りは、学生に憲法に対する理論的探究の必要を自覚させるだけの刺戟を与えないではおかなかったらしい。合川が卒業と同じ月に『憲法原則』と題する論文を印刷しているのも、十五年にまだ学生であった渡辺・関・穂積が『東京日日新聞』と『郵便報知新聞』『朝野新聞』等との間に交えられた主権論争に自ら進んで参加しているのも、そうした事情によるものではなかろうか。こうして東京大学の学生、ないし卒業したての学士のジャーナリズムでの憲法論争への参加を媒介として、官学の学徒の憲法研究に手を染める端緒がはじめて創り出されることとなったのである。渡辺らの参加が苦戦におちいっていた『東京日日』側にとり有力な援軍となったことは、『日日』記者であった福地源一郎の『新聞紙実歴』に述懐されているとおりであって、ジャーナリズムの論争もまたこれによってその深みを増すにいたったというべきであろう。

さて、合川の『憲法原則』は、「法学士合川正道」と署名されているが、「緒言」の日付は明治十四年七月であるから、たぶん在学中に執筆し卒業直後に印刷を終えたのであろう。奥附がなく、巻末に「禁売買」という文字のあるところから推すと、知人に配布するだけの自家出版であったらしい。(3) その内容の大略を紹介すると、緒言に

憲法ナル者ハ主治者被治者ノ関係ヲ規定スル者ナリ。故ニ二者各自ノ分限ヲ確立制定スルコトハ即憲法ヲ創制スルノ基礎ト云フベシ。(中略) 夫レ憲法ハ人民ノ安寧ヲ保護シ幸福ヲ開達スルノ良具ナリ。(下略)

本論に

憲法ノ目的ハ政府ト人民即主治者被治者ニシテ此二者ノ関係ニ就キテ権利義務ノ限界ヲ定ムル者ナリ。之ヲ約言スレバ、憲法ハ左ノ三大綱ヲ論定スル者ナリ。

第一　政府ト人民トノ万般ノ関係ノ大本

第二　政府ガ其委任サレタル権ヲ以テ行フ所ノ事務ノ秩序

第三　政府ガ其権ヲ行フニ必要ナル資力タル財力及兵力ヲ得ルノ道

憲法ハ又左ノ三箇ノ要点ヲ明カニスル者ナリ。

第一　政権ヲ委任セラルベキ者ヲ定ムル事

第二　此政権ノ運用ヲ制限スルノ法

第三　政権ヲ制限スル法ヲ維持スルノ方法

とそれぞれ論じ、憲法が人民の安寧を保護するために政権を制限するのを目的とするものであることをまず明らかに

していた。そのような考え方の出てくる根拠は、著者の次のごとき人民主権説に立つ国家観にあった。

> 今此ニ論述セントスル憲法ノ基礎ナル者ハ、敢テ許多深遠ノ条件アルニ非ズ。唯人民ハ政府万種ノ源ナリト云フ簡単ナル一原則アルノミ。而シテ此原則ハ決シテ一国一社会ノ私論偏見ニ非ズシテ、人間必然ノ勢ニ成ル者ニシテ、古今ノ通義天下ノ大道ナリ。（中略）
>
> 主権トハ国家即チ人民一体ガ其欲スル所ヲ行フノ至壮至大ナル能力也。此主権ハ国家ノ国家タル所以ニシテ、国家ト云ヘバ主権必ズ之ニ従ヒ、主権去レバ国家一日モ存在ス可ラズ。（中略）
>
> 主権ハ輿論法律及公衆ノ力ノ三ヲ仮リテ其形ヲ顕ハス者ナリ。（中略）輿論トハ人民一体ノ意志心術ニシテ、其向背ハ以テ事ノ済否ヲトスルニ足ルベシ。（中略）主権ハ又人民公衆ノ力ニ顕ハルトハ、乃人民ガ其暴虐ナル政府ニ叛キ遂ニ之ヲ仆シテ以テ新政府ヲ建ツルガ如キヲ云フナリ。（中略）
>
> 既ニ屢云ヘルガ如ク、国政ノ主権ハ人民一体ノ擅有スル所ナリト雖モ、人民一体ガ此権ヲ実用セムトスルハ做シ得ベカラザルコトナルガ故ニ、政府ヲ作リテ之ニ威権ヲ授ケ以テ国家ノ事務ヲ統治綜理セシムルコトナリ。然レドモ之ニ由テ人民ハ其固有ノ主権ヲ其作ル所ノ政府ニ真ニ譲与スルニハ非ズ。唯政府ヲシテ国政ノ主権者タル人民ノ代理タラ令ムルニ過ギザルナリ。（中略）是故ニ政府国家ノ主権ニ離ルレバ忽チ滅亡シ、政府滅亡スルモ国家ハ必シモ滅亡セザルナリ。（中略）古来世人ノ国家ト政府トヲ混同スルノ過ヨリ巨大ノ禍害ヲ被リシコト往々史上ニ徴スベキ而已ナラズ、尚今日ノ社会ニ於テモ、所謂圧制主義者ハ此理ノ不明ナルヲ幸トシテ以テ国家ヲ瞞著シ、其国是ヲ誤ラシムルコト其例蓋シ少ナカラズ。既ニ説ク所ヲ以テ視レバ、政府ハ人民一体ガ仮リテ以テ其主権ヲ間接ニ使用スル具ニシテ、政府万般ノ源ハ国家ノ主権タルコト瞭乎トシテ信ヲ置クニ余アルベシ。

国家・主権・政府の関係をこのように考えるところから、政権の制限を中心の使命とする前記の憲法観がおのずから導き出されてくる。

> 国家ノ目的ヲ達セシメンニハ、一方ニハ其威権ヲ堅固ニシテ政令ノ壅過事体ノ憔悴ヲ防ギ、一方ニハ其権威ヲ裁制シ其濫用擅威ヲ防禦スルノ道ヲ予備セザル可カラズ。是即憲法ノ因テ以テ国家ニ欠クベカラザル所以ナリ。

しかしながら、憲法をしてよくその使命を果さしめるためには、国民の主権者としての自覚の確立の上に憲法が運用されねばならない。

> 雖然、縦令金科玉条ノ憲法ヲ制スルモ、之ニ壮強ナル精神ヲ与ヘザレバ、徒ニ粉飾ノ具無用ノ長物タルニ過ギザル可シ。蓋シ一国ノ人民ガ旧来ノ専制政治ヲ変ジテ立憲政治トシ以テ参政ノ益ヲ亨（ママ）有セントスルハ、是レ人民ガ威権ヲ其政府ヨリ得ルニ非ズシテ、人民ガ其固有ノ国政主権ヲ以テ政府ノ威権ヲ限制スルニ在リ。夫然リ、故ニ主権ノ存在スル所ヲ知ラザレバ此理自ラ転倒セザルヲ得ズ、既ニ其本転倒セバ、制定スル所ノ憲法モ其精神ヲ錯乱スルヤ疑ヲ容レザルベシ。是故ニ憲法ノ便益功用ヲ求ムルニハ之ニ壮健完全ノ精神ヲ附与セザル可ラズ。壮健完全ノ精神ヲ与ヘムニハ、之ヲ制スル所ノ人民ガ自己ノ本分即国政主権者タルコトヲ確認明識セザル可ラザルナリ。
>
> 憲法ニ精神ヲ附与スルトハ何ゾヤ。曰之ニ法威《サンクシヨン》ヲ与ヘ、且其増損存廃ノ権ヲシテ人民一体ノ手ニ在ラシムルヲ云フナリ。之ヲ約言スレバ、人民一体ハ自ラ憲法ノ上位ニ居ルベキナリ。（中略）其憲法ニ依テ主治者被治者ノ行為ヲ是非判断スル主裁権ハ人民一体ニ在ラザルベカラザルヤ明白ナリ。

憲法の最終解釈権を主権者たる国民に留保する目的を具体的に実現する手段として、著者は司法権の優位の原則の採用を提案する。

> 斯ノ如ク人民一体ハ憲法ノ主裁者タレドモ、実際憲法ヲ解釈シ之ニ照シテ一事一行ノ当否ヲ判断スルハ、政府ノ

手ニ依頼シテ做サシメザルヲ得ズ。然リ而シテ其政府ノ中司法部ニ専ラ解釈ノ権ヲ属スルヲ以テ最良法トス。（中略）司法部ハ其職掌ノ性質ヨリ自ヅカラ其行動徐カニシテ自然保守主義ニ傾向スルハ勢ノ然ラシムル者ナレバ、行政立法部ノ如ク急変激動ノ憂ナク、法律ノ守護者タルニハ最適当シタル者ナリ。人或ハ曰ハン、苟モ是ノ如クナラバ、国家立法ノ権ハ全ク司法部ニ帰一シ、且憲法ノ主裁者ハ人民一体ニ非ズシテ司法部ナリト云ハザルヲ得ズト。是レ大ニ然ラズ。何トナレバ、司法部ハ人民ノ喚起ヲ待テ後働ク者ニシテ、決シテ直接ニ他部ノ行事ニ干渉スル能ハザルガ故ニ、立法部ノ権ハ敢テ之ガ為ニ蚕食セラルルコトナシ。又司法部ハ憲法解釈ノ権ヲ有スルモ、之ヲ解釈シテ目下ノ詞訟ヲ判決スルニ当リ、徒ニ法語規律ノ間ニ屈シ論理ニ拘泥スル者ニ非ズシテ、必当時ノ輿論公議ヲ参酌スルモノナルガ故ニ、司法部ハ人民一体ノ為ニ間接ニ監督限制セラルル者タリ。由是観之バ人民一体ハ憲法ノ窮竟主裁者《アルチメートヂヤッヂ》ト云フモ敢テ讕語空言ニ非ル可シ。

右のような司法部の見方が日本の現実の裁判所の実態に即しているかどうかははなはだ疑わしいとしても、原理論としてみれば、司法部を「憲法ノ窮竟主裁者」たる人民の「監督限制」の下に置くことを前提としての司法権優位論であって、その考え方はきわめてすぐれていたといってよいであろう。著者は、憲法につき上記のごとき根本原則を立定し、「此原則ニ因リ以テ人民ノ本分ヲ公明ニ為スコトハ即立憲政体ヲ立ツルノ本ニシテ、之ヲ措テ他ニ先ニスベキ者ハアラザルベシ」とし、日本が他日憲法を制定するときには、「此原則ヲ終始標準トナサンコトヲ」ひそかに望む、と結論したのであった。

この書の内容を原文を引きながらいささか長々と紹介したのは、近代憲法の理念が実に的確に把握されている点、前後に比類の少い卓越した見解であるばかりでなく、革命権の是認をふくむ徹底した人民主権説の主張は、この年の末から翌十五年初めの主権論争をめぐり発表された数多くの論文の中にも類をみないところであって、かような憲法論が政府の御用機関としての色彩の濃い東京大学の内から（たとい学生の手に成るものとはいえ）誕生した事実は刮目に値するものがあると考えたからである。本書が市販の公刊書として印刷されていないのは、当時まだ卒業したばかりの白面の学士の著作を商業出版のルートに乗せ得なかったためにすぎないのかもしれないが、あるいはこれだけの内容をもつ本書が当局の忌諱に触れることなく公刊できる見通しをもち得なかったためであるかもしれない。とにかくこの書は市販されなかったので、どの程度の範囲の人々に読まれたか不明であるが、明治二十一年四月刊行の久永廉三演著・目賀田竜夫筆記『暁鐘一声国会之燈籠』の内、第四席から第六席にわたる部分が、ほとんどこの書を丸写しにしたものであるのを見ると、直接間接にある程度社会に影響を与えていることはまちがいないのである。

しかし、この書物をここに特記するのは、その当時の時点における現実の影響力という観点からではなく、他のジャーナリズムにおける政論的憲法論と異なり、一応時事的問題との直接の関係を遮断した純原理論という形で憲法の根本原則を論ずる態度が、アカデミズム憲法学の萌芽としての形態をもっともよく示していると認められたからである。しかも、合川は、その後憲法発布の一年ほど前に当る明治二十一年一月に『憲法要義』を著わし[4]、「政権ノ使用方法ヲ明定シ其妄用ヲ防禦スルコト」「被治者ノ主治者ニ対スル権利ヲ確明ニシ之ヲ保全スルコト」を以て「憲法ノ二大要義」であるとし、「約言スレバ、政権ヲ節シ民人ノ権利ヲ明カニスルコト、是レ憲法ノ職分ナリトス」と言い、「此二大要義ヲ目的ト為ス者ニシテ始メテ之ヲ真ノ憲法ト称スベシ、此真ノ憲法ヲ基本ト為ス者ニシテ始メテ之ヲ真ノ立憲政体ト称スベシ」、もしこれを欠くならば、「仮令政治機関ノ構成及其職務章程ヲ紙上ニ明記スルモ、未ダ之ヲ以テ真ノ憲法ト做ス可ラズ」と論じて、国家の主権者である人民の安寧を守るために政権を制限するのが憲法であるとし、前著の論旨をいっそう明確な形で再論しているのであって、合川が理論上から立憲主義的な憲法の根本原則を論証するにつとめた功績はきわめて大きいといわなければならぬ。『憲法要義』では、右のような原則論に立ち、前著では触れなかった統治組織の問題にも議論を進め、「今日政治学者ガ国会ノ制度ヲ以テ立憲政体ノ中心」とするのも、「畢竟民人ニ議政権アリテ国会ノ制存スルニ非ザレバ、前述セル二大要義ヲ明立シ之ヲ実行スルニ由ナケレバナリ」と言って、議会制度の必要と人権保障の要請との不可分の関係を明らかにした上、議会中心の政治を実現するためには、単に法律上の規定だけではなく、「道徳的条規」の上からこれを考える必要があるのであり、内閣宰相はその補佐するところの皇帝の行為について一切の責任を負うものであるが、「独リ適法不適法ノ点ヨリノミナラズ、又汎ク得失利害ノ点ヨリシテ議院ノ為ニ評論セラレ、議院ガ内閣批難ノ決議ヲ為ストキハ、其職ヲ辞セザルベカラ」ざる「道徳上ノ責任」をも有するものであって、「立憲政治ノ骨髄ハ」このような意味での「政治道徳」であると論じ、「其政治道徳ノ由テ以テ立ツ所ノ者ハ輿論ナリトス」、「然リ而シテ輿論ヲシテ高明ナラシムルニハ、民人ヲシテ公事ニ関シ盛ニ其言論行為ヲ耕サシムルノ道ヲ開キ、以テ輿論ヲ組成スルヲ要ス」と結論しているのである。ここには、立憲主義を完遂するための議院内閣政治を「政治道徳」すなわち現実の憲法的慣行として確立すべきこと、そのために言論の自由を拡大して輿論の力を育成すべきことが力説されており、簡単な抽象的原理の提示にとどまってはいるものの、その思想的水準の高さに関するかぎり、初期のアカデミズム憲法学者のいずれの論著を取り上げてみても、これに匹敵するものは見出し得ないのではなかろうか。不幸にして合川はアカデミズムの内にその地位を有しなかったために、アカデミズム憲法学の内にその思想を展開させて行くことができず、彼よりもはるかに保守的な学者にそのしごとを委ねる外なかったのであるが、それだけにこの忘れられた憲法学説の出現の意義は、今日から改めて見直されて然るべきものがあると思われる。

民主主義に徹した合川の憲法論と全く対蹠的な君権万能主義の憲法論をいち早く提示したのが、穂積八束であった。同じ東京大学の、しかもほとんど同じ時期の学生の中から、かように相反する両極の思想のもち主が平行して現われてきたのは興味深い事実であるが、東京大学の歴史的性格[5]から見れば、合川のような民権陣営内に置いても極左に位置するであろう理論を主張する人物は、東京大学にとってはいわば鬼子であったと云うべく、君権主義の穂積のほうが大学にとってはよりふさわしい思想のもち主であったのであって、合川が大学に残ることができず、穂積が母校の教授になったのも、単なる偶然ではなかったろう。

穂積の憲法論が、明治十四年の終りから十五年の初めにかけて主権論争が展開し、主権在君を主張する『東京日日新聞』記者福地源一郎が、『毎日』『報知』『朝野』等の自由主義諸新聞の集中攻撃を受けて「四面楚歌の窮地に陥[6]ったとき、同じく東京大学の学生であった渡辺安積らとともに福地の援軍としてこの論争に参加し、『東京日日』紙上にその論陣を張って以来の長い歴史を有することは、穂積が晩年に「明治十四五年ノ頃、学友渡辺安積氏ト共ニ東京日日新聞紙上ヲ借リ、毎日新聞其ノ他諸新聞紙ト盛ニ主権論ヲ闘ハシタル以来、雑誌ニ著書ニ講演ニ一日モ此ノ大義ヲ唱フルヲ怠リタルコトナシ」と述懐しているとおりである。[7]ただしこの主権論争の中で確実に穂積の筆に成ることの明白な論文としては、管見の及ぶかぎりでは、『日日』の十五年四月二十六日号掲載の署名論文「憲法制定権ノ所在ヲ論ズ」があるのみであるが、[8]この論文において、彼は、「憲法トハ主権者ガ主権ヲ施用スルノ原則ニシテ、主権者ニアラザレバ之ヲ制定スルヲ得べカラズ」、したがって「国民ハ憲法制定ニ参加スルノ権理アリ」と言うは「是レ主権我ニ在リト主張スルノ大言ニシテ、民主国ニ於テハ之ヲ吐ク可キモ、君主国ニ於テハ許ス可ラザルノ言タルヤ明カナリ」、もし「之ガ制定ニ参加スルノ権理アラバ、マタ其意ニ任セテ何時ニテモ之ヲ変更シ或ハ之ヲ廃止スルヲ得」ることとなり、かかる「邪説」のもたらす危険に対しては「悚然トシテ深ク恐レズ」にはいられない、と論じ、次に、「憲法ハ主権者ヨリモ重シトイフノ誤解」がひろく行なわれているけれども、これまた「国家学上許スべカラザルノ言語」であり、「我ガ学士論客ノ欧米人ヲ妄信スルノ甚シキ」ものとせねばならない、憲法を制定するもしないも、「主権者ガ不羈独立無制限タルノ資格ニ於テ随意」なのであるから、「臣民トシテ」「憲法ヲ以テ主権者ヲ羈束スベキノ権理無キハ」「瞭然トシテ分明」であり、ただ「憲法制定ノ上ニハ之ヲ確守アラセ給ハンコトヲ」という「願望」を「主権ノ徳義上ニ訴」えることができるにとどまる、と結論したのであった。君主は主権者として無制限の権を有し、憲法の制定も廃止も全くその任意であり、憲法を以て君主権を制限することはできない、とした後年の穂積憲法学の根本思想は、この短い論説の中にすでに明瞭な形で示されている。この時期の穂積の活動の裡にアカデミズム憲法学の萌芽を見出そうとするのも、全くそのために外ならない。

以上のように、明治十年代に東京大学の内部から後年のアカデミズム憲法学の源流となるべき憲法論が、しかも二つの対立する両極的立場をとって相並んで生れ出たことは、アカデミズム憲法学の歴史を考える上に注目してよいところであろう。もちろん、これらの論説は、その規模・量・組織においては片々たる小論の域を出るものではなく、実質的には小野梓の『国憲汎論』のごとき質・量ともに卓越した著作こそ、アカデミズム憲法学に名実ともにふさわしいものとして大きな位置を与えるのが適当かとも思われるが、小野の憲法思想は、後年の帝国大学中心のアカデミズム憲法学にはもちろん、小野の育成した早稲田学園の憲法学にさえほとんどその影響をのこさなかったばかりでなく、(9)その知識の深さや組織の雄大な点で優にアカデミックな業績と称せられるに値するとはいえ、その社会的機能の点では、学問的研究書というよりはやはり政治的主張という性格が強く、小野自身の著作の意図もまたそうであったであろうから、この研究ではあえて本書を憲法の諸構想案の一つに数えそちらのほうで取り上げることとし、ここでは東京大学の内から出てきた二人の学士の先駆的業績を再評価するにとどめた次第である。

(1)　これらの明治十年代の論争については、すでに鈴木安蔵氏『自由民権』、その他に立ち入った考察が行なわれているし、さらに稲田正次氏『明治憲法成立史』第十四章・第十五章・第二十三章・第二十四章等にいっそう詳細かつ広汎な論述がなされていて(拙著『植木枝盛研究』第二編第三章第一節(一)・第三編第一章等にもそれに触れた記述がある)、ほとんど尽されている観がある。
(2) 穂積陳重が、法学部で「英吉利法律、法理学、法学通論」を、文学部で「法理学、法学通論」を、アメリカ人教授テリーが法学部で「英吉利法律」をそれぞれ教えているから、これらの中で憲法に論及していたかもしれないが、憲法と銘うった科目はなかった。後に東大で機関説憲法学の始祖となった末岡精一が準講師となっていたが、担当学科は「史学」であった。
(3) 管見のかぎりでは、この本は東京大学法学部研究室吉野文庫に一本あるのみである。
(4) 『憲法要義』を戦後の学界に紹介したのは、中瀬寿一氏「明治憲法下における天皇機関説の形成」(『法律時報』第三十四巻第四号)であったが、鈴木安蔵氏『日本憲法学の生誕と発展』(昭和四十一年版)をみると、同書は鈴木氏の戦前の発禁著作の中でつとに紹介されていたようである。
(5) 東京大学の歴史的性格については、拙著『大学の自由の歴史』参照。
(6) 関直彦「七十七年の回顧」(『明治文化全集(戦後版)月報1』所載西田長寿氏「主権論争こぼれ話」所引)。
(7) 『憲法提要』。
(8) この時期の穂積の著作として私の確認したものの外になお数篇あることが、R. H. Minear 氏の "Hozumi Yatsuka: The Early Years"(『法学論叢』第七九巻第三号)に紹介されているから、参照せられたい。
(9) 「小野の仕事は、当時における『第一線』の仕事であり、『学界へ陸離たる光彩を投げ与へ』たものであったのであるが、学問的伝統として早稲田大学法律部には継承されることが少なかった」(『近代日本の社会科学と早稲田大学』所収野村平爾氏「小野梓」)。

第四章　明治憲法制定をめぐる思想史的状況

明治憲法の制定経過に関する研究は、日本近代史の諸分野の中でも最も早くから高度の成果をあげてきたところで、基礎的事実に関するかぎり、もはやこれ以上新たに加うべきものはないと思われる程の域に達しているが(1)、そうした成果に立脚して、明治憲法制定の歴史的性格を一口で簡単に要約して云えば、前々章で略述したごとき明治十年代の憲法思想の民主主義的傾向に対する反動というところにその本質があった、と云ってよいのではなかろうか。もっとも、明治憲法の制定者が、下からの立憲政治への要求を全面的に拒否することの不利なのを悟り、立憲政治を採用することを前提としつつ実質的に立憲主義の十分な実現を阻止するに足りる内容を盛りこんだところに、彼らの政治的手腕がよく発揮されているのであって、一面においては、明治憲法の制定が国民の下からの要求に対する譲歩という側面をもつことも無視さるべきではないが、やはり国民的要求を実質的に阻止するためという意図こそ、明治憲法の本質を理解する上にもっとも決定的な点と見るのが妥当であろう。いま少し詳しくいうと、民権運動が全国を席捲し、侮るべからざる勢を示すにいたり、政府は権力による弾圧と買収・懐柔等による切りくずしによって民権陣営を崩壊に導くことにつとめるとともに、思想的にも従来とってきた開明政策をすてて儒教的ドイツ的保守主義を以て国民思想の統制を企て、岩倉綱領の線にそった君権中心主義の憲法を制定する方針を定め、ことに伊藤博文らのヨーロッパ視察とドイツ人法律顧問の積極的活動の結果、政府側の憲法構想は極度に君権主義の方向に傾斜して行き、結局国民の側から提示されたさまざまの憲法構想は政府当局者によって一顧も与えられることなく、全く政府側の一方的なイニシアティヴの下に、僅か数人の官僚とドイツ人顧問との間で極秘裡にその草案の起草が進められ、わずかに枢密院のこれまた極秘裡の審議に付したのみの憲法が、明治二十二年二月にいたり、天下り式に突然国民の前に公表された、というのが憲法制定経過の概略であって、そのようにして制定された憲法が、これまで略述してきたごとき明治初年以来の近代憲法思想の受容・同化の大勢に対する反動の産物であることは、明白といわなければならない。明治憲法が憲法制定以前の官民の多数に共通してみられた最大公約数的な憲法への要望をいかに大きく裏切るものであったかは、次の諸点に明瞭に示されている。

㈠　憲法は、官民共通の要望であった君民共治ないし主権在民の思想を明白に拒否した。天皇と国会とが立法権を分有するという構想も斥けられた。

㈡　憲法を民約または国約の憲法として制定すべきであるという主張は一顧も与えられなかった。

㈢　官民の諸構想案では、君主の章を国民の章の前に置かねばならぬという強い要請はなかったが、憲法では第一章天皇、第二章臣民権利義務という順序が採用された。

㈣　国民の権利を無制約的に保障しようとする自由党左派系の構想が一顧だも与えられなかったのはもちろん、法律の留保の仕方も比較的に強く、その上、諸構想案では司法上の人権の保障に相当の配慮を示したものが多かったのに、憲法ではそうした配慮は全く欠けている。国民に政府の憲法蹂躙・人権侵害に対する抵抗権があるなどという考え方の採られていないことはいうまでもない。また、岩倉綱領を除く諸構想案が「国民」または「人民」の称呼を用いているのに、憲法が岩倉綱領のみに見られる「臣民」という新造語を用いている点も、単なる名目だけのことにとどまらぬ重要な意味があった。

㈤　憲法は、諸案の多くに見えている、天皇が国会において憲法遵守の誓約を行なうとか、皇位の継承順序の変更に国会の議決を必要とするとかいう構想の採用を一切拒否し、皇室に関する事項はすべて国会の介入を許さないという岩倉綱領以来の方針を最も強い形で実現した。

(六)　憲法は、一院制国会論を斥けたのはもちろん、二院制論の中でも最も保守的な要素に富む構成の貴族院をふくむ二院制を採用し、衆議院についても、附属の法律において制限選挙を定めた。女子参政権など問題になる余地さえなかった。

(七)　諸案のほとんど全部に共通し、かつ明治十年代の国民の側からの要望の中心をなしていた議院内閣制度の採用は斥けられ、国会には弾劾権さえ与えられなかった。

(八)　財政権についても、財政権を国会、特に下院に掌握させるという諸案の大多数に共通した構想は斥けられ、僅少例外の考え方として岩倉綱領と井上案とのみに見られた前年度予算執行権の外に、議会の予算議定権を大幅に制約する第六十七条のごときものまで加えられたため、国会の財政に関する権限はいちじるしく狭いものとなってしまった。

(九)　総じて国会の権限は、諸構想案に比べてはるかに小さく、自動集会権とか、君主の不認可権の制限とかのような自由党左派系の構想が問題にならなかったのはもとより、条約締結への関与とか、国政調査権とかのごとき、官僚の案にさえ見られたものまでが斥けられている。ことに第九条のような、岩倉綱領や井上案でさえ考えていなかった君主の強大な副立法権が、山田案のみに見えていた緊急勅令制定権とともに設定されたので、立法に関してさえ、国会の権限は大きく制限されることとなった。

(一〇)　裁判官の任命に国民または国会を関与させたり、陪審制を採ったりすることによって司法権を民主化しようとした構想は完全に無視された。

㈡　諸案では、憲法の改正は国会の議決のみによるか、または国会の議決と天皇の裁可とあいまってなされるかのいずれかが多かったが、憲法では、少数例外の意見であった井上案の方針どおり、発案権を天皇に専属させた。

このような憲法をおしつけられた国民の間では、多少の不満もないではなかったけれど、[2]すでに明治十七年の社会的大変動を経て民権運動は潰え去っており、政府の一方的な憲法構想の展開に抵抗する組織的な力がどこにも存在しなかったばかりでなく、強化されていく治安体制の下で、欽定憲法を正面から批判する自由は全く奪い去られていたのである。[3]こうして官民多数の要望を無視して制定された君権主義憲法が、今や実定憲法として国民の頭上に厳然と君臨することとなり、日本人の憲法思想も、この動かすことのできぬ既成事実を前提とすることなしに、新しい展開を示す余地はなくなってしまったのであった。

（1）　戦前以来尾佐竹猛・藤井甚太郎・鈴木安蔵・稲田正次・清水伸ら諸氏の精緻な研究が数多く出ていたが、戦後に出た稲田氏の『明治憲法成立史』によって、それらの成果が集大成され、ほとんど完璧にちかいものとなったといえる（そのほか、ヨハネス・ジーメス氏の明治憲法とロエスラーとの関係についての新研究も出ている）。

（2）　憲法発布に際し、中江兆民が憲法を痛罵したことはよく知られているが、松永昌三氏「中江兆民と明治憲法」（前引）には、民衆の間にも憲法に対する不満の意識の存在した事実が紹介されている。

（3）　中江兆民が第一議会において「憲法点閲」を行ない、改正の端緒を作り出そうとし、再興自由党の党議に加えるところまでこぎつけながら、警察の禁止によってその企図を果し得なかったことも、よく知られているとおりである。

第二編　明治憲法下の憲法思想

第一章　明治憲法制定当初の憲法解釈

大日本帝国憲法の制定は、維新以来の日本国家の動揺に終止符を打ち、それ以後における日本の進路に一つの明確な枠を与えるに足りる画期的なできごとであった。それまでの二十年間に上と下との両側から構想された将来の日本のあるべき姿についての幅の広い多様なヴィジョンはことごとく消え失せ、今は不動の一定方向のみが公に許された道として前途に横たわることとなったのである。憲法についても同様である。明治十年代には官民にわたって共通する考え方であり、したがってある程度までは現実化の可能性があるかのようにみえた議会中心の立憲主義憲法体制のヴィジョンも、大日本帝国憲法の公布とともに朝日の前の霜のようにはかなく消えてしまった。中江兆民の「憲法点閲」の主張が警察力によって葬られたことは、この憲法を改正しようとする公然たる試みの許されないことを世に示したのであり、これ以来この憲法以上に立憲的ないし民主的な憲法を実現しようとする試みはほとんど不可能となったのである。もっとも、明治三十年代に入り、新しい歴史的進展に伴なって社会主義が日本の思想界に登場してくると、再び自由な憲法構想が世に示されるようになることは、後に説くとおりであるが、それにしても、社会主義者が異端者として大きな勢力を有するにいたらなかった明治憲法下では、社会主義者の提示した憲法への構想は、明治十年代における諸構想案のような幅の広い国民的基盤の上に立っていたとは必ずしもいえなかったし、社会主義者自身憲法の問題にそれほど全力をあげて取りくんでいたともいえなかった。したがって明治憲法下における憲法思想の主たる動きは、もっぱら与えられた憲法をいかに解釈するかという形を通じて現われることとなったのであって、その当然の結果として、白地に自由に——といっても言論に対する政治的拘束によってある程度の制限は免れなかったが——理想とする憲法を構想し得た憲法発布以前と違い、憲法の正文の枠を破らないかぎりでの解釈の範囲で憲法のあるべき形を論ずる余地しかなく、したがってかつての諸構想案の一般的傾向、就中自由党左派系の憲法草案のごときものと比較すれば、全体としてはるかに後退を余儀なくさせられていることは否定しがたい。これから、明治憲法が実定法であった時代の憲法思想について重要な問題のいくつかを取り上げて考えてみたいと思うのであるが、まず明治憲法制定当初の時期の憲法解釈がどういう傾向のものであったかを、制定に当った政府当事者の側と、この憲法を受け取った国民の側との双方から検討してみることとする。

第一節　明治憲法制定当局者の憲法思想

明治憲法の起草に関与した人々が憲法をどのように解釈していたかは、明治憲法制定の主観的意図が那辺にあったかという問題でもあるわけであって、明治憲法解釈史の劈頭において真先に取り上げられるべきところであろう。もともと明治憲法は、民権運動の高揚に深い恐怖感をいだいた政府の首脳者たちが、国民の要求する立憲主義的憲法の構想に対抗して反動的に硬化した態度で立案した岩倉綱領を出発点とし、ドイツ流の君権主義をいっそう加味して作り上げたものであることは、最も重要な点と考えられるが、それと同時に、下からの立憲主義を全面的に拒否するのではなく、一応その枠を採用することによって、国民の要求を満足させたかのごとき印象を与え、国民が自発的に国家権力に協力する道を開き、国民を体制の内に積極的に組織化しようとする、きわめて巧妙な政策的意図のはたらいていたことも見のがすわけにいかない。換言すれば、単に力によって国民を制圧することによってでなく、国民の政治参加を一定限度内で許容し、立憲主義の外観を採用しながら、立憲主義を骨ぬきにするメカニズムを用意し、かえって天皇制を強化するという新しい支配方式が案出されているのであって、明治憲法が反動の産物であることが、民権運動以前への単純な復帰を意味しなかったことを見落してはならないのである。したがって、憲法制定担当者たちは、憲法制定の過程において、一方では下からの立憲主義を拒否しながらも、同時に立憲主義を全面的に否認するような考え方の採用をも断然斥ける、という二正面作戦をとったのであった。一つには、彼らもまたかつては文明開化政策を推進した経歴のもち主であり、政治的な危機から反動的に君権主義に傾斜したとはいえ、開明主義時代に刻みこまれた物の考え方を全く消失してしまうにはいたらなかったということもあったのであろう。いずれにしても、彼らが立憲主義について最低の条件を容認する一面をもっていたことは看過されてはなるまい。明治二十一年六月十八日、憲法草案を審議するための枢密院会議の冒頭において、伊藤は「我国ニ在テ機軸トスベキハ、独リ皇室アルノミ。是ヲ以テ此憲法草案ニ於テハ専ラ意ヲ此点ニ用ヒ、君権ヲ尊重シテ成ルベク之ヲ束縛セザラン事ヲ勉メリ。或ハ君権甚ダ強大ナルトキハ濫用ノ虞ナキニアラズト云フモノアリ。一応其理ナキニアラズト雖モ、若シ果シテ之アルトキハ、宰相其責ニ任ズベシ。或ハ其他其濫用ヲ防グノ道ナキニアラズ。徒ニ濫用ヲ恐レテ君権ノ区域ヲ狭縮セントスルガ如キハ、道理ナキノ説ト云ハザルベカラズ」[1]と宣言し、明治憲法が君権中心の憲法として起草されたことを明らかにした。憲法起草担当者の憲法解釈として公表された『憲法義解』にも、皇室の重要事を憲法の規定から外した理由につき、それらに関し国会を干与せしむるにおいては、「皇室の大事を以て民議の多数に委ね、皇統の尊厳を干瀆するの漸を啓く者に近」きものがあるとしているごとき、帝国議会の権限について「蓋議会は立法に参する者にして主権を分つ者に非ず、法を議するの権ありて法を定むるの権なし。而して議会の参賛は憲法の正条に於て附与する所の範囲に止まり、無限の権あるに非ざるなり」「大臣其の職を愆るときは、其の責を裁制する者専ら一国の主権者に属せざるべからず。(中略)其の大臣責任の裁判を以て之を議院に属せざるは固より当然の結果とす」としているごとき、臣民の権利義務に関する規定の源流として、『万葉集』天平六年海犬養宿禰岡麻呂応詔歌「みたみわれいけるしるしありあめつちのさかゆるときにあへらくおもへば」を引き、「蓋上に在て大君に服従し自ら視て以て幸福の臣民とす、是れ我が国の典故旧俗に存する者」と言い、前近代的な臣隷道徳を擬してふしぎとしていないごとき(『義解』の稿本には「彼の仏国の権利宣告に謂へる所の天賦の自由は他人の自由を妨げざる限、一の制限を受けざるの説は、空論たるに過ぎず」という天賦人権否定の主張がなされていた)、いずれも君権主義の立場をはっきりと示しているし、また枢密院会議席上での発言においても、条約締結に議会の同意を必要とするとの寺島宗則の主張を反駁した伊藤の発言に「一国ヲ代表シテ他国ト約束ヲ結ブニ当リ、(中略)其一国ヲ代表スルハ君主ニ限ルベシ。譬ヘバ一家ノ如シ。君主ハ即チ其一家ノ長ニシテ、其長ガ他ノ家長ト約束ヲ結ブニ当リ、其家ノ子弟皆之ニ与ルヲ得ズ。即チ法律上無能力者トシテ容喙ヲ許サザルナリ。天皇大権ヲ以テ一国ヲ代表シ他国ト条約ヲ締結セラルルニ当リテモ亦同ジ。一国臣民ハ挙テ一家内ノ子弟即無能力者ノ地歩ニ在ルニ過ギズ、復何ゾ容喙スルヲ許サンヤ」とまで極言しているのも、憲法発布直後の二月十五日在京府県会議長に対する伊藤の演説中に「我日本の政体に於て天皇は一切の国権を総攬して此国を統治し玉ふを以て、宰相の進退一に勅裁に出でざるべからず。(中略)議会政府即政党を以て内閣を組織せんと望むが如き、最も至険の事たるを免れず」と議院内閣政治を明瞭に否認しているのも[2]、すべて同じ線に沿う考え方を表明したものであるが、それと同時に、枢密院会議において、伊藤が、「天皇ハ国ノ元首ニシテ統治権ヲ総攬シ此ノ憲法ノ条規ニ依リ之ヲ施行ス」という原案の「此ノ憲法ノ条規」以下を削除すべしとする山田顕義の主張に対し、「抑憲法ヲ創設シテ政治ヲ施スト云フモノハ、君主ノ大権ヲ制規ニ明記シ、其ノ幾分ヲ制限スルモノナリ。又君主ノ権力ハ制限ナキ自然ノモノトスルモ、已ニ憲法政治ヲ施行スルトキニハ、其君主権ヲ制限セザルヲ得ズ、故ニ憲法政治ト云ヘバ即チ君主権制限ノ意義ナルコト明ナリ、本条ハ此憲法ノ骨子ナリ」と反駁し、「天皇ハ帝国議会ノ承認ヲ経テ立法権ヲ施行ス」という原案の「承認」の文字は「下ヨリ上ニ対シテ認可ヲ求ムルノ意」であるから不穏当であるとの異論が数人の顧問官より生じたのに対し、「抑立憲政体ヲ創定シテ国政ヲ施行セント欲セバ、立憲政体ノ本意ヲ熟知スル事必要ナリ。仮令ヒ承認ノ文字ヲ嫌テ議会ニ承認ノ権ヲ与エル事ヲ厭忌スルモ、法律制定ナリ予算ナリ、議会ニ於テ承認スル丈ケノ一点ハ到底此憲法ノ上ニ欠クコト能ハザラントス。議会ノ承認ヲ経ズシテ国政ヲ施行スルハ立憲政体ニアラザルナリ。（中略）立憲政体ヲ創定スルトキニハ、天皇ハ行政部ニ於テハ責任宰相ヲ置テ君主行政ノ権ヲモ幾分カ制限サレ、立法部ニ於テハ議会ノ承認ヲ経ザレバ法律ヲ制定スルコト能ハズ。此二ツノ制限ヲ設クルコト、是レ立憲政体ノ本意ナリ。此二点ヲ欠クハ立憲政体ニアラズ。又此二点ヲ憲法ノ上ニ於テ巧ニ仮装スルモ、亦均シク立憲政体ノ本義ニアラザルナリ」と答え、「臣民権利義務」を改めて「臣民ノ分際」としたいという森有礼の修正意見に対し、「抑憲法ヲ創設スルノ精神ハ、第一君権ヲ制限シ、第二臣民ノ権利ヲ保護スルニアリ。故ニ若シ憲法ニ於テ臣民ノ権理ヲ列記セズ、只責任ノミヲ記載セバ、憲法ヲ設クルノ必要ナシ。又如何ナル国ト雖モ、臣民ノ権理ヲ保護セズ又君主権ヲ制限セザルトキニハ、臣民ニハ無限ノ責任アリ君主ニハ無限ノ権力アリ、是ヲ称シテ君主専制国ト云フ。故ニ君主権ヲ制限シ、又臣民ハ如何ナル義務ヲ有シ如何ナル権理ヲ有スト憲法ニ列記シテ、始メテ憲法ノ骨子備ハルモノナリ」と反撃の態度に出るというように、立憲主義を楯にとって草案の後ろ向き改正を阻止する姿勢を堅持しているのは、『憲法義解』の第四条の註解に「君民倶に守るの大典とし」、第七十三条の註解に「一たび定まるの大典は臣民と倶に之を守り、王室の専意を以て之を変更することを欲せず」と記していることなどの事実とともに、伊藤ら憲法起草関係者が、憲法を制定するかぎりは、君主権の制限と国民の権利の承認（条件つきにもせよ）とを最低線として維持する立場をとっていたことを物語るものであろう。井上毅が明治二十二年九月に刊行した私著『内臣外民公私権考』で「憲法は主権者と臣民との関係秩序を規定し及臣民の権利義務を明示するの典章なり」という定義を下し、「臣民の権利」の明示を憲法不可欠の要件としているのも、かれら憲法制定関係者の間における共通の考え方によったものと思われるのであって、そうした点では、明治十年代の憲法思想の大勢と全く相容れない異質の論理を採っていたというわけではなく、ただ君権の制限がいちじるしく弱い点で、多くの憲法諸構想に共通する一般的傾向に比し君権主義的色彩が濃厚であるという程度の差を示していたにすぎないと言えないこともないようである。この点は、明治十年代の憲法諸構想の内で例外的に前近代的な権威主義君主政治を考えていた元田永孚案や法制叢考案、および後章に詳述する穂積八束・上杉慎吉流の憲法学説と対比するときに、いっそう明らかとなることであって、個別的な問題についても、枢密院会議で、鳥尾小弥太から「政治ニ参与スルノ権ハ人民固有ノ権利ニ非ズ」という理由に基づき「貴族ハ貴族ノ資格ヲ以テ自ラ議会ニ列シ、人民モ亦人民ノ資格ニ依リ自ラ議会ヲ構成シテ政治ニ参与スルノ権」あるかのごとき理解を生ぜしめる「貴族院」「衆議院」の名は適当でないという修正意見が提出されたのに対し、伊藤が「国会ヲ以テ政治機関ノ一官庁ト認ムルガ如キハ、立憲政体ヲ設ケテ人民ニ参政ノ権ヲ与ヘ、国会ヲ開キテ政事ヲ論義セシムルノ精神ニ反対スルモノナリ。(中略)憲法ノ模範ハ海外立憲国ノ成蹟ニ倣ハザルヲ得ズ」と反駁し、議会を以て人民の代表機関とする「海外立憲国」の常識をそのまま承認しているのは、十年代の諸構想案にしばしば見えた、「大日本国会ハ日本国民ヲ代理スル」(桜井案)「国会ハ国民ニ代ツテ国事ヲ議定ス」(立志社案)「国会ハ大日本国民ノ代理者タリ」(西案)などという条項の思想と全く一致し、議会が国民の代表機関たることを否定した後年のアカデミズム憲法学よりもはるかに、十年代の思想の方に深くつながっていることがよく理解されるであろう。

憲法制定とほぼ時期を同じくし、アカデミズム憲法学の内部に二つの相対立する学派が成立し、いわゆる天皇主権説対天皇機関説の思想的対立が露呈することは後章に詳述するとおりであるが、ここで注意しなければならないのは、専制主義的傾向の強い主権説学派が正統派で立憲主義的色彩の濃い機関説学派が異端派であったのでは決してなく、両派ともにそれぞれ異なった領域において国家権力のイデオロギーを代表する役割を演じていたと考えられるのみならず、むしろ憲法制定の当局者たる伊藤ら藩閥官僚政府首脳部自身においては、内心機関説の方を採用していたと認められるふしが多い、という事実である。つとに尾佐竹猛氏は、「伊藤博文と機関説」という一文を発表し、伊藤がドイツ学者から聴いた意見とおぼしき「君主及国会ノ法律上ノ地位」と題する文章中に、「現時ノ国法ニ於テハ、君主ハ国家ノ上ニ位セズ国家ノ中ニ位シ、君主ハ国家ノ統御者ニアラズシテ国家ノ機関トナレリ。君主ハ国家ノ機関ニシテ国家ノ為メニ活動スベシトノ思想ハ、既ニフリードリヒ大王ノ有名ナル『君主ハ人民ヲ支配スル所ノ専制君主ニアラズ、国家ノ最高機関ナリ』トノ語ニ於テ発表セラレタリ。(中略) 君主ハ万般国憲ノ持主ナリトハ、決シテ其権威無限ナリトノ意義ヲ有セズ。立憲制度ニ於テハ、君主ハ其権利ヲ施行スルニ当リ、一ニハ一定ノ方式ヲ遵守セザルベカラズ、二ニハ他ノ機関ノ干与を受ケザルベカラズ」という記述のあることを紹介し、「機関説輸入の最も早き一人として伊藤を数ふることが出来る」(3) と指摘したのであるが、おそらくここに見えるような考え方は、伊藤らが内心ひそかに同感を禁じえなかったところであるにちがいない(4)。思うに、天皇を戦術的武器として主体的に利用することにより幕末維新の変革期の政争をくぐりぬけて権力を掌握することに成功した倒幕の志士の出身であり(5)、かつまた天皇を国民支配の権威の源泉として利用はするが実質的な政治権力そのものはおのれら自らの手に固く握ってこれを操作しつづけてきた伊藤ら藩閥の巨魁たちにとって、天皇は客観的にはかれらによって操縦される「機関」以上のものでなかったはずであり、天皇対藩閥官僚政府の関係に関するかぎり、機関説こそもっとも現実に適合した好都合の学説であったのではなかろうか。次章に述べるとおり、末岡精一・一木喜徳郎らのいわゆる機関説憲法学者が政府から重く挙用された事実等に徴しても、機関説が政府の正統学説として保護されていたことは疑なく、前記のごとき伊藤らの憲法に対する考え方の表現も、いわば機関説的思考を背後に置いて読むとき、いっそうよく理解せられると思う[6]。このように、諸般の事実を綜合して考えるならば、伊藤らにおいては、その強い君権主義的主張にもかかわらず、明治初年以来の開明主義的意識が相当に保持されていたことを、かれらの憲法思想の重要な特色として記憶しなければならないと思うのである[7]。

第二節　明治憲法制定直後に刊行された憲法註釈書の一般的傾向

立憲主義に対する反動の勢いで憲法を制定した側の人々にあってさえなお右のような傾向が見られたとすれば、まして前代以来の立憲主義を変更する必要を感じていなかった民間人が、明治憲法を従来どおりの立憲主義の頭で解釈したとしても、少しもふしぎのないことであった。明治憲法自体がかつて一般に構想したような立憲主義の線からは遠いものであるにせよ、それを受けとる側の胸裏からかつての一般的な考え方がまだ完全に消え去っていないならば、憲法をそうした立場に基いて解釈することになるのは、当然の成行だからである。憲法発布直後、新聞・雑誌の類は競って憲法の註釈を掲載し、またおびただしい多数の専門的・通俗的註釈書が出版されたが[8]、それらを大観するとき、右のような傾向を示すものの多いことを感じないではいられない。それらの註釈類の全部を閲覧することは不可能であったが、私の捜索の及んだ範囲で目を通すことのできたのは、次の三十数点であった。

新聞・雑誌掲載の註釈　「大日本帝国憲法解釈」[9]（『東京日日新聞』連載）「憲法解釈」（『郵便報知新聞』連載）「憲法論」（『毎日新聞』連載）「帝国憲法義解」（『時事新報』連載）「通俗憲法註釈」（『朝日新聞』連載）「通俗憲法解釈」（『絵入朝野新聞』連載）「憲法一

班」(『国民之友』連載)「通俗大日本帝国憲法講義」(『中外法律集誌』連載) 高田早苗「通俗大日本帝国憲法註釈」(『読売新聞』連載) 町田忠治「憲法評論」(『朝野新聞』連載)(以上はすべて昭和十一年刊明治政治史研究会編『憲法解釈資料』に収載されている) 高田早苗「帝国憲法を読む」(『憲法雑誌』所載) 同「大日本帝国憲法註釈」(同上)。

単行註釈書　金山尚志・金子辰三郎共著『大日本帝国憲法義解』織田謙著『大日本帝国憲法問答註釈』(ともに前記『憲法解釈資料』に収載されている) 土屋弥十郎著『傍訓通俗大日本帝国憲法註解』(明治二十二年二月十日刊) 今村長善著『帝国憲法解』(同月十四日刊) 園田賛四郎編『大日本帝国憲法正解』(同月十八日刊) 関直彦解釈『大日本帝国憲法』(同月二十日刊) 磯部四郎著『大日本帝国憲法註釈』(同月二十二日刊) 薩埵正邦・上林敬次郎・吉田左一郎合著『大日本帝国憲法及附属法精義』(同月二十三日刊) 東京出版会社版『大日本帝国憲法俗解』(同月二十五日刊) 丸山名政著『大日本帝国憲法註釈』(同月二十八日刊) 中野省吾著『大日本帝国憲法説明』(同月刊) 渡辺亨釈義『通俗大日本帝国憲法釈義』(同年三月五日刊) 坪谷善四郎著『大日本帝国憲法註釈』(同月七日刊、坪谷の見解は同人の同年七月刊行の別著『政治新論』と併せて見るとき、いっそうよく理解される) 磯部四郎校訂・井上経重著述『大日本帝国憲法註釈』(同月八日刊) 磯部四郎講述『憲法講義』(同年四月八日刊) 志方鍛著『大日本帝国憲法義解』(同月十五日刊) 辰巳小次郎著『大日本帝国憲法正解』(同月十六日刊) 城数馬詳解『大日本帝国憲法詳解』(同月十八日刊) 壁谷可六・上野太一郎合著『帝国憲法義解』(同月二十一日刊) 竹村欽次郎刊『帝国憲法正義』(同月二十六日刊) 樋山広業著述『大日本帝国憲法釈義』(同月二十六日刊) 山田喜之助・江木衷・渋谷慥爾合著『帝国憲法要義』(同月二十六日刊) 井上操著『大日本帝国憲法述義』(同年六月十五日刊)

これらの大部分は、憲法発布直後にできるだけ早く世に出そうとして競うように作製印刷された際物的色彩が強いものであるから、どこまで憲法を十分に検討した上での意見であるか疑わしいものも多いが、それだけにまた当時の一般知識人の憲法意識が不用意故にかえって率直に表明されているとも考えられ、憲法発布直後の憲法思想を明らかにする史料として不適当とは思われないので、これらから窺われる憲法解釈の基本的特色を、次に問題別に検討してみることとしよう。

(イ)　主権の所在と君主権の制限についての解釈

『時事』は「主権の一部は天皇と人民との間にあり」、『絵入朝野』は「万端陛下と人民との納得せし上にて規則も出来、税金も定まり、所謂君民共治といふ君と民と相待ちにて国を治むる御仕法を立てられ」、『郵便報知』は「憲法の精神は取りも直さず日本が君民共治の国体なるを暗に示し玉ふものと考ふべし」、『憲法雑誌』は「大日本帝国憲法は、君民同治の主義に基けり」とそれぞれ言っているように、主権が君主と国民とに分有されるとする趣意を表明したものがすこぶる多い。これに対し、壁谷らの『義解』は「我国の主権は(中略)独り天皇の独占する所なり」としているが、このように天皇主権説を採るものは少数であった。興味深いのは、中野の『説明』が「我国ニアリテハ、主権ハ陛下之ヲ有シ賜ヒ、而シテ此憲法ニ依リ其一部ヲ国会ニ貸与シ賜フナリ」と言いながらも、同時に「立憲君主政体国ニアリテハ、君主ハ国家最高機関ナリ」とも言って、天皇機関説と同じ命題を述べていることである。著者中野省吾は「帝国大学院法学士」という肩書の人物であり、おそらく帝国大学教授末岡精一の機関説を十分の理解なしに継受したのであろう。

また、『郵便報知』に「憲法と称する時は、(中略)国君と雖も之を犯す能はず」「若し大権を有すと雖も、亦た憲法の範囲内にて之を行ひ、憲法に違背することを許さ」ず、『朝日』に「天皇は上なき大権を有せられ、如何様にも御心任せにし給ふことを得れども、此憲法に背き給ふことは相成らず」、『絵入朝野』に「縦令国の首長なりとて、何事も思召通りにのみ行はせ給ふこと相成らず。(中略)如何なるものに其行為を縛られ限られ給ふやといへば即ち此憲法にして、(中略)其周囲の外には一歩たりとも出で給ふこと出来ずと定められたり」、井上経重の『註釈』に「天皇ハ其主権ノ行用ニ付キ二個ノ制限ヲ受クルナリ。即チ一ハ其行用ノ方法ニ関シテ之レヲ受ケ、一ハ其区域ニ関シテ之レヲ受ク。

其主権行用ノ方法ニ於テ制限ヲ受クルトハ、即チ立法権ヲ行フニハ議会ノ承諾ヲ要シ租税ヲ徴集シ国債ヲ起スニモ亦同ジク議会ノ承諾ヲ要スル、是レナリ。又其区域ニ付テ制限ヲ受クルトハ、即チ妄リニ臣民ノ身体財産ヲ侵スベカラザルガ如キ、是レナリ」（もっとも、「此所謂義務ハ法律上ノ義務ニアラズ、単ニ道徳上ニ付テ云フニ過ギズ」とされているけれど、また別に「立法権ハ憲法ノ制限ヲ除クノ外又他ニ制限アルナシ。然レドモ実際上ニ於テハ他ニ一種ノ制限ナキニアラズ。即チ正理、道義、衡平、謹慎、等ヨリ来ルモノ是レナリ。如何ニ立法権ト云フト雖ドモ、正理ニ将タ道理ニ戻ルコトノ太甚シキモノハ、之レヲ為スベキニアラズ。若シ之レヲシモ為スベシトセン乎、是レ国ノ国タル所以ニ背クモノト謂ハザルヲ得ズ」と、条理法による主権の制限を説いているごときは、他の註釈に例を見ない卓見であろう）、城の『詳解』に「元首ト雖モ其権力ヲ濫用ス可ラズ。必ズ憲法ヲ守リ其制限スル所ニ従ハザル可ラザルヲ示セルモノナリ」、壁谷らの『義解』に「大権執行の上に制限を置きたるものなり」、井上操の『述義』に「君主モ亦率由セザルベカラザルモノナリ」とそれぞれ言っているように、多くの註釈が口を揃えて、君主権が憲法により制限されることを明言している。坪谷は、「畢竟人民ハ国家ノ基礎ニシテ、政府モ亦之ガ為ニ存立シ、国家ノ統治、政権ノ分配等ハ元ト是人民ノ自由ヲ保護スルガ為ニ設クルモノナレバ、国家組織ノ諸機関ヲ設ケテ其権力ヲ定ムルト同時ニ、必ズ其権力ヲ制限シテ以テ人民ノ自由ヲ危クシ本末顚倒ノ弊無カランコトヲ期セザル可ラザル也」（『註釈』）という前提に基づいて、「憲法ニヨリ、一方ニハ君主ノ統治権ヲ制限シ、一方ニハ被治者ノ権利義務ヲ規定スルモノハ、是レ立憲君主国ニシテ、我国ノ国体ハ実ニ是ナリ」（『新論』）と言い、井上経重は「憲法ノ効用ヲ案ズルニ、彼ノ泰西人ガ常ニ唱フルガ如ク、其主要ナル効用ハ独リ虐政ヲ防制スルニ止マラズ、他ニ尚ホ主要ナル効用ノ存スル在リ。他ニアラズ、主権ヲ有スル人ノ位地ヲ鞏固ナラシムル事是レナリ」「憲法ノ効用ハ主権ノ濫用ヲ防制スルニ在リ。而シテ其主権ヲ制禦スルニ足ルベキ権力ノ果シテ如何ナルモノゾト云フニ、輿論即チ是レナリ。其輿論ノ効用ノ原簿如何ハ国会ノ有無ニ由テ分ル。是ニ於テヵ国会ハ立憲政体ノ中心機軸ト為リテ百般ノ運作ハ皆此処ヨリ出ヅルナリ」と説き、城の『詳解』は、「主治者ノ最上権ニ法律上ノ制限ヲ附スルト云ヘル思想」が今日通常の憲法の意義であって、「一方ニ在テ主治者ノ専横ヲ防ギ、一方ニ於テ被治者権利自由ヲ確保スルノ建国法」をすなわち憲法というのであると定義し、関の『解釈』は、「一たび憲法を制定して其主権を使行するの方法を示されたる以上は、もはや君主も其限外に超出するを得ず、人民の権利自由も爰に於て初めて安固なるを得るものなり」と論じて、いずれも君主権の制限と国民の権利の保障とが一体不可分の関係にあり、君主権を制限することにより国民の権利を保障することこそ憲法の眼目である所以を明らかにしているのであった。君主権の無制限を説くものは、管見に属したかぎり一つもなく、ただ辰巳の『正解』に「国会は憲法中に明記したる諸権を有すれども、明記せざる権利を一切有せざる者とす。而るに君主は憲法に明記したる諸権のみならず、憲法に明記せざる総ての権を有す」と言っているごとく、君主の権限については広き推定、国会の権限については狭き推定を受けるという解釈をとる例が僅少ながら存在するにすぎない。このことは、東京出版会社の『俗解』の「陛下は国の元首にして統治権ありと雖ども、御身躬ら政事を行ひ玉ふにあらず。政事を行ふものは即ち内閣諸員なり」、竹村『正義』の「此ニ大ニ注意スベキモノアリ。政学ノ格言ニ天皇ハ統治シテ支配セズノ語アリテ、統治権ヲ有セラルルハ万般ノ政治ヲ総率監督シ賜フモ、政務ノ処理施設ハ之ヲ親ラシ賜フモノニ非ルナリ」、志方『義解』の「君主ハ統治シテ政務ニ当ラズトノ格言ヨリ之ヲ言ヘバ」、政党内閣の制度は君主国体と抵触するところがない、といった意見のごとく、天皇不親政を以て立憲政治の本質とする意見の散見する事実とともに、特筆に値するところであろう。

君主権が憲法によって制限されるものである以上は、「君主の憲法を破ること政治徳義の決して之を許さ」ず(辰巳『正解』)、「憲法に反きたるときは、違憲と云ふて、天子は徳義上の罪人となり玉ふ」(渡辺『釈義』)こともちろんであり、たとい「法律上の制裁を受けずと雖も、（中略）徳義の制裁の効力は無限にして、其憲法違背の度の軽重に応じて如何なる制裁を受くるやも知るべからざるなり」（『日日』・関『解釈』）、そればかりでなく、「違憲の所為を為し若くは違憲の命令を発したる時は、其命令及び所為は全く無効のものにして、国民は決して之を守るに及ばず」（同）とされ、君主が憲法の制限を破り違憲の行為を敢てしたときには、国民は服従の義務を解除されることを公言するにとどまらず、暗に抵抗権の発動をほのめかす威嚇的な言葉を使用して憚らない例さえあるほどであった。

君主が憲法遵守の義務を負うことと関連し、天皇の神聖不可侵の意義についても、単に「法律上ノ責任ナキヲ云フモノニシテ、皇祖皇宗ニ対シ又ハ其他ノ者ニ対シ徳義上ノ責任ヲ有シ玉フコト勿論ナリ」（山田ら『要義』）、「其無責任たる法律上の無責任にして、決して専横放恣を逞ふするを得べしとの義にあらず。天皇に対するの裁判官は絶てあることなしとは云へ、祖宗の神霊と天皇自己の良心とに対しては大に責任を負ふものなり。リヨンネの所謂歴史は国王の裁判官なりとは、是れ之を指すなり」（壁谷ら『義解』）と、天皇無答責が単に法律上の無答責に限定されることを強調する見解の多いのが注意せられよう。また、神聖不可侵につき、園田の『正解』に「神聖と云ふ意味は、昔の所謂神子神孫にして決して人間にあらずと云ふ意味にあらず」と明言しているのも、興味を惹く。

（ロ）　立法権についての解釈

主権を君民分有と解するものの多かった以上、その一作用である立法権についても同様の解釈の多いのは、当然であろう。『憲法雑誌』は「立法権は君主と国会とに存す」、『郵便報知』は「日本の立法権は天皇と帝国議会に共有するものと見るべし」、『時事』は「要するに君民相合同して始めて法律を為すものなり」、竹村『正義』は「我国ノ立法権ハ天皇ト帝国議会ナル二原素ヨリ成立スルモノナリ」とそれぞれ言っている。『国民之友』は「立法権は天皇に属するなり」としながらも、「然れども是は只理論上のことにして、その実際上に於ては、憲法の条規に従つて立法権の運用せらるるに於ては、立法の権は自ら天皇と帝国議会の相方に属するが如きの姿に立ち到るなり」とし、金山ら『義解』も、「立法権ノ天皇ニ属スルコトハ理論上一歩モ仮ス処ナ」きを示しているけれど、「其議会ノ協賛ヲ求メラルルコトニ制限シ給ヘルモノナレバ、実際上」は議会も協同して之を行なうと「殆ド其目的ヲ同スルニ近カラントス」と言い、ともに形式上天皇に属すとしながら実質は共有と同じとした。これに対し、壁谷ら『義解』が「帝国議会は立法権を分与せられたるものにあらずして、立法権の使用権を分与せられたるものとす」、中野『説明』が「帝国議会ハ素ト天皇ヲ補助スル国家機関タル者ナリ」と言っているごとく、立法権の分有を否定するような趣旨を述べたものも、少数ながらないではない。

枢密院の審議で問題となったところの、憲法原案の「帝国議会ノ承認ヲ以テ立法権ヲ行フ」の「承認」の文字は、結局起草者側が譲歩して「協賛」と改められたが、註釈書の大多数は「協賛」という文字に「承認」と異なる意味があるとは解していない。『国民之友』は「協賛は政府の手に成る英訳憲法に consent と訳しあれば、その承諾の義たる明なり」と言い、『毎日』・関『解釈』・丸山『註釈』等みな同様に英訳によって「協賛」が「承諾《コンセント》」の意であることを説き、要するに「議会に問議せずして御一人を以て法律を制定されざるを明定されたるものなり」(丸山『註釈』)「立法議会ノ議決ヲ歴ズシテ自ラ法律ヲ作ルノ権ナキモノトス」(中野『説明』)「天皇一人の存意を以て妄りに法律を立つること能はざるなり」(園田『正解』)という意味であることを、何人も疑わなかった。

丸山『註釈』は、天皇が議会の議決に対する「不裁可権を有し玉ふこと勿論なり」と言いながら、「唯だ之を有せらるるも、之を使用すること屢々ならず、人民の心を以て大御心とさるる以上は、一国の康福此上なきことなり」と論じてその行使の自粛を求めており、『朝日』は「国会の議決が天皇の思召に協ぬときには、国会の議決も水の泡、或は不認可権を行はれて、国会の不同意なる法律も断然発布せらるることあらんも知る可らず。是れ併しながら万已むを得ざるに出ることにて、仮令天皇と雖も無暗に不認可権を行ふて国会の議決を無にする様な不徳義なことを為さるべきものに非ずと知るべし」、『日日』は「非常の場合に非る以上は、天皇陛下と雖も恣に不認可権を用ひ給はず、概ね議院の決議のままを採用せらるるを常例とす」、『毎日』は「人民の側から見れば、無限の不認可権は危険の思なきにあらずと雖ども、帝王を補佐する宰相にして能く補佐の任を尽さば、無限の不認可権未だ必しも危険の者にあらず。現に英国の如き、帝王に無限の不認可権ありと雖も、女王アン以来一百余年未だ嘗て不認可権を使用したるなきの一事にて知るべし」、『絵入朝野』は「民の心を以て大御心とせさせ給ふこと天皇の天皇たる訳なれば、議会にて之を決したる事をば先づ裁可し給はぬ等の事は無き筈にて、是は偏に時の天皇の御徳義に頼み奉るべきこととす」、『国民之友』は「陛下の聖徳なる、決して輿論を軽んじ玉ふことあるべからず。議会も輿論と相一致する限りは可成議会の議決を裁可し玉ひ、容易に不裁可の権を用ゐ玉はざらんことを懇願し奉らざるを得ず」、『法律集誌』は「英国の如きは、不認可権を実行せられしは僅に指を屈するに足らざるが如き有様なり。此れ等の事実に徴するに、裁可せられぬと云ふ事は実際になき事と心得て可なり」、織田『註釈』は「国会で議決した事は、天皇に於ても必ず裁可なさるるものでムります」、金山ら『義解』は「敢テ濫リニ不裁可ノ権ヲ弄用シ公衆ノ望ニ背カセ給フガ如キ恐レナキコトハ、天皇ノ徳義ト共ニ余輩ハ保証セント欲スル処ナリ(英国ニ於テ、国ノ王ニ於テ不裁可ヲ行ヒタルハ、女王アンノ時代ニ於テ一回之ヲ行ヒタル以来百数十年之ヲ行ヒタルコトナシト云フ)」といずれも筆を揃えて不裁可権の行使は実際上あり得ないと言っている。井上経重の『註釈』のように「法律ハ国家ノ意思ヲ表示シタルモノニシテ、此意思ヲ表示スルハ国民全体ニ代レル所ノ議会ナリ。然レドモ議会ガ表シタル所ノ意思ハ果シテ真個ニ国民ノ意思ナルヤ否ヤヲ識別スル者ナカルベカラズ。其之レヲ識別スルハ天皇ナリ。是レ天皇ガ法律ヲ裁可スル所以ナリ」「天皇ガ議会ニ付セラレタル当時ニ於テハ必用便利ノ法モ、其議会ガ之レヲ可決シテ裁可ヲ仰グノ際ハ早ク既ニ不用不便ノモノタルコトアリ。此時ニ方リテ（中略）其法律ハ実ニ時勢ニ反シテ或ハ有害或ハ無益ノモノトナルベシ。立法ノ本意豈ニ玆ニアランヤ。天皇親ラ発セラレタル法案ト雖ドモ亦裁可ヲ経ベキコト甚ダ明ケシ矣」と不裁可権の積極的意義を説くもののもないではなかったけれど、それは僅少の例外にすぎなかった。このようにほとんど全部のものが不裁可権の自粛を力説し、しかもその根拠としてイギリスの例を引いていることからも察せられるように、すべての論者は、イギリスの議会制君主政治を理想とし、その規準によって帝国憲法を解釈しようとしているのであって、このことはきわめて重要な事実と言わなければならない。憲法制定者側がいち早く理論的支柱をドイツ国法学に求め、ドイツ系憲法の中でも最も君権主義的色彩の濃いバイエルン・ウュルテンベルヒ等の南ドイツ諸邦の憲法をもっぱら模範として憲法を起草するにいたった後にも、民間では依然としてイギリス流の議会中心主義憲法政治に学ぼうとする考え方が力を失なわなかったことが、これによってよくわかるのである。

(ハ)　天皇の独裁大権についての解釈

憲法が天皇に広汎な独裁大権を認めたことは、明治十年代の一般の常識に反するものであったが、解釈者たちは、これについてもつとめて立憲主義的に解釈しようとしているのであって、例えば第九条の独立命令制定権について、『朝日』は「実際に当つて見ると、往々此区別を取違へて、法律を以て定むべき事を命令で済し切ることあり。（中略）所得税法の如きも勅令を以て発布されたなれど、同法の如きものは法律として発せらるべき性質の者であらうと思ふ。兎に角法律と命令の区別は中々軽からぬことで、法律なれば我々人民即ち帝国議会之に参与することを得れど、命令となりては所謂ギウの音も出来ぬものなり。官民とも最も注意せねばならぬ事柄なりとす」と言い、城『詳解』も

「我邦ノ諸命令即チ勅令以下ニ於テ定メタルモノノ中ニ在テモ、吾人ヲシテ考ヘシムルニ足レバ、法律ヲ以テ定ムベキニ非ザルカト疑ハシムルモノナキニ非ズ」とし、ともに独立命令権の行使の濫用にわたる危険を指摘している。井上操『述義』が賭博犯処分規則・爆発物取締罰則に重刑をふくむ罰則のあることを取りあげ、「若シ命令ニシテ今後如此キ厳刑ヲ設クルコトヲ得ルコトトセバ、法律ト勅令トノ差別ハ全ク無効ニ帰スルナルベシ」、したがって勅令に罰則を附するを許す法律が必要であり、「如此クナラザレバ、憲法第十八条以下ニ臣民ノ権利義務ヲ定メラレタルモ、終ニ水泡ニ属スベキナリ」と言っているのは、結論としては安易な抜け道を教えた形となっているものの、やはり厳密な法律論の立場から独立命令権の濫用の危険に触れている点は看過できまい。壁谷ら『義解』が「概するに人民の権利義務に関する事項は法律を以て定めざる可からず」としているのは、独立命令権の限界を明示したものとして、後の立憲主義憲法学説の考え方の先駆をなす卓見ともいえよう。また、第八条の緊急勅令制定権につき、城『詳解』がその後段の規定を「元首ヲシテ容易ニ立法権ヲ専占セシムル能ハザラシメタルモノ」と解し、緊急勅令制定権を消極的に受け取っているのも、注目してよいところで、かように天皇の副立法権に対し、消極的態度をとる註釈書の多いことはみのがせないところである。

第十二条の軍制大権について、『国民之友』は「天皇常備兵額を定め玉ふが如きも、所謂欧州各国の憲法上殆んど見る能はざるなり」と暗に不満の感をもらし、「思ふに天皇陛下を輔弼する大臣たるものが人民の負担に苦しむ程に常備兵を増し、陛下をして人民の怨衝に当らしむる如きこと万々之れあるべからず。仮令万一之れありとするも、必ず歳計予算上に現はるべければ、帝国議会は必ず情を酌みて適宜に之を議決し、天皇陛下を怨府たらしむ可からず」と論じ、金山ら『義解』は「議会ハ已ニ歳出予算ヲ議スルノ権アリ、故ニ之ヲ間接ニ制限スルノ趣アルヤ明カナリ」と言って、ともに議会の予算議決権を通して軍制大権の濫用を制限すべきであると主張している。磯部の『講義』は後に詳しく紹介するとおり、おそらく最も非民主主義的色彩の強い註釈であるが、それでさえ天皇の軍制大権は「帝国議会ノ協賛ヲ得タル陸海軍の定額費ヲ超ユルコト能ハザルハ勿論ナリ」と言い、議会の予算権による制限を当然としている。第十三条の宣戦・講和・条約大権について、『日日』は「議院は君主の宣戦の権を如何ともする能はざれども、無名の軍、無用の戦には後ちに軍費支出の時に至りて議を容れ之を制するを得」、『読売』は「何れの国に於ても、(中略)国会は戦争の入費を議決する権利あるを以て、若し君主無名の師を興さんとするか勝算多からざる戦いを興さんとするに当りては、戦争の入費を出すことを肯ぜずして以て宣戦の妨げを為すを得べし。(中略)左れば我日本に於ても、帝国議会が講和若くは条約締盟等の事に関し全く喙を入るる能はず質問を為し批評を為すことも出来難しといふ次第にては無るべき歟」とそれぞれ言って、同様に議会が予算権を通じて宣戦・講和にも干与する道あるを説き、『郵便報知』にいたっては一歩を進め、「宣戦の時に於ては之に伴ふの軍費を要するが故に、之を国会に謀り其の同意を得ざる可らず」と国会の同意を必要とするとまで言っている。金山ら『義解』は、法律上国会の同意は必要とせぬが、「之ヲ通知シテ其意見ヲ問フモ他ニ支障ノ恐レナキ場合ニ於テハ」、「英国其他数国」の慣例に従って国会に通知しその賛助を求めるのが「穏当ナル処置ト云フベキカ」とした。『国民之友』は「条約にして貿易に関し国費に関することもあるにも拘はらず、議会の協賛無くして之を断行せられるが如きは如何にや」、プロシア・オーストリア・イタリアの憲法では条約の締結にも国会の同意を必要としており、「我国に於ては斯の制限なしと雖も、人民を子視し玉ふ所の天皇陛下は、決して帝国議会の協賛無くして斯の如く人々に大関係ある条約を専行し玉ふの御精神にあらざるべしと信ず」、城『詳解』は、外国の憲法では其「内国立法ノ範囲ニ入ル可キ事項ニ関係アル条約ノ如キハ議会ノ決ヲ経ベシトノ制限ヲ附スルモノ少カラズ、今我国憲法ノ正条ニハ是等ノ事ヲ云ハズト雖モ、実際ニ至テハ必ズヤ立法部ノ協賛ヲ受クルコトナル可シ。然ラザレバ、元首ハ外国トノ条約ノ為メニ間接ニ内国ノ法律ニ憲法ノ与ヘザル特権ヲ有スルガ如キ場合ヲ生ズ可ケレバナリ」とそれぞれ論じ、条約の締結についても、内容によっては帝国議会の同意を求めるのが正当であることを強調している。

(ニ) 人権についての解釈

憲法が国民の自由・権利を法律の範囲内等の条件附きでしか認めなかったことについては、これを遺憾とする意見が少くなかった。さきに『日日』の国憲意見についてこの点から鋭い批評を加えた『毎日』が、憲法に対しても、アメリカ憲法修正一条を引き、アメリカでは「国会が憲法に依り集会言論等の自由を妨害する法律を制定す可らずと分明に禁ぜられたる者」であるが、「日本の憲法は然らず、法律の範囲内に於て云々と云ふ者なり。左れば日本政府は現在の集会条例、新聞紙条例よりも数倍厳重なる法律を制定して言論、刊行の自由を二層も三層も狭隘ならしむるを得る者なり。万あるまじきことなれども、他日政府は現在に数倍したる厳重なる集会条例、新聞条例を発布し、(中略)今法律を設けて汝人民刊行集会の自由を制限す、是れ素より憲法の許す所なりと答ふも知るべからず」と深い危惧の念を表明しているのを初め、『時事』は「本章諸条の権利自由も皆法律の範囲内に限りたる権利自由にして、法律の寛厳如何に依りては、此自由も此権利も伸縮勝手たるべし。例へば今日集会著作の自由も誠に狭隘なる区域中に限られたるが如き、皆法律の範囲内にある事にして、之を喩ふれば罪人に許すに起居眠食の自由を以てし、尚ほ此起居飲食は獄中規則の範囲内にて自由なりと云ふが如し、(中略)吾人が今日の自由如何に自由なりとて、英米国民が此諸自由を享有する程の寛に非ず」、『郵便報知』は「最も大切なる注意は、一切の権利義務が皆な制限あるものたるを知るの一事に在り。(中略)故に人民権利の広狭は法律以内に之を生ず。(中略)故に憲法の体裁上に於て人民の諸権利は諸国共に優劣あることなしと雖も、実際に至ては大なる相違を生ず」とそれぞれ論じて、人権の保障のはなはだ不完全なことを指摘しているが、興味深いのは多年植木枝盛が徹底した自由民権の説を発表しつづけてきた高知の『土陽新聞』の見解であって、同紙は二十二年七月十八日号以下に連載の「帝国憲法と言論集会の自由」と題する社説中において

若し論者の言の如く法律の範囲ならば如何程にも之れを束縛し得るものとすれば、既に其の自由無きなり。之れを言論著書印行の自由を許さずと云ふと何ぞ相違あらんや。凡そ法律を解釈せんとせば須く先づ主客の判別を立てざる可らず。「言論著書印行及結社の自由を有す」とは之れ其主なり、「法律の範囲内に於て」と云ふ之れ其客なり。（中略）其主たる精神は言論著書印行集会の自由を制限せざるにあるを知るなり。（中略）此の憲法に矛盾せる法律規則命令は無論之れを廃止若しくは改定せざる可からざるに非ずや。言論集会の自由を容さざる現行の新聞出版集会の諸条例は、言論集会の自由を認許せる憲法に遭ふて何ぞ消滅せざる可けんや。

と言い、翌二十三年三月二日号の社説「集会条例の事」において重ねてその趣旨をくり返して

現今の新聞紙条例集会条例等は瞭然憲法第二十九条に抵触するものなれば、予輩は一日も早く之れが改正を公布せられんことを希望して已まざるなり。

と力説し、憲法の「法律ノ範囲内ニ於テ」に縮小解釈を加えることにより、表現の自由を強度に制限していた治安立法を憲法違反と断定しているのである。このような解釈が出現し得たのは、往年の植木枝盛憲法草案に見られたごとき人権の無制約的保障を要求する憲法意識がこの時期にもまだ高知の自由主義陣営の中で存続していたからであって、それが必ずしも表現の自由にそれほど強い保障を与えていない憲法に対し右のような前向きの解釈を下させる条件となった点は、往年の立憲主義の精神をなお失なっていなかった中央諸紙が天皇主権に傾斜している憲法を「君民共治」の憲法として解釈し得たのと全く同一轍というべきであろう。

解釈の力で人権制限の縮小をはかるのは少しく無理であったから、『土陽新聞』のような見解は孤立した例外的意見にとどまっているが、法律の改正を将来に期待することによって少しでも制限の緩和を実現したいと考えたものは少なくなく、丸山『註釈』は、「両議院にして社会の有様に注目し、正当の法律を制定することに勉め」る「に於ては、不当に此貴重なる自由を害するが如きことあらざるべし」、渡辺『釈義』は、「法律と云ふものは、此後天皇と議会と相談の上如何様にも改正することの出来るものなれば、是より後我々人民に於て若し不用なり不都合なりと思ふ法律は、片端よりひしひし改正し、立派な法律となすを得べければ」、それほど心配する必要もないであろう、と言っている。

右のように、新聞・雑誌類が人権の制限に敏感であったのは、当時の刊行物の多くが自由主義的な政治上の立場に立っていたためでもあり、しばしば苛酷な言論統制を受けて自由の狭さを体験していたことにもよるのであって、そうした切実な要求を欠く学者その他の著作に成る単行本註釈書には、人権の制限にほとんど問題を感ぜず当然のこととして説明しているものが多い。東京出版会社の『俗解』が明治十年代まで流行した天賦人権論を依然として祖述し、「日本の臣民は固より天賦の自由を有すと雖ども」と言いながら、これにつづけて、「已に一社会を成し、上に仰ぐに天皇陛下を以てしたる以上は、陛下の勅令に依り発布したる法律命令に服従せざる可らず」と言って、法律命令による制限になんらの疑問をさしはさまないで解説しているのは、その顕著な例である。中には渡辺『釈義』に「世の中の貧富を平均せしめんとて立ち騒ぐ如きは、秩序を乱るものなれば」、その種の宗教を禁ずるも差支えなしとしたり(辰巳『正解』に「貧富平等を説くものの如きは、皆な安寧秩序を妨ぐるものなるが故に、之を信ずるの自由なしとす」と言っているのも全く、同旨である)、井上操『述義』に「我ガ国人ハ千思万考深ク心ニ感ジテ後チ始メテロニ発スルノ気習ニ乏シク、時トシテ軽忽ニ事ヲ執ルノ場合ナキニ非」ずとの理由から、「若シ此等自由ノ伸縮如何ノ問題ハ人智発達ノ度如何ニ基ク。政府豈ニ之ヲ検束スルコトヲ好マンヤ」と結論したり、井上経重『註釈』に「信教ノ為メニ政治ヲ害シ風俗ヲ紊シ、或ハ成法ヲ誹毀シ或ハ官吏其他ノ人ヲ侮辱スルガ如キコトアルニ於テハ、法律上之レヲ不問ニ付スルヲ得ズ」「国家ハ其臣民ニ許スニ穏カニ会合シテ公事ヲ商議スルノ自由ヲ以テセザルベカラズ。然レドモ、其之レヲ濫用スルモノアルニ於テハ世ノ安寧秩序ヲ妨害スルノ憂アリ。爰ニ於テカ国家ハ又此集合ニ対シテモ一ノ制限ヲ置キ其濫用ヲ防制スルノ必要アリ。即チ彼ノ兵器ヲ携ヘテ集合スルガ如キ、将タ屋外ニ於テ集合スルガ如キハ、世安ニ頗ル危険ノ恐レアルヲ以テ、之レヲ禁ゼザルヲ得ズ。其他公益上ニ於テ之レニ類スル制限法ヲ要スルモノアルベシ」と説いたり、磯部『註釈』に「仏蘭西国ニ屢バ革命ノ乱ヲ生ジタルガ如キハ、全ク言論出版ノ自由ト集会結社ノ自由トヨリ生ジタル結果ナリト云テ可ナリ」としたりするなど、積極的に人権制限の必要を力説したものも、いくつか見出されるのである。ことに磯部『講義』では、憲法発布以前と雖も、政府に「専恣専横ノ処分アリタルヲ聞カズ」「言論著述信向モ公序ヲ害セザル以上ハ皆完全ノ自由ヲ有セシコト毫モ今日ト異ナラザルナリ」、「我ガ国臣民ノ権利ハ開国ノ初ヨリ依然トシテ存シ、今日ノ憲法ハ之ヲ認メテ天下ニ公布シタルニ過ギズ、今日ノ憲法アリテ臣民始メテ権利ヲ得タルニアラザルナリ」、「軽躁慮リナキノ輩」が「口ヲ開ケバ必ズ我ガ施政ノ状態ヲ以テ偏ニ擅断ニ渉ルモノノ如キ言ヲ発シ」たのは、「己レノ無識ヲ顕シ」「我ガ聖天子ノ仁恵余リアル施政ノ沢ヲ遺忘セシムル」ものであるばかりでなく、我が国体の「光栄ヲ汚穢スルノ罪人ト称シテ可ナリ」と極言し、憲法による自由権の保障にほとんど実質的な意味がないかのごとき言を弄している外、附載の「議院法講義」において、「一国社会ハ立法行政司法ノ三権ヲ以テ之ヲ統理シ、其各権分チテ立法権ハ議会ノ預ル所トシ行政権ハ政府ノ司ル所トシ又司法権ハ裁判官ノ行フ所トシテ、而シテ主権者之ヲ統ベ以テ国是ヲ謀リ、殆ド一己人ノ喙ヲ容ルベキ余地ナキモノト謂フベシ」、請願を行なう者は「其身ヲ慮リ謹ニ謹テ此請願権ヲ行ハザレバ自ラ其分ヲ知ラザルモノト謂ハザルベカラズ。請願者、或ハ政府ニ忠告スト云フガ如キ名義ヲ取リ、或ハ権利恢復ト云フガ如キ慠慢ノ語辞ヲ用ウルトキハ、是レ一己人ニシテ社会ノ大権ヲ侵スモノト謂ハザルベカラズ、亦恕スベキニアラズ」という、国民の請願権を否定するにもちかい解釈を下すなど、強い反人権的思想が露骨に示されていた。ただそういう立場に立ちながら、緊急勅令の合憲性に論及し、「若シ万一ニモ憲法ノ範囲ヲ出デテ勅令ヲ発セラレ為メニ議会ノ承諾セザル所トナリ、而シテ其間ニ此勅令ノ為メ吾人臣民ノ権利ヲ障害セラルコトアルトキハ、其勅令ノ効力ハ将来ニ向テノミ失フニ止マラズ、尚ホ既往ニ遡リテ之ヲ失ヒ、即チ吾人臣民ハ其障害セラレタル権利ノ賠償ヲ国務大臣ニ対シテ請求スルコトヲ得ベシ」と言い、国民の賠償請求権を主張しているのは、興味深い。

右のように、若干の保守的見解は散見するにしても、少くとも人権の制限は法律によらねばならぬことが憲法の明文により定められたことだけは確かであった。それでは、もし法律に反した国家の命令が発せられたときはどうなるのか。渡辺『釈義』は「仮令天皇陛下の御命令にても、法律に背きたるものは無効の命令なるべく、我々人民は決て之に従ひ参らするの義務なかるべし」、竹村『正義』は「帝国議会ノ議決ヲ経ザルモノハ法律タルノ効力ナク、吾人人民ハ之ニ服従スルノ義務ナキモノナリ」とそれぞれ言って、国民の服従の義務なきことを明言しているが、『国民之友』がさらに一歩を進め、「若し法律に依らずして」人身の自由を侵す「警官裁判官あらば、是れ憲法違犯の大罪人なり。（中略）国家と人民の関係より法律を取り去らば、是れ国家と人民との関係を破りたるものにあらずして、何ぞや。斯くの如き警官裁判官の斯の如き挙動行為に抵抗するは、正当防禦の権之を許して咎めざるなり」と言い、園田『正解』も、人身の自由権「を侵さるる者は当さに之に抗拒の権ある者とす」と言って、ともに違法なる権力の行使に対する国民の抵抗の権利を公然と承認しているのが注目を惹く。(10) かような考え方は、「日本人民ハ凡ソ無法ニ抵抗スル事ヲ得」「政府国憲ニ違背スルトキハ日本人民ハ之レニ従ハザルコトヲ得」という条項を設けた植木枝盛憲法草案、「国民ハ証ヲ有セザル逮捕吏ニ抗スルヲ得」「国民ハ正当防拒ノ権利ヲ有ス」「国民ハ非法不正ニ抗スルノ権理ヲ有ス」という条項を立案した立志社憲法草案と同一の精神[11]が、この時期にもなお民間にその生命を維持していたことを物語るものであろう。

なお、ここで問題とされた人身の自由は、憲法第二十三条の規定するところであるが、これについて、丸山『註釈』が、このことはすでに明治十五年実施の治罪法に規定されているところであるけれど、「単に治罪法のみに逮捕監禁審問処罰のことを記載するも、之れ唯だ治罪の順序手続として定めたるものにて、人身保護を主眼として定めたるものに非ざるが故に、治罪の必要上時に或は臨機の処分なき能はず」、本条の成立により初めて人身の自由の保障を得たのであり、「吾人は之を一部の人身保護律として敬重せざるべからず」と言い、本条を Habeas Corpus Act に擬して司法上の人権の保障の重要性を力説しているのは、一隻眼ある見解であったと言わねばなるまい。

国民の権利の保障という観点からみれば、個々の条文における制限規定ばかりでなく、第三十一条の非常大権の規定が、これまた重大な危険をはらんでいる。『国民之友』は「若し之れが解釈次第にては大抵の場合にも之を適用し、本章に掲げたる臣民の自由この一条の為に抹殺せらるる恐れなしとは断言し難し。併し吾人が信ずる所によれば、国家事変とは田舎の百姓一揆や二三十人の壮士が小き乱暴を働く位の場合にあらずして、(中略)内乱将に起らんとする場合を指すものなるべしと思はる。本条に所謂天皇大権なるものは、憲法の明文に照すに、方に第八条、第九条、第十四条に規定せられたる天皇陛下の権力に相当すべきものなるべければ、その権力を執行すべき所の手続方法も亦第八条、第九条、第十四条に依り玉ふ事なるべし」と言い、非常大権発動の条件・方法に厳格な枠を与え、その濫用を許さない趣旨を力説しており、城『詳解』は「可成的其実行ヲ慎ムベキモノタル」ことを強調し、『朝日』は、この規定は非常例外の場合のものであるから、「平時に在つては至大至重、蚤にも喰はさぬ権利自由、一天万乗の天皇と雖も之を侵すこと罷成らぬなり」と、この規定を逆手にとって平時の自由権の不可侵性を強調しているのが、注目を惹く。

(ホ)　帝国議会の地位権限についての解釈

織田の『註釈』は、憲法発布後になお一院制議会論を説いている特色ある書物であるが、国会の地位につき、「既に国会ある以上、其国は人民政治の国にして、政府も宛一国の雇人の姿にてあります。然れども、国会は其人民を代表するものなれば、いかで其雇人なる者の下に附くべきや。故に若し国会にして他の両部即ち行政司法の下位に立ち両部の自由にせらるるやうのことなれば、最早国会は頓と希望すべきものでありません。そこで此三者中孰れが長上に立つと申せば曰く、立法部たる国会こそ即ち最上の位にゐる者と断定せねばなりません。(中略)故に立法部にて行政司法は干渉に甚不当なることなれども、其大体を総括て之を支配し、重なる官吏の任免より其取行ひまする事務に至るまで国会にて之を監視する位でなければなりません」と言い、国会は人民の代表機関であり、行政司法をも監視する最高機関でなければならないという立法権優位論をきわめて積極的に主張している。前に少しくふれたとおり、後のアカデミズム憲法学の間では、国会が国民の代表機関たることを否定する学説が有力となるのであるが、この時期の註釈書にあっては、「人民互に其の総代を選び相会せしめて万端の協議を為す。之を名けて帝国議会といふ」(東京出版会社『俗解』)「帝国議会ハ全国民ヲ代表スル機関」(山田ら『要義』)「議会は人民の総代人」(渡辺『釈義』)「議員ノ一体ハ国民ノ全体ヲ代表スルヲ原則トス」(井上経重『註釈』)「臣民ノ代表者ヲ以テ組織」(井上操『述義』)「国会は全国人衆の意志を表示する所の機関」(壁谷ら『義解』)、衆議院に限定してではあるが「国民ヲ代表スルハ即チ衆議院」(城『詳解』)「下院ハ人民ノ思想ヲ代表」(竹村『正義』)「国民ノ代表者タル衆議院」(磯部『講義』)というように、最も保守的な思想に拠るものをふくめ、多くの註釈書が国会を国民の代表機関とすることを自明の理として受け取っており、管見に属するかぎり、明白にこれを否定したものは一つもない。

議会をして内閣の進退を左右せしめることが明治十年代の諸構想案の多数に共通する要求であり、少くとも議会に弾劾権を与えることは最小限の要求であったにもかかわらず、憲法にはその規定が設けられなかったのであるが、『読売』は「余を以て見るに、日本の憲法中弾劾の箇条無しと雖も憂ふに足らず。(中略)已を得ざる場合にはこの上奏の権利を利用し置き、早く内閣更迭の習慣起らん事を希望する方宜しかるべし」、『時事』は「行政上の事に就ても、議会は時の執政に顧慮する所なく直ちに陛下の謁を賜ふてその当否を上奏することを得。早く申さば西洋諸国に行はるる弾劾の様なる事なども、此上奏に依て為し得らるると解する者もあり。誠に有難き権利にこそあれ」、『朝日』は「我国の憲法に於ては此弾劾権の事に付何も掲げらるる所なきは如何なる仔細に出でたるものにや。(中略)明かに憲法に記して確め置たきものにはあらずやなどいふ者もあれど、既に当第四十九条には即ち両院とも其意見のある所を直ちに天皇に奏上することを許されたり。若し大臣や何かに落度でもあつたときには、直様天皇に直奏すること自由自在なれば、敢へて弾劾権なんどといふ鹿爪らしきことがなくとも充分ならんか」、『絵入朝野』は「世には我が憲法が西洋諸国の如く弾劾の権を与へざりしを不満に思ふものも或は之れ無きにあらざれども、(中略)吾輩は我が議院にても此の奏上権の運用をさへ巧みならしめば、随分弾劾権の必要を感ずることなしと信ず」、竹村『正義』は「議院ニ与フルニ上奏ノ権ヲ以テセラレタルハ、弾劾ノ名ナシト雖ドモ弾劾ノ実ヲ得ベキモノナリ」、壁谷ら『義解』は「両議院は本来規定の上奏権を以て彼の弾劾に等しき効用を事実に発せしめざる可からざるなり」とそれぞれ言い、また井上経重の『註釈』のごとく、「思フニ、大臣ナルモノハ行政上最要ノ地位ニ立チ天皇ヲ輔弼スルノ大任ヲ負フモノニシテ、天皇若シ其人ヲ信ゼラルレバ之レヲ職ニ置キ、若シ其人ヲ信ゼラレズバ其職ヲ黜ケ、其進退一ニ天皇ノ御心ニアリ、然ラバ則チ其間ニ喙ヲ容ルルガ如キハ、啻ニ無用ナルノミナラズ、又却テ天皇ノ大権ヲ侵スノ恐レナキ能ハズ。是レ欧米諸国ト其例ヲ異ニシ此弾劾権ノ事ハ之レヲ憲法ニ規定セザル所以ナルベキカ」と弾劾権の欠如に積極的理由を与えながら、ひきつづき「然リト雖ドモ、彼ノ議会ナルモノハ全国民ノ意思ヲ代表シ其希望ヲ顕ハシ其痛苦ヲ訴フルノ地位ニ立ツモノナルヲ以テ、時ノ大臣ノ処置ニ付キ上言セシムルハ独リ妨ゲナカルベキノミナラズ、亦大ニ利スル所アルベシ。本条ニ於テ上奏ノ権利ヲ議院ニ与ヘタルハ、蓋シ是等ノ為メナランカ」とも述べたものもあるのであって、多くの註釈書がかように憲法第四十九条の上奏権を実質上の弾劾権たらしめるべきであると主張したのであった。井上操『述義』が「直チニ内閣ニ向テ其失政ヲ責メンヨリハ、寧ロ天皇陛下ニ上奏書ヲ奉呈シ、以テ乙夜ノ覧ニ供シ、間接ニ内閣員ノ失政ヲ矯正スルノ方法ヲ取ルニ如カザル可シ」と言っているのは、はなはだ弱腰の態度ながら、実質的には同じことを言おうとしたものに外ならない。

さらに一歩を進め、政党内閣制ないし議院内閣制を主張するものも少くなかった。坪谷『註釈』は「国務大臣ハ帝国議会ニ於テ多数ヲ占メタル政党中ヨリ出ルニ至」るべきであるとし、山田ら『要義』は「敢テ憲法上ノ強制ナキモ、帝国議会ニ多数ノ人望ヲ博シタルモノヲ以テスルニアラザレバ、国政活動ノ円滑ヲ害スルニ至ルベシ」とし、志方『義解』も「今我国ノ憲法ヲ案ズルニ、国務大臣ノ進退ハ一ニ宸断ニ出デ議会ノ向背ニ因ラザルコトハ自ラ明白ナリ。故ニ憲法上ハ政党内閣ニ非ザルコトハ復タ疑フベカラザルノ事実ナリ」と言いながらも、「政党内閣ノ制度ハ民主国体ニ適スベク君主国体ニハ適スベカラザルノ観ナキニアラズト雖ドモ、君主ハ決シテ政務ニ当ラズトノ格言ヨリ之ヲ言ヘバ、毫モ君主国体ト牴牾スベキ者ニアラズ」と断定し、もし政府と議会と衝突し、「議会ノ解散再三ニ及ブ如キ不祥ノ場合ニ遇ハバ、縦令ヒ憲法ノ明文ナキモ、忠義ノ激スル所、節操ノ誘フ所、国務大臣ハ必ラズ急流勇退賢路ヲ避クルニ吝ナラザルベキハ自然ノ勢ナラン」、故に「我国ノ憲法ニ国務大臣ハ議会ノ向背ニ由リテ其進退ヲ決スルノ条規ナキ」も「憾トセザルナリ」と結論し、竹村『正義』は、内閣が「帝国議会ノ信用ヲ失ヒタルトキハ、自ラ其職ヲ辞シ、以テ其責ヲ完フシ、以テ他ノ輿望ヲ負ヘル者ノ進路ヲ開クベキナリ」、『時事』は「我国務大臣の如きは天皇の親勅に依るに非ざれば決して進退せざる事なる可し。然れども天皇は毎に輿論の向背如何に大御心を注がせ玉ふを以て、万一議会の衆望時の内閣に離るるを見そなはせ玉はば、内閣は亦勅勘に触れたる道理にて、臨機の御叡慮あることなる可し」、『朝日』は「政党内閣こそ、理窟にも適ひ、君を尊び民を安んずるの趣旨にも適ふものなりといふは、政党内閣方の学者や政治家の議論なり。左れど帝室内閣方の学者や政治家はまた之を駁し、帝室内閣とて敢て人民の望みに逆つた者も何時迄も大臣にして置くではなし、天皇に於て大臣が人民の望を失つたと認められれば、直ちに之を免職して人民の望ある者を挙げて大臣に任ぜらるるものなれば、敢て心配するに及ばずといふなり」、城『詳解』は「我聖明ナル天皇ハ公議輿論ヲ以テ大御心トシ玉フが故ニ、全ク国民ノ公望ニ反スル大臣ハ、天皇ニ於テ之ヲ免ジ玉フハ疑フ迄モナシ。果シテ然ラバ、何ゾ議院ニ弾劾権ナキヲ憂フルニ足ラン」とそれぞれ論じ、明文で議会に内閣を進退させる権限を与えていないこの憲法の下でも、実際上議院内閣政治を行なうことが可能であるばかりでなく、むしろそれが憲法の精神に合する所以であることを筆を揃えて主張しているのである。壁谷ら『義解』が「国会の望を失ひたる大臣にして依然其職を保持すること」は「欧州各国に於ても其例少しとせず。然れども不調和の両機関間に蟠結するの不利たるを知らば、勉めて是等の例を襲ぐべからず」とし、「内閣更迭の事の如きも軽易に行はれ、以て人心をして倦まざらしめむことを」「望む」と言っているのも、はなはだ婉曲な表現ながら、同じ趣旨の見解と解してよかろう。

このように、憲法の条文にかかわりなく議院内閣制の採用の可能性・必要性が多くの註釈書で強調されたのは、憲法典の文字よりもその実際の活用をいっそう重んずべきであるという考え方から出たものである。『時事』が「実際は法の活用次第」、「要するに法は死法にして活用を貴ぶものなれば、時と人とに依りて都合よく之を解し、成る可く円滑に大政の方針を定めて云々」、『朝日』が「憲法と雖も是れ唯紙に字を列べたる迄のものなり。憲法如何に善きも、之を使ふもの悪くては何の役にも立たず。活かして使ふと殺して使ふとで大なる差ひあるものなり」、土屋『註解』

が「是れ迄西洋諸国の先例もある事にて、憲法には如何に立派な事を書てあるにしても、之れを応用する人が不注意では何の役にも立ちません。少々憲法には不十分な事を書てあるにしても、其人間が十分働く時は決して不都合はありません。独逸国の憲法などは随分不十分な事が書てあるソーですけれど、実地の働きは意外に能く行くソーデス。故に我国にても、吾人が十分此憲法の意味を知りたる後、実地の働き如何んに気を附けて、不都合があれば不都合なりと云ひ出して、十分都合の宜しき様に成るが第一肝要の事なりと云ふべし」(岡洲居士序)と言っているのを見ると、当時すでに註釈家の間に、憲法の条文に拘泥しないで適当と思う方向に「活用」すればよいという思考方法が行なわれていたことが判明する。もっとも、そのような考え方が常に前向きの解釈のみを導き出すとは限らないが、議院内閣政治を憲法論の上で正当化するために右のような考え方が大いに役立ったことは明白といわなければならない。後年美濃部達吉らが完成した議院内閣主義憲法学説の基本論理が、すでにこの時点で民間の憲法論の内に明確に現われていたのは注目に値するが、もともと議院内閣制が明治十年代の憲法構想の多数に共通する最大公約数の主張であったとすれば、それが明治憲法の制定によってたちまち雲散霧消することがなかったのも、少しも怪しむに足らないのではあるまいか。

帝国議会が立法権の外に財政について大きな権限を有することの重要な意義は、諸註釈のひとしく認めるところであって、予算議決権の活用によって天皇独裁大権をも制限し得ることに着目していたのは、さきに述べたとおりである。ただ憲法第六十七条に「憲法上ノ大権ニ基ツケル既定ノ歳出及法律ノ結果ニ由リ又ハ法律上政府ノ義務ニ属スル歳出ハ政府ノ同意ナクシテ帝国議会之ヲ廃除シ又ハ削減スルコトヲ得ス」という規定があって、国会の議権に大きな制限を加えているのであるが、『国民之友』は「本条の適用次第によりては、議会の権力に関すること甚だ少からずと雖、亦議会の方略如何によりては、本条も亦別段恐るるに足らざるなり。仮令へば議会が予算を議するに当り、此歟は既定の歳出なり此項は法律の結果による歳出なり法律上政府の義務に属する歳出なりとして之を支出するに、民力の許さざるに拘らず強て之が削減を議会に許さざる場合ありとするも、議会にして人民の真実なる代表者なる以上は、その民力の許す丈に其の予算総額を計算し、削減を許さざる所に於て之を削減せざる代りに、自由に削減し得る項目を非常に削減するに至るや必せり。然るときは、政府は一方に思を遂ぐる代りに他方には大に困難を生ぜざる可らず。故に政府たるものは、只正に民力の如何を標準として歳出を制すべし。既定の歳出とか何とか文字に頓着するは、決して得策にあらず」と論じ、議会の「方略如何」によって、この条の制限もさしたる効果を生ぜしめないようにできると言い、坪谷『新論』も「苟クモ議会ノ立案ニシテ能ク政府ヲ感服セシムルニ足ラバ、同意ヲ得ルコト難シトスベカラズ。我政府ハ賢明ナリ。議会ノ所見ヲ至当ト見認トメナガラ執拗ニモ之ニ抵抗シテ同意ヲ与ヘザルガ如キコトナカルベシ」と言って、暗に政府の自制によってこの規定を空文化するのが望ましい趣旨を述べている。この条文をめぐり、第一議会において政府と民党との間にはげしい争が生じ、結局民党はこの規定のために敗北を喫せざるを得なかったのであって、上引両書の議論はいささか甘過ぎた感なしとしないけれど、ここにもまた先行する時期以来の立憲主義を固持して憲法を前向きに解釈しようとする態度の明確な現われが看取されることは注目に値するところとせねばなるまい。

衆議院が予算の先議権を有するのみで、貴族院に対する優越権を有する明文を欠く点もまた、後年貴衆両院間で紛議を生じた問題の箇所であるが、中野『説明』では、無造作に「衆議院ニ於テ金銭案ヲ否決シタルトキハ、貴族院ハ最早殆ド之ヲ成立セシムルコト能ハザルナリ」と断定し、「此一事」こそ「衆議院ノ貴族院ト其権力ヲ異ニスル」点であるとまで言っている。『時事』が、上院に予算修正権を与えていないイギリスの例を引き、我憲法はこの明文を欠くけれど、「然れども、貴族院は徳誼上実際多数納税者の説を賛成すること多かる可し」と言い、『日日』が、明文はないが論理上貴族院に修正権はあるものと言わねばならぬけれど、「然れども、猥りに之れを修正して国民多数の利益を害せざることは、貴族院が徳義上の責、憲法上の義務なりといふべきなり」と言ったのは、中野のように法律的に貴族院に修正権なしとすることはできないにもせよ、貴族院の自制によって修正権の行使を自制するように運用する必要を主張したものであった。憲法第七十一条の前年度予算執行権につき、坪谷『註釈』に「屢々之ヲ行フガ如キコトナキヲ望マザルベカラズ」とあるのも、同様である。これらはすべて前記のごとき憲法の実際の運用方法のくふうによって条文の不備不満を是正しようとする発想から出たものであって、その根底にできるだけ国会、特に衆議院に財政上の権限を大幅に保たしめようとする意図のあることは、あえて言うまでもなかろう。総じて、帝国議会の権限に関し、註釈書の間に拡大解釈の傾向の濃厚な事実は重視しなければならぬところである。

もっとも、このような傾向の中で、磯部『講義』のみが、「若シ議会ニシテ全ク独立体ヲ有シ、時ノ必要ナキニ相集リテ開会シ閉会停会共ニ意ノ如クスルニ至ルトキハ、国是ヲ謀ルベキノ議会ニシテ却テ帝国ニ仇スルノ具ト為ルニ至ルベシ。一国ニ二君アルコトヲ認知セザル以上ハ、議会ノ開閉ノ自由ヲ其議会ニ得セシムベキモノニアラザルナリ」とか、「君民ノ間ニ立チテ公私ノ利害ヲ斟酌シ国力ノ一致ヲ保ツコトヲ以テ任トスベキ衆議院ニシテ」、「只政府ニ抗スルヲ以テ職トスルガ如キ現象ヲ生ズルニ至リテハ」、「直チニ之ヲ解散」するは「施政ノ術ニ於テ怠ルベカラザルナリ」とか、「衆議院ノ議員ハ帝国臣民ノ代表者ナリ。然レドモ臣民其代表者ヲ選抜スルハ之ヲシテ我意ヲ擅ニセシムルガ為メニアラズ。然ルニ代表者此旨ヲ体セズ其佩ブル権利ヲ私シ却テ公安ヲ害スルガ如キ挙動アルニ於テハ、代表者ノ職分ニ背キ権限ヲ超ユルモノト謂フベシ。其職分ニ背キ其権限ヲ超ユルノ代表者ハ既ニ代表者ノ真価ヲ失ヒタルモノニシテ正当ノ代表者ヲ以テ論ズルコト能ハザルナリ」とか、「方今欧米各国ニ於テ行政権ト立法権トノ社会ニ占ムル勢力ノ軽重如何ヲ観察スルニ、行政権ハ立法権ノ為メニ抑制セラレ行政権ハ立法権ノ従僕タルモノノ如キ状態ヲ顕ス邦土少シトセズ。何ヲ以テ然ルヤ。曰ク他ナシ行政権ヲ代表スル内閣員ノ所為ニシテ議会ト見解ヲ異ニスルモノアルトキハ、議会直チニ之ニ対シテ弾劾ノ権ヲ執行シ、其極ヤ内閣員ノ進退ハ殆ド議会ノ自由ニ左右スル所タルヲ以テナリ。斯ノ如キハ国権ヲ立法行政司法ノ三権ニ鼎立セシメ其権衡均シキヲ得タルモノト謂フヲ得ズ。一国ノ主権者ニシテ三権鼎立ノ権衡ヲ均シキヲ得セシメント欲スルトキハ、直接ニ彼是ニ対シテ其非ヲ弾劾スルノ権ヲ有セシムルコトナク、之ヲ主裁スルハ特リ主権者ノ職権ニ属スルモノト為サザルベカラズ」とかいう、議会の機能をできるだけ消極的に解しようとつとめているのは、きわめて異例の態度というべく、さきに本書を以て最も反民主主義的な註釈書と言ったのも、本書が終始このような考え方で貫かれているからである。

(へ)　国務大臣の責任と輔弼・副署についての解釈

明治憲法が国務大臣の責任を各大臣の単独責任とし、何人に対する責任であるかを明記しなかったのは、議院内閣制を否定する意図から出たものであるが、さすがに制定者も、大臣の責任が天皇のみに対するものであるという論理でおし切ってしまうことはできず、伊藤博文の『義解』には「其の大臣責任の裁制を以て之を議院に属せざるは、固より当然の結果とす」としながら、「但し、議員は質問に由り公衆の前に大臣の答弁を求むることを得べく、議院は君主に奏上して意見を陳疏することを得べく、而して君主の材能を器用するは憲法上其の任意に属すと雖、衆心の嚮ふ所は亦其の採酌の一に洩れざることを知るべきときは、此れ亦間接に大臣の責を問ふ者と謂ふことを得べし」とし、「大臣は君主に対し直接に責任を負ひ、又人民に対して間接に責任を負ふ者な」ることを認めざるを得なかったのである。『国民之友』はさらに進んで、「国政の大体に至ては、国務大臣連帯にて被らざる可らず。而して国務大臣が天皇陛下を輔弼し善政美治を起すは、独り天皇に対する務のみならず、抑一人国民に対する務なりとす。故に輔弼の責任なるものは、啻に天皇陛下に負ふのみならず、兼ねて人民に負はざるべからず」、井上経重『註釈』も「大臣ハ天皇ニ対スルノ外、尚議会ニ対シ、将タ輿論ニ対シテ其責ヲ負ハザルベカラズ。思フニ、我国ノ如キ既ニ言論ノ自由ヲ臣民ニ与ヘ集会出版亦其権利トナレル所ニ於テハ、社会公衆ノ着目大臣ノ一身ニ集リ其一挙一動悉ク公衆ノ評論ニ上リ物議ニ懸ラザルハナシ。大臣ハ是等ノ評論物議ニ対シテモ亦其責ナシト云フベカラズ。殊ニ彼ノ議会ナルモノハ国民全体ニ代リ其意思ヲ発表スルモノニシテ、或ハ人民ノ喜悦ヲ顕ハシ或ハ人民ノ不平ヲ鳴ラシ或ハ人民ノ苦痛ヲ訴フルモノタルノミナラズ、尚且ツ天皇ニ対シ上奏ノ権利ヲ有スルモノナレバ、大臣タルモノノ之レニ対シテ其責ヲ負フハ亦弁ヲ俟タザル所ナリ」とそれぞれ言い、その外、関『解釈』が「議院及び人民に対して其責を負はざるべからず」、辰巳『正解』が「大臣は君主に代り人民(即ち国会)に対して責任を有す」、坪谷『註釈』が「国務大臣ハ議会ニ対シテ徳義上ノ責任ヲ負フ」、中野『説明』が「施政上ノ咨書ヲ受クベキ宰相ヲ設ケ、立法部ニ対シ君主ニ代リテ行政上ノ咎責ヲ受ケシム」とそれぞれ言っているように、国民・国会に対する責任を負う義務のあることを主張する意見がすこぶる多かった。もっとも、坪谷『新論』に「唯ダ能ク国務大臣ヲシテ政治上ノ責任ヲ負ハシムルニ足ルヤ否ハ、臣民ノ実力如何ニ在ツテ存スルモノトス」と説かれているとおり、国民に対する責任を現実に国務大臣に負わせることは、議院内閣制の採用とからみ、今後の憲法の運用の課題として遺された問題ではあったわけではあるが。

国務大臣の国会に対する責任を全面的に承認しないまでも、第八条の緊急勅令不承諾の場合と第六十四条の予算外支出不承諾の場合にかぎり、「国務大臣は其責に任じ、冠を掛けて其職を去らざる可からず」とする意見(壁谷ら『義解』)、あるいは第六十三条の外に第七十条の財政上の緊急処分不承諾の場合には、「大臣ハ天皇ノ外更ニ帝国議会ニ対シテ其責ニ任ゼザルベカラズ」(山田ら『要義』)とする意見もあり、また、「其責任ハ天皇ニ対シテ負フモノニシテ帝国議会等ニ対シテ負フモノニハアラザルナリ」(井上操『述義』)「天皇陛下に対する責任にて議会又は人民に対する責任にはあらずと云ふ」(渡辺『釈義』)「英文帝国憲法を参照するに、陛下に対し奉りて其責を有するのみなる事を知れり」(丸山『註釈』)とあるごとく、憲法の条文に従って国民・国会に対する責任のないことを説くものもあった(ただし、渡辺・丸山の場合は、きわめて消極的な表現方式をとっており、国民・国会に対する責任の無いことを不満とする口吻のようにも取れないではない)。

憲法の条文の文字に関するかぎり、国務大臣の個別責任あるのみで内閣の連帯責任の認められていないことは、井上操『述義』や渡辺『釈義』の言うとおりであるが、城『詳解』に「憲法上ニハ其名ヲ存スルコトナシト雖ドモ、其実依然トシテ連帯責任ナル主義内閣ヲ存スベキヤ、明白ノコトナリトス」、辰巳『正解』に「内閣ノ堅固ヲ計リ和合ヲ保ツニハ、是非トモ連帯責任ノ制ニ由リ各大臣ヲシテ進退ヲ一ニセシメザルベカラズ」、山田ら『要義』に「実際ハ国務大臣ハ協議ヲ以テ事ヲ決スルノ場合多カルベキヲ以テ、道徳上ニハ自ラ連帯ノ責任ヲ有シ、遂ニ其進退ヲ共ニスル場合ナキニアラザルベシ」とそれぞれ説かれているように、内閣の連帯責任の必要を説いたものも少くない。個別責任とすることで議院内閣制を防止しようとした制定者の意図は、これらの註釈書では全く無視されているのである。

国務大臣の責任は、輔弼・副署によって生ずるのであるが、国務大臣の輔弼・副署の解釈の如何によっては、君主権を制限する結果ともなり得る。山田ら『要義』が、天皇と大臣との意見が合致しないときには、「大臣自ラ其職ヲ辞シ、又ハ天皇之レヲ免ジ玉フカ、将タ天皇ニ於テ此処分ヲ中止シ給フカ、二者必ズ其一ニ居ラザルヲ得ザルナリ」と言っているのは、そうした可能性をふくむ理解の仕方であった。アカデミズム憲法学では、大臣は天皇から副署を命ぜられれば拒むことができないという解釈もなされたが、この時期では、管見に属するかぎり、まだそのような解釈は一つも出て居らず、むしろ「大臣ハ其言ヲ天皇ニ進メ、若シ天皇ノ容ルル所トナラズンバ其職ヲ去ルノ自由アル」(井上経重『註釈』)ことを述べたものさえあった。

(ト)　枢密顧問についての解釈

議会と交渉なく責任を負わない枢密顧問が国政に干与することによって立憲主義の貫徹を阻害することは、はるか後年にいたって実証されたところであったが、制定直後にもすでにその点を危惧する考えが出ており、『日日』は、枢密顧問の「奉対案は決して帝国議会の決議の如く重きものに非ず。御随意に之を左右あらせられ給ひて少しも差支は御はさぬものなり。之に反して若し其奉対案の権力強きものたる時は、常に帝国議会の議決と衝突を生じ紛争を醸し、恐るべき弊害を生ずべし。故に本条に於ても予め之を抑制して、只だ陛下の諮問に応へ重要の国務を審議すと定め、議定すとは掲げられざるなり。立憲政体の本意爰に在り、猥りに超越せしむべからざるなり」、『朝日』は「若し枢密顧問の決議は議定同様の効を有し是非御採用ならなければならぬ様な仕組では大変なり。枢密顧問の考が常に国会の考に合つて居れば何事もないけれども、万一双方其考が喰違つたときはサア事だ。(中略)左ればこそ当憲法に於て、枢密顧問は単に御尋ねに与かる迄の役にて確定する役にはあらぬ事を明かにされたるなり」とそれぞれ言い、枢密顧問の権限を最小限に抑止すべきことを力説している。

(チ)　司法権の独立についての解釈

司法権の独立については、明治憲法には取り立てて従来の期待に反するほどのものがなかったから、議会の権限をめぐる問題のように、特に拡大解釈をする必要は存在しなかったが、諸註の解釈が、憲法の明文にイムプリシットに含蓄されてはいるがエックスプリシットに表明されていない、天皇大権の制限という面を強い言葉で指摘しているのは、注目に値する。『国民之友』は「今日となりては天皇陛下と雖、裁判官にあらざるよりは決して人の罪を裁判し玉ふこと能はず」と言い、「司法権ハ天皇ノ名ニ於テ法律ニ依リ裁判所之ヲ行フ」という憲法の条文が天皇から親しく司法権を行使する権能を奪うという大権制限の規定であることに特に注意を喚起しており、『日日』は「一度裁判官に任ぜられたる以上は、たとひ天皇陛下の命令と雖も其職を免ぜらるることなし」、『郵便報知』は「天皇と雖ども御随意に裁判官の職を免じ給ふ能はざるなり」、『時事』は「法律に依らざれば天皇も裁判官を免黜あらせらるることなし」、『絵入朝野』は「裁判官なる者は、(中略) 勅命と雖も妄りに之を免ずること能はざるの地位に立たしめ置かざる可らず」とそれぞれ言い、裁判官の地位の保障が天皇の官吏任免権を制限するものであることを筆を揃えて強調しているのであって、司法権の独立をこのような角度から理解しようとする態度は、やはりこの時期の解釈に共通する基本的傾向を窺わしめるに足りよう。

山田ら『要義』が「司法権ノ独立ハ、臣民ノ賜与スベキ立法権ヲ鞏固ナラシメ、臣民ノ毀損セラレタル権利ヲ回復スルニ已ムベカラザルノ原則タリ」と言い、司法権の独立が人権保障のために要請されるものであることを明言しているのは、すぐれた洞察であるばかりでなく、『要義』がさらに進んで「裁判官ノ昇級及俸給ノ増減ヲ以テ行政官ノ権内ニ属セシムル以上ハ、裁判官ハ到底独立ノ名アリテ独立ノ実ヲ全フスルコトヲ得ザルベシ」と、裁判官の昇進制度が司法権の独立を阻害する条件となっているのを看破したところなど、他に類のない着眼点として高く評価されてよいであろう。坪谷『新論』が陪審法の採用を説いているのは、これまた明治十年代の憲法構想における多数意見の名ごりであるが、一方で大審院に外国判事を陪席せしむるも可としているごときは、大隈外相の条約改正案を支持するための政治的見解にすぎないものにしても、憲法感覚を疑わしめる発言と言う外なく、高度の立憲主義を強調した坪谷の憲法論に汚点を印するものとされることを免れまい。

なお、最も非民主的註釈書である磯部『講義』が、裁判公開の規定につき、「仮設バ被告事件ノ国事犯ニ関スル如キハ、場合ニ依リ公開ヲ停ムルヲ得策トス。他ナシ斯ノ如キ事件ニ関シ裁判ヲ公開スルトキハ、或ハ裁判席ノ静粛ヲ害シ、其甚シキニ至リテハ社会公衆ヲ騒ガスニ至ルノ危険少カラザレバナリ」と、飯守重任判事でも言いそうなことを言っているのは、例のことながら、やはり看過しがたいところである。(12)

(リ)　憲法改正権についての解釈

憲法の制定は天皇の欽定によるものであったが、ひとたび憲法が成立し、天皇の大権がこれによって制限されることとなったからには、天皇単独の意志によってこれを改正することはできない、という解釈が多数意見であって、『絵入朝野』に「憲法中の一条一項を改めねばならぬ時に及びても、皇帝御一己の思召にて之を御取極め相成るにあらず」、『国民之友』に「天皇は憲法を制定するの権あるが故に改正の権ありとして、改正の議決権を単に天皇に与ふるに於ては、憲法は決して憲法たる効能あらざるなり。憲法は天皇の意の儘に改正せられ意の儘に働らき、天皇の無限権を制するに効能あらざるなり」とあるのはその例である。これに対して、憲法が法律については「帝国議会ノ協賛ヲ経ルヲ要ス」とし、憲法改正については「帝国議会ノ議ニ付スヘシ」としている文章上の相違を理由として、憲法改正にあっては、議会の「可決と否決との効果は法律上公布を左右するを得ず、仮令議会の否決即ち協賛なき場合に於ても、天皇は随意に之を公布すべきなり」と解する意見が壁谷ら『義解』に述べられているけれど、しかし、「議会の議決は法律上に於てこそ効果なけれ、聖旨の之を裁断するの上に於て頗重要なる一材料となるは固より疑を容れざる所」であるから、「至仁至徳なる我聖主に於ては能く衆議を容れ」て確定せられるであろうということもあわせ説かれており、法律上改正権が天皇に専属するとしても実際には議会の議決を無視すべきでない所以を暗示する用意は忘れられていない。

議会に改正の発案権の与えられていないのは、憲法の重要な特色であるが、『郵便報知』は「然れども、帝国議会は天皇に対して上奏権を有するが故に、たとひ憲法改定の発議権を有せざるにもせよ、実際に於ては此上奏権に由て幾分か憲法改定に関する便宜なしとは謂ふ可らず」、『朝日』は「左れども、国会に於て憲法改正の必要を認めたときは其旨上奏致し、天皇に於て御同意遊ばさるれば、即ち本条の如く勅命を下し給ひて、国会の望み通り改正案下附せらるることとなるを得べし」とそれぞれ言い、弾劾権の問題と同様に上奏権を活用すれば、実質的に改正の発議と同じ効果を生ぜしめることも可能であると論じている。

(ヌ)　結　論

以上主要なる問題点ごとに諸註釈の解釈を検討してみたわけであるが、全体を通ずる一般的傾向を窺うに、第一に冒頭で述べたとおり、何といっても明治憲法が動かすことのできない所与として前提され、その解釈として述べられた意見である以上、自由に理想の憲法を構想し得た明治十年代の憲法思想に比べ、後退の迹は否定すべくもない。ことに先行する時期においてもっぱら自由主義的立場から民主主義的憲法意識の高揚にあずかってきた経歴をもつジャーナリストの解釈が、比較的に十年代の立憲主義的基調をよく保っているのに比し、この頃ようやく社会的地位を確立するようになってきた法律専門家の手に成る註釈書には、立憲主義の稀薄なものが少くないのである。もっともここに取り上げた註釈書の著者の内大学を出た法学士が六人いて[13]、その内の竹村欽次郎の『正義』のごときは、「法律学士」の肩書をもつ志方鍛の『義解』とともに、高度の立憲主義思想に立脚しているから、法律専門家ということで一概には言えないけれど、司法省権大書記官から大審院判事を歴任した磯部四郎の『註釈』『講義』、「控訴院評定官日本法律学士」の肩書を附した井上操の『述義』、判事補樋山広業の『釈義』のごとき官僚法律家の著作には、官権偏重の

色彩濃厚と評せられるを免れないものがある。(14)

しかし、そのような種類のものをもふくめて、全体として十年代の憲法諸構想の最大公約数的要素が比較的によく維持せられていることもまた否定しがたく、ここに第二の、しかも最も注目すべき共通の特色が見出される。最も官権的色彩の濃い註釈でさえも、後の穂積八束の憲法学のごとき強度に反動的なものとは全く異なるのである。このことは、憲法制定者の側にあっても、ある範囲での立憲主義の理解を失なうものでなかった事実とあいまち、この時期における憲法思想が、その立場の相違にもかかわらず、なおある限度において共通の要素を完全に喪失するにいたらなかった事情を物語るものであろう。それは前々からくり返し指摘してきたように、明治初年以来の開明主義がこの時点においてもまだ濃厚にその余勢をとどめていたことにもよるであろうし、天皇制の確立がいまだ立憲主義を圧倒し去るほどの段階に達するにいたっていなかったという事情とも関連するところであるかもしれない。この時期によ うやく形を整えてくるアカデミズム憲法学の領域における天皇機関説と天皇主権説との社会的地位についても、このような客観情勢を前提として再検討してみるとき、従来とはやや違った理解の仕方も可能になるのではないかと思われる。その点は次章に詳しく論ずるとおりであるが、それにしても憲法制定が自由民権に対する反動作用の中で行なわれたという歴史的事情は、日本の憲法の歴史にとって決定的であったことは免れがたく、たとい憲法制定当初における解釈がいかようなものであったにせよ、その後における憲法は、そうした解釈とはまた別個にその役割を演じて行くのであり、それに伴なって憲法解釈という形で表わされる憲法思想もまたおのずから憲法制定当初と違った内容をくりひろげて行くのであった。

(1) 枢密院会議での発言は、すべて清水伸氏『帝国憲法制定会議』・稲田正次氏『明治憲法成立史』下巻所引の伊東巳代治文書による。

(2)『明治政史』。
(3)『日本憲政史の研究』第九章第一節三。
(4) ヨハネス・ジーメス氏「H・ロエスラーの憲法理論における社会発展と立憲主義の関係」(『国家学会雑誌』第七五巻第二・三号)にも、ロエスラーが機関説を日本の天皇に対しても適用していたこと、一木喜徳郎がロエスラーといっしょに仕事をしていたこと等が特に注意されている。
(5) 遠山茂樹氏『明治維新』等に指摘されている通り、倒幕の志士たちは天皇を「玉」と呼び、「甘く玉を我方へ奉抱」ることを勝利の要諦としていた。
(6) 伊藤ら明治政府首脳部と機関説憲法学との関係については、第二章に詳論しておいた。
(7) 永井秀夫氏「明治憲法の制定」(岩波講座『日本歴史』16所収)において、明治憲法が必ずしも絶対主義的と言いきれない要素をふくむにいたった理由として、「欧米憲法の最低線を割りえないという制度輸入の強制」と「憲法にあらざる憲法を容認しないであろう『時世』や『事態』の強制」などが挙げられているのも、その点を指摘したものであろう。
(8) 明治政治史研究会編『憲法解釈資料』巻末の「日本憲法学文献目録」をみると、明治二十二年に刊行された憲法の註釈書としては、六十数種が数えられる。
(9) 日報社長は関直彦であり、関の単行註釈書と文章まで一致するところがあるから、関の執筆であろう。
(10) 後年副島義一・美濃部達吉もまたこれと同一の見解を述べていることは、第二章第一節(二)および別著『美濃部達吉の思想史的研究』に紹介しておいたとおりであるが、それは、アカデミズム法学者としては、異例の態度であったといってよかろう。
(11) 拙著『植木枝盛研究』第四編第三章(二)参照。
(12) 後年在野法曹界に入って人権擁護のために尽力し、大逆事件のような人のしりごみする国事犯の弁護さえ快く引受けた磯部(『法学セミナー』二〇号所載森長英三郎氏「幸徳事件をめぐる弁護人3」)も、官僚生活を送っていた頃には、こんなことを考えていたのであった。
(13) 辰巳小次郎(十四年卒)・山田喜之助(十五年卒)・渋谷慥爾(十六年卒)・江木衷(十七年卒)・城数馬(二十一年卒)・竹村欽次郎(同)。
(14) 山田ら『要義』に「法律ノ禁ズル所ハ善ト雖モ之ヲ行フヲ得ズ、法律ノ命ズル所ハ悪ト雖モ尚ホ之ヲ為サザルヲ得ズ」と言っているごとき、その考え方の性格をよく示すものであろう。

第二章　アカデミズム憲法学の成立とその憲法思想

明治憲法が制定された直後の時期における憲法解釈の傾向は前章に述べたとおりであるが、この憲法が実定法として施行されていた五十数年の長期間には、歴史的状況に応じ、憲法の解釈にも幾多の変遷が見られた。まず、アカデミズム憲法学の成立に伴ない、そこでどのような憲法解釈が行なわれたかを、初期の主要なる学者の学説について検討してみたいと思うが、それに先だち、日本憲法思想史の究明をめざすこの研究において、アカデミズム憲法学の憲法思想の検討に多くの力を割くことに一体どのような意義があるのかをあらかじめ考えておくことも、必ずしも無意味ではあるまい。

一口に思想といっても、思想の歴史的社会的配置の構造は領域によって一様ではない。例えば哲学思想についてみれば、一方の極に少数の哲学者により構想されるアカデミックな哲学理論があるのに対し、他方の極には一般民衆の日常の生活行動の根底に潜在する素朴な人生観世界観のごときものが考えられ、その中間に哲学者ならざる知識人の、やや組織的な、しかしアカデミックな哲学の名には値しない自覚的な人生観世界観的思想を見出すことができるであろうが、それらの間に特に組織的機構的な媒介力を有するものがあるのでない場合が普通であって、全般的な歴史的情勢の動きに伴ない、右の三者の間に相互的影響作用が生ずる程度の相関関係を認め得るにとどまるであろう。しかし、憲法思想の場合はいちじるしく違う。憲法という現実の国家の作用、政治の過程に深くからみあう主題に関する思想においては、国家権力、政党その他の政治団体、それらを動かす政治家・官僚その他の現実に政治的勢力を有するものの憲法思想が、現実に対しもっとも直接の影響力を有するものとしていちばん強力な位置を占めており、これに比べれば、講壇学者の憲法理論や、一般知識人の憲法思想、一般国民の日常的憲法意識のごとく、政治的勢力を構成する要素には違いないにせよ、現実の政治を効果的に動かすためには間接的な影響力を及ぼし得るにとどまるのをふつうとするものの憲法思想は、社会的機能という点では周辺的な存在でしかあり得ないといって大体まちがいないようである。したがって、憲法思想史を、政治史的過程に即して辿ろうとするならば、前者のほうに中心を置いて考察を進めるのが適切であろうけれど、その場合は結局憲法的事実(換言すれば憲法をめぐる政治的動向)と相対的に区別される憲法思想を特に抽出することはむつかしく、実質的には憲法史ないし一般政治史と同じような内容のものとなってしまい、憲法思想史としての独自の内容を求める余地がなくなってしまう虞れがあるのではないかと思われる。政治的行動およびその成果としての憲法的事実とは相対的に区別されるものとしての憲法思想の歴史を、政治史的過程とは異なる観点から追跡しようとする当面の課題に応えるためには、現実への影響力はたとい間接であっても、思想としての独自性の明確なものを主たる対象として取り上げることのほうが、いっそう合目的的なのではなかろうか。そうだとすれば、明治憲法思想の歴史を、アカデミズム憲法学者の憲法思想と一般国民の憲法思想との両極に焦点を置きながら見て行くのが、思想史としての独自の領域をもっとも有効に開拓できるのではないかと考えられるのである。国家権力や政党その他の政治勢力にしても、常にこれらと利用・対抗等の密接な関係に立っているはずであり、むしろ究極的にはこれらによってその動向を規制されているとさえ考えられるのであるから、たといその影響力は間接にとどまるにもせよ、歴史の全体的過程の中でのその意義は必ずしも小さいとは断言できず、十分に研究に値する対象であると見なしてよいのではないか。しかも、この両者の内で、特にその表現形態のもっとも明確であり、かつ理論的には最高度の表現である憲法学者の憲法思想がいちばん容易に把握できる対象であるので、まずその検討に着手するのが順序としても適当かと思い、ここにアカデミズム憲法学の憲法思想を取り上げることとしたのであった。序に一言しておくと、以上に述べたことは、憲法思想のにない手、あるいはその表現の形態に着目して憲法思想の諸領域を概観したわけなのであるが、その外に、憲法思想の内容につき、当時の実定憲法であった明治憲法との対応の仕方に着目した分類をも頭に入れておく必要があるように思う。すなわち、この時期の憲法思想には、(一)明治憲法を動かすことのできない所与として受け入れ、その解釈に終始したものと、(二)明治憲法に対し批判的ないし否定的な立場をとり、これを改正しまたは全面的に破壊して理想的な憲法を創り出そうという意向を示したものとがあるのである。上記の思想のにない手による領域の設定には、この態度の相違による分類と重ね合わせて処理する必要があると考えられるが、アカデミズム憲法学、特にその初期のものは、解釈学に終始していたから、すべて(一)に属し、(二)のほうには亙っていないと考えてよかろう。

さて、アカデミズム憲法学は帝国大学(明治十九年までは東京大学、同三十年以後は東京帝国大学と称した)を中心として形成されたのであって、その萌芽的な形態がすでに明治十年代に見られたことは、さきに一章を設けて述べておいたとおりであるが、そのころはまだ学理と政論との分化が十分でなく、後年におけるようなアカデミズムとジャーナリズムとの区別がはっきりしていなかったから、それらも後から遡及的に顧みてアカデミズム憲法学の萌芽と見なされ得る程度のもの以上には出ていない。アカデミズム憲法学の確立は、やはり明治憲法制定以後の明治二十年代に求められねばならないのである。それは、その母胎である帝国大学が官僚機構の一環を成す官立の学校であった以上、既成秩序に対し批判的な内容をもつことがむつかしく、(1)大体において明治憲法を動かすことのできない所与とする解釈学以上のものではあり得なかったけれど、しかし必ずしも明治憲法をその制定者の主観的意図に即して厳格かつ忠実に解したものばかりでなく、それぞれの学者が自己の思想に基づいて、あるいは前向の、あるいは逆に後向の解釈を施すことも少くなかったので、そうした解釈学の発展は当然憲法を現実に変遷させて行く上に多かれ少かれ寄与する結果ともなった。その意味で、アカデミズム憲法学もまた、政治家や官僚たちの憲法思想に劣らない重要な歴史的役割を演じたと認めるのが妥当ではあるまいか。

アカデミズム憲法学の歴史については、早く戦前に鈴木安蔵氏がその研究に着手され(2)、戦後には長谷川正安(3)・松尾尊兊(4)・松本三之介(5)・中瀬寿一(6)諸氏ら新しい世代の研究者の研究成果が続々発表されているが、問題の設定について私にはいささか諸家と異なる関心もあることであるし、基礎的事実についても若干補うべきものがあるように思われるので、右のようなすぐれた研究の後にあえてこれを公にするのはおこがましい次第ながら、しばらく私のささやかな研究の結果を陳述して批判を仰ぎたいと思う。

鈴木氏以来、明治憲法下の憲法学を一木喜徳郎から美濃部達吉への天皇機関説学派と穂積八束から上杉慎吉への天皇主権説学派との二系列に分類することが、ほぼ常識となっているように思われる。後に詳しく論ずるとおり、この分類は必ずしも憲法思想史上の根本的対立点をとらえた分類とはなし得ないのであるが、とにかく憲法学界に右のような二つの相対立する学説の系列が存在したことは公知の事実であるから、その二系列の本質的な意味の検討はあと廻しにして、便宜上このカテゴリーにしたがって考察を進めることとしたい。ただし、ここでは、両系列ともに初期の学者、絶対年代からいうと主要な学問的活動が大体明治年間に完了した学者のみを対象とすることとし、大正期以後の憲法学の動向については、本章の末尾に一括して鳥瞰的展望を試みるにとどめることとする。明治期と大正期以後では一般的な歴史状況が激変しているばかりでなく、同じ系列に属する学者の学説であっても、思想的立場に大きな変化が生じていて、大正期以後の憲法学については、別にまとめて考察するほうが適切と思われるからである(7)。個別的検討に入るに先だち、その点をあらかじめおことわりしておく必要があると思い一言した。

第一節　天皇機関説学派の憲法思想

日本憲法学史に最初に包括的な見通しを与えた鈴木安蔵氏が、穂積八束をもって「正統的」憲法学説とし、「伊藤博文著として公けにされたる『帝国憲法・皇室典範義解』が、日本憲法の最初の正統的逐条解釈とすれば、(穂積八束著)『憲法大意』はその最初の正統的理論的基礎づけである」として以来、穂積・上杉の系列を正統的学派、一木・美濃部の系列を異端的学派のごとくみなす常識が相当に広く普及しているのではないかと思われるが、少くとも穂積が憲法学者として学界に登場してきた時点において、彼がはたして正統の学者であったかどうか、実ははなはだ疑問ではないかと思う。

第一に、稲田正次氏の詳述されたように、『憲法義解』を完成するに当り、共同審査会が設けられ、伊藤博文・井上毅・伊東巳代治の憲法起草者の外に六人の委員を加えて原稿の審査を行なったが、その委員の内には同じく帝国大学で国法学を講ずる末岡精一、穂積八束の兄で民法学者である陳重が入っているのに、帝国大学で憲法学を担当する八束は、井上の意見によって意識的に排除されているのである。(8) このことは、委員に加えられた末岡が八束の立場と相容れぬ機関説論者であった事実と併せて、藩閥政府と穂積憲法学との関係について私たちに重要な示唆を与えるものと云わなければならない。後述のとおり、八束は自著において『憲法義解』の論旨を非難しているのであって、鈴木氏の言うように『憲法義解』が帝国憲法の「正統的逐条解釈」であるならば、八束は決して「正統」学者ではなく、むしろ『義解』の完成に参加した唯一の公法学者である末岡こそ「正統」学者だったと考えるほうが適切ということになるのではなかろうか。

このことは、末岡の後を承けて国法学の講座の担任者となった一木喜徳郎の経歴に徴しても首肯せられるであろう。一木は、帝国大学の学生であった頃から金子堅太郎に接近し、明治二十年に卒業すると、金子の世話で内務省に就職しており、その出発点から憲法起草者群と深い関係をもっていたばかりでなく、二十七年法科大学教授となり、末岡の後任として国法学の講義を担当することとなると同時に内務書記官をも兼任し、その後内務省勅任参事官・法制局長官に任ぜられて、官界と学界とに二股をかけた活動をつづけ、三十九年には大学教授を辞して純然たる官僚となってしまった。二十年に大学を出て内務属となったときの内務大臣は山県有朋であったが、一木は山県から特に「目を懸けて」もらい、「或時の如きは同じ連中と共に大磯の別荘に招かれ、夫人が鯛飯を作つて御馳走をして呉れる」ほどの「知遇」を受け、山県配下の官僚として出世街道を進み、四十一年には内務次官、大正三年には文部大臣、四年には内務大臣、六年には枢密顧問官、十三年には枢密院副議長、十四年には宮内大臣、昭和九年には枢密院議長にそれぞれ任ぜられ、官僚として位人臣を極めるにいたっている。(9) せいぜい法制局参事官を兼ねたり貴族院議員に勅任されたりした程度の穂積八束のごとき、国家権力の中枢部に深入りしている点では、一木とは比較せらるべくもない。その一木の学説が「正統」でない異端的なものであったなどとは、到底考えられないのではなかろうか。末岡は若くて死んだから、『憲法義解』の審査委員として憲法制定権力と結びついたくらいで、その経歴に特に国家の枢軸との結合を強く印象づけるものはないようであるが、末岡・一木よりはやや傍流に位置した機関説憲法学者である有賀長雄にしても、明治十九年欧州に留学してシュタインに就いて国法学を学び、二十年帰朝すると枢密院書記官兼総理大臣秘書官に、二十五年には農商務省特許局長兼参事官にそれぞれ任ぜられ、日清戦争には第二軍法律顧問として従軍、二十九年には陸軍教授となっているのであって、一木のように高位高官には登らなかったけれど、その職場は常に権力の中枢部に比較的に近いところにあったと見てよく、ここにも機関説憲法学の政治的位置がある程度暗示されていると見てよいであろう。

有賀は、憲法発布の直後の明治二十二年四月、『憲法雑誌』に「穂積八束君帝国憲法の法理を誤る」という論文を発表し、穂積が憲法発布の翌々日より法科大学で講演し、『国家学会雑誌』に掲載された「帝国憲法ノ法理」に対し、はげしい非難を加えた。穂積は、同年五月『法学協会雑誌』に「有賀学士ノ批評ニ対シ聊カ主権ノ本体ヲ明カニス」と題する論文を寄せてこれに答えているが、これはまさに主権説憲法学対機関説憲法学の間での最初の公然たる論争であって、後年上杉慎吉対美濃部達吉との間に交えられた憲法論争の先駆をなすものであった。しかも、右の上杉美濃部論争にしても、また昭和十年の右翼の美濃部攻撃(これは論争と呼ぶに値するかどうか問題であるが)にしても、常に主権説論者側が論争のイニシアティヴをにぎり、機関説論者側が受太刀の姿勢に追い込まれていたのに比べると、この最初の論争は、機関説論者である有賀の先制攻撃によって開始されているばかりでなく、有賀のきわめて高姿勢の攻撃に対して穂積はいちじるしく低姿勢で陳弁につとめているとの印象が強いのであって、後年の論争とは攻守の立場が反対となっていた観があるのである。もし穂積の憲法学が「正統」で有賀のそれが異端であったならば、そのような現象が生じ得たであろうか。機関説のほうが「正統」であったればこそ、有賀が穂積に高飛車な攻撃を加えても、穂積は必ずしもそれほど強い反撃に出ることをあえてなし得なかったのでなかろうか。とにかく、ここにも両学派の政治的位置がはっきりと示されているように思われる。

この問題は、さらにきめのこまかい考察を必要とするので、もういちどあとで詳しく論じたいと思うが、今は一応いわゆる機関説憲法学を以て憲法制定当初の「正統」憲法学ではないかという予想の下に、その思想的特色を代表的な学者につき個別的に検討し、それが当時の日本でどのような歴史的役割を演ずるものであったかを明らかにすると同時に、次の時代の憲法学に如何なる遺産を伝えたかについてもふれてみることとしたい。

(イ)　有賀長雄の憲法思想

明治十年代の憲法思想のにない手たちが、幕末以来の支配層出身の洋学者・政治家・政論家といった前近代的教育制度の中で成長してきた人たちであったのに対し、憲法発布以後の憲法思想のにない手たちは主として東京大学(帝国大学)の卒業生によって占められる。そしてかれらの内から母校帝国大学やその他私立学校の教授となる者が輩出し、明治十年代にはまだ形成されていなかったアカデミズム憲法学が成立することとなったのである。今おもな憲法学者の経歴を一瞥すると、末岡が明治十四年、有賀と高田早苗とが十五年、穂積が十六年にそれぞれ東京大学を、一木が二十年に帝国大学を卒業しており、十九年以来末岡が、二十二年以来穂積が、二十七年以来一木がそれぞれ母校で憲法を講じているのである。学歴・職歴のいずれからみても、末岡が日本憲法学史上最古参の学者と呼ばれるに値するが、末岡が生前に自らその学説を進んで公表しなかったのに対し、穂積・有賀・高田は憲法発布直後からその憲法思想を公然と世に示していたし、(10) ことに前述のとおり穂積に向って攻撃を加え機関説の立場を自ら積極的に表明したのは有賀であるから、まず有賀から検討を始めるのが順序ではないかと思う。

有賀は前引穂積攻撃の論文において、「天皇は国の元首なり、国家を統治するの機関なり、国家と同物に非ず」と主張し、天皇即国家とする穂積の考え方に反対して天皇機関説をはっきりと示したが、有賀にとってその点は必ずしも中心の争点ではなく、有賀と穂積との決定的対立点は、君主権が無制限であるか否かということにあったと認められ、この論文の大部分はもっぱら穂積の君権無制限論に対する攻撃によって埋められているのである。有賀は、まずドイツ憲法学は決して「穂積学士が帝国憲法に関して説く所の如く専制主義に傾きたるものに非ず」、「普通国法学」によれば、「立憲国家は法治国家(Rechtsstaat)」であり「君権に制限を付せざるを得ざる」ものであって、「日本国家も国家たる以上は、国家普通の律則に準」じて考えねばならず、「全く普通国法論を捨て」「帝国憲法を以て全く特別の者と為」すことにより「天皇に無制限権を帰する」がごときは、かつて「『国家ハ朕是レナリ』と云ひて革命を惹起したる路易十四世の専制主義」を唱うるものであり、「聖意の在る所に違ひ」、「臣民が君恩を思ふの念を減じ、忠実は却て不忠と成らん」という非難を加えた。次いで、穂積が君主に対しては法律上の制裁がないから君主権について制限の文字を用いることができないと論じたのを取り上げ、「氏は帰朝の日尚ほ浅く、日本に政治思想の如何ほど進み居るやを測知する能はざるが故に、此の如き言を為すならん」と嘲り、君主が不法に法律を変更すれば、「憲法は其れ自らが効力を失ふ」のであり、「是れ、上よりレボルションを起すものにして、下も憲法に依る納租等の義務を脱する」にいたると言い、また、「立法の手続を経ずして法律に違背する者の国家に行はるる」ごとき場合には、議会は上奏、政府議案の否決、請願等の方法を以て争うであろうし、「是に於て政府、議院を不便として之を解散し、或は永く之を召集せずとせんか、即ち違憲の処分を訴るの道絶へたることとなるを以て、人民に於ても憲法の命ずる所を守るの義務なしとて納税兵役の義務を尽さざるとき、実力を以ての外は之を制することを得ざるべし。即ち憲法上より定まれる天皇と臣民との関係を一変して、実力より定まれるの関係に移らざるを得ざるに至る」とも言い、「穂積氏の、憲法は君主を制限すること能はずとするは謬論にして」、君主の憲法無視に対して国民の抵抗という事実上の「制裁」の発動する可能性のあることをくり返し明言しているのは、注目に値するところと云わねばならない。有賀は、憲法の上諭に「朕カ率由スル所ヲ示シ朕カ後嗣（中略）ヲシテ永遠ニ循行スル所ヲ知ラシム」とあるを引き、憲法により制限されるのは「政府各部局ノ取権ト区域ト臣民ノ分ト」のみとする穂積の説は「聖意に合はざること明なり」とし、「到底憲法と法律とは、天皇の統治権を制限せるものと謂はざるを得ざること明なり」と結論したのであった。

有賀のこの論文は、国民の抵抗権——有賀はこれを実定法上の権利とはしていないけれど、これを是認したことだけは明白である――を正面からもち出しているあたり、明治十年代の自由民権左派の思想につらなるものを感ぜしめるところがある。[11] しかも、この大胆不敵の発言に対しても、穂積がわずかに「君主違憲ノ行為アラバ下民蜂起反乱ヲナスヲ以テ君主権ハ制裁力ノ応用ヲ以テ制限セラレタリト云フノ論ノ如キハ、政社ノ演壇ニ上リテ之ヲ吐クベシ、法理ノ講壇ニ於テ之ヲ唱フ可ラズ。(中略) 加之純然タル政談トスルモ、上ニ違法処分アラバ法其効力ヲ失ヒ下納税ノ義務ヲ脱スト云フ如キ論旨ハ、三省シテ而シテ発ス可キノ言語ナリ」という、きわめて低姿勢の反論を行なうにとどまっているのも意外の感があり、十年代の民主主義的言論の余韻なお全く消え去らぬ時点の論争として、後年の憲法論争とはいちじるしく異なる様相を呈していたことに注目しなければなるまい。

それはとにかくとして、アカデミズム憲法学成立後の最初の両学派の論争が、天皇主権か国家主権かを中心としてではなく、君主権が無制限か否かをめぐって行なわれたという事実は、両学派の決定的対立点をどこに求めるのがいちばん妥当か、両学派の開創者たちが次の世代の後継者に伝えた最大の遺産は何であったかについて、大きな示唆を投ずるものと思うのであるが、その点はさらにあとでもういちど論ずることにして、有賀の憲法学の特色を、明治二十二年四月の『帝国憲法論』、同二十三年十月の『大臣責任論』、三十四年の『国法学』等の著書に示された憲法学説の大綱を紹介しながら検討することとしよう。

有賀によれば、天皇は国家の機関であり、「唯だ其の至高機関たるのみ」、「憲法の各条項は天皇の権力を制限す」る、議会は「統治権の目的たる国民の一方に立ちて其の意思を代表」する機関であるから、「之を官衙と看做し難し。是れ一種の公会なり。而して個々の議員は官吏に非ずして公職なり」、「其の主たる官能は天皇の立法権に協賛するに在」るが、立法権に協賛するといっても、実は法律は「天皇と議院と合同制作する所にして、天皇の裁可のみにては未だ命令と為らず、議院の議決のみにても未だ命令と成らず、其臣民に対して命令と成り難きより云へば、天皇も議院も五分五分なり」。以上の論述によれば、有賀は、議会を以て天皇の官府ではなく天皇に対立する国民の代表機関とし、かつ立法権を実質的に天皇と分有するものと考えていたことが明瞭となろう。しかも、「憲法は議会の職権を限局せず、独り憲法上の大権と司法権を除く外、皆議会をして補助せしめむと欲せば則ち補助せしめ得べき所」であって、上奏・建議および会計に関する職権を通じて議会の関与するところはきわめて広範囲に及ぶ。「普通議会を以て立法機関と為すは謬見なり」。

議院内閣制の当否について、有賀は直接には何も言っていないが、政党について、「政党盛衰の上に顕はるる臣民の意思は必ずしも真に国家最大の利益とすべきものと相合せず。然れども之を僅々数人の臆断に比すれば遙に確実なるものあり。即ち政党なるものは国民の最大利益の不完全なる表識物なり。政党は国法上に於て政府の政治上の責任の実を挙げしめ、之をして長く無方嚮なること能はざらしめ、並に久しく事情に適せざるの方嚮を守持すること能はざらしむるの原因として視るべきものなり」と言い、国民の利益を代表して政府の政策を規正するために有効なものと論じているのをみれば、政党についてある程度の積極的評価を下しながら、なお議院内閣制を主張するまでには至らなかったというところであろうか。大臣の責任については、行政権をして「憲法法律ニ違背スルヲ得ザラシムルノ国家ニ於テハ」、大臣の責任を追及するための法律上の制度が必要であるとし、「君主ヲシテ大臣責任ノ処分ヲ司ラシムル」ときは、大臣の違法行為に関し君主がその責を共に分担する結果となり、「人民ハ終ニ元首ノ違憲ヲ論ズルニ至ル」故に、それは「別ノ機関ニ委任シ」て「唯ダ名ノミ君主ニ対シ責ニ任」ずることとするのを最もよしとする。大臣責任の制度を設けるのは「政府ノ威厳ヲ害」し「或ハ其ノ施政ノ流暢ヲ碍ルガ故ニ、不可ナリト言フ」説もあるけれど、「元来ノ問題ハ法治国家ノ根本ニ関スル、極メテ重大ナル法理ニ出ヅルヲ以テ、区々ノ情実ハ之ヲ顧ミルニ遑アラザルナリ」、と言い、我が憲法に大臣責任の追及の制度を欠くのを暗に憲法上の不備とする意をもらしている。

このように、有賀の憲法思想は、さすがにはげしい勢いで穂積を攻撃した人だけあって、初期のアカデミズム憲法学者としては最も立憲主義的な論理を示し、明らかに政党内閣制を主張しない点でわずかに官僚陣営の人としての限界を超えないというにとどまる、と云ってさしつかえない。ただし、国民の権利については、「何を以て臣民の権利義務とすべきかは始めより一定せるに非ず。或は学説として一定せるものあらむも、学説は国法に非ず。故に之に依拠して」「凡そ臣民の権利義務に関係することは法律を以て規定すべしと為すは、国法上の原則としては立つ能はざるもの」であるとし、したがって特に憲法において指定するもの以外は、「法律を以て其の準則を定むるも、将又命令を以て之を定むるも、全く天皇の自由に属」するとし、人権の保障については不徹底な態度をとり、穂積との論争では自由民権左派を連想させるような思想を示しながら、この点ではすでに民権左派の伝統から断絶していることを明らかにしたのであった。衆議院議員の選挙法に関し、もし普通選挙法を採用すれば、「何等優秀の性能なく、国民発達の最低度に在る」「最下層の人民」が議員総数の最多数を占め、「更に上層に位して実際勢力を有する階級を代表する者よりも多分の権力を有」するにいたるが、「是れ社会等序斟酌の順序を誤るものに非ずして何ぞや」、と言い、無産階級勢力の議会進出防止のために制限選挙制を支持する意見を吐いているのは、明治三十年代までのアカデミズム憲法学者のほとんどすべてに共通する考え方であるから、特に有賀個人の特色として論ずるには当るまい。この点では、機関説学派も主権説学派も、この時期に関するかぎり、完全に意見を同じくしており、有賀もまたその例外ではなかったというまでのことなのである。

(ロ)　末岡精一の憲法思想

末岡は明治二十七年に三十九歳の若さで死去し、生前にまとまった著作を出していないので、死後に帝国大学で講じた講義のノート等を編集して出版した遺著『比較国法学』によってその学説を窺うことができるにすぎないが、これによってみると、彼の憲法についての見解は次のようなものであった。

彼はまず、憲法「ヲ解釈スルニハ、歴史的ノ事実ヲ参考セザルベカラザルコト固ヨリ多弁ヲ要セズト雖ドモ、既ニ成文憲法ノ解釈ト云ヘバ、憲法ノ条章」に忠実に準拠して解釈すべきであり、「歴史的事実、学説、或ハ一箇ノ外国憲法ヲ以テ本拠トナシ、漫リニ解釈ヲ下シテ憲法条章ノ意義ヲ左右スル如キハ」、単なる一家言であって、「決シテ憲法ノ正解ト称スルヲ得ベキニアラザルナリ」。帝国憲法の「緒言及ビ発布文ハ即チ立法者ノ意思理由ヲ求ムベキ最屈竟ノ者」であって、「若シ此両勅語ト歴史ノ事実ト相比シテ反対スルコトアルヲ査出セバ、歴史的事実ヲバ廃棄シタル者トシテ、専ラ勅語ノ意思ヲ採ラザルベカラズ」と憲法解釈の基本的方法を示している。憲法の「条章」や発布の「勅語」の「文」によって解釈せよというのを不用意にきくと、きわめて形式的な条文法学の方法を固執しているかのようにも感ぜられるが、しかし、彼が議会の性質について、「凡ソ議会ヲ以テ国民ヲ代表スル所ノ国家機関トナスコトハ、歴史的成立ニ準拠セル定説ナリトス」、「議会ハ君主ノ政務執行ノ為メニ設ケタル機関トナスノ説」は「全ク憲法及ビ議会ノ歴史的成立ノ原則及ビ事実ヲ棄却シ」た誤った見解である、と言っているのを見ると、彼の真意が憲法の解釈において歴史的事実に立脚した解釈を全面的に否定しようとするものでなかったことは、疑を容れない。彼が憲法の条章、発布の勅語と歴史的事実と矛盾する場合に後者をすてて前者に従うべきであることを主張したのは、憲法の制定と同時に、従来の専制君主政体が変革せられ立憲政体に移行したのであるから、憲法制定以前の専制政体時代の「歴史的事実」を以て憲法を解釈するのでは立憲政治の精神に副う所以でないことを主張したものに外ならなかった。むしろ立憲政治の「歴史的事実」に「準拠」することこそ憲法解釈としては正しい態度なのであって、立憲政治の「歴史的事実」を無視する解釈を排斥することと、専制時代の「歴史的事実」に準拠して憲法の正文を無視する解釈を排斥することとは、末岡の立場からすれば決して矛盾するものではなく、いずれも末岡の立憲主義の精神を表明するものだったと認められるのである。おそらく末岡は、古代以来の天皇制の「歴史的事実」のみを強調し、憲法の正文を無視してまでも君主主義的解釈を強行しようとする穂積学説を暗に非難する意をこめて、右のような見解を力説したのではあるまいか。

彼は、有賀と同じく「君主ト国家トハ同一物ニアラズ。君主ハ法人タル国家ノ元首トス」とし、帝国憲法を見ても、その第四条や前文に天皇・臣民・国家の三者を並挙しているから、「我国憲法ハ君主ト国家ト同一物ト為ノ説ヲ取ル者ニアラザルコトヲ知ルニ足」りる、とした。「統治ノ大権ハ必ズ憲法規定ノ制限内ニ於テ行フベキ者」であって、君主もまた憲法によって制限される。立法権を「君主ノ独リ掌握セル所ナリト云フ」は、「事実ニ違背セル空論ト謂ハザルヲ得」ない。「蓋シ国会協賛ノ法律ノ成立ニ必要ナルハ、裁可ノ必要ナルニ異ナルコトナ」く、「協賛ナケレバ法律ノ成立スルヲ得ザルコト、裁可ナケレバ法律ノ成立スルヲ得ザルト、事実上差異アルコトナ」く、したがって「立法権ハ、君主及ビ国会ノ共同運用セル者ナリト謂フヲ当然トス」る。すなわち天皇と議会とが立法権を分有すると解するものであって、この点前述の有賀の学説と全く同様であり、君民共治の憲法を最大公約数的な考え方としていた明治十年代の思潮がなおこれら講壇憲法学者の学説の内にひきつづきその生命を保っていたことを知るに足りよう。

憲法制定によって天皇の大権が制限されるとすることについても、有賀と考え方を同じくし、君主は主権者であるからすべての君主の行為は有効であり君主は随意に憲法を廃止できるとする見解に対して、「此レ立憲君主制ト専政君主制トヲ差別スル要素ヲ滅却スル者ニシテ採ルニ足ラズ」と一蹴した。これもまた穂積学説を暗に批判したものとみてよいであろう。統治権が憲法により制限される以上、臣民の服従にも当然一定の限界があり、その限界を超えて臣民の権利を侵害することは許されない。この見地から末岡は、「国家ニ対シテハ服従ノ義務アリテ権利ナシ」とする

「独逸ノ公法学者」の説を批判し、[12]統治権の運用者は「服従ノ制限ヲ変更セザル以上ハ此制限ヲ冒スヲ得」ないのであるから、国民の国家に対する権利は「民法上ノ権利トハ異ナレドモ尚ホ権利ト認ムルヲ得」るとした。

議会を以て国民の代表機関とし、天皇と立法権を分有するものとした末岡によれば、議会の協賛権によって天皇の大権が制限される結果となるのはもちろんである。そればかりでなく、国務大臣の責任は君主の無責任と相関関係にあるのであるから、国務大臣は「君主ノ国政ニ関スル行為ガ憲法及ビ法律ニ準拠スルコト、及ビ国政上有益ナルコトノ責任ヲ負担シテ之ヲ施行スルヲ以テ」任となすのであり、「君主ノ行為ニ違法違憲ノ者、又ハ国政上害アリト認ムル」ときは、大臣はその「保証ヲ拒ミ、之ヲ施行セザルヲ得ベシ」、と言い、君主権が国務大臣によっても制限されることを明らかにした。ただし、彼が、「我国ニ於テハ、議会ハ凡テ大臣ノ責任ヲ強制スルノ権ヲ有セズ、只ダ上奏、建議、質問等ニヨリ大臣ノ行為ニ付キ可否スルノ意思ヲ示スノ方法ヲ有スルノミ」であるから、「大臣ハ只ダ君主ニ対シテ法律上ノ責任ヲ有スルノミ」、と言っている点は注意されねばならない。右の命題を以て末岡が議院内閣政治を排斥したものとまで解することはできないかもしれないが、少くとも彼が帝国憲法は議院内閣制を要請していないと考えていたことだけはまちがいないであろう。その点では、穂積憲法学に対し、きわめて立憲主義的な原理に立って対抗的姿勢を示した末岡もまた、官僚超然内閣主義を採る憲法制定当局者たちの立場に乗っていたと云えるわけであって、彼が『憲法義解』の審査委員に加えられた「正統」学者であったのも、少しもふしぎではなかったのである。天皇の大権が議会・国務大臣によって制限されるとは、伊藤博文がすでに枢密院の憲法草案審議の席上断言していたところであり、末岡の考え方が大局において伊藤ら政府首脳部の憲法に対する考え方とほぼ一致する面をもっていたことは否定できないのであるまいか。

(ハ) 一木喜徳郎の憲法思想

末岡の死後、その後任として国法学の講座を担当した一木は、その門下から美濃部達吉のようなすぐれた学者を出しているために、機関説学派の開祖のように見られているが、年代からいえば一木は有賀・末岡よりは一廻り新しい世代に属し、機関説学派の中では二代目に当る学者と見てよいであろう。彼には、大学教授となる前にドイツ留学中の明治二十五年に公刊した『日本法令予算論』と題する著作があるが、その後憲法全体にわたる見解を述べた著作を一つも出版しておらず、したがって一木の場合も、末岡の場合と同様に、大学での講義ノートによらなければ、その憲法学説の全貌を窺うことができない。ここでは、『日本法令予算論』と講義のプリントとをおもな材料として一木の憲法思想を検討することとする。講義プリントとして私の使用するのは、東京大学附属図書館所蔵『理論的憲法一名国法学』と題するものと、架蔵の『一木博士講述国法学』の外題を附したものとの二種であって、いずれも明治三十二年度の講義と明記されており、編章の名目もほとんど一致しているが、分量は後者のほうがはるかに多い。おそらく筆記の取り方の相違によるものであろう。なおこの外に明治三十四年七月発行、川沢清太郎編『君主主権説国家主権説憲法法理対照』という書物があり、[13] その国家主権説なるものは一木の学説を指しているもののごとくである。『理論的憲法』等と比較すると大体において所論が一致するから、これもまた一木の学説を知るための一つの参考資料として利用してもよいと思う。

一木の学説は、天皇機関説という点では、末岡・有賀の理論とほとんど同一である。一木においても、「国家は一の法人」であり、「元首は国家の機関にして国家自体に非ず」。ボルンハックは「君主国の元首と国家を以て同一体となすと雖ども、其の説は膚浅皮相の見たるを免れ」ない。「統治権ノ総攬者ハ統治権ヲ行フ最高ノ機関」であるが、それは「統治権ノ主体ナリト云フ意味」ではない。しかし、この命題は一木の憲法学の体系全体にわたり深い関連性をもつほどのものではないようである。天皇が統治権の主体ではなくて国家の機関であるということよりも、むしろ君主について彼が、「君主ガ無責任ナリトハ法律上責任ナシトノコトニテ、政治上道徳上ノコトハ憲法ノ規定スル所ニアラズ」、「道徳上ノ責任ハ君主モ免ルベカラザル所ニテ」と言い、君主無答責を法律上の責任に限定し、政治上・道徳上は無答責でないとした点のほうが、思想史的にはいっそう重要な見解であるとしなければならない。岡村司も明治三十二年の著書『法学通論』において「天皇無責任ト云フハ偏ニ法律上ノ事ニシテ、政治上、道徳上、名誉上等ニ於テハ、天皇ト雖モ決シテ無責任ナルコトヲ得ベカラザルナリ」と言っている。後に美濃部達吉までをふくめてすべての憲法学者が、天皇の無答責を法律以外の領域にまで及ぼしたのと対比するとき、これら法律学界の先達の内には、君主に対しかえってはるかに合理主義に徹した考え方を示すもののあったことが窺われるわけであって、そこに明治前半期の開明主義的雰囲気の中で人間形成を終った世代の思考様式の一つの特色を見出すことができるのではあるまいか(一木や岡村の主張は、その当時においてはあまり現実的意味をもたなかったかもしれぬが、敗戦後天皇の戦争責任がきびしく問われた(14)ことを知る現代の私たちは、その思想史的意義のきわめて大なるものあるを考えないわけにいかない)。

一木によれば、「国家ノ権力ハ其初メ無限ノモノ」と考えられるが、「自ラ其権力ヲ行フノ機会及方法ヲ制限シ、臣民ニ与ルニ一定ノ方法ニヨル外ハ国家ト雖モ侵ス能ハザル意思ノ自由ヲ以テスルコト」により、はじめ「実力ノ関係」にあった国家と人民との関係は「変ジテ法律上ノ関係」となるのであり、それ以後は「法律は啻に臣民の行為を検束することを得るのみならず」、国家機関をもまた検束する。「君主は法律の為に束縛せらるることなしとの確言は法治国に適用すべからざる」ものである。「憲法ハ勿論、下級ノ機関ノ発シタル命令ト雖ドモ、皆国家ヲ羈束ス」る。憲法は「之ヲ廃スルコトヲ得ズ」。欽定憲法であることとか、憲法に憲法廃止の規定のないこととかを理由として、「君主ノ随意ニ之ヲ廃止スルコトヲ得ル」ものと考えるのはまちがっている。末岡と同じく、一木もまた、暗に穂積の主張を排斥する意図をいだいてこの点を力説したのであろう。

憲法第三十一条の非常大権も、「戦時又ハ事変ノ場合ニハ天皇大権ノ行動ハ絶対ニ自由ナリ」とするものではない。「戒厳ヲ宣告スルノ大権ニヨリテ臣民ノ自由ニ対スル保障ヲ停止スルヲ妨ゲザル意味ニ解セザルベカラズ」、「戒厳ノ宣告ヲモナサズシテ臣民ノ自由ヲ保障スル憲法ノ事項ヲ廃止スルヲ得ルトスルハ誤ナリ」。つまり非常大権の発動にも厳格な制約を加えようとするものであって、この点、美濃部達吉の三十一条に対する解釈などよりも、はるかに厳重な枠をはめた解釈と云えるようである。(15)

帝国議会の権限について、一木は比較的にこれを強力なものと解した。議会は「単に法律の実体の審定に関与するのみ」であって「法律の命令に関与することを得ず」という説は、「憲法第五条の明文に反するもの」であり、議会は立法権そのものに協賛するのである。すなわち議会の協賛を立法権自体の一要素と見たことになる。憲法第九条には議会の協賛を経ないで命令を制定し得ることが定められており、『憲法義解』は法律の先占せざる区域にあっては如何なる事項についても命令で定め得るかのように説いているが、そういう解釈には同意しがたい。憲法第九条はすべての国家目的について命令を発し得ることを定めたものでなく、所謂内政事項についての命令を発し得ることのみを定めたのであって、特に憲法が法律を以て規定すべきことを特定した事項は、九条の命令を以て規定することは許されないのである。このように論ずることにより、一木は、天皇の副立法権を一定の枠の内に限定しようとしたのであった。

議会は立法権の行使に協賛するが、予算は「単に議会の決議に由りて成立するもの」であり、「憲法が予算の裁可に付て規定する所なきは、(中略)予算は実に裁可を経るを須ひざるが為なり。裁可を要せざるが故に、裁可を拒むの権なし」という結論が導き出される。世には議会が予算案を削減して大権の執行を制限するのを違法とする論があるが、「予算の目的は始より元首大権の執行を限制するに在」ることを知らねばならぬ。「設し天皇の大権を限制するの議決は皆違憲なりとせば、議会は殆ど政府の提出したる予算に削減を加ふるに由なかるべ」く、さような結論は「余輩の首肯すること能はざる所」である。

議会はひとり立法・予算を議するのみではなく、そ「ノ政治ニ参与スル権ヲ実質ヨリ論ズレバ、国家ノ政務ノ全部ニ干ビ及バザル所ナ」く、「只其手段ニ制限アルノミ」にすぎない。このように議会の権限を広汎かつ強力に承認する一木の学説は、そこから立憲主義思想を豊富に汲み出す可能性をそなえていた。一木の帝国大学での最初の講義をきいた学生の一人である美濃部達吉が晩年の回顧談の中で「恐らくは三年間の大学在学中に、私の聞いた多くの講義の中で、最も大なる影響を私に与へたものは、此の新進の青年学者の講義であつたと思ふ。私が後に公法を専門とするに至つたのも、恐らくは此の時既に運命づけられてゐたのであらう」と述懐しているほどの傾倒ぶりを示した(16)のも、一木の学説のこのような側面に魅せられたからではなかったろうか。

しかし、右のような側面のみが一木の思想の全部でなかった点も看過されるべきではない。彼は天皇機関説を採りながらも、明白に君民同治説を拒否した点で、君民同治という明治十年代以来の最大公約数的憲法思想を継承していた末岡・有賀よりもすでに一歩の後退を示している。彼は、君主のみが統治権を総攬する立憲君主国と、君主と議会とが共に主権を総攬する国とをはっきりと区別し、後者を以て「君民同治ノ政体」と名づけ、日本の政体は君民同治でないと明言したのであった。天皇は立法権を行なうに議会の協賛を必要とするけれど、「臣民ニ対スルノ命令ハ只裁可ニアリ」、したがって「法律ガ臣民ニ対シテ効力ヲ有スル原因ハ単ニ其君主ノ意思ニアル」のであるから、これを以て君民同治の政体とみなすことはできない、というのである。一木の天皇機関説はこのように末岡らよりも後退したものであったばかりでなく、その程度の機関説をさえ、大学外の一般社会に公表する勇気を彼がもっていなかった事実は、いっそう注目に値する。もっとも『日本法令予算論』の初版本でははっきりと機関説を述べているけれど、それはこの初版本発行当時彼がまだ責任ある地位に就いていない欧州留学中のことだったからであろう。すでに要職に就いていた明治三十二年にこの書の再版を公刊したとき、彼は初版本の文章に多くの添削を加えたが、機関説を述べた部分については次のような改訂を行ない、機関説をできるだけ目立たない形にして表面から隠蔽しようとしているのである。

（初　版）

元首は国家の機関にして国家自体に非ず。是れ学者の意見を同じくする所なり。ホルンハックは君主国の元首と国家を以て同一体となすと雖ども、其の説は膚浅皮相の見たるを免れず(ザイデルも亦た国家主権説に反すと雖ども、氏は統治者を以て統治権の主体とし国家を以て其の客体となすものにして、統治権と国家とを同一視するものに非ず)。此の如く国家と元首とは同一体に非ざるが故に、(下略)(傍点家永)

（再　版）

元首は国家と同一体に非ず。是れ学者の意見を同じくする所にして、偶々バ《(ザカ)》イデル、ホルンハック等一二説を異にするものなきに非ずと雖ども、現今普通の学説と認めて可なり。

当時機関説はむしろ「正統」の学説であり、機関説であるからとて後年の美濃部の場合のような一身上の危険を冒さねばならないほどの客観的事情があったとは思えないにもかかわらず、一木が自ら進んで著書の本文をこのように改訂しているのは、彼がいかに保身に汲々としていたか、学説に対する信念よりもいかに社会的地位への配慮のほうが優先していたかを、はしなくも露呈するものではなかろうか。彼がこの書以後ついに一冊の憲法学書をも公にしなかった理由も、おのずから推知せられる次第である。

彼は、統治権が法により制限されることは認めたが、さればとて国民の自由権を国権によっても制限できないものとは考えなかった。「言論の自由、集会、結社の自由は何人と雖ども之を欲望せざるはなし。日本帝国憲法も亦た明に之を保証せり。然れども（中略）既に国家存立の必要を認むるときは、又た其の成立に必要なる権力を国家に与へざるべからず。言論の自由何程惜むべきも、集会結社の自由何程重んずべきも、国家存立の危険を防ぐが為に必要なるものは、余輩之を割愛せざるを得ざるなり」と言っているのは、彼の自由権尊重がせいぜいどの程度のものにすぎなかったかをよく示している。したがって、彼は国家権力の限界を認めながら、その濫用を抑止するための理論の構成において、有賀よりもはるかに軟弱な態度しかとり得なかった。しかも、この点でも『日本法令予算論』の再版では初版よりもいっそう後退を敢てしているのである。例えば

（初　版）

国権は必ず一定の総攬者無かるべからざるなり、此の機関此の総攬者を定むるは国家第一の必要とす。然れども近代文明の思想は国権に一定の総攬者あるを以て足れりとせずして、猶他に国権の総攬者が国家及び臣民の最大利益に適応して国権を実行するの保障を得んことを希望し、総攬者の行為を限制して専制抑圧に変

（再　版）

国家機関の組織を定め国家の秩序を制定するは国家の最も須要とする所なり。

じ国権の暴力に化するの危険を防ぐが為必要なる機関を制置し、此の機関に与ふるに其の目的に適応するの組織を以てせんことを要求す。彼の必要及び此の必要に応じて国権の総攬者限制の機関及び其の組織を定め以て国家の秩序を整ふるは、国家法政の目的中最も重要なるものなり。（傍点家永）

という対比をみれば明らかなように、国権総攬者の「専制抑圧」化、「国権の暴力に化するの危険を防ぐ」必要を力説している初版の文字が再版においてはことごとく削除されているのであって、たとえ全体の論旨に変化はないにもせよ、立憲制の本質に最も端的に触れた重要な一節――そしてこれこそ一木憲法学の内でもいちばん輝かしい要素だったのであるのに――をことさらに削除したというのは、軽々に看過できない重大な意味を有するとしなければならない。さらに

（初　版）

憲法が立法に対して一の制限を加ふるときは、此の制限を越ゆるの行為は国家の命令に非ずとの趣意を有することあるべし。然れども此の制限を超越するときは臣民は国家の命令に服従するを要せずとの趣意を有すること能はざるなり。

（再　版）

憲法が立法に対して一の制限を加ふるときは、此の制限を越ゆるの行為は国家の命令に非ずと謂ふは、或は可ならん。此の制限を越えるときは臣民は国家の命令に服従するを要せずと謂ふは断じて不可なり。（傍点家永）

という対比をみよ。初版も再版も論旨には全然変化なく、国民は国家機関の違法行為に対しても服従の義務ありとし

ており、その論旨自体ははなはだ問題であったのに、それを再版において「断じて不可なり」という強い言葉に改めて表現するにいたったのは、国権の違法行使に対しては服従の義務なしとする主張(具体的に一木の意識したものが何であったかは知る由もないが、あるいは前述有賀の学説、あるいは後述副島の学説を頭においたのでもあろうか、後の精考にまつ)への対抗意識をいっそう強め、抵抗権理論に対する敵対的態度をあらわにしたものというべく、このあたり、山県配下の内務官僚としての一木の面目が遺憾なく発揮されているように感ぜられるのである。

彼は、「臣民が法律の真偽を審査するは其の国法上の権利」であることを認めながらも、「帝国議会の協賛は単に元首を制限するの効力を有するのみ」であって、「直接に臣民に対して効力を生ずべきものに非」ざるが故に、「元首が帝国議会の協賛を経ずして法律を発するときは、是れ固より憲法違反の最も甚だしきもの」であるけれども、「其の正当の手続に由り廃止せざる間は、法律は猶依然として効力を有すべく、臣民は帝国議会の協賛なきの故を以て之が遵奉を拒むことを得ざるなり」としたのであった。この論旨において、一木はもはや穂積とえらぶところのない考え方を採っている。この見解に従うかぎり、憲法第九条の副立法権に枠をはめたことの実質的意義はいちじるしく減殺せられるのを免れないのであるが、さらに一木が、臣民の法規を遵奉せざるべからざるはその国家の命令なることにありとすれば、臣民は単に法規に基づいて行為不行為を命ぜられるばかりでなく、憲法に特別の明文ある場合の外は、「法規に依るに非ずして処分令を発すること」もまたあり得るとし、「法治国」の観念よりしてこれを否認する学説あるも、「法治国は政治上の希望にして、国法上の実際に非ざるなり」としてこれを排斥するにいたっては、行政官僚としての一木の立場が国家権力の法による制限を明確化した国法学者としての立場にも混濁を生ぜしめたと評せられても、弁解の辞を見出すに苦しむのではあるまいか。このように一木にとっては、国家権力の権威は無上であった。「法律を以て国民の信認を宣明するものとなすは、全く一の仮説に過ざるなり。抑も国権は最高の権力なり。法律が遵由の効力を有するは、其の道理に適合し国民の信認するが為に非ずして、其の国家権力の発動なるが為なり。故に法律は全く国民一般の思想に反するの法を定むることを得べく、又た一般人民は新定の法律に関し何等の思想をも有せざることあるべし。何れの場合に於ても、法律は国民一般の思想に適合せざるが為効力を失うことなし」とする彼が、「国民ノ法律的確信」のみによって成立する慣習法を以て単に「国家ノ黙認スル所」にすぎず、「国家ノ命令ヲ以テ之ヲ廃止スルコト」もできれば、進んで「国家ハ全然法律ヲ以テ慣習法ヲ禁ズルコトヲ得」るとまで考えたのも、ふしぎではない。法と国民との結びつきをかように消極的にしか評価できず、国家の立法権のみを強調する一木の思想の根底には、人民の意思への配慮を欠いた絶対主義官僚の思考様式が横たわっていたのであり、その結果せっかく比較的広くかつ強い権限を認めた議会の性格・機能についても、最終的にははなはだ消極的な結論に導かれざるを得ないことになってしまうのである。

一木によれば、国民の意思は雑多であり互に相衝突するものであるから、「互ニ相衝突スル意思ヲ代表スル能ハザルハ云ハズシテ明」であり、したがって議会を以て国民の代表機関とすることはできない。「議会ハ国家ノ機関」であり、「其職務ヲ行フハ国家ノ公益ノ為ニテ、国家ニ対シテ臣民ノ利益ヲ保護スル為」ではないのである。したがって議会には社会の各勢力を反映させることが必要であり、そのために「財産、学識、門地等ニヨリテ社会ノ上流ヲ占ムル元素」は「社会ノ最重要ナル元素」であるけれど、「其数ニ於テハ遙ニ中流下流ニ及バザル故、若シ一院ニ於テ多数人民ト共ニ之ヲ代表セントスルトキハ、貴ハ数ノ為ニ圧セラレテ充分ニ代表ノ旨意ヲ貫クヲ得」ないのであって、ここに貴族院の積極的な存在理由がある。衆議院についても、いたずらに数に重きを置く普通選挙法では、「子ハ親ニ勝チ、弟子ハ師ニ勝チ、貧者愚者ハ富者智者ニ勝ツ」結果を生ずることブルンチュリーの言うとおりであり、「コレ元ヨリ代議ノ主旨ニ合ヒタルモノト云フヲ得ズ」。「日々衣食ヲ求ムル外ニ考ヲ及ボスコトナキ」「無資無財ノ徒ヲシテ選挙ニ参与セシメバ、多数ノ選挙人ハ概一定ノ意見モナク且利害ヲ感ズルコトモ少キ故、容易ニ人ノ勧誘ニヨリテ動カサレ、結局選挙ノ実権ハ少数運動者ノ手ニ帰スルニ至」り、「選挙権ヲ広ク人民ニ及ボサントシテ却テ」反対の結果を招くであろう。このような論理は、すでに小野梓の『国憲汎論』にもあらわれていたところで、自由党左派系の人々を除いて、明治十年代以来の知識人にも広く見られた考え方ではあるが、とにかく一木の階級意識を露骨に表明したものであることに相違はない。

議院内閣制否定の態度も、有賀・末岡に比べ、一木のほうがはるかに鮮明であった。「内閣大臣を任免するは専ら元首の大権に属し、決して他の機関の干与すべき所に非ざる」が故に、「議会の意向に由て必ず内閣の変動を来すが如きは、立憲君主国の国体に反するものなり」。したがって、衆議院解散後の総選挙の結果が如何であろうとも、内閣がこれによって進退する必要は少しもない。何となれば、「撰挙人ノ職務ハ適当ノ議員ヲ撰挙スルニアリテ、解散ノ原因タル実際ノ政治上ノ問題ニ可否ヲ決スルノ職務ヲ持」つものではないからである。[17] 藩閥官僚の超然内閣政治を支持し、議院内閣政治を排斥するこの積極的主張を通じ、一木は、有賀・末岡両先輩よりもはるかに「正統」学者としての任務に忠実だったということができそうである。

一木の国法学は穂積の憲法学に比較するかぎりではたしかに美濃部を魅惑するに足りる要素を含んでいたと云ってよいであろう。美濃部の六年後輩に当る吉野作造もまた一木の「国法学講義に心酔し」たと語っている。しかし、精緻な論理の根底に内務官僚としての藩閥政権に対する忠誠の意識が横たわっているかぎり、美濃部や吉野をいつまでもひきつけておくだけの力はそなわっていなかった。美濃部が、一方一木憲法学を多面にわたり継受しながらも、他方でその多くの点に対し異論を唱え、一木学説を克服することによりその独自の憲法学を建設して行ったことは、別著において詳しく述べたとおりである。[18] 吉野もまたその講義に「心酔」するのあまり「一日大に勇を鼓して」一木を

「私邸に訪うて教を乞」うたところ、「君は独逸語が達者に読めるか、でないと話にならぬと云つた風の簡単な問答に辟易して這々の体で引き退り、うつかり教授訪問などをするものではない」と後悔し、改めて小野塚喜平次に接近して行ったことを自ら語っているが、(19)一木の学問の本質が那辺にあったかを間接に暗示する興味深いエピソードではあるまいか。たまたま一木の門から美濃部の出ていることから、一木・美濃部の系列を機関説学派として大きく位置づけるのは、思想史的観点からは妥当でない。むしろ政党内閣政治の排斥という点で、その論拠こそ異なれ、一木と穂積との間になんら意見の相違のなかったことに注目するほうが適切である。

(二)　副島義一の憲法思想

末岡・穂積から一木までをふくめて、これらの人々を日本のアカデミズム憲法学の源流に位置する学者としてグルーピングするとすれば、一木より七年おくれて明治二十七年に帝国大学を卒業した清水澄や副島義一は、一木らのグループの次の世代に属していると見るのが適当で、明治三十年卒業の筧克彦・美濃部達吉、三十五年卒業の市村光恵、三十六年卒業の上杉慎吉(以上東大)・佐々木惣一(京大)らと同世代の学者として取り扱うべきであるかもしれない。しかし、副島は末岡の教授の時代に在学した点では一木と同門とも云えるし、また卒業の翌年から小野梓が憲法を講じた由緒のある東京専門学校(早稲田)の講師となって、官学と違った雰囲気の世界で活動していることなどを考えると、やはり美濃部以下の帝大系の学者とは少しく別の角度から見る必要があるのではないかと思われる。ことに副島については、早稲田に在職した事実に基づき、一木から美濃部へと伝わった機関説と別系統の小野梓の伝統の線の上に副島の機関説を置こうとする見方もあるくらいである。もっとも、副島は帝大独法科の出身で、三十五年にドイツに留学し、ドイツ国法学によって自分の憲法学を組織づけた人であるから、イギリス法を主とした小野の憲法学の継承者とはいえないように思われるが、[20]とにかく彼が美濃部らの活動に先だち、比較的早くから私学において機関説憲法学の体系を構築している点にかんがみ、その学問的淵源は同じであるとしても、一木・美濃部の系列とは別のラインに立つ憲法学者として、一木の次に位置づけるのも許されるであろう。

副島には明治三十八年公刊の主著『日本帝国憲法論』の外に、それに先だつ時期に刊行されたものと認められる数種の講義録がある。私の見ることのできたのは、和仏法律学校出版部刊行の『憲法講義』と題するものであって、汎論を井上密が、各論を副島がそれぞれ分担している。[21]明治三十二年に日本法律学校の発行した『帝国憲法講義』も、同様に井上の汎論と副島の各論とから成っているというから、和仏法律学校の講義も大体同時期のものとみてよいであろう。和仏法律学校版講義録には主著『日本帝国憲法論』と若干異なる見解も散見するけれど、[22]基本的にはほぼ同一の理論で貫かれているので、次にこの両者によってその憲法思想の概略を紹介することとする。[23]

副島は言う、「統治権ノ主体ハ国家ニシテ君主又ハ人民ニアラザルナリ。故ニ統治権ノ本体ハ天皇ニ属スト云フヲ得ズ」、天皇は「国家ノ最上機関ナリ」、もし「君主の発表したる意思は国法上は即ち国家の意思と為るゆへ君主は即ち国家なりと謂ふにあらば、（中略）独り君主のみならず君主以下の国家諸機関、例へば大臣、知事、郡長、巡査に至るまで総て国家なりと謂はざるべからず」[24]、その背理たるや明らかである。

天皇はその大権の行使に「当リテハ種々ノ機関ノ制限ヲ受ク。即チ帝国議会ニ依リテ立法ノ範囲ニ制限ヲ受ク」、換言すれば議会の「協賛あるにあらざれば立法すること能は」ないのはもとより、条約の締結等についても、議会による制限を免れない。何となれば、条約の締結は天皇の大権に属するけれど、憲法第六十二条第三項は「国家と外国と条約を締結する場合に於ても亦適用せらる」べきであって、「条約にて此等の契約を為す場合に於ては、条約締結前に議会に同意を求むることを要す」るし、また、「立法事項を執行の要件とする条約を締結したるとき」、「若し条約執行に必要なる規定が議会の協賛なく、従て法律成立するに至らざるときは、其の条約は全く消滅する」の外はないからである。同様に、官制の制定は天皇の大権に属するけれど、「新設の官庁に要する経費は既定歳出に在らざるを以て、議会は自由に之を廃除削減するの議決を為すことを得る」のであり、軍制大権についても同一の問題があるわけだから、これらの大権の「執行は憲法の規定により制限せられる」結果となるであろう。「天皇ハ司法権ヲ行フニ於テモ制限ヲ受ク」。「天皇ハ決シテ自ラ裁判ヲ行フヲ得ザルナリ。必ズ天皇ノ一個人ノ意思ニ関係ナク独立ノ機関即チ裁判所ヲシテ之ヲ行ハシメザルベカラズ」。

天皇の大権行使、法令詔勅の発布には国務大臣の輔弼・副署が必要であり、「而シテ大臣ハ唯天皇ノ一個人ノ意思ヲ盲従スルノ機関タルニアラズシテ、憲法法律ヲ遵奉セザルベカラザル義務ヲ有スルモノユヘ、時トシテハ副署ヲ拒ムコトヲ得ルモノナレバ、天皇ハ行政ヲ為スニ当テモ亦制限ヲ受ケザルヲ得ザルナリ」。国務大臣は、天皇の行為が単に不適当という理由で副署を拒むことは許されないが、「天皇の不適法の行為に付いては副署を拒むことを得」る。国務大臣が天皇の法律解釈に従わねばならぬとするのは、「憲法の明文に反する」もので、「凡そ法令の強制解釈を為すには、本法令と同一の形式を以て規定することを要す。天皇も絶対の解釈権を有するものにあらざるなり」。

総じて副島は天皇の地位や権限についてかなり厳格な法律論を展開しているので、国体論者の反感を買うものがあったらしい。私の見た東京教育大学所蔵(旧東京高等師範学校蔵本)の『日本帝国憲法論』には、天皇の「尊厳の保持に妨げなき限りは、天皇と雖ども法律上の責任を負ふことあるべし。(中略)純然たる財産上の裁判は単に財産上の権利義務の所在を判決するものなるが故に、決して天皇の一個人の身体及名誉の尊厳を侵したるものと謂ふことを得ざるなり」とある箇所に、明治時代の書体の「何モ財産上ノ皇室ニ関スル訴訟ヲ以テ特ニ天皇ヲ云為スルヲ要センヤ。著者ハ何ンデモ天皇ノ尊厳ヲ冒サントシテ種々ノ詭弁ヲ弄スルハ唾棄スベシ。皇室所有ノ財産即御料地等ニツキ国民ト争ヒノ起リタル時ハ天皇ハ御親ラ裁判ヲ受ケラルヽニアラズ、云々」という鉛筆の書入があり、「凡て宮廷の吏員は国家の官吏と異なり全く皇室の私事を掌るものとす。（中略）宮内省の如きも国家官庁の一部にあらずして皇室の私役に属す」とある箇所にも、同じ筆蹟で「宮内省ハ国家ノ官庁ノ一部ニアラズシテ皇室ノ私役ニ属ストハ、何ンタル馬鹿ナ解釈ゾヤ。大切ナ御璽国璽ヲ扱フハ、之レ私事ナルヤ国事ナルヤ。其ノ他多クノ例アルナリ。亦宮内官吏ハ天皇ノ私役ナラバ、国費ヲ以テ其俸給ヲ支払フハ不合理トナルナリ」と書入れてあるのは、天皇制イデオロギーの信奉者に対し、副島の考え方がどのような印象を与えたかを察知させる興味深い史料といってよかろう。

天皇の独裁大権に対する制限を強調する副島がおのずから帝国議会の権限を比較的に広く認めることとなったのは、右の諸解釈によく現われているが、憲法第九条の副立法権についても、一木説に従って「内務行政の範囲に於て」のみ命令を発し得るものとし、「原則としては法規は議会の協賛を経て制定すべきもの」であることを明言した。また、議会の決算審査権を特に重視し、「政府は唯一回決算を議会に提出するを以て足れりと為すべきものにあらず。必ず其承諾を求むべきものとす。故に若し議会にして未だ之れが議決を為すに及ばずして解散若くは閉会となりたるときは、次の会期に於て更に之を議会に提出すべき職務ありと云はざるべからず」とし、「一回之を議会に提出すれば、縦令議会に於て諾否の議決を為さざるも更に再び之を提出することなく、又議会に於ても決算の審査は之れを重要視せず、其計算の果して当を得たるや否や、収入支出が法律、命令、予算の規定に適合するや否やは精密に検査せ」ざる「従来の慣例」は、「実に憲法の議会に附与したる会計監督の権を邈視するものと謂はざる可からず」と非難し、議会の行政監督の権限を力説したのであった。

しかも、その副島でさえ、「帝国議会も亦国家の機関にして選挙権を有する人民全体の代表会にあらず」とし、その権限は「明文の規定を以てしたる範囲内」に限定されるものと考え、「議会は大臣と同じく国家の機関として互に併立して存し、其間に上下の関係あるに非ざるを以て、大臣が議会に対して責任を負ふべき理なし」とし、先行諸家と同様に議院内閣制を否認する法理論に与しているのであって、この点では彼もまた末岡・一木らと同じ政治的役割を演ずるものであったとされることを免れない。ただ、右の論旨に引きつづき、議会は質問権・上奏権によって「間接に大臣の責任を問糾することを得」と言い、ちょうど憲法発布直後の諸註釈書が上奏権の活用によって実質上の弾劾権たらしめようとしたのと全く同一の論法により、議会に内閣の進退を左右する実権を留保しようとしている点は、一木らと少しく異なるところといえよう。後年の副島が第一次護憲運動などに参加して政党政治実現のために協力するにいたる思想上の萠芽が、すでにこの論理の内に用意されていたと考えることもできる。

国家統治権の限界問題についての副島の態度もまたきわめて鮮明であった。彼は、「国家ハ法規ノ上ニ位シ法規ノ下ニ在テ法規ヲ遵奉スルモノニアラザルユヘ、国家ハ義務ヲ負フコトナク臣民ハ国家ニ対シテ権利ヲ有スルコトナシ」とするボルンハックの学説を紹介し、「ボルンハック氏ノ説ハ近時我国ニ伝播シ来リテ其勢猖獗ヲ極ムト雖モ、余ハ氏ノ説ニ服スル能ハザルナリ」と宣言し、ボルンハック批判に藉口して実は穂積八束の国権無制限・臣民無限服従説に対する反論を展開する。(25)「国家ガ一タビ法ヲ発シテ自己ノ意思ヲ制限シ臣民ニ或意思ノ範囲ヲ与ヘタル以上ハ、苟クモ其意思ヲ変ゼザル間ハ国家モ亦之ニ拘束セラレザルベカラズ」、「若シ国家ハ法ノ拘束ヲ受ケズト云ハバ、国家ト他ノ人格トノ間ニハ法律関係ハ全ク消滅スト論決セザルベカラズ」。法律関係の消滅は権利義務関係の消滅を意味し、ひいては「個人ハ国家ニ対シ義務ヲ負フコトナシ」という「虚無的ノ説ニ帰スル」を免れない。「苟クモ国家ノ意思ノ範囲ニ限界ヲ附シテ而シテ臣民ニ与フル或意思ノ範囲ヲ以テシ臣民ノ人格ヲ認メタル以上ハ、最早臣民ハ絶対ノ服従者ニアラズ。国家ニ対シテハ其与ヘラレタルコトヲ要求シ得ル権利者ノ地位ヲ有スルナリ」。「臣民ノ服従義務ハ無条件ノモノニアラズ、憲法法律ニ依リ制限サレタルノ義務ナリ。従テ命令ノ果シテ正当ノ統治権ノ作用ニ出ルヤ否ヤヲ知ルコト肝要ナリ」。「憲法ニ統治権作用ノ方式及其機関及ビ其条件等ヲ一定セルユヘ、此諸件ヲ充タスノ作用ハ正ニ国家正当ノ意思ナルユヘ、之ニ服従セザルベカラザルモ、此諸件ヲ充タサザルノ作用ハ国家正当ノ意思ト云フヲ得ザルヲ以テ、臣民ハ之ニ服従スルノ義務ナシトス」。後にいたって副島はこの理論を少しく改め、国家機関の「権限内の行為に付ては、臣民は其機関の上に立て其適法なりや否やを決定することを得ず」としたが、同時に「機関の行為が越権の行為なるときは、例へば場所的及び事物的の管轄を脱し又は形式を欠きたる場合の如きは、之に対して服従の義務なし。却て法律上の条件に従ひ正当防衛を為すことを得」との命題を附け加えるにいたったのである。この正当防衛論は、穂積との論争における有賀の発言ほどに派手な用語を使ってはいないが、有賀よりも精緻な法解釈に基づく抵抗権理論を構成したものと云ってよく、末岡・一木には見られなかったその公然たる主張が、副島によりアカデミズム憲法学の体系の中に定置されるにいたったのは、注目に値するところとしなければなるまい。(26)

それればかりでなく、副島は、前記と同じくボルンハック批判の形をとりながら、天皇は随意に憲法を改廃し得るという穂積の学説を暗に目標として、国家は憲法を変更できるけれども、立法権がその手続きをなさない間は、「決シテ憲法ノ全規定ヲ抹殺シ得ル者ニ非ズ。若シ立法権ヲ有スル為メ憲法ノ規定ヲ抹殺シ得ルトセバ、独リ臣民ノ権利ノミナラズ、憲法全般ノコトハ悉ク之ヲ説明シ得ザルニ至ルベシ。例ヘバ憲法ニ天皇ハ統治権ヲ総攬ストアレドモ、此規定ヨリ天皇ヲ定義シテ直チニ統治権ノ総攬者ト為シ能ハザルベシ。何トナレバ、或ハ後日統治権ハ天皇ト議会ト共ニ有スト変更サルルヤモ測ラレザレバナリ。果シテ然ラバ天皇ハ如何ナルモノナリヤハ、現憲法ニ於テ定義スルヲ得ザルベシ。豈不当ナラズヤ」と論じている。帰謬法を用いた反論中の論理上の仮設命題にすぎないとはいうものの、君主権を縮小する方向への憲法改正の可能性の存在を公言して憚らないごときは、実に大胆不敵と称するに足りるのではなかろうか。(27)

『太陽』大正二年五月号掲載の南木摩天楼の署名ある「青木、副島、江木三博士」と題するゴシップ記事によれば、副島「は其の大学在学中に於ても、故穂積教授とは根本に於て憲法上の見解を異にし、而も今の如才なき学生の如く、自説を屈して偏に迎合を事とするを肯ぜざりし為に、常に教授の為に排撃せられたりき」という。この記事の史料価値ははなはだ疑問であるが、副島の著作に現われた考え方から遡って推測すれば、そのような事実があってもふしぎはないと思う。彼が帝大に容れられず私学に赴いたのも、おそらくそうした事情によるものかと考えられる。また右の記事は、「副島義一氏は同僚間に奇人の目ある丈けに頗る奇行に富むと雖ども、その人極めて真面目にして、日常の動作甚だ飄逸奇峭なるに似ず、学問上の問題に関しては恐ろしく細心緻密なり」と記している。彼が威儀をつくろう官学の先生たちと異なる性行のもち主でありながら学問上では「細心緻密」であったというこの記述は、ドイツ国法学の精緻な理論に拠りながら一木ほどに他から揚げ足をとられないように保身に専念した官僚学者と異なる大胆な所見をあえて開陳して憚らなかった事実とよく符合しており、相当に真実を伝えているものとみてよかろう。同じ機関説学派に属する一木が純然たる官僚の世界に没入してしまったのに対し、副島が第一次護憲運動に進んで参加するにいたるのも、その学説と思考様式とに徴してきわめて自然の推移であったといわなければならぬ。しかし、副島は、明治前半期の進歩的思想家の大部分がそうであったように、強い国家主義的心情のもち主であったために、第一次護憲運動参加の直後から中国に対する帝国主義的進出の動きに乗った活動を開始し(28)、次第に右翼思想家の相貌を呈するようになり、同じく護憲運動の理論的支持者であった他の立憲主義憲法学者、例えば浮田和民や美濃部達吉らとはいちじるしく違った役割を演ずることとなるのであるが、少くとも明治の末年ごろまでの彼の機関説憲法学が、末岡や一木のそれに比べる場合には比較的民主主義的ないし在野的な論理に富んでいたことだけはまちがいないように思われるのである。

第二節　天皇主権説学派（穂積八束）の憲法思想

所謂機関説学派の劈頭に位置する有賀と末岡とは同輩であって、それぞれ独立にその学説を構成しているし、一木は末岡の講筵に列しはしたが、学問上は金子堅太郎の門弟であって、末岡の継承者とは必ずしも云いがたい。副島は一木の門弟と云ってよいけれど、彼の思想を培ったのはあるいは職場となった早稲田学園の空気だったかもしれないわけで、かように一口に機関説学派といっても、その由来は多元的で、系譜的なつながりのとぼしい独立の立場の人々の群れにすぎなかった。この学派において一つの系統ある学説の継承が初めて現われてくるのは、一木から美濃部への展開においてである。これに反し、所謂主権説学派は穂積八束の個人で創始するところであって、その由来は一元的であった。所謂機関説が大体憲法制定当局者の真意に合する「正統」学説であるとする卑見にして誤なしとすれば、多くの学者が期せずして機関説を奉じたのは当然であり、「異端」である穂積がこれに対して孤立した立場にあったとしても、少しもふしぎではなかったと云わねばなるまい。

穂積が早くも明治十五年にまだ東京大学に在学中主権論争に参加したときにすでに後年の憲法学説の基本的論理をなす考え方をつくり上げていたことは、第一編第三章において明らかにしておいたとおりである。大学卒業後、彼はドイツに留学し、もっぱら Laband に就いてドイツ国法学を学び、憲法発布と同じ月の二十二年二月に帰国したのであるが、それ以来帝国大学法科大学の憲法講座担任の教授として明治憲法の解釈という形で展開した憲法論は、基本的立場において、明治十五年の主張と少しもかわりはなかった。単に学生時代以来の持論を憲法条文に対応させて精密化し体系化しただけのものであったと云っても、必ずしも云い過ぎではないようである。

彼は、留学から帰国するやたちまち憲法発布に遭遇し、発布の翌々日から法科大学において「帝国憲法ノ法理」と題する講演を行ない、明治憲法全般にわたって解釈を展開する機会を得たのであるが、[29]その後大学において毎年憲法の講義をくり返し、四十三年には講義録をまとめ『憲法提要』と題して出版した。彼の憲法学の全貌はほぼこの書に悉されているが、その他に『皇族講話会に於ける帝国憲法講義』[30]『国民教育憲法大意』[31]等の著作や、雑誌等に随時発表した論文類を集めた『穂積八束博士論文集』、未定稿を整理し門弟上杉慎吉が編纂出版した『憲政大意』の二つの遺稿集があり、これらによって彼の憲法思想の特色を窺ってみると、大体次のようなこととなろう。

彼が人民主権説を排斥して天皇主権説を力説したことは、明治十五年以来一貫してかわらぬところであるが、しかし彼は留学より帰国して以後、初めのうちは国家法人説を唱えていた。「帝国憲法ノ法理」においては「公法上ノ法人ハ国家ト地方自治体トガ主ナル者ナリ」と言い、三十八年一月の論文「法人国及主権国」においても、なお「国家ハ法人ナリト謂フハ法律上人格ヲ有スルノ義ニ外ナラズ。此ノ意義ニ於テハ国体政体ノ如何ヲ問ハズ古今東西ノ国家皆人格ヲ有セリ」と言っているのである。それにもかかわらず彼は「国家人格主義ト主権ノ所在論トハ直接ノ関係ナシ」と言って主権在国家・君主機関という結論の出てくる道を絶ち、「主権人民ニ在リト謂フハ尚解スベシ、君主ニ在ラズ、人民ニ在ラズ、国家其ノ者ニ在リト謂フハ、(中略)言語ノ翻弄タルニ過ギズ、何ノ実質ノ意義ヲモ為サザルナリ。(中略)恐ラクハ欧州民権ノ説ニ憚リ、我ガ主権ノ我ガ皇位ニ在ルノ大義ヲ明言スルヲ敢テセズ、亦之ヲ民主共和ノ国体タリト断言スルノ勇ナク、唯曖昧ノ論ヲ事トスルモノナラン」、それは「学理ノ分析ニ出デタルニ非ズ。君主主権ヲ否認セントスルノ或ル政治的傾向ニ阿諛スル者ニシテ」、「固ヨリ全然歴史ニ反シ、憲法ニ戻ル、狂暴ノ甚シキ者トス。之ヲ大憲ノ明文ノ前ニ云フハ、国体ヲ侮辱スルノ罪ヲ免レザルベキナリ」と激越な言詞をつらねて国家主権説にはげしい非難を加えたのであった。有賀との論争において低姿勢の防禦的態度に終始した穂積が、次第にその姿勢を高くし、猛然反対学説に積極的な攻撃を加えるにいたったのは、一つには彼の学説の客観的地位の変化によるものでもあるが、すでに後年の上杉らの美濃部攻撃の前哨戦がここで展開されているのを看過すべきではない。国家法人説を採りながら主権在君を主張する彼の学説は、「皇位ト国家トハ合シテ一体ヲ為ス。天皇ノ意思即チ国家意思ヲ為ス」、換言すれば「天皇即チ国家タリ」という論理の上に成立するのであるが、それは論理的にははなはだしく無理なところがあり、後に美濃部から、「前には自ら国家法人説、国家主権説を主張しながら、後には其の説を以て革命思想として居るのであつて、此の余りに明白なる前後の矛盾を無視する大胆さは更に評すべき言葉を知らぬ」と批評せられることを免れなかったのである。(32)

主権在君とともに、明治十五年以来、彼が最も力をこめてくり返し主張したのは、国家の主権は無限であり、憲法といえども主権者たる君主の任意に廃止し得るものであって、君主権は法によって拘束されるものでない、という主張であった。「主権ハ無限ナリ、法上ノ動作ニ付キ其ノ権能ニ絶対ノ限定アルコトナキヲ謂フ」。「法ハ主権ノ自由ノ意思ニ成ル、主権ヲ制限スルノ法アルコトナシ」。「憲法ハ君主ノ権利ヲ制限スル者ナリト云フ説アレドモ」、帝国憲法は「司法官ヤ行政官ノ権根ヲ規定スル者ニシテ、決シテ君主ノ権ヲ制限スル者ニアラズ」。「憲法ノ制定廃止ハ一ニ皆皇位主権ノ自由ノ専断ニ出ヅルコトヲ得ルモノトス」。このような君主権の絶対無制限論、特に君主が自由に憲法を廃止し得るとなすがごときは、憲法やその上諭の明文を無視した恣意の主張であり、憲法起草者たちの立法の意図よりもはるかに反動的な考え方を示すものであったと云わなければならない。伊藤博文らは天皇機関説に近い考え方をいだきながら必ずしもこれを明瞭に言明することは敢てしなかったけれど、少くとも天皇の大権が憲法によって制限され、かつまた天皇が自由に憲法を廃止し得るものでないことは公の席上で明言してはばからぬところであったの(33)だから、穂積のごとき立論とは論理的に相容れない立場に立っていたわけである。穂積は国権を以て法よりも優越するものとみなし、「国ヲ治ムルハ主権ナリ。法ハ治世ノ一具タルニ過ギズ」、「法ノ神聖ニシテ侵スベカラザルハ国家ノ神聖ニシテ侵スベカラザルヲ以テナリ。法ハ立法者ノ神聖ナルヨリモ神聖ナラズ」と言い、法を以て主権を制限するは本末を顚倒するものとした。この見地から彼は「法治主義」を否定し、「憲法義解以下世上憲法ノ法理ヲ談ズルモノ、法治派ノ旧説ヲ墨守シ方今ノ国憲ニ対シ大胆ナル論結ヲ為スヲ看テ、我輩ハ窃ニ憂フルトコロナキコト能ハズ」と言い、はっきりと『憲法義解』の名をメンションしてこれに非難を加えている。このことの意味はきわめて重要であって、前述のとおり穂積の憲法学が伊藤ら憲法起草者たちの考え方と相容れない論理を包蔵していたことを穂積自身がはっきりと自覚していた証拠に外ならない。あるいは今少しく単純に考えて、穂積が帝国大学における憲法講座担任の教授であるにもかかわらず『憲法義解』の編纂事業からオミットされた不満の感情の表明にすぎないと見るべきかもしれないが、それにしても彼の憲法論が伊藤らのそれと相容れぬものを有っている以上、『憲法義解』への批判があることに少しのふしぎもないはずであった。これまで私がくり返し述べてきたところの、藩閥官僚政府の「正統的」憲法思想は末岡・一木らの側において代表され、穂積はむしろ非正統の側にあったという見方は、これらの事実に徴し、もはや疑を容れる余地のないところとなったと云ってよいであろう。

君主権の無制限は、そのコロラリーとして臣民の絶対服従という命題を導き出す。「下ニ絶対ノ服従ナクンバ何ゾ上ニ絶対ノ権力アルコトヲ得ン」。「臣民タル性格ハ、絶対ニ、無限ニ、国家ニ従属シテ其ノ権力ニ服従スルコトヲ其ノ本質トス」。「絶対無限トハ、法理上何等ノ条件ナク限度ナキヲ謂フ」。したがって臣民は本質的には国家に対し権利を有するものではない。憲法には「臣民権利義務」の章があるけれど、「本章ノ規定スル所ハ法律ヲ以テ行政官ヲ牽束シタル者ニシテ、直接ニ行政官ニ対スル命令」を定めたにすぎず、「臣民ニ一ノ権利アリテ其権利ガ能ク行政官ヲ牽束シヲウルト云フコト」ではない。「所謂自由権」は「国権ニ対スルニ非ズ、行政官吏ニ対スルナリ。之ヲ権利ト謂フハ実ハ当ラズ。法律ノ反射タ」るにとどまる。「憲法ノ題シテ臣民権利義務ト称スル者」、学問上正確に表現すれば、むしろ「立法事項」と称すべきであろう。もともと帝国憲法は欧米の憲法と異なり「国家統治ノ大則」を定むるを目的としているものであるから、「臣民ノ権利ヲ規定スル条規ヲ憲法々典中ニ插入セルハ、敢テ之レヲ憲法ノ要条ナリト認メタルニハ非ズ」、本来ならば「行政法ニ属スベキ」規定にすぎないけれど、臣民の利害にとり重要であるから特に憲法に定めたまでにすぎないのである。

臣民の服従は絶対であるから、たとい違憲の法律、違法の命令であろうとも、「臣民ハ一己ノ私ノ解釈ヲ以テ法律ヲ違法ナリトシテ之ニ服従スルコトヲ拒ム権ハアリマセヌ。国ノ主権者ガ適法デアルト認メテ発シマシタルトキハ、命令タルト法律タルトヲ問ハズ如何ナル形デ発セラルルトモ、之ニ遵由シ服従スルコトガ臣民ノ義務デゴザイマス。法律ノ定メタル手続ニ依ラズ単ニ一私人ノ自己ノ独断ヲ以テ国家ノ命令スル所ヲ違法ナリトシテ之ニ服従スルコトヲ拒ムコトハ許シマセヌ」。「若シ之ニ抵抗スルトキハ刑罰ヲ蒙ラザルヲ得」ない。ひとり法令についてだけでなく、行政についても同様であって、「臣民ハ行政処分ノ合法如何ヲ判定スルノ権ナ」く、「人民ハ行政官ノ法令解釈ニ当然服従スベキガ原則」であるから、「何等ノ処分タリトモ之ニ服従スベキノ義務」を有する。もしこれに抵抗すれば、「其処分ニシテ他日違法ナリト判決セラルルモ、主権ハ抵抗ノ罪ヲ問フコトヲ得」ることを忘れてならぬ。違法の行政処分に対しては行政訴訟を起す権利が人民に与えられているけれど、「実ハ行政裁判ノ途ヲ開クト云フコトハ、行政ノ目的ヲ妨ゲザル限リニ於テスルコトデゴザイマシテ、行政処分ニ対シテ一般ニ制限ナシニ訴訟ヲ許スト云フガ如キハ必ズシモ望ムベカラザルコトデゴザリマス」。訴訟事項につき概括主義をとらなかったのは、そのためである。それだけでなく、そもそも「行政裁判ノ目的ハ、主トシテ法ノ執行ノ法ニ適セムコトヲ欲スルニシテ、官府ト人民トノ間ニ曲直ヲ判ズル」ためではない。それでは臣民の権利が十分に保障されないではないかという反論の出ることが予想されるけれど、元来臣民の権利に無上の価値があるかのように考えること自体すでに大きなまちがいと云わねばならぬ。「僅ニ罪悪タルコトヲ免ルルノ総テノ利慾ガ権利ノ佳名ヲ以テ迎ヘラルルノ軽佻ナル今ノ法律観念ノ下ニ在リテハ、予ハ権利ナルガ故ニ神聖ナリトスルノ感覚ヲ有シ能ハザル」のである。「主権ハ個人ノ権利の聚合ニ非ザルナリ。国家ハ現存民衆ノ利害ノ外別ニ其永遠ノ運命ヲ有ス」るものであって、「人ノ為ニ国アル」のでなく「国ノ為ニ人アリ」と考えねばならぬ。「暴虐ナル政府ニ対シテハ『叛乱ノ権利』アリ」というのが「欧州ノ政理」であるのに対し、「国ノ為ニ生命財産ヲ棄テ顧ミザル」のが「我固有ノ道徳」である。昔は「国家ヲ以テ個人ニ対スルノ危害ナリトシ」、「憲法ハ実ニ之ニ備フル城壁トシテノミ其ノ存在ノ理由ヲ有シ」たが、「今ノ情弊ハ之ニ反」し、「政府ノ政権ヲ濫用スルヨリハ、寧ロ人民ノ之ヲ濫用スルニ在ル」のである。個人の権利を極度に尊重し国家国権の意義を軽んずるの極は、「所謂社会主義トナリ、社会主義ノ極端ナル者ハ所謂無政府主義トナ」る。すべて「国ノ賊ナリ、社会ノ公敵ナリ」。このようにして、穂積は、人権の保障を究極の理念とする近代憲法の根本義を根底から否定し去ったのであった。

右のような基本原則の上に立つかぎり、個々の権利条項についても、国民の自由を極度に軽視する考え方が示されたのは、少しもふしぎではなかった。穂積は、明治憲法下において思想および思想表現の自由を極度に圧縮していた諸々の治安立法を「寛大」な制度として讃美することを憚らないのである。「今日ノ我ガ国ノ御制度ヲ見マスルト、甚ダ寛大デゴザリマシテ、言論著作出版ヲ箝束スル場合ハ誠ニ僅カデゴザリマスル。言論ニ就キマシテハ直接ニ言論ヲ束縛スルノ規定ハ殆ンドゴザリマセヌ。唯公ケニ多数ノ人ヲ集メテ集会ヲ催シ演説等ヲ致ス時ニハ幾分カ警察上ノ制限ガゴザリマスル」。集会結社について多少の制限の加えられるのは、「一個人個々別々ノ力ハ左程恐ルルニ足リマセヌ」から、「一個人ノ個々別々ノ働キ、一個人ノ個々別々ノ思想ヲ表白スルコトハ甚ダシキ害モアリマセヌガ、之ヲ多数ニ及ボシ多数ガ合同シテ働クトキニナリマスト、秩序ヲ紊リ或ハ政治上ノ大変動ヲ起ス等ノ恐レガアリマス」からである、という理由による。それにしても、「従来ハ政社ニ加入スル者ハ悉ク名簿ヲ備ヘテ届出ヲサセルヤウニナツテ居リマシタガ、近来ハ唯代表者ヲ届出サヘスレバ宜シイヤウニナリマシテ、余程寛大ニナリマシタ」。「集会結社ニ対スル我ガ国ノ現今ノ立法ハ、欧羅巴諸国ニ較ベテモ尚一歩進ンデ自由デアリマシテ、憲法ノ此ノ条ノ希望ハ十分ニ充サレテアルト思ヒマス」。「安寧秩序及ビ風俗ノタメニハ言論ノ自由ヲ制限スルコトハ已ムヲ得ザルコトデ」あって、「安寧秩序ト云フ詞ガ漠然トシテ居ルガタメニ之ヲ濫用シテ差止ムルノ虞レガアルト云フ非難モアルカ知レマセヌガ、社会ノ安寧秩序トカ風俗トカ云フコトハ、時ト場合ニ依リ事ニ臨ミ相関係シテ判断スベキコトデゴザリマシテ、予メ是々ノ事ガ安寧秩序ヲ害スル、是々ノコトガ風俗ヲ害スルト云ツテ法律ニ目録ヲ作ツテ其ノ場合ヲ予メ示シテ置クコトハ実際出来ヌコトデゴザリマス。故ニ已ムヲ得ズ広ク此ノ権力ヲ与ヘテアルノデゴザリマス」。請願の自由については、特に「相当ノ敬礼ヲ守ル」ことを条件としている点が重要であって、「請願ハ素ト対等者ノ間ニ権利ヲ以テ争フ所ノ言論デハゴザリマセヌ。下臣民ヨリ上政府ニ対シテ哀願スル性質ノモノデゴザリマシテ、上ニ向ツテ反抗スル精神ガアツテハ、憲法ニ許サレタル請願ノ自由ト戻リマスル」。

国権絶対を強調する穂積が、統治組織の問題に関しても大権中心の立場から立論しているのはもちろんであって、「大政最終ノ決ハ一ニ大権ノ独裁ニ在」り、「大政ノ中枢ハ議会ニ在ラズ」というのがその基本的見解である。議会は「法律上必要ノ諮問府ナリト解スルモ、甚シキ誤謬ナカルベシ」とする彼は、議会の協賛について、「之ヲ採択スルト否トハ大権ノ自由ニ存スルノミナラズ、議会ノ否決スル所ヲ更ニ命令ノ形式ニ於テ裁可実施スルコトヲ妨ゲザル場合多シ。議会ハ立法ヲ強要シ、又ハ絶対ニ之ヲ阻礙スルノ権能アルコトナシ」とまで言い、ここでも明白に憲法の明文を無視した恣意的解釈を強行している。「国会ガ輿論ノ名ニ於テ国憲ヲ蔑如スルノ場合ニ於テハ、主権者ハ国家自衛ノ為ニ之ヲ国民全体ニ諮ハザルベカラズ」と言い、公然「クーデタ」を許容しているごとき、天皇が任意に憲法を廃止し得るという主張とともに、最も極端な立言であって、このような主張を平気でやってのける人物であったからには、政府の首脳者たちが用心深く『憲法義解』の編纂事業から彼をオミットしたのもむりのないところであったと云わなければなるまい。

議会の権限は憲法の明記するところに限らるべきであり、特に「憲法上ノ大権事項ハ議会ノ干渉ヲ許サズ、故ニ立法ノ手続ヲ以テ之ヲ規定スルコトヲ得」ないのである。実際に「法律ヲ以テ大権事項ヲ侵スノ例」の多いのは「吾人ノ甚之ヲ憾トスル」ところであり、むしろ「立法ノ技術家ニアラ」ざる議員より成る議会をして立法させるよりも、「出来ルダケ勅令ヲ以テ布告スル有様ニナル」ことこそ立憲の政体に適う所以であろう。緊急勅令が「正当ナル緊急」の必要に基づいているか否かは「君主ノ裁定ニ在ルコト」であるから、「勅令ヲ以テ緊急ノ場合ト認メタルトキハ、是レ即チ法理上緊急ノ場合」に当るのであって、「其外ニ緊急ノ場合アル筈ナ」く、同様に「公共ノ安寧、臣民ノ幸福」の為の行政命令も、その目的に該当するか否か「ノ判定ハ発令者ノ独リ認ムル処」であって、議会がその実質を審査して違憲であると判断することは許されない。このようにして、穂積は、実質的に議会の協賛権を空文に終らせることを許容するに足りる論理を構成したのである。

かような論理は、国会の権限をひとり憲法の明文により定められたところに限定するにとどまらず、それよりもはるかに狭隘なものたらしめようとする縮小解釈と見る外ないが、総じて穂積は国会の権限に対し、つとめて縮小解釈を施そうとした。両議院の上奏権における上奏事項については「憲法ニ別ニ制限ガゴザリマセヌ、故ニ文字上何事ヲ上奏致シマスルモ差支ナキガ如ク見エマスガ、然シナガラ憲法全体ノ精神ヲ推シテ考ヘマスルニ、帝国議会ハ国ノ統治全般ニ関係シテ全能ノ力ヲ有ツテ居ルモノデハゴザリマセヌ。主トシテ法律及予算ノ議定ヲ職トシテ居リマスカラ、総テノ事ニ渉ツテ広ク権限ヲ有スルモノデハゴザリマセヌ。故ニ上奏ヲ致シマスルニモ、敬礼ノタメニ上奏ヲスルトカ、又ハ特ニ勅語ヲ賜ツタコトニ対シテ奉答スル等ノ外ハ、主トシテ立法上ノコトニ付テ上奏ノ必要アル場合ニ之ヲ為スベキモノデアラウト考ヘマス。唯上奏スル自由ガアルト申シテ大権ノ行動ニ渉ルコトニ付イテ漫リニ上奏ヲ為スノハ憲法ノ精神デアルマイト考ヘマス。(中略)例ヘバ陸海軍ヲ統帥スルトカ、外国トノ条約ヲ結ブトカ、或ハ文武官ヲ任免スルトカ云フコトノ如キ特ニ憲法上君主ノ大権トシテ定メラレテアリマス以上ハ、帝国議会ハ之ニ対シテ喙ヲ容ルベキモノデナイト云フ精神ガ現レテ居リマス。故ニ法律及予算ニ関係シテ意見ヲ奉ルコトハ自由デゴザリマスガ、漫ニ大権ノ行動ニ付イテ干渉ガマシキ上奏ヲスルト云フコトハ、憲法ノ精神ノ許サザル所デアラウト考ヘマス」。また、さらに「一私人カラ憲法改正ノ請願ヲ出シタ時ニ議院ガ之ヲ受取ルコトガ出来ヌト云フ規定カラ推シテ考ヘテ見マスレバ、議院自身モ亦タ憲法改正ノ建議ヲスルトカ憲法改正ヲ希望スル上奏ヲスルトカ云フコトハ、矢張リ許サヌコトト考ヘマス。発議ノ権ガ無イト云フコトハ、唯憲法改正案ト云フモノヲ発議スルコトガ議院ニ許サレテナイト云フコトニナルノミナラズ、上奏シマスルニシテモ建議シマスルニシテモ、憲法改正ノコトヲ企テルコトハ許サレナイト解釈スルガ穏当デアラウト考ヘマスル」。

大権事項につき議会の干渉を一切許さないという命題の内には、もちろん国務大臣の任免につき一切議会の容喙を許さないということがふくまれているのであって、上引穂積の主張もおそらくこの点を考えて特に力説されたのであろう。「特ニ大権ヲ輔弼スルノ内閣ハ大権ヲ以テ之ヲ組織スルノ一義ハ」、「大権独立ノ名実ヲ全ウスルノ根由」であり、これなくしては「大権ノ独立ヲ支持スルコト能ハズ。我ニ在リテ議院内閣制ヲ謂フハ、憲法ノ明文ニ反シ、亦大権ノ独立ヲ無視スル者」である。「内外ノ事例ニ徴スルニ、憲法ヲ紛更スルノ虞ハ議会ト政府トノ私通共謀ニ出ヅルヨリ大ナルハナ」い。「専制ト謂ヘバ即チ君主ヲ聯想スルハ世俗ノ誤解」であって、「今ノ英国風ノ議院政治ト称スル者モ、名ハ立憲ノ制ト謂フモ実ハ殆ンド議院専制ノ政体」である。「専制ノ最狂暴ナル者ハ国民ノ名ニ於テスルノ専制ナルコト、近ク仏国革命史ノ之ヲ証スル所」であるが、所謂議院政治は畢竟その「穏和ナル」形態であるにすぎない。穂積は、このようにして議院内閣制を否定したのであるが、議院内閣制の否定という結論に関するかぎりは、初期の機関説学派諸家との間に見解の相違はなく、官僚超然内閣政権のイデオロギーたることにおいて立場を同じくしていた。ただ穂積が消極的に議院内閣政治を否定するばかりでなく、積極的に専制主義を謳歌し、民衆の政治参加という民主主義の最低綱領を最大限に否定することにおいて、ある限度まで人民の自発性を容認しむしろその主体的エネルギーを吸い上げることを企図した政府首脳部の戦略よりもはるかに反動的な穂積憲法学の特色を遺憾なく発揮するところがあったと云ってよいであろう。

穂積によれば、「専制ノ政体必シモ濫権圧制ノ罪悪アルニ非ズ、立憲ノ政必シモ慎重公正ノ功績アルニ非ズ、事実ハ或ハ大ニ之ニ反スル者多シ」。そもそも「所謂輿論多数ヲ多数ナルガ故ニ神聖ナリト為スハ一ノ迷信タルコト明カナリ。四千万ノ民其多数ハ暗愚ナリ。何ガ故ニ吾人ハ愚論ニ屈従セザルベカラザルカ」。「議院ノ運用ハ多ク政党ニ依ル」、「政党ナルモノハ選挙人ニ媚ブルニ由リテノミ其ノ多数ヲ支持スルコトヲ得、故ニ政党政治ト謂フモ実ハ民衆政治ニ帰ス」るわけであるが、もともと民衆は「模倣」「雷同」を免れざるものであるから、かれらの「輿論ナル者」も「集会演説新聞紙ヲ以テ之ヲ煽ル」ことにより「製造セラルル」ものにほかならないのであって、これが「民衆政治」の実態であるとすれば、かような政治は最も理想から遠いものといわねばなるまい。「民衆ハ依ラシムベシ、之ニ依ルベカラズ。一人ヲ以テ万衆ヲ公正ニ支配スルコトヲ得バ、政治ノ上乗タラン」。これまさしく「君主制ノ理想」であって、君主制こそ「社会ノ進化ニ」最もよく適合するものというべきであろう。穂積は、大胆にもこのように専制政治を率直に謳歌し、その見地から政党内閣政治を否定し、普通選挙制を排斥した(彼によれば、普通選挙制の採用は、主権を「貧賤ニシテ智徳ノ乏シキ最下層ノ多数ニ帰着」せしめるところの、最も恐るべき結果をもたらすものとせられた)のであるが、しかも議会の存在を前提とするかぎり、政党を完全に否定し去ることがはたして可能であるだろうか。ここにいたってさすがの穂積もその論旨の貫徹をいささかためらわないわけにいかなかったようである。「政党ハ害物ナリ、断ジテ憲法ノ本旨ニ合ハズ」、「憲法ノ理想ハ、民衆ガ個々独立ノ国民トシテ何等ノ組織束縛ナク、奉公ノ徳義ト識見トヲ以テ自ラ政治ニ参与シ能フコトニ存ス」と断言しながらも、翻って考えるにこの「理想ハ余リニ高尚ニシテ、国民ノ程度之ニ及ブ能ハザルガ故ニ、多少人工ヲ加ヘテ之ヲ操縦スルニ非ザレバ、之ヲ運用シ能ハザルノ趣ナシトセズ。政党ノ害物ナレドモ要用アル所以ハ茲ニ存ス」という妥協的結論がそこから生れ出たが、かような妥協をあえて忍ばなければならないのは、「必シモ独リ国民ノ罪ノミニアラズ。此ノ至難ノ政体ヲ強フルハ、憲法亦其ノ責ヲ分ケザルベカラザルナリ」。彼が生前自ら公刊しなかった遺稿(『憲政大意』所収)に記されているこの一節は、穂積の真情をはしなくも吐露した文字として軽々に看過できないように思われる。憲法の明文に反した恣意的解釈を強行することによって憲法をつとめて専制主義の方向に解釈しようとした穂積といえども、憲法が議会制度を採用しているかぎりその専制主義的解釈の貫徹にも限界のあることを自覚しないではいられなかったにちがいなく、そこから彼の衷情には立憲政治の採用それ自体への否定の心情がわき上ってくるのを抑え得なかったとしてもふしぎではなかった。穂積憲法学が明治憲法の立法意図よりもはるかに反動的な専制主義の理論であったことをたまたま直截に露呈したものとして、この一句は特に注目に値するものがあるといわなければならないであろう。

さて、国会の権限につとめて縮小解釈を加えた穂積は、国務大臣の輔弼に関しても、同じ態度をとった。国会が大権の下に従属すると同様に、大臣もまた完全に大権の下に従属する。国務大臣の輔弼とは天皇大権への同意を意味せず、国務大臣は不同意を理由として副署を拒むことを得ない。「若天皇ノ大権ハ大臣ノ同意ナクシテハ之ヲ行フコトヲ得ズト為サバ、何ノ大権ノ独立カアラン」。大臣の意見を容るると否とは全く大権の自由であり、大臣は天皇の意志に対し絶対に服従の義務を有する。しかも、大臣は「各独立シテ輔弼ノ職責ニ当ル」べきで、「之ヲ内閣ト謂フノ一ノ合議団体ニ移シ、各個独立ノ重責ヲ免ルルガ如キハ、蓋憲法ノ許サザル所」といわねばならぬ。

国会や内閣の役割が消極的に解せられる反面では、枢密顧問と貴族院との役割は、反対に積極的に評価された。枢密院は「議院ノ跋扈ヲ抑へ、大臣ノ専恣ヲ制スルニ於テ大ナル効用」あるものであるし、「貴族院ハ政府之ヲ解散スベカラズ、マタ選挙ニ顧ミテ民衆ニ諛フノ要ヲ見ズ、勢ニ於テ独立独歩タルベシ。若シ貴族院ニシテ其ノ独立ノ地位ヲ持重シ、憲法ノ屛翰タルコトヲ失ハザレバ、大権ヲ擁護スルコトノ実ハ、寧ロ之ニ依リテ之ヲ全ウスルコトヲ得ン」。国会の権限、ひいては民衆の政治参与の拡大とは全く反対の方向に向かって、穂積は立憲政治の保障を求めて行ったのである。

穂積は「民衆政治」を諷刺して「古ハ君父之ヲ命ジ臣子之ニ従フ、今ハ人間平等一国ノ政治民人多数ノ決ニ依ラントス。遠カラズシテ一家ノ経営モ亦父母ノ手ヲ離レ児孫ノ輿論ニ決スルノ世トナラン乎」と言ったが、ここには穂積のよって立つ専制主義政治思想の本質が端的に表出されている。専制主義といっても、穂積の場合、それはヨーロッパの絶対君主主義のごとき近代的社会観の上に立ってのそれではなくて前近代的な家父長主義の上に立つものであることが、この一句の内にも示されているのであるが、その点は、穂積の理論を全面的に検討すれば、いっそう明瞭となるであろう。穂積によれば、「立憲政体ハ完全ナ政体デアル、之ヲ得レバ満足スルナドト云フヤウナ時代ハ既ニモウ過去ツタ」、「我国朝野ノ政理論ハ、多クハ欧州大陸ニ於イテ四五十年前ニ行ハレタルノ立憲説ト暗合シ、主権ノ作用ヲ検束スルヲ以テ憲法ノ美果ト為シ、社会ノ自治ヲ以テ政策ノ上乗トスル」ようであるが、その結果は「暴君汚吏ノ危キヲ免レテ復タ知識ト財産ノ専枉ニ困ミ、政治ノ圧制ニ代フルニ社会ノ圧制ヲ以テシ、神聖ナル輿論、神聖ナル立法ハ、知識アリ財産アル少数ノ国民ガ名利ヲ弄スルノ具タルニ過ギ」ざる状態を呈するにいたった。「社会真正ノ需要ハ衣食ニ在ルヲ以テ、民衆ハ早晩『君主ヨ、国会ヨ、我ニ一椀ノ飯ヲ与ヘヨ』ト云フノ声ヲ発スル」にいたるであろう。これに対しては「国家全能ノ力ヲ以テ之ニ当ルニアラザレバ、恐ラクハ社会ノ平和ヲ維持スルコト難」きにいたるべく、国家権力の検束のみを事とする立憲政治に心酔するの愚から一日も早く脱却しなければならない。

右の穂積の主張は、その部分だけを表面的に瞥見すれば、あたかも資本主義社会における政治機構の基本的矛盾を衝いているかのように見え、社会主義者の立言とさえ類似しているところもなしとしない。しかし、穂積において、社会主義が「社会ノ公敵」ときめつけられていたことは前に引用したとおりであり、別の場所でも、「自由競争ニ反対」し「所有権ニ反対」し「財産ヲ各人ニ均一ニ平分スルコトヲ理想トス」る社会主義は「全然社会生存ノ条件ニ背反スルノ主張」として一蹴されているのであって、「財産ノ専枉」から生ずる社会的矛盾の根本的解決が少しでもまじめに考慮されているわけではなかった。穂積の上引の立論中にはからずももらされたように、「君父之ヲ命ジ臣子之ニ従フ」という前近代的家父長的専制主義が、彼のいわゆる「国家全能ノ力ヲ以テ之ニ当ル」ことの具体的内容にほかならなかったのである。「我ガ家国ノ制ハ一ニ祖先崇拝ノ大義ニ基ヅク。皇位ノ民族ニ臨ム、此ノ大義ヲ外ニシテハ其ノ神聖ヲ侵スベカラザル所由ヲ見ル能ハザルナリ」、「家国ハ本ト二義ナラズ、共ニ父祖ヲ崇拝シ其ノ威霊ノ保護ノ下ニ子孫相依リテ親類敬愛ノ公同ノ生ヲ全ウスル」のである。彼が主権の絶対無限を説き、臣民の絶対服従を説いたとき、そこにはホッブス流の絶対君主主義の理論を思わせるものがあったが、このように君主の絶対権力の実体を家族における家父長の保護の職能に比定し、また臣民の絶対服従の内容を子孫の敬愛の道義に擬することによってそれぞれその正当化を企てたとき、近代民主主義の歴史的前提ともいうべき絶対主義理論としての性格は背景に退き、代わって前近代的イデオロギーである家父長主義的家族国家論の側面が前景におし出されてきたのであった。そして、そのことによって、穂積憲法学はその出発の劈頭に当り反対学派のチャムピオンから最も強力な反対理由としてつきつけられた「上ニ違法処分アラバ法其効力ヲ失ヒ下納税ノ義務ヲ脱ス」という命題を完全に封殺することができたのである、と云ってよいのではなかろうか。何となれば、主権の絶対無制限という法的主張に終始するかぎり、これに対応する抵抗権の主張の出現を完全に封殺することがむつかしいのであるが(権力による理論外強制を以て沈黙させることは可能であっても、論理的に抵抗権理論の根拠を一掃することはむつかしい)、臣子が君父の「威力ニ服従シ」「其保護ニ頼ル」という、共同体的家族主義の論理でこれを中和するときには、論争の土俵が全く別の平面に移行し、抵抗権理論の出てくる余地がなくなってしまうからである。その意味では、「民法出デテ忠孝亡ブ」という有名なキャッチフレーズで知られる穂積の民法論は、その憲法論と論理的に若干齟齬するところがあるように見えて、実は両者相合して明治二十年代以後の日本国家体制護持のイデオロギーとしての実効性をいっそう強化する役割をになうものであったと見ることができるであろう。穂積が法理上の服従義務を強調しながらも、「服従ノ義務ハ法律ノ力ヲ以テ之ヲ強制スルコトヲ得ベシ、忠誠奉公ノ精神ハ政府ノ権威ヲ以テスルモ之ヲ強ユルコト能ハズ、一々《(ニカ)》国民道徳ノ力ヲ待ツ」と、法律の強制力よりも「国民道徳ノ力」による自発的「奉公」にいっそう重きをおいたのは、そのような戦術上の効果がはっきりと自覚されていた事実を裏書きするものである。

思うに、明治国家は富国強兵の目的を達成するために資本主義生産様式を培養する政策を採りながら、それを民間産業資本の自発的成長、社会の自主的近代化によって期待するのではなく、国家権力の上からの一方的政策、例えば特権政商の保護育成といった方法によって実現しようとした。そのためには、下からの国民的政治勢力の盛り上りや民間資本の自律的発展はむしろ抑止する必要があったのであり、自由民権運動の鎮圧と君権中心の憲法の制定とは不可避の帰結であったといえる。帝国憲法がそうした政治的必要に基づいて制定されているかぎり、大権中心主義をふりかざす穂積憲法学は、たしかに権力者の基本的意図によく合致するものであったといわなければなるまい。穂積に帝国大学の憲法講座の担任教授という枢要の地位が与えられ、多年にわたりその地位に安住し得た理由はそこにあったし、そのかぎり彼の憲法学を明治国家の「正統」学説と見ることもあながち不当であったと云えない側面もある。ことに、明治国家は、国民の自発的忠誠を確保するために、憲法とその下の法令という法的支柱のみで満足せず、国民の意識を吸い上げるための道徳的支柱の建設をも試み、教育勅語の「渙発」や御真影礼拝の儀礼の創始や画一的学校教育の励行などのさまざまの方法を案出して、その目的の完遂につとめた。その内容として標榜されたのは忠孝一本の道徳であるが、前近代的技術と零細経営と高率の小作料等にうかがわれる半封建的農業の再生産によって支えられた日本資本主義の特殊性は、資本主義経済の発展に伴なって近代化する社会の内に広汎な封建的家父長制を温存させる因子となり、それが君主への忠誠を家父長への敬愛と同質のものとして受け入れる忠孝一本の道徳の普及に現実的基礎を提供することとなった。君権中心主義の穂積憲法学が家父長家族主義の民法論によって補完されたのは、このような客観的条件とみごとに対応するものだったのであり、穂積憲法学の一見時代錯誤的な思想構造も、実は日本の近代化の根本的矛盾のありのままの反映にほかならなかったことを知らねばならないのである。(34)

しかしそれにもかかわらず、明治政府の首脳者たちは、憲法制定を決意して以来、君主専制を以てもはや時勢に合致した統治方式でないことを自覚し、憲法による君権の部分的制限をもはや避けることのできぬものとして甘受したのであったから、口を開けば君権の無制限を呼号して憚らない穂積憲法学に主として依存するわけにはいかなかった。むしろ君権の制限は認めながらも議院内閣制はこれを認めない機関説憲法学のほうがはるかに彼らの考え方に近かったのであり、それ故に彼らは穂積よりも末岡や一木をいっそう重く用いたのである。そのかぎり機関説のほうが「正統」で穂積のほうが非正統であったけれど、前記のように明治国家の基本構造をよく反映している穂積憲法学にもまた十分の利用価値があったから、穂積憲法学の社会的役割も決して小さかったわけでないことは云うまでもなかった。穂積憲法学が正統学説でなかった点を少しく強調し過ぎた吾人としては、誤解のないように、その反対の側面に関しても十分補足を加えておく必要を感ずる。

第一に、議会の国法上の地位を高く評価する機関説憲法学は、もっぱら議会との折衝に全力を注がねばならぬトップレヴェルの政治家にとっては、議会を頭から蔑視している穂積憲法学よりも実用性が高かった――というのは、憲法の明文をさえしばしば無視する穂積憲法学の理論を以てしては、現実に高度の独立性をもっている議会に対処することは到底できないわけであり、したがってそのような高級政治世界での理論としては、機関説に依存するのが効果的だったわけであるが、その反面、国権の絶対と臣民服従の絶対とを強調する穂積憲法学は、直接人民に対し権力を行使する下級国家機関のためには、国権の法による制限を説き、ひとによっては違法な権力行使への正当防衛を容認したりする機関説憲法学よりも、はるかに好都合の理論であった。ことに明治憲法下では、一方で教育による精神的同化策をはかりつつもなお権力による国民統制は苛烈を極めていたので、権力への抵抗を全面的に否定する穂積憲法学は、そうした強権政策を正当化するにおあつらえ向きの理論であったと云ってよい。

例えば、ここに明治四十一年発行の「元警視庁警察消防練習所講師弁護士木尾虎之助著」『警察官用帝国憲法論』と表記した書物がある。明治時代の警察官に対してどのような憲法解釈が教えこまれていたかを具体的に示す興味深い書物であるが、これをみると、まず「天皇ヲ以テ国家ノ機関ナリトノ説ヲナスモノハ、我国ノ歴史ヲ無視スルノミナラズ、理論上毫モ採ルニ足ラザル所トス」と言って天皇機関説を真向から否定した上、さらに「仮令国家ノ下シタル命令ガ違法ナルニモセヨ、人民ハ其命令ガ取消サルルマデハ之ニ服従セザルベカラズ。何トナレバ、国家ノ命令ハ公定力ヲ有スルヲ原則トスレバ、人民ハ違法ヲ名トシテ之ガ服従ヲ拒ム能ハザルモノナレバナリ」、「官吏ノ下シタル命令ニ仮令違憲ノ命令アリ違法ノ処分アルモ、之ヲ受ケタルモノハ一応ハ之ニ服従セザル可カラズ。(中略)若シ各個人ガ国家ノ下セル命令ヲ之ハ違憲ナリ之ハ違法ナリトテ服従セザルコトアラバ、国家ハ遂ニ其権力ヲ行使スル能ハザルベク、其結果国家ハ紊乱シテ又奈何トモスベカラザルニ至ラン」と論じて、国民の権力に対する絶対無条件の服従を主張している。この書物の自序には「其多クハ普通ノ学説中著者ノ最モ妥当ナリト信ズルモノヲ採録シタ」のであって著者の新説を述べたものではないと言い、特に何人の学説に拠ったとは記していないけれど、右の基本論旨を見れば、それが穂積憲法学のしき写しであることは明瞭であろう(もっとも公法作用の公定力に関する命題は、必ずしも穂積憲法学とかぎらず、明治時代の公法学界の通説だったから、穂積憲法学だけに源泉を求めるべきではなかろうが、天皇機関説否定とのだき合わせにおいて説かれているその主張は、やはり穂積理論を祖述したものとみるほかなかろう)。天皇が主権者であるか国家の機関であるかというようなことは、研究室内や講壇上だけの理論的問題たるの性格が濃いのに対し、人民の違憲・違法の命令・処分にも服従する義務があるかないかは、権力執行機関を構成する官吏の毎日の職務執行に当り常に直面する日常的具体的な現実の問題である。序文に「特ニ警察権ノ運用ニ関シ最モ必要ナリト認ムル点ヲ詳細適切ニ解釈ヲ試ミ、警察官ガ日常其職務ヲ行フ上ニ於テ苟モ過失ナカランコトヲ期シタ」と記しているごとき意図の下に著されたこの書物の中で、上引のごとき命題の強調されていることは、職権の濫用、人権の蹂躙を意に介することなく、国民の権利・自由の圧縮を最大限に強行してきた明治憲法下の警察権(行政・司法両警察をふくめて)の行使[35]を理論的に正当化するに足りたのであって、その意味ではアカデミックな憲法学書などよりもはるかに現実的役割の大きなものがあったと云っても過言ではあるまい。穂積憲法学は、たとい伊藤博文らトップレヴェルの政治家から冷遇されることとなしとしなかったとしても、このような形で活用されることにより権力の下部では遺憾なくその力を発揮していたことを見落してはならないのである。

第二に、穂積憲法学は、権力執行の面ばかりでなく、学校教育を通しても国民に対し直接に大きな影響を与えたのであって、国民の多数の意識に広く普及された点では、一にぎりの権力者ないし法科大学の卒業生にだけ受け入れられたにとどまった機関説憲法学の比ではなかったことを知っておく必要がある。

明治国家の首脳者たちは、自分らが憲法を運用する上の原理としては末岡や一木の「正統」憲法理論に依拠しながらも、国民との関係においては権力への絶対服従を強調する穂積憲法学のほうが好都合なのを百も承知であったから、国民を直接規制する任務を帯びる警察官等の権力執行機関に対しては穂積憲法学を吹きこむと同時に、国民が自発的に穂積流の考え方に従って権力に服従する心情を懐かせるために、国民教育の中で憲法を教える場合にも穂積理論を十分に利用する方針を採用したのである。明治二十七年の夏、当時文部大臣であった井上毅が穂積に嘱し「我ガ憲法ノ大要ヲ簡明ニ恭述セシ」めたのは、さきに井上の意見によって穂積が『憲法義解』の審査委員からオミットされたのを想起するときは、一見事情の変化を思わしめるものがあるけれど、穂積によれば、この委嘱は「国民教育ノ基礎トシテ我ガ千古ノ国体ト明治ノ政体トノ要旨ヲ授クルノ須要ナルヲ思フノ切ナルニ出デタル」ものであったというから、[36]いわば憲法の事実上の公権的解釈を示すための『憲法義解』とはその目的が全く違っており、国民教育のために穂積を利用することと、政府の公権的な憲法解釈として末岡らの理論に依拠することとは、当局者として必ずしも矛盾するものではなく、自家用と人民用との二通りの憲法解釈（憲法解釈におけるいわば二重帳簿）を用意する基本的政策では終始一貫していた、と見てよいのではなかろうか。[37]穂積がその請に応じて小冊子を執筆し井上に呈したところ、井上は「之ヲ点検シ、直チニ之ヲ世ニ公ニセンコトヲ求」め、穂積はその意に従ってこれを公刊した。『国民教育憲法大意』がすなわちこれであって、この一事を見ても、穂積憲法学が当局者からどのような方面において効用を発揮するように期待せられていたかが窺われるであろう。しかし、穂積憲法学は、この書物のように穂積自らの著作を通じて国民大衆の間に浸透せしめられたのではなく、むしろ学校教育を通しもっと平易にパラフレイズされた形で国民の多数の脳裏に注入されたことのほうをいっそう重視しなければならない。穂積は明治四十一年設置の教科用図書調査委員会の第一部長として第二期国定修身教科書の編纂を主宰したばかりでなく、各期の国定教科書における憲法の説明の仕方は大体において穂積理論を基としていたし、ことに中等学校の法制(後には公民)科の検定教科書においては、穂積理論がいっそう直接の形で広くとり入れられていたのである。その具体的事例は第三章第一節において挙げるから、本章ではこまかい叙述に入ることをやめるが、とにかく学校教育の領域にあっては、彼の学説がほとんど唯一の公認学説の観を呈していたのであって(反対に学校教育からは機関説憲法学はほとんど完全に排除された)、政界・学界における機関説の地位と反対に、教育界では穂積憲法学がまさに「正統」学説の地位を占めていたのであった。穂積憲法学の歴史的役割は、そうした点において、すこぶる大きなものがあったとしなければならないであろう。

大正デモクラシー期に入り、議会中心主義理論に質的転換をとげた機関説憲法学が、穂積理論を継承した上杉慎吉の憲法学を完全に圧倒してほとんど学界を独占的に支配する状況となった後も、教育の世界における穂積理論の支配的地位は少しもゆるがず、太平洋戦争の敗北にいたるまで、その「正統」学説としての地位を一貫して維持しつづけた。日本国憲法の成立によって、穂積理論のごときものは全く問題にならなくなったはずであるにもかかわらず、憲法理念の空洞化現象の進行とも関係があると思われるが、今日でも依然として、その理論において穂積的発想とほとんどかわりないものが少からず見出されるのであり、歴史的発展段階を全く異にする現代にまで穂積的発想が執拗にその生命を保っている事実に一驚させられるのであるが[38]、このような事実を前にして、私たちは穂積の憲法思想を過ぎ去った遠い昔の歴史的存在としてのみ眺めていられないのであり、日本人の意識の奥に根強く生きつづけてきた物の考え方の一つの現われとして、現実的関心からしても改めて見直さねばならぬ問題のふくまれていることをしみじみと感じないわけにいかない次第なのである。

第三節　初期の京都帝大教授(井上密・岡村司)の憲法思想

前二節において検討したのは、主として東京帝国大学(明治三十年までは単に帝国大学と称した)で教鞭をとった学者の憲法学についてであって、そのかぎり一応天皇機関説・天皇主権説という分類に従って考察するのが実際に有効だったわけであるが、明治三十年に京都帝国大学が創立され、ここにも法科大学が設けられて、アカデミズム憲法学(官学の)が東大と別の今一つの根城をもつようになったとき、右の二つの学派のカテゴリーでは律し切れないものが現われてきた。そして創立当初の京都帝大法科大学で形成された、前記のカテゴリーでは処理できない、新しい種類の憲法思想は、前記両学派間の決定的な対立点がどこにあったかを再検討させないではおかない問題を投げかけるに足りるものであったから、ここでもぜひ立ち入った検討を加えておく必要があると思う。少しく後の時期になると、同じ機関説憲法学でありながら、東大の美濃部達吉の目的論的解釈法を駆使した憲法学と違い厳格な論理主義解釈法を採る佐々木惣一の憲法学が現われ(39)、世間から京都学派の名を以て呼ばれるようになるのであるが、京都の学者たちが最初から東京と対立する独自の学風を自覚的に創り出そうとする意図を有していたかどうか、私には分らない。しかし、主観的意図の有無にかかわらず、その歴史的性格にひきずられとかく政府の御用機関的な色彩を帯びるのを免れなかった東大と違い、京大では、中央政府からの地理的な隔離という条件もあって、官権に対する学問の独立の自覚が比較級的に高く、ことに法科大学ではその気風が顕著であって、東大の法律学が政府の立法や政策を正当化する傾きの多いのにあきたらぬ気持が流れていたから、おのずから東大と異なる独自の学風の生れ出るにふさわしい雰囲気にみちていたことは事実であったように思われる。京大法科大学の教授たちの間に、東大法科大学の教授たちのそれと違った憲法思想が形成されたのも、そうした状況にかんがみれば、きわめて自然の現象であった。そのようにして生れ出た独自の憲法理論として、ここに井上密・岡村司両教授の憲法論を紹介することとしたい。

井上密は明治二十五年に帝国大学を卒業し、三十二年に京都帝国大学教授に任ぜられ、国法学の講座を担任した。彼には憲法についてのまとまった単行著作はないようであるが、京大へ赴任する直前の頃であろうか和仏法律学校講師在任の間に同校の講義録である『憲法講義』に汎論の部分を分担講述したものがあり、また「法学博士井上密講述」と標記し『大日本帝国憲法』と題した講義録らしい「非売品」の冊子がのこされている。[40] 両書ともに刊行年月が記されていないけれど、前者は明治三十二年またはそれをあまり遡らない時期のもの、後者は彼が学位を授けられた三十四年またはそれをあまり下らない時期のものと推定される。この二書に説かれている井上の憲法論は、大体次のとおりである。

彼は、「法人ハ法律アリテ後ニ存在シ、法律ナキ所ニ法人ナシ」とする法人擬制説を採り、「法律ハ国家ニヨリテ製作セラレ、国家ナキ以前ニ法律ナ」きが故に、国家法人説は採用しがたいとしたが、国家法人説を排斥する以上、当然天皇機関説をも斥けねばならなかった。彼によれば、憲法第四条に天皇は「統治権ヲ総攬シ」とあり、「攬トハ撮持ノ義ナルヲ以テ、之ニ由リテ我統治権ノ主体ハ天皇ナルコト極メテ明確に決定スルコトヲ得」、「我国ノ学者中ニハ、此規定ヨリ解釈シテ天皇ハ統治ノ最高機関ナリト説明スル者アリト雖ドモ、是等ハ大ナル誤ナリ」、何故ならば、そのように説明するためには、「総攬ヲ解釈シテ総括撮持ニアラズ総括施行ナリト云ノ外ナ」いが、総攬の文字を左様に解する余地はないからである。この点に関するかぎり、井上の学説は穂積の学説と一致している。それならば、井上を穂積の亜流として理解できるかといえば、そのような理解の仕方では到底井上の憲法学の特色をとらえることができない。穂積・井上両者の間では、単に天皇主権説という結論が形式的に一致しただけにとどまり、憲法理論の全体的構成においても、その思想的背景においても、ほとんど共通点が存在しないからである。ことに穂積の天皇主権説が彼の熱烈な日本主義的天皇制イデオロギーの産物であったのに対し、井上のそれが単に憲法の条文の文理解釈のみから導き出されたものにすぎないという相違は、両者の結論の一致が全く実質的意味をもたぬ偶然の現象であったことを物語っていると云ってよかろう。

現に井上は、「国家ヲ以テ天皇ト同一物ト認ムル」ボルンハックの見解を引き、「我国ニ於テハ或公法学者ガ此見解ヲ金玉ノ如クニ尊トビ完全無欠ノモノナリト主張セショリ、其講義ヲ聞キタル人々ノ中ニハ、此見解ヲ正当ナリト妄信スルモノ少ナカラズ。然ルニ我輩ハボルンハック氏ノ説明ヲ熟読玩味シテ其当否ヲ勘考セシニ」、その見解は「其基礎ニ於テ誤リアリ」と云わざるを得ない、何となれば、「独乙普通州法及ビ吾国ノ憲法ヲ見ルニ、天皇ハ国家ノ元首ナリト云フ明文ヲ掲ゲタルヲ以テ、天皇ハ国家ノ元首ニシテ国家其者ニアラザルコト」明白であり、ボルンハックが君主と国家とを同一視したのは「此明ラカナル法理ヲ見誤」ったものだからである、と論じ、「或公法学者」というあいまいな表現にかくれながら誰にも穂積とわかる方法でその学説に非難を加えているのであって、むしろ井上が穂積憲法学に対抗する姿勢を意識的にとっていたことは否定できないところであった(41)。

井上の天皇観が穂積のそれといちじるしく違っていたことは、「天皇ハ神聖ニシテ侵スヘカラス」という憲法第三条の解釈によくあらわれている。井上によれば、憲法は、その第四条において天皇が憲法の条規に依りて統治すべきことを規定し、また第五十五条に国務大臣の天皇を輔弼することを規定しているとおり、「天皇ハ必ズシモ最善最美完全無欠ニシテ其ノ行為ニ対シ指斥言議ノ以テ加フベキ所ナキコト、即チ神聖ナリト云フコトヲ要求セズ」、したがって「神聖ニシテ侵スヘカラス」という「規定ノ主眼ハ侵スヘカラスト云フニ在ルコトヲ示ス」にすぎない、「侵スト云フ程度ニ至ラザルトキハ、天皇ノ行為ニ対シ指斥言議ヲナスモ妨ナキモノナリ」というのであって、穂積流の天皇観とは雲泥の相違のある天皇観、むしろ天皇非神聖論が勇敢に主張されているのに瞠目しなければなるまい。

穂積が主権の無限と国民の絶対服従とを説いたのに対し、井上は、機関説学派と全く同様の考え方を採り、憲法によって君主権が制限されると同時に、国民もまた治者に対して権利を有する、とした。もっとも、井上の論理の立て方は、臣民は統治者「ニ対スル服従ヲ以テ其本性トナスガ故ニ、統治者ト臣民トノ間ニ権利義務ノ関係ナキヲ以テ其本来ニ於ケル面目トナス」が、統治者が法を作ることによって「臣民ハ初メテ治者ニ対シ権利義務ノ関係ヲ引起シ、或ハ義務者トナリ或ハ権利者トナルコトヲ得ル」というのであって、機関説学派の中ではいちばん官僚的な一木の論理にちかいのであるが、とにかく国法によって統治者に対する臣民の権利、臣民に対する統治者の義務の認められる点では、穂積の考え方とははっきり対立する。ことに「立憲主義ハ制限主義」であって、「国家元首ノ専政ヲ制限セントスルモノ」であるから、「立憲主義ニ在リテハ、君主ト雖モ、尚法ノ拘束ヲ受クルコトアルベキヲ以テ其前提トナスのであり、「立憲主義ノ憲法ノ説明ニ当リ、尚君主ハ法ノ上ニ位シ法ノ適用拘束ヲ受クルコトナシト云フガ如キ主張ヲナスハ、全ク立憲主義ノ何物タルヲ解セザルモノナリ」と論じているのは、暗に穂積の学説を指して非難を加えたものであること疑なく、穂積学説に対する井上の自覚的な対抗意識を十分に察知せしめるものではなかろうか。

「立憲君主制ノ国家ニ於ケル君主ハ、統治権ノ執行ニ関シテ法ノ制限ヲ受クルガ故ニ、自己ノ随意ニ法ノ存廃変更ヲナスコトヲ得ズ。或ル種類ノ法ヲ廃除変更セントスルトキハ帝国議会ノ協賛ヲ要ス」るし、また「司法権ハ必ズ裁判所ヲシテ之ヲ行ハシメ、君主自ラ裁判判決シテ司法権ヲ行フ能ハ」ざるはもちろんのこと、君主権を制限するのは国会と裁判所とだけではない。従来国務大臣を国会・裁判所と並ぶ「立憲ノ三大機関」と認めてその性質を説明した学説ははなはだ稀であるが、「立憲主義ヨリ云ヘバ、国務大臣ハ国家元首ノ行政上ノ専政ヲ制限スルガ為ニ存在スルモノナル」を忘れてはならないのである。

このように、井上の理論は立憲主義の原理にきわめてよく徹底したものであったが、ただ、彼が、「統治権ヲ総攬シ」の解釈に典型的に示されたとおり、もっぱら憲法典の文理解釈に憲法解釈学の機能を限定して目的論的解釈を排斥する方法を採用した結果、立憲主義的精神の稀薄な憲法典の条文が壁となって、現実に立憲主義を十分に実現させるに足りる憲法解釈を導き出すことが困難となり、彼の憲法思想は立法論として表現する外に道のない結果に陥ったのである。国務大臣の機能を右のごとく解釈しても、憲法典では、国務大臣に「副署ヲ拒ム権能ナ」く「辞職ノ自由」もないから、「我憲法ニ於ケル大臣責任論ハ立憲ノ主義ヲ推シテ之ヲ論ズルコト能ハズ」としておくほかはない。本来国務大臣に責任を負担させるためには、弾劾裁判所を組織し、「不偏不党、利害得失ノ裁量ニ富ミ、且学識経験アル者ヲ採択シテ」審判に当らしめ、「責任ノ原因ハ単ニ不法ノ命令ニ副署シタル場合ノミナラズ、或程度迄ハ施政ノ方針ヲ誤リ国利民福ヲ害スルコト多大ナル命令ニ副署シタル場合ヲモ包含セシムルコト可ナラン」としているが、これとてもただ「立法政策上ノ観察」たるにとどまるのである。「主義ハ主義トシテ之ヲ論ジ、解釈ハ解釈トシテ之ヲ為スベシ。而シテ解釈ハ規定ニ忠実タルベキガ故ニ、主義ト解釈トノ衝突ハ衝突トシテ之ヲ存在セシムルノ外ナシ」というのが、条文法学的論理主義を固執する以上、回避しがたい運命とされねばならないであろう。だから、例えば憲法第六十七条の「憲法上ノ大権ニ基ツケル既定ノ歳出云々」という規定のごとき、「政府ハ天皇ヲ慫慂シ、徒ラニ大権ニ基ヅケル既定ノ歳出ヲ設ケ、議会ノ自由議決権ヲ制限スルコト多大ニ失スルノ弊アルベキヲ以テ」、その範囲を前年度の予算で議会の協賛を経て確定したものに限るのが「至当」であろうが、しかもこれも「立法上ノ理想論ニシテ、憲法ノ解釈ヨリ生ズル法理論ニアラズ。立法論ト法理論トハ能ク其畛域ヲ区別シ之ヲ混同スベカラザル」ものである以上、現実に議会の「自由議決権ヲ制限スルコト多大ニ失スルノ弊」を生じてもいたし方ない、と言わざるを得ない結果となるのであった。

同じようなことは、国会の性格についての理解に関しても見られる。ヨーロッパの国会はその歴史からいっても、階級団体の代表者であったから、そのような慣行があるか、「又ハ国法ノ明文ニ於テ国民ヲ代表スル者ナリト云フガ如キ明文アルトキハ、国会ヲ以テ夫等ノ代表者ナリト云フコト、本ヨリ至当」であるけれども、そうした「慣例ナク明文ナキ我議会ニ対シ」、その「法理ヲ適用スルコトハ誤」であって、我が帝国議会は「統治ノ機関ナリ」と説明するよりほかはない、という結論に達するのである。

井上の憲法思想がきわめて立憲主義的要素に富んでいながら、その厳格な条文法学的方法の故に彼の憲法解釈は極度に窮屈となったばかりでなく、その議会観を見ても、必ずしも立憲主義の精神に徹しているといえないような傾向もつきまとっていた。彼が国会に大臣弾劾権を与えることは「議院専政政治ニ陥ルノ弊アリ」と極言し、「大審院判事、行政裁判所評定官、会計検査官、各法科大学教授、貴衆両院議員中ヨリ各一人ヲ互選セシメ、之ヲ以テ弾劾裁判所ナルモノヲ組織セシムルガ如キハ適当ナルベシ」という案を提示しているのを見ても、彼の立憲政治についての考え方は、議院内閣制を否定し官僚超然内閣政治を理論的に正当化していた末岡・一木流の考え方とほぼ同程度のものにとどまっていたことが判明するのである。その点、井上の門から出て、目的論的解釈の排斥というその憲法解釈学の方法論を忠実に継承しながらも、議院内閣制を全面的に支持する立場をとった佐々木惣一[42]や、一木門下から出て同じく議会中心主義の方向に機関説憲法学を転換させた美濃部達吉らに比べれば、井上の立憲主義はいちじるしく不徹底なものであったとの印象を禁じがたいのであるが、それにしても、とにかく天皇機関説を否定する一方で、機関説学派とほぼ同一の立憲主義をめざす理論を構成している井上の憲法学は、天皇主権説対天皇機関説という分類基準では処理できない内容をもっているのであり、[43] この分類基準そのものの効用の限界を考えさせるに足りるものがあるのではなかろうか。

初期の京都帝大教授の憲法思想を考える場合、今一人どうしても逸することのできないのは、岡村司である。岡村は、井上と同年に帝大を卒業し、またそろって同じ年から京都帝大の教壇に立った法学者であるが、彼は民法学者であって、憲法はその専門とするところではない。しかしながら、彼が明治三十二年九月に刊行した著書『法学通論』はきわめて卓抜な法律思想に富み、その一部を成す憲法論も憲法思想史上無視できない重要なものと認められるのであって、岡村の憲法論を他の憲法専門家のそれと同列に取り扱っても決して不当でないと確信する。

岡村も、井上と同じく天皇機関説を否定した。「余輩思ヘラク、統治権ノ主体ハ統治者ナリ、国家ハ統治権ノ主体ニ非ザルナリ。我ガ大日本帝国ノ統治者ハ天皇ナリ、故ニ天皇ハ統治権ノ主体ナリ、国家ハ統治権ノ主体ニ非ザルナリ。英国ノ統治者ハ君主及国会ナリ、故ニ君主及国会ハ統治権ノ主体ナリ、国家ハ統治権ノ主体ニ非ザルナリ。仏国ノ統治者ハ国民全体ナリ、故ニ国民全体ハ統治権ノ主体ナリ、国家ハ統治権ノ主体ニ非ザルナリ」。「余輩ハ某々国ノ憲法ニ於テ統治権ハ国民ニ属ス若クハ君主及国会ニ属ストノ明文アルコトヲ見ル、未ダ統治権ヲ以テ国家ニ属スルトスルモノヲ見ザルナリ。恭シク我ガ帝国憲法ヲ案ズルニ、其ノ第四条ニ天皇ハ国ノ元首ニシテ統治権ヲ総攬シ云々トアリテ、天皇ガ統治権ノ主体タルコト条文明白炳トシテ日星ノ如シ。之ヲ三千年ノ国史ニ徴スルモ、亦確然トシテ疑フベカラズ。如何ニ憲法ノ精神ヲ推究スト称スルモ、此ノ如キ明文事実ヲ没了シテ国家ヲ統治権ノ主体ナリト謂フコトヲ得ザルナリ」。岡村は国家法人説を否定して「我ガ国法上国ハ公法人ニ非ズ」と言い、「少ナクトモ我ガ帝国憲法上ニ於テ天皇ハ国家ナリト説明スルノ必要ヲ見ズ、天皇ハ統治者ナリト云フヲ以テ足レリ」と論じているので、国家を法人と考えた上で天皇即国家と主張する穂積の天皇主権説とは理論構成を異にしているとはいうものの、その結論だけを見ればとにかく穂積の天皇主権説と一致していることは、井上の場合と同様である。しかし、その憲法についての考え方の全体の傾向を見渡すならば、井上の場合と同じく、否井上の場合よりもはるかに鋭く穂積の考え方と対立しているのであって、むしろ機関説を採らないという一点を除き機関説学派の誰よりもはげしく穂積に対立していると云うことさえ許されるであろう。『法学通論』に展開された彼の法律についての観念から考えて行くとき、彼が穂積と如何に水火相容れぬ思想のもち主であったかが明瞭に理解せられるのである。

岡村の法律についての根本観念は、一口にいえば、法を以て国民の権利を守るための保障とするにある。この根本観念を立脚点として、彼は法律学の任務、法解釈の原則、国家の任務、憲法の目的、その他のあらゆる問題に答えようとした。日本社会にいまだ十分に根を下していない「権利」の自覚を確立すること、それが岡村法学の中心の課題とされたのである。「国民タル者ハ権利思想ナカルベカラズ。権利思想トハ自他ノ権利ヲ愛重スルノ思想ヲ謂フ。即チ他人ノ権利ヲ侵害セザルト同時ニ、若シ自家ノ権利ヲ侵害セラレタルトキハ直チニ之ヲ回復シテ寸毫モ仮借セザルコトヲ謂フ。(中略)権利思想ガ国民間ニ充満スルコトハ又実ニ其ノ国家ノ隆昌進歩ヲ致ス一原因ナリ。(中略)権利益ヾ世ニ行ハルレバ、正義益ヾ世ニ行ハルルナリ。(中略)東洋諸国ニ於テハ礼ヲ重ンジ上下貴賤ノ別ヲ正スコト甚ニ過ギテ、遂ニ従順卑屈ノ風ヲ馴致シタリ。然レドモ、礼ハ上下貴賤ノ分ヲ正スヲ以テ其ノ眼目トシ、法ハ人民ノ自由平等ヲ保障スルヲ以テ其ノ精神トス。(中略)礼ヲ重ンズルコト甚ダ過ギテ遂ニ卑屈ノ風ヲ養成シ、上者ノ命ズル所ハ如何ニ非理不法ナルモ下者ハ之ニ屈従セザルベカラズト云フニ至リテハ、亦弊アリト謂ハザルコトヲ得ズ。我邦ニ於テ人民卑屈ノ陋風ハ漸ク減少シタリト雖モ、尚ホ頗ル存スルモノノ如シ。此ノ陋風ヲ矯正スルハ、権利思想ヲ養成スルノ外其ノ方法ナカルベシ」。「何ヲカ法律ノ目的トスルヤ。曰ク各人ノ権利ヲ画定スルコト、是レノミ。詳言スレバ、法律ノ目的ハ人々ノ権利義務ヲ画定シ其ノ畛域ヲ正シテ相侵犯セザラシメ、以テ国家ノ目的ヲ達シ以テ人生ノ目的ヲ達スルニ在ルナリ」。法律は、権力の人民支配を全からしめるためにあるのではなく、反対に人民の権利を全からしめるためにある、とする岡村のこの法律観が、国家と国民との関係についての諸問題に明快な解答を与える出発点となるのであるが、そのことは、法と法律学とについての彼の独自の理解と不可分の関係にあった。すなわち、岡村は、国家制定の法よりもさらに根源的な法を重視し、法律学は単に国家制定の法の条文解釈にとどまるべきでなく、その根源的な法にまで遡及して国民の権利保障に寄与することを使命としなければならない、と力説するのである。

「自然法ハ人作法ノ上ニ在リ。人作法ハ自然法ノ旨趣ニ従テ設為セラルベキモノナリ。(中略)自然法ニ抵触スル人作法ハ悪法ナリ。宜シク自然法ノ旨趣ニ従テ更革スベキナリ」。「法律ハ定住不易ニシテ社会ハ変遷無窮ナリ。(中略)其ノ懸隔ノ太甚ナルニ至リテモ尚ホ旧物ヲ墨守シテ変ズルコトヲ知ラザルトキハ、法律ハ又何等ノ用ヲモ為スコト能ハズシテ反リテ社会ノ進運ヲ阻礙スルノ結果ヲ生ズルニ至ル、其ノ極社会ノ沈滞萎縮ヲ来スカ、然ラズンバ社会ノ劇変ヲ醸シテ一時ニ旧物ヲ破却シ民生ヲ残害スルノ惨禍ニ罹ルモノ往々ニシテ然ルナリ。然ルニ法文解釈法ヲ利用スルトキハ、能ク此ノ弊害ヲ避クルコトヲ得ベシ。他ナシ執法者ガ法律ヲ解釈シ適用スルニ当リテ、徒ニ旧慣故格ニ拘泥セズ、巧ニ比附援引シテ乃チ社会ノ需用ニ適応セシムルニ在ルノミ」。「今日法律学ノ弊風ノ大ナルモノハ、法学者ガ徒ニ成法ノ解釈ニ逐々トシテ嘗テ法理ノ本源ニ遡リ其ノ正邪得失ヲ窮究セザルニ在リ。(中略)従来法学者ハ成法ヲ崇拝シ完全無欠ニシテ毫モ間然スル所ナシトシ、其ノ条文ヲ解釈スルヤ小心翼々トシテ一字一句モ苟モセズ、左顧右眄唯其ノ或ハ条文ニ触牾スル所アランコトヲ是レ懼ル。嘗テ一頭地ヲ条文ノ上ニ抜出シテ法理ノ本源ヲ探究スルコトヲ為サズ。故ニ其ノ論説ハ洵ニ能ク法文ノ意義ヲ尽シ立法者ノ旨意ヲ得タリトスルモ、顧ミテ其法文ノ果シテ正理ニ適シ利益ニ合スルヤ否ヤハ、漠然トシテ之ヲ知ルコトヲ得ズ」。「偏ニ法文ニ依拠シテ推論シ、其ノ理由ヲ究メズ、其ノ得失ヲ論ゼズ、無恥無識ノ立法者ガ任意ニ制作シタル謬戻顚倒ノ法律ヲ奉承シ崇拝シ、其ノ下ニ局促シテ嘗テ其ノ上ニ超越スルコト能ハズ、妄リニ自ラ狭隘卑屈ニシテ以テ計ヲ得タリト為ス。故ニ法律ノ一タビ変廃セラルルヤ、彼輩ノ議論ハ根底ヨリ傾覆シ、又半銭ノ価値アルコトナシ。此ノ如キハ老俗ノ吏一意ニ法文ヲ暗誦スル者ト択ブ所ナシ。安ゾ目シテ法学者ト為スベケンヤ」。このように考える岡村の目は、現実の制定法よりもむしろ歴史の進歩発展に伴なって要求される将来のあるべき法に向かっていっそう熱心に注がれる。「理想ハ事実ト合致セザルモノ多シ。故ニ人類ハ其ノ理想ニ合致セザル現在ノ状況ヲ更革シテ必ズ其ノ理想トスル所ノモノニ到達セント欲ス。是レ社会ノ活動進歩スル所以ニシテ又社会ニ種々ノ現象ヲ生ズル所以ナリ。若シ人類ニ理想ナカリセバ、人類ハ其ノ依拠ヲ失ヒ、社会ノ進歩ハ此ニ止息スベシ。(中略)法律ノ如キ人事ヲ目的トスル学問ニ在リテハ、過去ニ於テ其ノ如何ナリシヤヲ知ルヨリモ、寧ロ将来ニ於テ之ヲ如何ニスベキヤヲ講ズルコト緊要ナリ」。

岡村の法律学は、一口にいえば、過去のための法律学たることをやめて将来のための法律学たらんとするもの、官僚のための法律学たることから脱却して国民のための法律学に更生しようとするものだったのである。岡村法学が、憲法について語るとき、国民の権利の保障を第一義とする主張を展開することとなるのは、まさに論理的必然であったといわなければならない(44)。

彼は、国民には国家に対する権利なしとする穂積流の考え方はもちろんのこと、国家の制定する法によって初めて国民に権利が与えられるとする一木や井上流の考え方をも排斥し、人はその人格に基づいて当然に権利を固有する、と主張する。「人ガ人格ヲ有シ権利ノ主体トナルコトヲ得ルハ、偏ニ国家及法律ノ保護アルガ為メナリ」、あるいは「人ガ国家団体ノ分子トシテ自主ノ存在ヲ保持スルコトヲ得ル所以ノモノハ国法ノ認知シ保護スルニ因ルモノニシテ国権ニ服従スルノ結果ニ外ナラザルナリ」という論が法律学者の間で有力であるけれども、「是レ本末ヲ顚倒スルノ尤モ甚ダシキモノ」であって、「国家ヲ成サズト雖モ、法律ヲ作ラズト雖モ、人類ノ人類タル所以ノモノハ自若タリ。

権利ヲ有スルガ故ニ人類タルニ非ズ、人類タルガ故ニ権利ヲ有スルナリ。国家ヲ立ツルガ故ニ人類タルニ非ズ、人類タルガ故ニ国家ヲ立ツルナリ」。「其ノ大義ヲ弁ゼ」ざるが故にかれら法律学者の「人道ヲ解セザルモノ、果シテ偶然ニ非」ずとしなければならぬ。権利は国家以前の人類固有のものとすれば、国家の成立により「統治者及被治者即チ君民ノ間モ亦権利義務ノ関係」となるのであり、「統治者ハ被治者ニ対シテ権利義務ヲ有シ、被治者ハ統治者ニ対シテ権利義務ヲ有ストノ論結ヲ認メ」なければならないであろう。「統治者ガ被治者ニ対シテ義務ヲ負フ、反言スレバ被治者ガ統治者ニ対シテ権利ヲ有スト云フコトハ、頗ル異論アル所」であって、「統治者ハ被治者ニ対シテ権利及義務ヲ有スルコトナシトノ説ヲ唱フル者」があるけれど、「統治者ガ統治権ヲ有スル所以ノモノハ、其ノ万民保全ノ本分ヲ全フセンガ為メナリ、万人ヲシテ其ノ本性ヲ全フセシメンガ為ナリ。是レ統治権ノ存在理由ナリ、其ノ目的ナリ。統治者ト雖ドモ決シテ此ノ目的ノ外ニ逸出スルコト能ハ」ないのであるから、「統治者ハ人民ヲ保安スルノ義務ヲ有ス、人民ハ統治者ニ対シテ其ノ保安ヲ受クルノ権利ヲ有ス」るのであって、「統治者ガ被治者ニ対シテ義務ヲ負フアルコト、極メテ彰明ニシテ又些ノ疑ヲ容ルベカラザルニ非ズヤ」。もしそれ統治権を法律上の権利ではなく単なる権力であるかのごとく説明する学説にいたっては、「統治者ノ暴政ヲ勧奨スルモノ」というべく、「有害」なる学説として排斥せざるを得ない。統治権が法律上の権利である以上、それは義務を伴ない、したがって無制限ではあり得ないのである。「或ハ統治権ノ性質ヲ形容シテ絶対無限ナリト謂フ、然レドモ此ノ説ハ誤レリ。統治権ハ政治ノ目的ノ為メニ存ス。其ノ目的以外ニ逸出スルコトヲ得ザルナリ。統治権ハ統治者ノ権利タルト同時ニ其ノ義務タルノ性質ヲ有ス。統治権ハ決シテ絶対無限ニ非ザルナリ」。このように論じて、岡村は、穂積憲法学の基本命題に対し、正面から一撃を加えたのであった。

統治権を制限してその限界を画するものが憲法である。「憲法ノ第一義ハ統治権ノ制限ニ在リ。若シ統治権ハ憲法ノ規定ニ依ラズシテ行動スルコトヲ得ルモノトスルトキハ、憲法ノ制定ハ全ク没意義ノモノタルベシ」。「余輩ハ憲法ノ第一義ハ統治権ノ制限ニ在ルコトヲ信ズルガ故ニ、憲法ハ統治権ノ行使ヲ制限シ国民ノ権利ヲ保障スル成文ノ法律ナリトノ定義ヲ以テ最モ穏当ナリト信ズルモノ」である。統治権の濫用を抑制して人民の権利を守るこそ法の最高の使命であらねばならぬ。「政治ノ運動ガ頗ル其ノ常道ヲ失シ、圧制暴濫ニシテ人民ノ権利自由ヲ犠牲トスルガ如キ場合ニ於テ、能ク之ヲ匡正シテ正義公道ノ軌徹《(轍)》ニ遵由セシムルモノハ、実ニ法律ノ任務ナリ。彼ノ有名ナル英国大憲章制定ノ如キ、仏国大革命ノ時ノ人権宣告ノ如キ、其ノ適例ナリ。高ク日本人民ノ上ニ懸リテ其ノ綱紀トナリ儀表トナリ長ク其ノ亡滅堕落ヲ防止スルハ即チ法律ノ力ニシテ、其ノ極メテ崇重スベシト為ス所ノモノ亦実ニ此ニ存スルナリ」。岡村がマグナカルタやフランス大革命の人権宣言の類の権利章典に憲法の本質的要素を見ていたことは疑を容れない。

世には往々憲法の右のごとき本質を無視する暴論が散見する。「世間一種ノ論者アリテ、天皇ハ又憲法ニ従フコトヲ要セザルモノノ如ク説キ去ル者アリ。是レ憲法ノ精神ヲ蹂躙スルモノナリ。其ノ罪、誅ヲ容サズシテ世間之ニ傾聴スル者多キハ、此レ誠ニ何ノ心ゾヤ」。「立憲国ニ於テ統治者ガ法律ヲ設ケテ自ラ其ノ統治権ノ行動ヲ規画シタルトキハ、必ズ之ニ遵踏セザルコトヲ得ザルナリ。勿論統治者ハ法律ヲ変更廃止スルコトヲ得ベシ。然レドモ一定ノ方式ニ従テ之ヲ変廃セザル限リハ、統治者ト雖モ決シテ法律ニ違背スルコトヲ得ザルナリ。故ニ統治者ハ法律ニ依リテ人民ヲ支配スルノ義務ヲ負ヒ、人民ハ法律ニ依リテ支配セラルルノ権利ヲ有スルナリ」。

天皇は憲法に拘束されないと主張する論者は「国家万能主義ト名ヅクル一種ノ政見ヲ把持スル者」であるが、「君主ガ常ニ無上聖智ノ神人タルコトハ決シテ望ムベカラザルコトナルガ故ニ、仮令其ノ権力ノ活動ヲ渋滞セシムルノ弊アルモ、尚ホ立憲代議ノ制ニ依リテ国民多数ノ意思ヲ徴シ之ニ本ヅキテ政治ヲ行フヲ以テ利益アリトス」。「今日ノ急務ハ立憲政体ノ弊ヲ匡救シテ其レヲシテ成ルベク健全ナル効力ヲ生ゼシムルニ在リ。国家万能論者ノ如ク復タ昔日ノ専制政体ヲ以テ之ニ代ヘンコトハ、余輩ノ断ジテ取ラザル所」である。いわゆる「国家万能論者」の君権専制主義を斥ける岡村は、立憲主義を貫徹するために、日本においても将来必ずや議院内閣政治が行なわれなければならないと考えざるを得なかった。「姑ク我ガ帝国ノ制度ニ就キテ国会ト政府トノ関係ヲ案ズルニ、国会ハ未ダ内閣ヲ変更易置スルノ勢力アラザルガ如シ。然レドモ是レハ制度上然ルコト能ハザルノ理アルニ非ズシテ、唯此ノ如キ慣習ガ我ガ邦ニハ未ダ発生セザルノミ。其ノ得失ハ姑ク論ゼザルモ、大勢ノ趨ク所、遠カラズシテ我ガ邦モ亦責任内閣ノ制ヲ行フニ至ルベキコトハ、具眼者ノ斉シク認識スル所ナリ。蓋シ国会ヲ設ケ多数ノ意志ニ依リテ政ヲ行フノ制度ヲ立テタル以上ハ、国会ノ多数ガ信任推戴スル内閣存立スルニ非ザルヨリハ決シテ円滑ニ政治ヲ行フコト能ハザルハ、理ノ最モ睹易キ所ナレバナリ」。隈板内閣という政党内閣の実験の行なわれた直後とはいえ、それも短期間で失敗に終り、藩閥官僚の超然内閣が常態とされ、機関説論者をふくむ官学の憲法学者がこぞって議院内閣制を法律上から否認していた明治三十二年という時期に、ひとり岡村のみが、議院内閣制を法律上から肯定したばかりでなく、その実現の不可避であることを予見していたその卓抜な見識は、注目に値するところと云わなければならないであろう。天皇主権説を採りながら立憲主義に立って穂積の専制主義に対抗したという点についてみれば、同学の同僚井上密のそれと同一の外観を呈しているけれど、その所論の根源をなす民主主義精神の強烈鮮明な点においても、また条文法学の通弊をきびしく批判する方法論上の断新さにおいても、岡村の『法学通論』は、井上の憲法論とは到底同日に談じがたいものがあった。憲法の専門家でない岡村の憲法論を、他の憲法学者の専門的業績と同列に並べてことさらに詳しく紹介したのは、全くその内容の質的な高さを評価した結果にほかならないのである。(45)

このように、京都帝大には、東京帝大と違った特色ある憲法理論が存在したのであるが、これらの憲法思想は、憲法学界における二つの学派の決定的な対立点が何処にあったかを弁別するために重要な鍵を提供することにもなるのであって、次節で改めて今いちどその角度から言及するであろう。

第四節　機関説主権説両学派の決定的対立点

本章では、従来の常識に従い、一応機関説・主権説という分類によってその代表的学者の憲法思想を概観した上、この分類では処理できない京都学派の存在に言及したのであったが、すでにいくたびか提言しておいたとおり、アカデミズム憲法学において二つの有力な学派の対立が存在したことは明白であるにせよ、それを天皇主権説対天皇機関説という見解の対立としてのみ理解したのでは、必ずしも問題の核心にふれる理解の仕方にはならないと思う。主権の帰属ということは、たしかに重要な問題にちがいないけれど、天皇主権か国民主権かという対立ならばとにかく、天皇主権か国家主権かというのはかなりに講壇的な問題であって、それよりもやはり国家権力は無制限か法により制限されたものかという対立のほうが、国民の生活にいっそう直接に影響ある重大な争点であるばかりでなく、近代憲法の受けとめ方をめぐる思想的対立としても、より根源的だったのではないかと考えられる。そのことは今までの叙述によってすでにほぼ明らかになったとは思うが、ここに今いちど具体的な証明を試みて、卑見を再確認しておきたい。すなわち、次の三点において上の命題の正しいことが立証できると思う。

第一は、両学派の最初の対決である有賀穂積論争において、天皇が主権者であるか国家の機関であるかということはほとんど問題にならず、国家権力が無制限であるかどうかという点を主たる争点として論争が行なわれたということである。その具体的内容は前に述べたとおりであるから、くり返さない。

第二は、上杉慎吉の憲法学の変遷過程の示す事実である。そこでしばらく上杉の憲法学の内容に立入って考察を加えることとしたい。

前述のとおり、機関説学派が多元的に形成されたのに対して、主権説学者は最初は穂積一人にすぎず、学派と称すべき実質を備えていなかったのであるが、穂積の門下から上杉が出て、穂積の学説をほとんどそのまま祖述した憲法学の体系を構築するにおよび、ここに穂積から上杉へという系列が形成され、さらに他にも多くの追随者が現われるようになり、主権説学派は機関説学派に劣らぬ一大勢力となるにいたった。しかし、おもしろいことに、上杉が最初にその憲法学の体系を公表したときに、穂積から継承したのは天皇主権説ではなく主権無制限説だったのであり、主権の問題については天皇機関説を採っていたのである。

上杉は、少年時代「慷慨悲憤ノ説ニ熱中シ、自ラ慷慨家ヲ以テ居リ」、同類の少年と「屢々相会シテ浅見氏ガ靖献遺言ノ類ヲ輪講シテ益々」尊皇攘夷の思想を強化した経歴のもち主であったにもかかわらず、大学入学後「安心ヲ耶蘇教ニ求ムルニ至リ」、彼自らの言葉によると、「思想頗ル溷惑シ」ありしために、穂積の講義を聴いても、「初ヨリ反感ヲ以テ」これに対したという。明治三十六年大学を卒業し、翌三十七年に大学在学中の保証人でもあった師一木喜徳郎にすすめられて助教授に就任したが、その後三十九年にヨーロッパに留学するまで、「主トシテ」穂積「ノ学説ノ欠点ヲ指摘スルニ努力」してきた、とは彼自らの告白するところである。[46] 三十八年十月に日本大学の講義録として公刊した『帝国憲法』と翌三十九年六月公刊の『比較各国憲法論』とは、この時期の上杉憲法学の内容を伝える重要な文献であるが、この両書において、彼は、「国家ハ一ノ人格タリ」、「君主モ議会モ皆唯一ナル国家ノ意思ノ機関タリ」、「天皇ハ国家ノ最高機関ニシテ」などと明確に国家法人説・天皇機関説を採っていたばかりでなく、「或ハ国家トハ統治ノ目的物ナリト説明スル者アリ。国土人民ヲ以テ君主ノ家産ト為シタル旧思想ニ胚胎シ、君主ガ統治ノ主体ニシテ其目的タル国土ト人民トガ国家ナリト為スノ説タリ。其僻説タルハ云ハズシテ明カナリ。或ハ之ト思想ヲ同ウシテ君主ヲ以テ国家ト為ス者アリ。其誤謬ノ思想タルハ即一ナリ」とはげしく天皇主権説を攻撃し、「憲法法典ノ何レノトコロニ天皇ハ統治権ノ主体ニシテ国家ハ人格タリト云フ学説ハ採用スルトコロニ非ズトノ明文アリヤ。幾タビ憲法法典ヲ繰返シテモ之ヲ発見スルコト能ハズト雖、仮リニ此ノ如キ明文アリトスルモ、学理ノ教ユルトコロ此ニ在ラバ、彼ノ明文ハ学理ノ教ユルトコロニ従テ解釈スベキコト解釈ノ本義タラン。法典ノ文字偶々学者用ユルトコロノ用語ト相当ルガ故ニ法文ヲ以テ学理ヲ定ムルノ教科書ト為ス能ハザルナリ」、「或ハ曰ク、天皇ハ統治権ノ主体タルハ国民千古ノ信念ナリ。若シ之ニ反シテ天皇ノ外ニ国家ヲ以テ統治権ノ主体タリト為シ天皇ヲ以テ其ノ機関タリト説明セントナラバ、我民族千古ノ確信念近時ニ及ビ一変シタルコトヲ証明セザルベカラズト。論者恐ラクハ国民ノ信念ト学理トヲ混同スルコトナキヤ。国民ノ信念ヲ今ヨリ見テ学理的ニ説明スレバ天皇ハ国家ノ機関ナリト云フハ、何故ニ国民ノ信念ノ一変ト相関スルヤ」、「国家人格説ハ人民主権ノ思想ニ負フトコロノ多大ナルハ之レヲ認メザルベカラズ。然レドモ之レヲ以テ国家人格説ヲ是非スルコト能ハズ。国家ヲ人格タリトスルノ正確ナルヲ知ラバ、其ノ思想ノ発展スル基クトコロ如何ニ在リトモ、之レガ為メニ之レヲ主張スルコトヲ狐疑スルヲ用キンヤ」ときわめて積極的な態度で機関説に反対する主張に一々駁撃を加えているのである。そして、そのような態度の根底には、「蓋シ近世文明国家ノ憲法ハ皆各々母子ノ関係ヲ有シ、其間自ラ一ノ系統ノ存スレバナリ。日本憲法モ亦日本ニ於テ独立ニ発達シタル所ニアラズ。発達ノ素ハ西洋ニ在リ」、「近世文明諸国家ノ憲法ハ其淵源スル所ヲ一ニシ其精神主旨トスル所ヲ同ウス。母子継受一貫ノ系統ヲ跡ヌルコトヲ得ベシ。試ニ日本帝国憲法ヲ取テ之ヲ孛漏西王国ノ憲法ト対比スレバ、固ヨリ各々特色アリト雖モ、唯其形ハス所ノ文字言語ノ異ナルヲ見ルニ止ルガ如キモノアルヲ見ン。是レ決シテ偶然ノ事実ニ非ズ、其精神ヲ相伝ヘ其形体ヲ相受ケテ成レルガ故タリ」と述べているように、帝国憲法を近代憲法の一つの現われとして世界史的観点から理解し、日本の前近代的伝統の上からのみの理解を拒否しようとする合理的な考え方が存在したのである。『比較各国憲法論』という著書の名の示すごとき問題の設定が行なわれたのも、そうした普遍的観念を有すればこそであったろう。

ところが、上杉は明治三十九年にドイツに留学し、帰国後は前説を一擲し、これまで主権説に向けていた鋒をさかしまに機関説に向け、主権説を呼号して機関説をはげしく非難するにいたった。上杉が留学中特に深く接触したのは国家法人説の提唱者イエリネックであって、外遊中の影響ということがあったとすれば、むしろ機関説からの影響のほうが大きかったはずであるのに、どうして反対に機関説をすててしまうようなことになったのか、上杉の変説の動機は明らかでないが、とにかく帰国後の最初の著作である明治四十五年刊行の『帝国憲法綱領』の序文には、「予前非ヲ知リテ改メタルモノ多シ。殊ニ明治三十九年予ガ西遊以前ノ著述論文ハ、多クハ皆誤謬ノ見解ヲ伝ヘタリ」という、いわば転向声明とも見るべき文言が記されており、これ以来穂積学説をほとんどそのまま忠実に祖述した主権説憲法学を唱え、大正元年に穂積が引退した後は、その後を襲いで憲法講座担任の教授となり、主権説学派のチャムピオンとしてはなばなしい活動をくりひろげることとなったのである。

右のごとき上杉の変説は、往年における加藤弘之の天賦人権論の立場からその反対の立場への移行などとともに、昭和に入ってから思想界の大問題となる「転向」の先駆現象の一つと見るべき側面をも有するのであるが、それならば上杉憲法学はドイツ留学の前と後とでまったくその思想傾向が一変しているのかというと、必ずしもそうではなかったのであって、その点にきわめて重要な問題がふくまれていたのである(もっとも、「転向」現象が大体そうしたものなのだ、と云えないこともないが)。というのは、外遊を境として変化したのは、天皇を国家の機関と考えるか考えないかという点だけであり、それ以外において上杉憲法学の論理構造には外遊の前も後もほとんど異なるところが見出されないからである。

機関説を棄てた後の上杉憲法学は、穂積憲法学の主張をほぼそのまま踏襲し、国家の統治権は無限であり、臣民はこれに対し絶対無限に服従し、国家のいかなる命令にも抵抗することは許されない、国法は天皇を拘束せず、憲法を廃止することも天皇の自由である、議会は人民を代表するものではなく、国家にとっては不可欠の機関でもなく、議会をして内閣を左右せしめることは許されない、といった考え方を基本とするものであった。「主権者アリテ憲法アリ、憲法アリテ主権者アルニ非ズ。憲法ハ主権者ヲ拘束スルカ、否。国体ノ基礎ハ事実ナリ」。「憲法ハ天皇ノ定ムル所ニシテ、天皇以外ノ者ノ約定スル所ニ非ズ。天皇ノ欽定スル所ハ、天皇自ラ之ヲ廃改スルコトヲ得ベシ、本質ニ於テ、天皇ヲ制限スルモノニ非ズ」。「憲法ハ天皇ノ欽定シタマヘル所ナリ。天皇ノ人民ヲ恵撫慈養シタマフ聖旨ニ出ヅ。将来ニ於テ（中略）又同一ノ主旨ニ由リテ、憲法ヲ廃止変更セラルルコトアルベキハ、固ヨリ云フヲ竢タザルナリ」。「若シ夫レ、憲法改正ノ手続ニ依ラズシテ、憲法ヲ中止シ、其ノ他憲法ニ異ナルノ処置ヲ為スハ、固ヨリ主権本来ノ性質ニシテ、天皇ノ本質トシテ之ヲ保有スルモノ、実ニ我君主国体ノ純正ナル所以ナリ」。

かような主権の絶対無制限に対応して、臣民の服従もまた絶対無制限とされる。「服従ハ絶対的ナリ、主権ニ対抗スルコトヲ得ベキ意思ヲ剰スコトナシ。無条件ナリ、各人ノ約諾ヲ基礎トスルニ非ズ。主権ノ一定ノ方便方法ヲ条件トシテ之ニ服従スルニ非ズ。無制限ナリ、各人行動ノ全範囲ニ及ブ。主権ハ臣民ノ全人格ヲ占領シテ、到リ得ベキ限リ之ヲ追及スルコトヲ得」。「服従義務ノ種類範囲程度ハ無制限ナリ。而シテ臣民ノ諸種ノ義務ハ、法令ノ規定ヲ待テ初メテ発生スルニ非ズ、臣民ノ本来有スル所ノ義務ニシテ、統治権ハ如何ナル種類ノ義務モ、如何ナル程度マデモ之ヲ命ズルコトヲ得ルモ、唯ダ法令ヲ以テ特定ノ場合ニ付キ其ノ様態ヲ定ムルノミ」。「政体法に定むる手続に拠らず、又は其の内容に於て政体法の規定に反するものは違法であります。違法ではあるが当然無効と言ふことは出来ぬ。

(中略)政体法に於て何等の定めもなき時は、主権の如何なる行動も有効と見なければならぬ。各人は一定の主権の行動を違法である、それ故に無効であると認定して之に対する服従を拒むことは出来ませぬ」。

もともと臣民の自由権なるものは存在しない。「臣民トシテ、本来統治権ニ対シテ権利ヲ有スルモノニ非ズ、唯一般的ナル服従ノ義務ヲ負フノミ」。「帝国憲法ノ列挙スル所、多クハ権利ヲ附与スルモノニ非ズ。其ノ法律ヲ以テセザレバ某々ノ事ヲ定メズト云フハ、統治ノ方法ヲ定ムル政体法ノ一部タルノミ。臣民ハ之ニ由リテ間接ノ利益ヲ享クベキモ、直接ニ之ヲ主張スルコトヲ得ルモノニ非ズ。憲法ノ之ヲ権利ト謂フハ、暫ク通称ニ従フノミ。正確ナル法理ノ観念ニ基ヅクモノニ非ズ」(47)。「統治権ハ其ノ目的ヲ達スルガ為メニ、人ノ自然ノ自由ヲ制限スルコトヲ得。殊ニ言論著作集会結社信教居住移転ノ如キ、公共ノ利害ニ直接ノ関係ヲ有シ、文化ノ発達ノ重要ノ基礎タル事項ニ就テハ、諸種ノ場合ニ、適当ニ之ヲ取締ルノ必要ヲ見ルコト甚大ナリ。自由権ハ之ヲ制限セズト云フニ非ズ、之ヲ制限スルノ必要甚大ナルガ故ニ、特ニ之ヲ制限セントスルニハ、一定ノ形式ヲ以テスルカ、又ハ一定ノ条件ニ当ルコトヲ要スルナリ」。「自由権ハ厳ニ憲法ノ明示ニ定ムル所ニ限ルベキナリ。自由権ノ列挙ハ之ヲ自由権ヲ列挙限定スルコトヲ意味シ、其ノ著シキモノヲ挙ゲテ例示スルノ趣旨ヲ有スルモノニ非ズ」。

国民に本来権利なく、「人民ハ天皇ニ絶対的ニ才縋リヲシテ治メテ貰フ、ソレデ宜シイ」とまで極言する上杉の憲法学において、議会の役割が極度にまで低く評価されることは不可避であった。「帝国議会ハ内ニ在リテ参賛スルノミ、之ヲ採ルト否トハ天皇ノ自由ナリ。外ヨリ見レバ、帝国議会アルモナキモ同ジ。唯天皇ノ統治アルノミ」。「帝国議会無キモ主権ハ欠クルコトナク、或ハ之ヲ廃止スルトモ、国家其ノ者ノ存立ト相関スルコトアルナシ」。かつまた議会は「天皇ノ官府」であり、「人民ノ機関」ではない。したがって「之ヲ組織スルノ方法ハ、世襲トスルモ任命トスルモ将タ又選挙トスルモ、其本質ニ影響スルコトナシ。議員公選ノ制度ヲ定メラレタルハ、利害得失ノ考慮ヲ基トシテ択ンデ之ヲ採用シタルノミ」。もともと「少数ノ人デ全体ノ意見ヲ残ラズ代表スルト云フコトガ論理上事実上アリ得ナイ」「空想」なのであるが、議会が「代表」すると称する「民意ナルモノ、果シテ存在スルカ。之レデモクラシイニ対スル根本的価値ノ判断」であり、上杉は勇敢にも「予ハ夙ニ民意ナルモノノ本来存在セザルコトヲ信ズル者ナリ」と断言して憚らなかったのである。

議会の性格かくのごとく、かかる議会が内閣を左右するごとき実権を有すべきものではない。「帝国議会ハ、国務大臣ノ職務ニ対シテ干渉スベカラズ、固ヨリ其ノ責任ヲ論ジ、黜陟スベカラザルナリ。若シ大臣ハ議会ノ指名スル所ニシテ其ノ信任ニ由リテ進退スル地位タリ、大権ハ議会ノ選択スル大臣ヲ拒斥スルコトヲ得ズ、自ラ其ノ責任ヲ問フコトヲ得ズト為サバ、議会ハ大権ヲ掩有シテ自ラ専制スルニ至リ、権力ノ分立茲ニ失ハレ、立憲政体ノ本旨覆ヘラン」。「憲政有終ノ美ハ政党政治ヲ行フニ在リト為スハ、革命ヲ行ハズシテ有耶無耶ノ間ニ帝国ヲ変ジテ民主国ト為サントスルモノタルカ」。

以上が天皇主権説の代表者となって以後の、完成した形態における上杉憲法学の基本的構造なのであるが(48)、実はかような考え方は決して主権説に「転向」した後に形成せられたものではなく、すでに機関説時代からほとんどその大部分が出揃っていたのであった。機関説時代の上杉憲法学の体系を示す、前引『帝国憲法』『比較各国憲法論』の二著と、明治三十七年十一月発行の『行政法原論』の三部の著作によって、そのあらましを見ることとしよう。

まず、統治権の性質について、「統治権ハ無制限ナルコトヲ性質トス」。「天皇ガ国家ノ意思ヲ決定発表スルヤ、他ノ如何ナル者ノ意思ニモ制限拘束セラルルコトナク、国法ヲ規矩トシテ統治ノ事ヲ行フト雖モ、国法ハ等シク其本源スル所天皇ノ意思ニ在リテ、天皇ガ暫ク之ヲ利トシテ之ニ準縄スルノミ」。「素ヨリ憲法ヲ解釈シ、特定ノ国家ノ行動ガ憲法ニ違反スルヤ否ヤヲ決定スルノ権ハ天皇ニ属ス。其決定ハ最終ニシテ動カスベカラザルノ決定タリ。故ニ天皇ガ法律命令ヲ発布シ其他諸般ノ施政ノ行動アルハ、自ラ之ヲ憲法違反ニ非ズト思為スレバナリ」。しかも「憲法改正ノ権ハ天皇ニ専属ス」るが故に、「天皇ハ時宜ニ応ジテ之ヲ変改スルコトヲ得」るのであるから、結局天皇はいかなる法によっても拘束されないということができる。

統治権のかような性格に対応して、「臣民ハ実ニ国権ノ統治権ニ服従スルコトヲ性格ト」し、その服従は「絶対ニシテ無制限タリ、無条件ニ服従ス、服従ニ限度アルコトナシ。之ヲ臣民タルノ性質ト為ス」。天皇の大権の行使は天皇自ら憲法違反に非ずと認定したものであるから、「之ヲ私ニ解釈シテ憲法違反タリト思為スルノ故ヲ以テ服従ヲ拒ムコトヲ得」ないのはもちろんのこと、「命令ノ内容ヲ以テ之ヲ法律ニ違反スト思意スト雖モ、之ガ遵由ヲ拒ムコトヲ得」ないのである。臣民は「命令ノ違法ヲ理由トシ、憲法ノ禁止ヲ根拠トシテ服従ヲ拒ムコトヲ得ズ」。

「臣民ハ絶対的服従ヲ以テ其性質トス」る以上、「本来国家ニ対シテ自由ノ範囲ヲ有スルニ非ザルナリ。国家若シ之ヲ附与スレバ自由アリ、若シ之ヲ附与セザレバ自由ナシ」。「明文ナシト雖モ立憲政体ノ大精神トシテ人ノ自由ハ原則トシテ制限スベカラズト云フガ如キ議論ハ」、「彼ノ国ニ於ケルガ如キ民主主義ノ沿革アルコトナ」き我が国では通用しない。むしろ「我ニ在テハ却テ臣民ノ自由ハ之ヲ制限スルヲ得ルヲ原則トシ、特殊ノ理由アル二三ノ場合ニハ此ノ制限ヲ為スニ法律ヲ要スルノ主意ナルコト」明らかである。要するに、「国家ノ存在ハ本ナリ、臣民ノ権利ハ末ナリ」、臣民の権利を主張して国家統治権を制限しようというがごときは、本末顚倒の論ということになろう。

国会を以て「臣民ヲ代表スト為スハ、法律上何等ノ意義ナシ」。「選挙権ヲ臣民ニ与フルハ、立法ニ参与スルノ権ヲ臣民全体ガ有スルコトヲ認メ之ヲ代表シテ実行セシムルガ為ニ選挙セシムルニ非ズ」。「帝国議会ハ天皇ノ意思ニ依リテ一定ノ事項ヲ処理スルガ為メニ設ケタル機関タリ。帝国ノ組織ニ依リテ当然固有ニ機関タル必要根本ノ機関ニ非ズ。之ナシト雖帝国ノ存在ヲ妨ゲズ、天皇ガ統治スル便宜ノ為メニ之レヲ置クノミ。廃スルモ亦天皇ノ便宜トスルトコロ如何ニ依ルノミ」。「憲法ハ議会ノ行政ニ干与スルノ方法ヲ画リ、又為メニ行政ヲ以テ議会指揮ノ下ニ立ツガ如キ方法ハ之レヲ与フルコトナシ」。「憲法ニ大臣問責ノ機関ノ定メナキトキハ、天皇ヲ以テ之ニ当ルトセザルベカラ」ざるものであって、議会の大臣問責を許さない趣旨と解すべきであり、「憲法ノ意ノ存スルトコロヲ察シ」、議会の権限を「憲法ノ許ストコロニ限局シ、議会ノ行政ヲ監視スル放漫ニ過ギテ遂ニ議会ノ専制ヲ招キ、行政ノ萎微ヲ招クニ至ラザランコトヲ注意スベ」きである。

機関説時代の上杉憲法学の基本論理はまさに右のとおりであったのであるが、それが主権説に「転向」して以後のそれと全面的に一致していることは、上来の叙述によって明白であろう。機関説から主権説への「転向」は、単に主権の帰属の問題についてのみその説を改めたにとどまり、それ以外のあらゆる憲法解釈上の基本論理には変化なく、いわば局部的変説が生じたのみで、上杉憲法学の基本構造には変化がなかったと云っても、必ずしも云い過ぎではないようである。前に上杉の「転向」の動機はよく分らないと云ったけれど、基本構造に変化がなかったとすれば、主権説への「転向」はさして問題とするに値しない現象であったかもしれず、したがってその動機が那辺にあったのかということも、思想史的観点からすればことさら穿鑿する必要のない瑣末な問題であるかもしれぬ。いずれにせよ、上杉憲法学において、機関説から主権説への変説が基本構造の変更なしに行なわれ得たという事実は、機関説対主権説という見解の相違が憲法学にとり決定的な思想的対立点でなかったことを裏書する有力な一証たるを失なわないであろう。(49)

同じことを裏側から立証するのが、前節に紹介した京都帝大の井上・岡村の憲法理論である。この二人の憲法理論の基本構造もまた、上杉の場合とは反対の側から同一の命題を示唆するのであって、これを第三の証明として数えることができる。もし天皇主権説と天皇機関説との対立が明治憲法下の憲法理論を分類する最も基本的な標識であるとするならば、井上・岡村の憲法論は穂積と同じ主権説学派の内に編入される結果となるのであるが、そのような分類の仕方が全くナンセンスであることは、さきに紹介した二人の憲法論を一瞥しただけでも明瞭であろう。主観的にもこの二人がそれぞれ穂積学説を意識的に批判する態度を示していたことも前節で指摘しておいたとおりであるばかりでなく、客観的にもこの両者の学説と穂積学説とはおよそ相反する考え方の上に立っており、特に岡村と穂積との両学説は水火相容れぬ鋭い対立の関係にあったとせざるを得ないのであって、その点ではむしろ一木対穂積の対立よりもいっそう厳しい対決の関係にあったとさえ云える。それにもかかわらず、主権の帰属に関するかぎり、岡村と穂積との間に形式上の一致が見られるのは、天皇主権説対天皇機関説という対立が実質的に必ずしも決定的な対立点でなかったことを物語るものでなくて何であろうか。ここにも、この分類基準が思想史的にさほど大きな意味をもつものでない所以を理解させる鍵が見出されるのである。(50)

思うに、主権説機関説という問題は、最初は一般にほとんど問題とされていない、純粋にアカデミックな論題にすぎなかったのであるが、穂積が『憲法提要』に国家主権説を非難し、「是レ固ヨリ全然歴史ニ反シ、憲法ニ戻ル、狂暴ノ甚シキ者トス。之ヲ大憲ノ明文ノ前ニ言フハ、国体ヲ侮辱スルノ罪ヲ免レザルベキナリ」という罵倒を加えるにいたって、状況は一変し、論争は国体論対立憲主義の論争という政治的色彩を帯びるにいたった。ことに機関説論者である美濃部達吉が明治四十四年に文部省主催夏期講習会で憲法を論じたとき、穂積が「国体の異説と人心の傾向」と題する論文を『太陽』に載せ、「今の聖世に於て白昼公然『統治権ハ皇位ニ存セズ』と揚言し、『皇位ヲ以テ統治ノ主体トスルノハ我ガ国体ニ反スル』と謂ふの異論を吐く者あるを聞くに至りては、唯唖然驚くの外はない。而も此の言語同断の説が文部省の権威の下に、全国師範学校中学校の教員を召集し法制科の講習として唱へられたといふことが甚不思議である」と論難を加え、上杉が「予の国体論と世論」の一文を同じく『太陽』に寄せて、同様に「中等教員を文部省に集め、之に対して国民教育の為めに憲法を講ずるに当り、国体非認説を述べ」、「変装的専制政治を排する」などという「一種の政治的傾向を中等教員に向て鼓吹することを文部省より委嘱したりとすれば、頗る怪訝に堪へざる次第であり、或は大臣の責任を説きて天皇の空位たるべきことを主張し、或は議院政党政治の行はれざるを慨歎し、西園寺内閣は政党内閣に近く前桂内閣は官僚なりとて、褒貶の意を述べて時事の政談を試むるが如き、中等教員に対する公の講習会に於ける講演として、甚だ不適当なる点多々あり、云々」と非難するなど、これをきっかけとして主権説機関説両学派の活潑な応酬がジャーナリズムの上でくりひろげられることとなった(51)結果、俄然一般世人の注目を惹くにいたったのであった。もっとも、この明治末年から大正初年にかけての論争は久しからずして終りを告げ、その後大正デモクラシーの客観情勢の内で主権説は衰退の道をたどり、昭和四年上杉が死去して後は、機関説の独り舞台となったのであるが、満州事変以後に政治情勢が再転し、昭和十年には蓑田胸喜一派の美濃部憲法学攻撃が開始され、ついに美濃部をはじめとする機関説憲法学は社会から葬り去られることとなったのである。このように、明治末年以来、機関説憲法学に対し、国体論をふりかざした政治的・人身攻撃的論難がいくたびもくり返され、ことに昭和十年の美濃部迫害の場合には、特に天皇を「機関」とするその用語に攻撃が集中され、「天皇機関説」という呼び名がきわめて深刻な印象を世人に与えたのであるが、主権説対機関説というカテゴリーで憲法学史を理解しようとする考え方は、上述のような歴史的経緯と無関係ではないのではあるまいか。たしかにそのような攻撃を招くだけの因子が機関説にふくまれていたのであるからには、機関説であるかないかを重視することも、あながち理由のないところではないけれど、機関説に加えられた非難の多くは、相手方の社会的存在の抹殺を意図するきわめて戦術的な意図から出ていたのであって、客観的に憲法思想史上の問題点を整理していこうとする学問的研究においてまでも、そうした戦術的意図から出た論題に引きずられることは妥当でないと思う。前述のように、明治時代に関するかぎり、主権説対機関説という基準で分類するときには、全くナンセンスなグルーピングしかできないことが明らかとなっているのであるから、我々としては、後年における政治的な論争の中で浮び上ってきた、大げさではあるけれどあまり問題の核心に触れたとは認められない分類基準に引きずられて主権説対機関説という対立を過大評価する必要は少しもないと考えられるのである。むしろ決定的な対立は、明治時代にあっては、近代憲法の本質的理念をなすところの、国家権力の制限による人権保障を承認するか否定するかにあったと考えるのが、最も適切なのではあるまいか。そして、この対立が、日本国憲法下の戦後の今日なお憲法をめぐる大きな思想上の争点として依然としてつづいている事実[52]を前にするとき、そこにこそ日本憲法思想史を貫通する根本問題の横たわっているのを考えないわけにはいかないのである。

第五節　大正デモクラシー期以降における憲法学界の大勢の概観

憲法学界の勢力配置は、明治三十年代に入り、美濃部達吉・市村光恵・佐々木惣一らの錚々たる機関説学者が続々学界に登場してくるにおよんで、徐々に変化を示してくる。しかも、明治末年から大正のはじめにかけ、美濃部や佐々木が、議院内閣政治支持の態度を表明するにいたって、これまで主権説と同じく議院内閣制を否定してきた機関説憲法学自体に無視すべからざる質的転換が生じ、アカデミズム憲法学は、今や新しい段階に進入することとなったのであった。これを、その社会的基盤に即して考えるならば、従来の憲法学は、主権説学派たると機関説学派たるとを問わず、大体において官僚の憲法学であったと云ってよく、ただその間に比較的にリベラルな傾向を帯びるものと比較的に反動的色彩の強いものとの差があったにすぎない、と云ってもまちがいではないであろう。ただその内でも岡村の法学のみは例外であって、それはあるいはブルジョア的と称すべきかもしれないが、少くとも官僚法学と呼ぶべきではなく、そこには国民のための法学への志向がはっきりと出ていたと云うことができる。大正デモクラシー期における美濃部の憲法学は、岡村との間に直接の継受関係はなさそうであるが、客観的にはまさに岡村の路線を発展させたものであって、美濃部自ら意識していなかったにせよ、まさしく国民のための憲法学の名に値するものが形成されたのであった。

大正七年における原敬内閣の成立、さらに同十三年の護憲三派内閣によって開かれた「憲政の常道」の確立は、美濃部・佐々木および政治学者吉野作造らの提唱してきた議会中心政治思想の実現ともいうべき現象であり、そのかぎりこれらの人々はブルジョア政党による議院内閣政治のイデオローグとしての役割を演じたと見ることができようが、しかし、かれらは必ずしもブルジョア政党の政策を全面的にジャスティファイする立場にあったのではなく、ことに国民の自由・権利の擁護に常に関心を注ぎ、権力の濫用の阻止に法学者の最も大切な使命を見出した美濃部の法学は、国民大衆の生活と権利とを蹂躙するのをさして意に介しない点で過去の藩閥官僚政府とほとんどかわるところのないブルジョア政党の立場と明らかに一線を画するものがあり、国民のための憲法学という形容に恥じない独自の思想的境地を築いていたのである。もちろん美濃部にしても、明治憲法体制下の「正統」憲法学者であって、その点白地に理想の憲法を構想できた明治十年代の憲法思想に比べれば、大きな歴史的制約を免れるものではなかったけれど、少くとも末岡・一木らと比べて、同じ機関説というカテゴリーの内にありながら、その実質に大きな変化の生じていたことは顕著な事実といわなければなるまい。[53]

他方主権説学派にあっては、大正元年穂積が世を去ったのちは、上杉慎吉がそのポストと学説を継承して、主権説の祖述・維持に当ったが、大正デモクラシーの時代において、上杉の学説は学界・思想界の中で四面楚歌の運命におちいることを免れなかった。上杉が「大正以後(中略)、異端邪見横行シテ人心帰一スル所ヲ失ヒ、我千古ノ国体ヲ無視シ憲法ノ根本ヲ蹂躙スルノ言論自ラ以テ時ヲ得タリト為ス。予ノ如キ孤塁ニ拠リテ敢闘スルモ、滔々ノ流隻手ノ能ク支フル所ニ非ザルヲ悲シム。嗚呼誰カ予ノ苦衷ヲ知ラン、奉公ノ志モ亦屢々撓マントス。我憲政ノ前途タル甚ダ殆フシ。(中略)予ヤ実ニ孤立無援、勢ノ趨ク所微力ニシテ扞グベカラザルナリ。古ノ山林ニ隠ルル者必ズシモ安逸ヲ欲スルニ非ザルヲ知レリ」との感慨を書き記しているのは[54]、上杉憲法学の置かれた状況をよく想見せしめるに足りる文字といえよう。もともと理論的にその志向をはらんでいた上杉が、晩年積極的に権力と結合してファッシスト的役割を買って出たのも[55]、一つには学界における不人気から生じた焦躁感の然らしめたところであろうが、機関説憲法学がブルジョア政党のイデオロギーと化したのに対し、上杉憲法学は軍部および民間右翼のイデオロギーと化することにより、双方ともに「象牙の塔を出て」その政治的所属を明確にした点で、揆を一にしたのは興味深い。

ただでさえ不人気な上杉憲法学は、昭和四年上杉が深い敗北感にうちひしがれながら世を去るとともに[56]完全に凋落し、それ以後は東に美濃部、西に佐々木の両巨匠に支えられた機関説憲法学の独占的支配の時代となったが、「憲政の常道」の維持された昭和七年までの時点についていえば、それはよく時代の政治的情勢を反映するものであったと見るべきであろう。満州事変の勃発をきっかけとするファッシズムの進行は、政党内閣政治に終止符をうつとともに、機関説憲法学にも終止符をうった。昭和十年突如として美濃部への迫害が開始され、ひとり美濃部ばかりでなく、機関説憲法学はすべて国禁の思想となり、数十年にわたって「正統」学説の王座を占めてきた機関説は、一朝にして異端の「反逆」思想の刻印をおされてしまったのである。それ以来昭和二十年の敗戦の日にいたるまで、機関説が、共産主義同様の異端思想として遇せられてきたことは事実である。しかしながら、それだからとて、その十年間における正統・異端の感覚で昭和十年以前のアカデミズム憲法学の歴史を眺めるようなことがあったならば、大きな錯誤を犯すこととなろう。機関説憲法学が異端であったのは、明治憲法下五十六年間を通じてこの最後の十年だけのことだったのであり、それまでの四十六年間の機関説が常に正統学説であったことを忘れるべきではない。

といっても、以上のことは、すべてアカデミズム内部での位置とトップレヴェルの政治勢力との関連についてのはなしであって、一般の国民大衆の憲法思想に関しては、またいちじるしく異なる状況が存在した。これについてはひきつづき章を改めて詳述することとする。

(1)　帝国大学、あるいはその前身の東京大学の歴史的性格については、拙著『大学の自由の歴史』参照。
(2)　「日本憲法学の生誕と発展」(『思想』一四四号、つづいて同名の単行本に再録、戦後新訂版刊行)。
(3)　「憲法学史」(『講座日本近代法発達史』6・7・9)。
(4)　「美濃部達吉」(『日本人物史大系』7、つづいて『大正デモクラシーの研究』に再録)。
(5)　「日本憲法学における国家論の展開」(『政治思想における西欧と日本(下)』所収)。
(6)　『近代における天皇観』。
(7)　大正期以後については、そのアウトラインだけを第五節に略述するにとどめる。
(8)　『明治憲法成立史』下。
(9)　以上、『一木先生回顧録』による。
(10)　高田については、第一章に譲り、本章では取り扱わない。
(11)　有賀が穂積に対し、「氏は帰朝の日尚ほ浅く、日本に政治思想の如何ほど進み居るやを測知する能はざるが故に、此の如き言を為すならん」と言ったとき、彼の脳裏には、数年前の自由民権運動の高揚、特に二年前の三大事件建白運動の展開等の印象が鮮明に蘇っていたにちがいない。
(12)　これは間接に穂積学説を批判したものとみてよい。
(13)　鈴木安蔵氏がこの書物を「川瀬清太郎」の編として引用して以来、多くの論文がこれを踏襲している(たぶん孫引であろう)が、私の見た実物には「川沢清太郎」とある。「川瀬」というのは何かのまちがいと思われる。

(14)　田辺元は『展望』昭和二十一年三月号に「政治哲学の急務」と題する論文を発表し、「国家を代表し国民を統べらるる天皇が、外国に対し戦争の責任を負はるることは少くとも道徳上当然の事といへる。私は此点に関する天皇の御態度を畏多いけれども遺憾とするものである。側近に人無き御不幸を歎息せざるを得ない。否、進んで憚なく言ふことを許さるるならば、啻に外国に対し潔く責任を負はるるのみならず、国民に対してもまた、現在より一層切実なる責任感の表現を敢てせられることが願はしかつたのである。国民が一切を犠牲にし生命財産を国に捧げて悔ゆる所が無かつたのは、一に陛下に対する忠誠の致す所であつて、軍部は此国民の感情を彼等の為に利用したまでである。此点からいへば天皇こそ戦争に対する責任の根本中心であると外国人の思惟するのは、決して理由無しといふことは出来ない」と言い、東京大学総長南原繁は、同年四月二十九日の天長節の式辞の中で、「今次の大戦について政治上法律上、陛下に何の御責任のないことはかく明白でありましても、それにも拘らず、その御代に於てかかる大事が惹き起され、そして肇国以来の完全なる敗北と悲惨な状態に国民が陥つたことについて、御宗祖に対し、また国民に対し、道徳的精神的御責任を最も深く感じさせられるのは陛下であると拝察するのであります」と述べ(『祖国を興すもの』所収)、『朝日新聞』はこの式辞を報道して「道徳的に責任あり」という見出しを附した。田辺・南原の意見は、天皇制支持の立場からする天皇有責論であって(その点敗戦後に簇出した天皇制否定の立場からする天皇有責論とは同じでない)、一木・岡村の思想と一致しており、一木・岡村が抽象的形式的論理として述べたところを、具体的実例に即して展開した形となっている。

(15)　美濃部は『逐条憲法精義』において、三十一条の規定につき、それが十四条と「全然重複し無意味の規定とな」るのを避けるために、三十一条は「戒厳の宣告せられた場合の外に、尚大本営の命令に依つても一般人民に対し軍事上必要なる命令を為し得る」ことを定めたものと解釈した。美濃部の憲法学が、全体としては一木のそれよりもはるかに立憲主義の方向にそって前進しているにもかかわらず、局部的には往々にして一木よりも後退した解釈もふくまれているのであって(拙著『美濃部達吉の思想史的研究』第一章一参照)、これなどその一例とするに足りる。

(16)　「退官雑筆」(『議会政治の検討』所収)。

(17)　『日本法令予算論』は、初期議会における予算議定権をめぐる政府対議会の衝突に刺戟されて執筆した著作であるが、その内に述べられた次のような意見は、政府と議会との関係についての彼の思想を窺うに足りるものである。「政府権力の濫用を恐るること甚しき者は及ぶ丈議会の予算議定権を拡張し以て政府運動の自由を束縛せんことを欲し、議会権力の妄用を憂ふること大なる者は可成丈議会の予算議定権を限縮して以て政府活動の自由を保護せんと欲す。余輩は是に於てか二箇の極端なる予算論を見るに至るべし。而して二者共に全く正理を得ざるものなり。蓋し帝国議会の議員は皆愛国の人ならん、国務大臣は悉く忠誠の士ならん、議員の愛国心にして頼むべくんば大臣の愛国心何が故に頼むに足らざるか、大臣の忠誠にして信ずべくんば議員の忠誠何が故に信ずることを得ざるか。然れども大臣は欠点なきの人に非ず、議員も亦た感情を有せざるの人に非ず。大臣の過失にして恐るべくんば議員の過失何が故に恐るるに足らざるか、議員の感情にして危むべくんば大臣の感情何が故に危むを要せざるか。故に議会の公徳を信じて独政府の公徳を信ぜざるは非なり、議会権力の濫用を恐れて独政府権力の濫用を恐れざるも亦た非なり」。議会の存在を前提として官僚内閣制を行なっていた当時の憲法運用方式のジャスティフィケーションとしてまことに巧妙な論理というべきであろう。しかも、これはまだ彼が官界で責任ある地位につくにいたらない留学中の発言なのであるから、官界に地歩を占めた後については、推して知るべきである。

(18) 『美濃部達吉の思想史的研究』第一章一参照。

(19) 「民本主義鼓吹時代の回顧」(『枢府と内閣他』所収)。

(20) 中村吉三郎氏「副島義一」(『近代日本の社会科学と早稲田大学』)には、「穂積八束流の非科学的憲法論がまかり通っていた頃、これよりさき小野梓によって拓かれた科学的憲法学の正統を継承していた者は、実に東京専門学校講師副島義一であった。従来、後年のいわゆる天皇機関説問題で一木喜徳郎―美濃部達吉の線があまりにもあざやかに浮出されたせいか、穂積八束―上杉慎吉批判の科学的憲法学の日本における学説史的系譜から、早稲田学派は、とかく抹殺されがちであったが、むしろこの系譜の筆頭には、まず小野梓の『国憲汎論』があるべきで、また、『副島の憲法』も忘れらるべきものではなかろう」と論ぜられているが、小野と副島との間には「継承」関係はないのではなかろうか。むしろ、副島が帝大系の機関説を早稲田に輸入することにより、結果として小野の思想とよく似た主権論が早稲田で再生産されることとなった、というのが正確であろう。いずれにせよ、小野の学説と副島のそれとは、学問の系統も理論構成も全く違っていて、同一の「系譜」と呼ぶことは誤解を生じ易い。

(21) 前註所引中村氏論文による。私はこの講義録を見ていないが、中村氏紹介本と私の見た和仏法律学校本とはページ数が違うから、別本であることだけはたしかである。

(22) 例えば、講義録では、憲法が議会に「歳出ヲ廃除シ得ルコトヲ認メタル以上ハ、法令ヲ変更廃止スルニアラザレバ執行スル能ハザル予算案ニ同意スルコトヲ認メタルモノト云ハザルベカラズ」、すなわち「歳出ヲ廃除セバ其結果必ラズ法令ノ変更廃止ヲ来タサザルベカラザルハ理ノ当然ナリ」としているが、主著では、予算制定は行政行為であるから、議会は法律上の

「義務履行に要する費目は之を廃除削減するを得ず、政府も此廃除削減に同意するを得ず」と改めているごとき。

(23)　引用文の内、片仮名は講義録、平仮名は主著。

(24)　後年美濃部達吉が『憲法講話』(明治四十五年初版本)に「上は君主より下は交番の巡査に至る迄総て国家の機関たるものであり」と書き、上杉慎吉の『帝国憲法述義』中で「天皇は主権者に非ず、交番の巡査も同一なるものであると云ひ、国体の観念は之を認むべからずと説くに至つては、言者罪なきも、我が千古の国体を明徴にするが為めに断乎として之を排斥しなければならぬ」と非難され、そのために大正七年の改版本では「交番の巡査云々」の一句を削除せざるを得なかったのであるが、副島のこの表現は美濃部のそれの先駆ともいうべきである。

(25)　穂積は明治二十二年の有賀との論争において、「国家ト天皇ハ同一体ヲナスト云フ説」を弁護するために、「独逸目下ノ国法大家中ニ於テモ、君主即チ国家ナリ、路易十四世ガ『朕即チ国家ナリ』ト云ヒシハ法理ノ至言(中略)ナリト明言スル者輩出ス(例セバラバンド翁、ボルンハク氏ノ如キ)」と言っている。

(26)　美濃部もまた同じことを主張した(『美濃部達吉の思想史的研究』第三章二参照)。こうした主張は講壇学者として最高度の勇気を要するものであったことを忘れてはならない。

(27)　この議論は主著のほうにはない。概して講義録のほうが大胆率直な議論に富んでいる。

(28)　野沢豊氏「辛亥革命と大正政変」(東京教育大学アジア史研究会『中国近代化の社会構造』所収)参照。

(29)　『穂積八束博士論文集』所収。

(30)　「穂積八束先生伝」(『論文集』巻頭)によれば、明治三十四年二月から行なわれた講述の筆記である。

(31)　明治二十九年の初版本と同四十五年の改訂本との二種のテキストがある。

(32)　『日本憲法』第一巻。

(33)　第一章参照。

(34)　磯村哲氏が「市民法学」(『講座日本近代法発達史』9)において、穂積の主権説を「ザイデルの支配者主権説と同一系統の思想に属すると」するのは「確かに正当な一面を含んでい」るが、「ザイデル理論においては、国家的支配の権力的構造・支配者=被支配者の対立関係が前面に推し出され」、「法と倫理を峻別し法を専らVoluntasの側面に即して把握」する『近代的』法実証主義の立場が貫かれている」のに対し、日本の主権説では「支配における支配者=被支配者の対立関係を析出することなく、対立を『家族的』ないし『共同体的』関係の衣によって蔽う途がとられ」ているのは、「天皇制的官僚制が前近代的共同体の基礎のうえに構築されるという明治権力構造の現実の反映」であろう、と論じているのは、穂積憲法学の本質を実にみごとに道破している。総じてこの磯村論文(『講座』7・9・10連載)は、日本近代法思想史の研究としては類例稀な珠玉の名篇と思う。

(35) 明治憲法下の警察権行使の実態については、一々資料を挙げるに遑がない。拙著『権力悪とのたたかい』五六ページ以下参照。

(36) 「国民教育」(『穂積八束博士論文集』所収)。

(37) 久野収・鶴見俊輔両氏『現代日本の思想』において、「天皇の権威と権力が、『顕教』と『密教』、通俗的と高等的の二様に解釈され」、支配層の間では天皇を国家の最高機関とする「申しあわせ」が「密教」として行なわれ、「国民全体には、天皇を絶対君主として信奉させ」る「顕教」が「徹底的に教えこまれ」た、とあるのは、卓抜な洞察であって、単に主権の帰属についてだけでなく、国家権力の制限という憲法学の根本課題に関しても、久野鶴見テーゼの成立することが確認されるのである。

(38) 例えば、一六二〜三ページ所引穂積の国民の集団行動に対する考え方が、昭和三十五年七月二十日宣告の公安条例を合憲とする最高裁判所判決(『判例時報』二二九号)の一節と酷似しているごとき、注目に値する事実であろう。また、昭和三十二年七月最高裁判所長官田中耕太郎は刑事裁判官会同席上でのあいさつの中で「遵法の精神が国民の間になお十分徹底していないこと」を指摘し、「とくに適法に制定された法を自己の見解と異るが故に悪法であると判断し、悪法には従わなくともよいとする思想が存在することは、われわれ法曹として憂慮にたえないところであります」と言っている。かような考え方は一般国民にとり比較的受け容れ易い考え方であるらしく、このあいさつの当否をめぐり『朝日新聞』の投書欄で論争の行なわれたとき、「適法な手続で制定された法が合憲であるか違憲であるかを判断し、その法を守るべきかどうかの態度を決定することを国民の一人一人にまかせるということは、結局無政府主義を主張することにほかならない」(七月八日号高校教員投書)「一体法治国ではだれが悪法と判定するのか、だれが憲法違反と断定するのか、国民の一人一人が勝手に判定して行動してよいのか」(七月十九日号公務員投書)という田中あいさつ支持の意見が出ている。これらに共通する考え方が、国民に法令・行政処分の適法違法を判定する権利なくいかなる法令・処分にも服従しなければならぬとする穂積の主張と全く論理を同じくしていることを見のがしてはなるまい。かように穂積八束的発想が一九六〇年代の現代まで権力者側と一般国民との双方に綿々と生きながらえている事実は重要である。

(39) 田畑忍氏『佐々木博士の憲法学』。

(40) この年代については、副島義一の項で考定したところによる。

(41) 註(25)参照。

(42) 佐々木は『日本憲法要論』の序文の中で、「余ガ憲法ノ知識ヲ得タルハ、実ニ京都帝国大学法科大学ニ於テ、同大学教授法学博士井上密先生ノ講義ヲ聴キタルニ始マル。余ハ不幸ニシテ初メヨリ論旨ニ於テ多ク先生ニ従フ能ハザリシモ、先生ノ論法ノ鋭利ナルニ至テハ、実ニ先生独特ノ妙アルヲ感ジタリ。余ハ憲法ノ研究ニ於テ先生ノ垂教ニ負フ所頗ル多カルベキヲ思ハズンバアラズ」と言っている。おそらく佐々木憲法学の特色をなす論理主義の由来も、井上のそれを学んだものであろう。

(43) 部分的にみても、井上には、例えば「憲法第十一条ノ陸海軍統帥ハ国家ノ為メニスル事務ナリ。第十二条ノ陸海軍ノ編制及常備兵額ヲ定ムルコトハ国家ノ為メニスル事務ナレドモ第十一条ノ場合ハ然ラズ、ト云フベキ理由ナシ」という後引藤村守美の著作以外にこの時期では他に例を見ない統帥権独立否定論、その他注目すべき見解が少なくなく、憲法学説史上きわめて特異の位置を占めている。

(44) 岡村は、「法律解釈ノ規則」として十五の原則を定立したが、その内に次の二原則があった。

第十、懲罰ヲ加ヘ又ハ義務ヲ負ハシムル法令ハ厳正ニ解釈スベシ。

例ヘバ刑法ノ如キハ成ルベク其ノ意義ヲ縮小シ、有罪無罪ノ区別疑ハシキモノハ推測ニ依リテ之ヲ有罪ノ意義ニ解釈スベカラズ。又租税法ノ如キ人民ニ義務ヲ負ハシムル法令ハ成ルベク狭隘ニ解釈スベキモノナリ。

第十一、弊害ノ救済ヲ目的トシ又ハ権利自由等ヲ賦与スルノ法令ハ寛大ニ解釈スベシ。

是レ人民ヲシテ成ルベク多ク法令ノ恩恵ヲ受ケシメント欲スルニ外ナラズ。(下略)

国民の権利の保障を以て法律の目的とする岡村の基本的立場が、実によく示されている。これよりさき、明治二十二年に江木衷の著わした『法律解釈学』にこれとほぼ同じ命題が述べられているので、岡村はそれを祖述したのかと思われるが、いずれにせよ、これらの法律学者によって、権力に奉仕する官僚のための法律学と異質の、国民のための法律学とでも呼ばれるべき理論の構築されているのは、特筆に値しよう。因みに云う、江木は名高い在野法曹であり、江木の法律学が弁護士として国民の権利を守る法律学たるべき方向をもっていたのにふしぎはない。日本に国民のための法律理論(学とまではいかなくても)の伝統があったとすれば、それはもっぱら弁護士の間で維持されてきたのである。これに反して帝国大学教授たちの法律学は、彼等自身が国家の高級官僚であったのにふさわしい官僚法学であることがふつうであったのであり、岡村のごときは異例であったとしなければならぬ(後年の美濃部憲法学や末弘厳太郎の民法学などは、官僚法学から脱化していたが、岡村の世代では珍しい。岡村がついに帝国大学に安住できず下野したのは、岡村法学の性格からみれば、一つの必然であったろう)。

(45) 岡村は、民法学者としては、早くから明治民法的「家」制度の全廃を唱えていた先駆的思想家であった。その見解は遺稿集『民法と社会主義』によっても窺われるが、晩年の弁護士時代に大阪弁護士会に提出した大正八年十二月六日附意見書(『大阪弁護士史稿』下所引)に最も端的に示されている。彼は京都帝大在職中あまりに直截に「家」制度を批判したために明治四十四年七月譴責処分に附せられたほどであった。その経緯は磯野誠一氏「法学と社会主義」(向坂逸郎氏編『嵐のなかの百年——学問弾圧小史——』所収)に詳しい。遺稿集『巨鹿余稿』所収の明治三十七年七月稿の「冥想録の一節」をみると、「貧民を救護し、其の地位を上進せしめ、衣食を足らしめ、権豪奸富を拉撃するを以て目的とす。嗚呼社会主義なるかな。余が終身を犠牲にして尽力すべきは其れ此に在らんか。是れも亦孟子兼善の志なり」という一節がある。その「社会主義」の性格には問題があるとしても、彼の学究生活のスタートにおけるこの宣言から考えても、彼の法律学が国民のための法律学の方向に進んだのは偶然でなかった、というべきであろう。大正三年下野して弁護士となり、大正十一年五十七歳で死んだ(『巨鹿余稿』巻頭「法学博士岡村司君小伝」)。

(46) 上杉編穂積遺著『憲政大意』大正五年十二月二十五日附上杉「小引」。『太陽』大正二年十月号南木摩天楼「上杉博士と美濃部博士」によれば、上杉が「初め大学に在りて穂積氏の講義を聞くや、学年の終りにそのノートの表紙に題して、頭のいいものに解らぬ憲法也と云ひ、穂積説の矛盾多きことを認めて居た」というが、前引「小引」には、「今当時ノ(穂積の)講義筆記ヲ閲ミスルニ、随処『初メテ講義ラシキ講義ヲ聴キタリ』『雄偉博大ノ思想ナリ』『尊皇奉公ノ志尚景仰スベシ』『先生ニシテ初メテ斯言アリ』ト云フガ如キ評語ヲ榜註シアリ。殊ニ『斯人者斯国之抵柱』ト標紙ニ記セルヲ見レバ、云々」とあるから、『太陽』の記事はあまり信用できない。しかし、「小引」にも、在学中穂積より数回におよび引見せられながら、「不遜」の態度を以てこれに対し、その面前で「十数本ノ麦酒ヲ鯨飲」し「玆ニ書キ記ルスコト能ハザル如キ悪言ヲ以テ先生ヲ面罵シタルコトアリ」と記されているのを見れば、『太陽』に右のようなゴシップの出たのも、決して火のないところに立った煙でなかったことだけは確かである。

(47) 東京大学法学部研究室所蔵『帝国憲法綱領』のこの箇所には、明治時代の書体で「是レ憲法破壊論ナリ」と書入れられている。

(48) 以上は、明治四十五年初版『帝国憲法綱領』・大正三年初版『帝国憲法述義』・大正十三年初版『新稿憲法述義』・大正五年刊行『国体憲法及憲政』・同年刊行『議会政党及政府』等による。

(49)　転向前の上杉とよく似た立場の憲法論として、明治三十五年に藤村守美の著わした『大日本帝国憲法講義』のあることを、序に紹介しておきたい。明治三十三年に東京帝大法科大学を卒業した藤村は、穂積・一木両教授の講義を聴いたのであろう、この書を著わすには穂積・一木・有賀三博士の著書を参考にしたと記しているが、穂積の天皇即国家という説を斥けて一木機関説を採り、「天皇ハ国家ト同一ナラズ。国家ノ主権ト一致スレドモ国家ニアラズ、国家ノ一成分ナリ。然ラバ国家ヨリ見テ機関ト謂フ何ゾ不可ナラン。学者或ハ天皇ヲ国家ノ最高機関ト称ス、蓋シ中ラズト雖モ遠カラザルノ言ト謂フベシ」と言う一方、「統治権ハ絶対的権力ニシテ、国土及臣民ニ対シ無限ノ作用ヲ及ボスヲ得ル力ナリ」「統治権ハ国家内ニ於ケル他ノ人格ノ意志ニ依リ若クハ法規ニ依リテ制限セラレズ」「臣民トハ所属国ニ対シテ絶対ノ服従ヲ為スモノナリ」と言って、こちらでは穂積の主権無制限・臣民絶対服従説を採っている。そのかぎり転向前の上杉憲法学と同じ構造とも云えるが、上杉のように国権無限説を徹底させようとはしない。「輓近立法ノ大勢」が「保護ノ濫用ヲ戒メテ臣民ノ権利ヲ認メントスル」傾向を有することを認め、「是大憲ニ臣民ノ権利ヲ担保スル所以ニシテ、固ヨリ保護ヲ限制スルノ意ニアラズ、保護ノ最進歩シタル方法ト見ルベキモノナリ」とか、「国家モ法規ノ存在スル間ハ之ヲ遵守セザルベカラズ、之ヲ廃止スルマデハ法規ハ恰モ第三位ニ在リテ国家ヲモ束縛スルナリ」とか言い、統治権は法規によって制限せられないという立言と矛盾する妥協を敢てしているばかりでなく、臣民の権利の侵害には制裁がないから法律上の権利とは云えないという説を反駁して、「若制裁アルガ故ニ権利完シト謂ヘバ、国家モ臣民ノ公権ヲ蹂躙スルナラバ革命トナラン」と、かつて有賀が穂積との論争で用いたと同様の大胆な議論を公言するなど、両学派の論理の混用の迹がいちじるしいのである。大体には「議会ハ民意ヲ代表スト謂フハ政治論ナリ法理論ニアラザルナリ」という調子の、政治論と峻別された意味での法律論に論議を限局しようとする方針が貫かれているために、明治憲法の条文の文理解釈の内にとどまっており、したがって立憲主義の精神を特に強調しようとする態度にはとぼしい。上杉に比べればよほど緩和されているとはいうものの、これはまた機関説が必ずしも主権説と決定的に対立するほど異なるものでなかったことを物語っており、主権説対機関説の対立にさほど重大な意味のなかったことを傍証する資料として注意してよいのではあるまいか。

因みに、この書物は、「憲法上国務大臣ノ職責ヲ按ズルニ、第五十五条ニハ『国務各大臣ハ天皇ヲ輔弼シ其ノ責ニ任ス』トアリテ、何種ノ事項ニ就キ輔弼スルカヲ示サザル故、天皇大権ノ行動ハ一トシテ国務大臣ノ輔弼ニ依ラザルモノナキノ理瞭然タリ。然ラバ国務大臣ハ統帥ニ於テモ亦天皇ヲ輔弼スベキモノナリ」、「軍令軍政等モ天皇親裁ノ部分ハ固ヨリ大綱ニ在リテ、事直ニ国家ノ存亡汚隆ニ関スルモノナレバ、国務大臣タル者知ラズシテ止ムベカラズ意見ナクシテ止ムベカラザルナリ」という理由により、統帥権の独立を否定している点で、憲法学説史上重要な文献とされているのである。何となれば、立憲主義的な憲法学者でさえ、統帥権の独立は否定していないのがふつうであって(中野登美雄氏『統帥権の独立』四九五ページ以下・拙著『美濃部達吉の思想史的研究』九九ページ・一二〇ページ参照)、明治期の前記井上密の学説と藤村のこの書、および大正期の水野広徳の軍政改革論(前掲拙著一二〇ページ参照)が、統帥権独立否定の法理論としては、管見に属するかぎり、稀有の例外的存在だったからである。両学派の論理を無原則に折衷した特色のあいまいな論理にみたされている不出来なこの書の中で、この一節のみが異彩を放っているといえよう。しかし、それとても必ずしも立憲主義の原則を貫くための主張ではなさそうである。この時期には、藩閥元老が政府と軍部との両部門をよく統一的に把握するだけの実力を保っており、著者の心配するような「一般国務ト軍務ト」の「離隔」、「文権武権」の「対峙」がまだ現出するにいたっていなかった客観情勢を考えるとき、著者の主張は、実は元老という非立憲的超憲法的存在の機能を前提としたものであったかもしれないからである。

(50)　もっとも、同じ主権説といっても、岡村のそれと穂積のそれとは論拠を異にしていたこと、本文に述べたとおりである。単に論拠を異にしたばかりでなく、論理的な意味も同じではなかった。岡村が天皇を統治権の主体であるとするのは統治権の総攬者という意味にすぎないのであって、そのような意味での主権在君ならば、機関説学派にあっても、例えば美濃部などにおいては、はっきりと承認していたところであった。反対に、明治三十九年以前の上杉の機関説というのも、必ずしも他の機関説論者のそれと論理構造を同じくしていたわけではない。『帝国憲法』において、上杉は「帝国ノ直接機関ハ天皇アルノミ、他ハ皆間接機関タリ。(中略)帝国議会ハ天皇ノ意思ニ依リ一定ノ事項ヲ処理スル為メニ設ケタル機関タリ」と主張しているが、これは国会を以て天皇と同じく国家の直接機関とする他の機関説学者の論といちじるしく違っていて、ここにすでに主権説への移行の通路が用意されていたという印象さえ生ぜしめる。そのような問題はあるにしても、結論として天皇を主権者とするか国家の機関とするかいずれを採るかが明確に示されているかぎり、主権説対機関説という分類を行なう以上、岡村を主権説に、明治三十九年以前の上杉を機関説に属せしめる以外に方法はないであろう。

(51)　星島二郎編『上杉博士対美濃部博士最近憲法論』所収。

(52)　さすがに現在では、国家権力の無限と国民の服従の絶対とを露骨に主張する意見はないようだが、公共の福祉を人権の保障に無条件に優先させようとする考え方や、権利の保障よりも義務の強調の必要を力説したりする見解は、すこぶる有力であり、これらには国権無制限説とほぼ同一の思考様式が貫かれているとみてよかろう。拙稿「改憲論は何をめざしているか」(『世界』昭和三十九年六月号)参照。

(53)　美濃部憲法学についての詳細は、別著『美濃部達吉の思想史的研究』参照。
(54)　穂積遺著『憲政大意』上杉「小引」。
(55)　宮沢俊義氏「憲法学の先達(3)」(『朝日新聞』昭和三十七年九月十三日号)によると、氏は、上杉が「関東震災のとき、『戒厳司令部』と書いた腕章をつけ、憲兵の運転する自動車に乗っておられたさっそうたる姿」を見たことがある、という。また、上杉の息重二郎氏の「上杉慎吉」(『朝日ジャーナル』一九六三年十二月一日号)にも、「父はしょっちゅう戒厳司令部に出かけていった。ある日司令部から米一俵が届けられ、おかげでぼくたちはすいとんと称するうどん粉のだんごを主食としないですんだ」という事実のほかに、「一年に一度大塚警察署の連中を総揚げにした。女中たちがせっせと広間に燗酒を運んだ。大化会その他右翼暴力団の宴遊会が芝生で行われた」ということが記されていて、上杉が現実の権力およびその走狗と深いコネをもっていた事実が明白にされている。
(56)　宮沢氏前引文にも、上杉につき「その後の先生には、どことなくさびしい影がつきまつわっているような気がしてならない」と記されているが、昭和三十三年十一月八日我妻栄氏から聴取したところによると、上杉は、講義の後でよく「何をくよくよ川端柳」と言っていた、という。

第三章　一般国民の憲法思想

国民の憲法思想を、その理論的な精密度や内容上の堅牢度の角度からみるとき、アカデミズム憲法学における憲法思想がいわばトップレヴェルに立っており、これに対して一般国民の生活意識にとけこんだ憲法思想は基層の底辺に位する、と言える。また、憲法学者は数えるほどの僅少の限られた人々にすぎず、この点からも、両者は頂点と底辺との関係に立つといいうるが、両者は必ずしも全く無関係に対立するのではない。円錐の頂点と底辺とが斜面によって連結されているように、両者の中間には、政治家や法曹、あるいは教育者・新聞記者など、学者ほどに理論的体系はそなえていないが、一般多数の国民よりはやや自覚的かつ組織的に憲法の問題を考えている人たちが存在しており、事実そうした中間層を媒介とし、時には直接に、学者の憲法思想が一般国民に影響することもあれば、逆に一般国民の憲法感覚がなんらかの形で学者の理論の形成にはたらきかけることもなしとしないのである。もっとも、アカデミズム憲法学の初期においては、学者の理論と国民大衆の意識との間には大きな懸隔が横たわっていて、その間に若干の接触があったとしても、もっぱら学者の側からの啓蒙という一方的交通に終っていたようにも思われるが、コミュニケーションの発達に伴ない、国民大衆の間の自覚が高まってくるにつれ、憲法学の理論がそれによって刺戟されたり支持・排斥されたりするごとき事態の生じてきたことも否定できないのではなかろうか。また、国民の政治的自覚と政治活動の進展を媒介として、大衆の憲法意識が現実の憲法の運営にも少からぬ影響を与えるようにもなってくるのであって、その点では憲法学理論と現実の政治過程との相互作用に比べてもまさるとも劣らぬ重要な歴史的役割を認めることができる。いずれにせよ、一般国民の憲法思想は、間接的とはいえ究極的な決定力を、少くとも潜在的にはふくむものとして、日本における憲法思想の歴史を見てゆく上に大きな比重を置いて検討するに値するところとしなければならないと思う。

しかしながら、一般国民の憲法思想を明らかにするにはどうしたらばよいのであろうか。一般国民の憲法思想が積極的な形で表明されるのは、国民の政治活動であるから、明治憲法下の政治過程における国民の政治行動の様態を検討することによってそれがどのような憲法思想から出たものであるかを考えるべきであろうが、それは実質的には一般の政治史の一側面を辿るのと同じ結果に帰着し、特に憲法思想史としての独自の領域を開拓する結果とはなり得ないであろう。前に同じ理由によって国家権力等の政治勢力の憲法思想についての解明を一応この研究の主題から外したのであるが、ここでもまたこの観点から国民の憲法思想を考えることは、当面の課題から外してもよいかと考えられる。

それでは、政治行動を通じての外に、一般国民の憲法思想を、思想プロパーの領域においてとらえるにはどうしたらばよいか。戦後には社会心理学の流行に伴なって組織的な社会調査が盛んに行なわれるようになり、一般大衆の日常意識が実証的に明らかにされるにいたったが、遠い過去の時代の大衆の意識を調査することは不可能でないまでも、きわめて困難であって、現代の国民大衆の憲法思想の実証的解明に匹敵するような成果を求めても、まず望みがないであろう。

ただはなはだ間接的な方法であるし、また消極的な判断しか導き出せないと思うが、一般国民大衆の憲法思想を総体的に推認する一つの試みとして、教育を通して国民に注入された憲法思想がどのようなものであったかを考えるという方法は一顧に値すると思われる。明治憲法下では、小学校・中等学校の教育内容は政府のきびしい統制によりいちじるしく画一化されており、ことに義務教育の徹底によって画一化された小学校教育が国民のほとんど全部に普及していたから、その教育の中での憲法の理解の仕方が、一応国民の大多数に伝達されたことだけは否定できない。ただし教育の画一化といってもそれは教科書または教授要目についてのことであって、現場の教師の取り扱い方までが完全に画一化されていたとは限らないし、まして被教育者が教えられた内容をどう受け取ったかという段になると、いっそう複雑に多様化していたことと想像されるけれど、それにしても、明治憲法下の教育が高度の画一性をもっていたことは巨視的には動かせない事実であるし、それが多数国民の人間形成に当り強い影響を与えたこともまずたしかなことと言ってよいであろうから、教育を通して注入された憲法思想を考えることによって、間接的にもせよ多数国民の憲法の理解の仕方をある程度まで推定することは許されてよいと思う。ここでは、まずこの方法により、教育の場においての憲法の取り扱い方を詳しく検討してみることとしたい。

しかし、教育を通して注入された憲法思想は、いわば他律的に上から与えられたものにすぎず、国民大衆の側から自発的に形成され積極的に主張されたものではないから、これをもって国民の側の憲法思想の全貌をつくしたことにならないのは、もちろんである。たとい大衆の多数が、他律的に与えられた考え方から脱却できず、あるいはそれさえも身につけることができないで全くの無関心に終るものも少くなかったとしても、数の上からは少数であったにせよ、上から与えられる憲法思想とは異なる別個の考え方が国民の側から積極的に構想される場合も決してなかったわけではなく、むしろ歴史の新しい展開への寄与、または現代的意義からする精神的遺産という観点からすれば、そうしたものこそいっそう重視に値するとしなければならないのである。しかも、前にことわっておいたとおり、国民の政治活動の行動に表現されるものは一般政治史の研究に譲ってここではしばらく除外するとすれば、本研究プロパーの対象としては、新聞・雑誌類に公表された論説・宣言・投書等の文章、単行本、未公刊の日記その他における同種の文章等、思想として具体的に表現されたものから求められねばならないであろう。それらは一般国民の憲法思想を示すものというよりは、特定の個人や団体のそれを表現するものであって、むしろ国民大衆と国家権力その他の政治勢力との中間に位置するものであるが、その内には国民大衆の側からいわばその前衛の役割を帯びて現われたものもあり、日本の憲法思想を推進させる上にはきわめて重要な意義をもつものが少くないので、ぜひともこの種のものを取り上げて検討することが必要である。

さきに憲法思想の一つの分類方法として、明治憲法の解釈に終るものと明治憲法を改正または否定して理想の憲法を創造しようとするものとの二つの考え方の区別に注目する必要のあることを一言しておいたが、アカデミズム憲法学および教育を通して一般国民に与えられる憲法思想が、明治憲法を不動の所与として受容するにとどまるものであったのに対して、明治憲法に対して批判的ないし否定的態度をとり新しい憲法を創り出そうとする考え方は、ただこの国民の側から積極的に提出された憲法思想の内にのみ見ることができたのであって、それはきわめて少数の人々にのみ見られた、当時の思想界では異端的な見解にすぎなかったとはいえ、明治憲法制定以前の憲法思想と日本国憲法下のそれとの中間にあって両者を結ぶ媒介者としての位置に立つこの種の憲法思想は、歴史的にすこぶる重要な意味をもつといってよいであろう。

このような理由で、上から注入された憲法思想を見た後に、国民の間で自発的に形成された憲法思想についての検討に移りたいと思うが、ただこの種の憲法思想は、概して散発的な形でしか表明されないために、過去のあらゆる文献を限なく捜索した上でなければその事例を漏れなく蒐集することはできないわけであり、現在の私の調査の能力を超える至難な課題に属するから、ここでは私の従来の知識の範囲内で気のついた顕著な事例を標本的に例示するにとどめる外ないことを、あらかじめおことわりしておかなければならない。それははなはだ不完全でかつコンヴェンショナルな試みというそしりを免れないけれど、一応右のような目標にしたがって明治憲法下の憲法思想の諸相を検討していくならば、当時の憲法についての考え方の基本的な類型はほぼ漏れなく網羅でき、したがって明治憲法下の憲法思想の歴史的特質を大体において悉し得るのではないかと思われるので、不完全な方法であることをあえて承知の上で、とにかく一応の叙述を進めて行くこととしたい。

第一節　学校教育を通して国民に注入された憲法意識

明治憲法下の教育の基本的特色は、美濃部達吉の「我ガ教育制度ノ一ノ大ナル特徴ハ、国家主義及画一主義ノ色彩ノ顕著ナルコトニ在リ(1)」という形容に明快に表現し尽されているとおり、強力な国家的統制の下にいちじるしく画一化されたものであることと、その内容が国家主義、もう少し具体的にいえば、天皇制国家体制を最高の価値とするイデオロギーによって貫徹されていることとにあった。もちろん、明治憲法下約六十年の間には、各時期ごとに多少の濃淡は生じているけれど、その基本的性格は最後まで変更されていない。学界や思想界・芸術界のように、国家統制を全く免れていたわけではないにせよ比較的自主性に富んでいた分野においては、かなり大きな波動が生起していたにもかかわらず、教育の領域にあっては、若干の波動がなかったわけではないが、それは前記の基本的特徴を動かすほどのものではなかったのである。したがって、憲法思想についても、憲法学界のそれが、歴史的情勢の変化に応じて相当に大きく変化したのに比べるとき、教育の領域での変化はきわめて僅少、という相違を示した。それは、たとい狭隘な範囲であったとしても一応学問の自由と大学の自治とによって自主的形成の可能性を何程か許されていたアカデミズム憲法学と違って、きびしい国家統制の下におかれていた学校教育の場では、国家権力が譲歩する限度でしか歴史的情勢の推移に応ずる振幅が存在しなかったからである。

それでは、教育をかように強く画一化した国家統制は、どういう形で発動されたかというと、まず第一に教育勅語による教育方針の画定を数えなければなるまい。教育勅語「渙発」の由来については、ここで深入りする余裕はないが、簡単にいうと、それは儒教的忠孝道徳を国教たらしめようとする元田永孚の運動を最も有力な動機とするものであり、かような前近代的着想をそのまま採用することには反対しながらも、下からの民主主義運動の防波堤として現実に国民思想の上からの統制の必要を認めた伊藤博文・井上毅ら官僚派との間に妥協が成立し、さらに山県有朋の積極的発意の下に教育勅語の「渙発」が行なわれたと言うことができよう(2)。したがって、最初元田の意図したような儒教道徳の国教化という濃厚な前近代的色彩は消し去られているけれど、天皇制国家への奉仕の義務を強調し、民主主義精神を完全に黙殺したその内容は、明治憲法の君権主義的側面に適切に対応するものであった。しかも、憲法にあっては、ともかく立憲主義を一応は容認し、ある範囲において民主主義的要求に譲歩する結果となっているのに対し、そうした要素をことごとく無視して天皇制国家への服従・奉仕のみを一方的に強調する教育勅語は、法律面での譲歩を道徳面において代償する役割をも担うものであったし、同時に憲法を冠冕とする法体制を通じての力による統制のみでは期待しがたい国民の自発的服従・奉仕を心理的に強制する権威の源泉として機能することともなったのであって、教育勅語は、憲法とならぶ天皇制国家の二つの基本的支柱の一本として樹立されたと見ることができるのである(3)。

教育勅語の起草過程において、儒教思想に立って徳治主義を推進しようとする元田は、教育勅語において憲法の尊重を説くことに反対した。それは、憲法のふくむ法治主義が彼の理想とする徳治君主観と矛盾することを危惧したからでもあろうが、同時に一応立憲主義を容認する憲法の尊重を説くことが、勅語の内に立憲主義的思想を誘導する突破口となることを懸念したためであったかもしれない。これに対し、山県系官僚の文部大臣芳川顕正が「今日の時勢に於ては、特に斯くの如き句を加へて、明かに此意を示さなくてはならぬと云ふことを主張し、中々議論が纏まらなかつた」のであるが、結局明治天皇の裁定により「常ニ国憲ヲ重シ国法ニ遵ヒ」という一句を加えることに落着したという。(4) これは、一面からみれば、前近代的徳治主義に対する近代的立憲主義の勝利であったかのようにもみえる。しかし、ここで看過できないのは、勅語の右の一句が国家権力の憲法・法令遵守としてでなく国民の一方的義務という形で説かれているということである。くり返し論じてきたように、近代憲法の眼目が人権の保障のための国家権力の制限にあったのを想起するならば、右のような形での憲法尊重を勅語に挿入したことは、なんら憲法理念を強調する結果とはならず、むしろ国民の国家体制への無条件服従を強調する絶対主義的臣民道徳の説示となったと認めなければならないであろう。この一句の挿入を主張したのが、藩閥官僚中でも最も立憲主義に遠かった山県の配下の芳川であったのは、決して偶然ではなかったのである。(5) そうして、教育勅語における、このような顚倒した憲法の取り上げ方が、その後明治憲法下の教育における憲法の取り扱い方を基本的に決定したのであって、教育が教育勅語の精神に基づいて行なわれるものとされる以上、(6) 学校教育における憲法の扱い方が、右の態度から逸脱することは、明治憲法=教育勅語体制の存続するかぎり、永久に不可能となってしまったのである。

教育勅語「渙発」直後、多くの註釈書が刊行されたが、それらは勅語の逐語的解釈を主とするものであったから、当然勅語の趣旨をその方向にそってのみ強調する外なかった。例えば、明治二十四年一月刊行の那珂通世・秋山四郎の『教育勅語衍義』に

今一例を挙げて之を解説せんに、生徒の身に纏へる衣服にても、手に携へる書物にても、石盤にても、皆己れの物は己れの物として所持し得らるるは、何故なりや。生徒より力強き者あれども、之を奪ひ去らざるは何故なり

や。是は、則国憲国法ありて、生徒の身を保護するが故なり。もし国に国憲国法なくば、衣服にても、書物にても、石盤にても、皆悪人の力強き者の為に奪ひ去らるべし。然らば其の身の安泰なるは、全く国憲国法の賜ものなり。其の大切なること斯の如くなれば、臣民たる者皆之を遵奉せずんばあるべからず。

今泉定介著の、同年同月刊行の同名の著書に

実に吾等人民が、互に今日の世を安穏に過しゆくことを得るは、国憲国法の御恵によるものなれば、いかでかこれを謹み守らざるべき。

と、いずれも憲法を国家の恩恵の象徴として理解し、国民の遵法のみを力説しているのは、勅語の文理解釈としては、まさにさもあるべきことである。ひとり同年七月刊行の井上哲次郎の『勅語衍義』に「国憲創定ノ主意タル、元ト統治者ノ権限ヲ明カニシ、又一般ノ臣民ヲシテ国事ニ参与セシムルノ方法ヲ定メ、又臣民ノ身体生命財産名誉等ニ関スル権利ヲ保全シ、以テ公共ノ安寧秩序ヲ維持シ、国家ノ幸福ヲ増進スルニア」ることを明らかにし、「イハユル憲法ハ、一国ノ臣民ヲシテ各々其相当ノ権利ヲ得セシムル所以ノ根本法ナリ」とも言い、近代憲法の本質をかなり的確に説明しているのは注目に値するが、しかもその説明からただちに「凡ソ我邦ノ人民タルモノハ、謹ンデ之レヲ遵奉セザルベカラズ」という、必ずしも論理的必然性のない帰結を導出しているのは、もともと勅語がそうした結論以外の道を一切認めていないからであったろう。

さて、教育勅語の「渙発」以後、学校教育は勅語の精神に従って行なわれることとなり、教育勅語は学校教育の基本理念となったのであるが、国家権力は具体的に教育内容を統制するために、小学校・中学校の各教科内容を指示した教授要目を定め、さらにその教授要目に準拠した教育内容を確保するために、小・中学校で使用する教科書は文部省の検定を経たものにかぎることとし、次いで、小学校教科書を文部省編纂の国定教科書に改め、教育内容の画一化

を極度にまで徹底させたのである。一方、教員は上司や視学等の厳重な監督下に置かれ、身分の保障もなく、教員の自主性はほとんど認められていなかったから、政府の定めた教育方針を教育の現場において遵守させる上でも条件が十分に揃っていたのであり、このような周到な教育行政のメカニズムを通して、高度に画一化された教育内容の全国民への注入のルートが維持されていたのであった。その中でも、注入される教育内容をいちばん明瞭かつ具体的に示しているのは教科書の記述であるから、ここではもっぱら教科書における憲法の扱い方を検討することによって国民の多数にどのような憲法意識が注入されたかを考えてみることにしたい。

(イ)　官僚政治時代の小学校教科書における憲法の取り扱い

明治初年の教育においては、小学校にあってさえ、法律・経済を主題とした教科書が使用されており、その内には近代憲法の理念を詳細に説いたものの少なかったことは、第一章で述べたとおりである。教育学者が、今日の社会科教育に該当するものが明治初年にすでに存在していたと考えるのは[7]、決してまちがいではない。しかし、自由民権運動の展開に恐怖を覚え、反動的な姿勢をとるにいたった政府が明治十三年に、これら近代憲法理念を説くに詳であった書物の教科書使用を禁止し、もっぱら儒教的道徳を中心とした修身教育の奨励に力を注ぐようになって以後は、学校における社会科的教育の影は薄くなり、したがって憲法に関する教材もほとんど姿を潜めたようである。ただし、中等教育にあっては、その後も法律経済等の教育が全く廃止されたのではなく、例えば明治十五年の群馬県中学校規則[8]をみると、「経済」「本邦法令」の二学科が置かれていて、「本邦法令」の授業の「要旨」として、「凡臣民タル者ハ現今法令ヲ知ルコト、大緊要ナリトス。故ニ日常知ラザルベカラザル諸法令ヲ授クルヲ要ス。但其法ヲ守ルニ在テ、其理ヲ講論スルヲ要セズ」と定められており、教科書として司法省の『類聚法規』九冊・続編三冊・三編三冊が口授の教科用図書として挙げられている。しかし、右の授業の「要旨」を見ても分るように、そこでは単に現行法令を知らせてこれを「守ル」ことを教えるのみで「其理ヲ講論スル」ことはむしろ回避されているのであり、同じ規則中の「生徒心得」において「政事ノ談論、人世ノ浮沈等ニ注目シテ徒ラニ時日精神ヲ耗費スベカラズ。是レ此在学ノ年月ハ専ラ学問修業ニ従フノ時期ニシテ其之ヲ用キ之ヲ施スハ、宜シク他日成業ノ後ニ在ルベキヲ以テナリ」とあるのと併せ考えるならば、憲法問題のごときはかえってタブーと化していたと考えねばならないであろう。しかも、このような内容の法律関係の学科目さえ、明治十七、八年の頃にはすでに廃止されてしまい(「経済」は残るが、それも明治二十三年の規則では消えている)(9)、中等学校においても、社会科的教育は一時中断されるにいたるのである。

小学校教育においては、なおさらであって、明治十三年の法律関係教科書使用禁止令以後、明治憲法時代の最後にいたるまで、小学校の教科目の中には、今日の社会科に該当するものとしては、高学年に課せられる歴史・地理があるだけであり、政治・経済・社会に関する教材を取り扱う独立の教科目はなく、したがって憲法を教材として取り上げるとしても、歴史の外には、修身・国語等の中でする外なかったわけである。しかし、例えば修身で憲法を取り上げるのは、今日の社会科で憲法を取り上げるのといちじるしくその意味を異にする。修身とは言うまでもなく「修身、治国、平天下」の修身であり、「治国、平天下」すなわち政治・経済という社会的視角に立つ実践論より一段次元の低い個人道徳論を意味するのであるから、教科目に修身という名称を附したこと自体がおのずから個人道徳の原理に問題を限定する結果とならざるを得ず、その中で憲法を説くとすれば、国家権力の制限という憲法の政治的機能は問題となる余地がなく、結局教育勅語に説かれているとおりの臣民の憲法遵守義務の教説のみに終る傾向を免れなかったといえよう。以下、各期の教科書について、憲法がどのように扱われていたかを具体的に紹介することとしたい。

明治十九年、教科書検定の制度が実施され、爾後三十六年にいたるまで、小学校でも検定教科書が用いられ、したがってこの期間には複数の教科書が平行して出ているのであるが、例えば明治二十五年刊行の能勢栄著『高等小学修身書』(当時は尋常科四年・高等科四年の制度であるから、高等小学といっても、後の尋常小学の上級学年に相当する部分をふくんでいる)巻六には、第十五課「国体」の中で

二十三年に至り、天皇其の政権を分ちて、人民に与へ、帝国議会を開きて、人民をして、大政を議せしめ給ふに至れり。されば、我が日本国の人民は、皇室に養育せられて、知識を得、又皇室より与へられて、政権を得たる者にして、天子は、父母の如く、人民は子の如く、一国を挙げて一家の如し。

第十九課「忠節」の中で

君主は、一国人民の上に立ち、人民の権利を保護し、義務を課し、以て之が安寧幸福を完からしむる主権者なり。(中略)人民に於いては、此の上も無き恩恵人なれば、従ひて、其の恩恵に感じ、又従ひて、其の恩恵に報いんとする心を生ずるは、当然の事なり。(中略)臣民たるものは、上公侯より、下庶民に至るまで、皆君主の従属者にして、偏に其の命令に服従すべきものなり。

と説き、「議会」「君主」「人民の権利、義務」「主権者」等の憲法の中心的要素に触れた論述を行なっているが、そうした憲法上の問題が、君主の家父長的恩恵と臣民のこれに対する報恩を説示するための前提となっているのは、憲法の取り扱い方として注目すべき点であろう。そして、このような家父長的君臣観と並べて、穂積憲法学を連想させる君主への絶対服従論が示されているのも、看過しがたい。

能勢教科書の憲法観は巻八の第一章「国家に対する道」において、いっそう明瞭に示されている。ここでは、「国家に対する道、七つあり」として、「(一)法律に服従する事」を第一に挙げ、特に憲法について、次のように述べている。

憲法は、一国の大法なり。国家の精神なり、諸法律の基礎なり。吾人が国家に対する第一の責務は、法律に服従することとなるが、中に就きて、其の最大の責務は、憲法を遵奉すること是なり。憲法に服従せざるものは、即国家の精神に服従せざるものなり。国家に服従せざるものは、即国家に抗敵するものなれば、之を大逆として誅罰して可なり。大勅に曰はく、常に国憲を重んじ国法に遵ひ云々と。以て吾人が国家に対する大責務の在る所を知るべきなり。

ここでは国民の「法律に服従する責務」の一項目として「憲法遵奉」が説かれているのであるが、これにつづく「(二)官吏を尊敬する事」という、第二の「道」についての

官吏には、法を立つる者、法を執る者、政を行ふ者の差別あれど、何れも法政の執行者たれば、之を尊敬するは、即法政を尊敬すると同一にして、国民たるものの免るべからざる責務とす。故に官吏に抵抗し、其の職権の執行を妨げんとするが如きは、国に対する責務を知らざる愚人の為す所なり、慎まざるべからず。

尚又官吏は、君主の命を受け、国家を代表して、事に当るものなれば、君主を重んずる理より見ても、国家を重んずる理より見ても、之を尊敬するは、当然の事なり。

という、君主と国家と官吏との三位一体観の上に立つ臣民の絶対服従義務強調の教説[10]とあわせ考えるならば、この教科書の採る憲法観が、臣民の絶対服従を主軸とする穂積憲法学の論理と全く同一のものであることを看取し得るであろう。「国家に対する道」として、さらにひきつづき、「(三)租税を納むる事」「(四)兵役に就く事」「(五)子女を教育する事」「(六)国を愛する事」という、国民の義務ばかりが続々と列挙されている理由も、そこから来るのである。かろうじて最後に「(七)代議士を選挙する事」という、立憲主義の道徳が初めて掲げられ、

投票を為すものは、明察なる知識を以て、能く候補者の人物徳行意見、及び其の代議士たる責務を尽くすに適任

> なりや否やを識察せざるべからず。斯かる知識を有たんと欲せば、固より相当の教育を受けざるべからずと雖、新聞を読み、雑誌を閲し、或は他の方法に由りて、其の知識を増益することも、亦極めて必要なりとす。

と、立憲公民としての積極的な政治知識の涵養が説かれており、ここだけは一応近代憲法精神に触れた説述となっているが、「国家に対する道」の中での比重は、やはりいちじるしく軽いといわなければならないであろう。「国家に対する道」の次には、第二章「国君に対する道」が立てられ、

> 国家は、数万の家族、相聚合して成りたる一大家族にして、君主は、其の主長なれば、之が家族なる者、主長に対して負ふ所の責務なくんばあらず。

とし、その第一に「服従」の責務を掲げ、

> 君主は、人民の権利を保護し、責務を課し、以て之が安寧幸福を完からしむる主宰なり。故に主宰は、其の従属の権利を保護し、責務を課する為に、威厳を備へて是に臨み、従属は、主宰の威権に服従して、之に尊敬を加ふるを、至当の道とす。

という教説が示されており、ここでも、「人民の権利、義務」という憲法上の観念に論及しつつ、家族国家論による家父長主義を以て、国民の君主に対する一方的服従の義務を基礎づけようとしているのであって、論理の繁簡の差こそあれ、巻六の所説をそのまくり返したものに外ならない。要するに、能勢教科書が、局部的に国民の政治参与に触れながらも、全体としては、君主に対する国民の服従の規範として憲法を説明することに主力を注いでいることは、明瞭である。

明治二十七年発行の西村茂樹校定・天野為上編輯の『小学修身経』巻三には、第三十一課「遵法」の章において憲法への言及があり、

凡そ種々の法律は、すべてわれら臣民の幸福を増さんがために制定せられたるものなれば、われらは一々これを遵奉すべき義務あり。法律に背くものは、国家の罪人にして、所罰を免れざるべし。

明治二十二年二月十一日、紀元節の日を卜して発布させたまひし、帝国憲法は、国家大本の法令にして、国に憲法あるは、なほ家に柱礎あるが如く、万世かけて動くまじきものなり。苟も日本国に生れたるもの、亦謹んでこれを遵奉せざるべからず。

と説かれている。ここでも、憲法が単に国民の「遵奉」の対象としてのみ考えられていることにおいて、教育勅語衍義類以来の視点がそのまま維持されていることが分る。

明治三十三年普及舎刊行の『新編修身教典』は、その緒言にことさら「現社会ニ適切ナル道徳、則チ立憲的国民ノ知得スベキ公徳ヲ、児童ニ体認セシメンコトヲ期セリ」と揚言したものであるが、憲法を正面から取り扱っている尋常小学校用巻四の第二十八をみても、

国民は、第一に国憲を重んじ、国法に従はざるべからず。国憲とは、わが帝国の憲法のことにして、わが国体、及政治・法律のもとゐ、並に、臣民の権利・義務をしめしたるものなれば、よく之を心得て、立憲国の民たるに、背かざるべし。国法とは、即各種の法律にて、人民のつとむべきこと、および行ふべからざることを、示したるものなれば、これ、亦、心得おくべし。

という程度のことしか述べていない。「臣民の権利」にふれていながらも、全体がきわめて抽象的であって、「立憲国の民たるに、背かざるべし」というのが具体的に何であるかは示されず、勅語の文句を丸写しにしただけにとどまる。高等小学校用巻二の第三十課「国民の務(遵法)」は、憲法自体を正面から取り上げた章ではないけれど、この教科書が「立憲国の民たるに背かざる」ものとしてどのような内容を考えていたかを窺わしめるものであるが、その結論は、

「われ等臣民は、政府を敬ひ、法律を守りて、各〻生業をつとめ、法律の定むるところに従ひて、租税を納め、以て、おのれの幸福と、国家の安全とをはからざるべからず」ということになっており、「国民の務(遵法)」という章名から見ても、結局このような「政府」「法律」に対する服従を以て「国民の務」と考えていることが明白であり、ここにもまた、穂積憲法学と同一の憲法意識が窺われると言わざるをえない。なお、この章の次に第三十一課「日清戦争(挙国一致)」の章があり、

この時、軍資支出のことをはからせたまはんとて、広島なる大本営のもとに、帝国議会を招集せられしに、貴族院及衆議院の議員等、五百余人は、一人ものこらず、出席し、たま〳〵病ありしものも、その病をつとめて出席し、一人の異議を唱ふるものもなくして、一億円の軍資を、即坐に議決せしに、これを聞きたるわが国民は、いづれも歓喜して、議員の決議に満足したりしかば、外国人等は、今更の如く、わが国民が、協同一致の精神に富めるに感じ合ひたりきといふ。

と戦時議会の景況を特別の感激をこめて叙述しているのであるが、「立憲国民ノ知得スベキ」事項として最も重要なものの第一に指を屈せられるべきはずの議会の役割が、ただこの一箇所で、このような戦時下の「協同一致」の特例についてのみ記されているというのも、立憲政治に対する教科書の取り扱い方としては、あまりにも異様の感を免れないであろう。本来、行政府の専恣を制約するという議会本来の役割を措き、翼賛議会としての特例のみを挙げてそれが立憲政治の極致であるかのような印象を与えようとするのは、国家権力制限のための憲法を単に国民服従の規範としてのみ教えるのと同一の、顚倒した憲法感覚を示すものなのではあるまいか。

検定教科書は数が多いが、右の若干の例だけでも、まずその大体の傾向は察知せられると思う。明治三十六年にいたり、小学校の教科書は文部省著作の国定教科書を使用しなければならないこととなり、教育内容の画一化は、さら

にその度を進める結果となった。国定教科書には、唐沢富太郎氏『教科書の歴史』に説かれているとおり、五回の全面的改編があり、五期の教科書のシリーズが出ているわけであるが(11)、最初の第一期教科書は明治三十七年から六年間にわたって使用された。まず第一期の修身教科書についてみると、『尋常小学修身書』ではまだ憲法自体の直接の説明はなく、第四学年用の第二十で兵役の義務を、第二十一で納税の義務を、第二十三で市町村会議員の選挙を、第二十四で法令の遵守をそれぞれ説くなど、憲法的教材が取り扱われるにとどまっており、『高等小学修身書』第四学年用第二十四課「国民の務」において、はじめて憲法が正面から取り上げられる。

われ等国民は、常に、大日本帝国憲法、および各種の法令を重んじて、かたく、これを守り、かりそめにも、これに背くべからず。

憲法は天皇、臣民権利義務、帝国議会、国務大臣及枢密顧問、司法、会計、補則の七章七十六条より成る。法令は、みな、この憲法に基きて制定せらる。

法令に法律と命令との区別あり。法律とは、帝国議会の協賛を経、天皇の御裁可によりて公布せられたる規則にして、刑法、民法、商法、刑事訴訟法、民事訴訟法等あり。命令とは、帝国議会の協賛を経ずして、発布せられたる規則にして、勅令、閣令、省令、台湾総督府令、道府県令等のごときものをいふなり。

この章の次に第二十五課「国民の務(つづき)」があり、そこでは、「われ等国民は、また、種種の務を有す。兵役の義務、納税の義務、教育の義務のごときは、中にも大切なるものなり」と、それぞれの義務が詳細に説かれ、その次の第二十六課「自治体」で市町村の公民としての責務が説かれ、その次の第二十七課「議員選挙」で、衆議院議員および地方議会議員等の選挙に関する心得が説かれている。また、国定教科書では、国語読本にも、修身・歴史等その他今日の社会科に相当する類の教材がたくさん取り入れられているが、憲法については、修身教科書よりも国語読本のほうにはるかに豊富な教材がふくまれている。『尋常小学読本』八には、第十七「選挙」の次に第十八「帝国議会」という章があり、

明治二十二年ニ、ワガ天皇陛下ハ、大日本帝国憲法《ケンポー》トイフモノヲオ出シニナリマシタ。ソシテ、コノ憲法ニヨッテ、明治二十三年カラ、帝国議会トイフモノヲオ開キニナリマシタ。

コノ帝国議会ハ、法律ノシタゴシラヘヤ、国ノ費用ノシタギメナドニツイテ、会議ヲイタシマス。ソシテ、「ソノママデヨイ。」ト思フモノハトホシ、「ワルイ。」ト思フモノハトホサナカッタリ、ナホシタリシマス。政府ハ、コノヨーニシテ、イヨイヨ、キマッタモノヲ、天皇陛下ニ、サシアゲテ、伺ヒマス。ソシテ、オ許ヲ得テ、コレヲ、実地ニ、行フノデゴザイマス。

と帝国議会の機能をかなり適切に説明した上、議会の内の衆議院の議員はみな国民の選出したものであるから、議会が前記のようなことをするのは、「トリモナホサズ、ワレワレ、国民ガ国ノ政事ノ相談ニアヅカルト同ジコトニナルノデゴザイマス。コンナコトハ、日本帝国ノ歴史ノ上ニ、コレマデ、タメシノナイコトデ、マコトニ、アリガタイコトデゴザイマス」と結んでいる。また、『高等小学読本』八には、第十四課「大日本帝国憲法、及ビ、皇室典範」という一章があり、

憲法ハ国家統治ノ原則ヲ定メタルモノナリ。主権者ハ、之ニヨリテ、国家ヲ統治シ、臣民ハ、之ニモトヅキテ、其権利ト、財産ノ安全トヲ保護セラル。

憲法アル国ヲ立憲国トイフ。西洋立憲国ノ憲法ハ、多ク、人民ノ主権者ニ迫リテ、幾多ノ紛乱ヲ重ネ、鮮血ヲ流シテ制定セルモノニシテ、主権者ノ意志ヨリ出デテ、之ヲ制定セルモノハアラズ。然ルニ、大日本帝国憲法ハ、我天皇陛下ガ、深ク、国家ノ隆盛ト、臣民ノ幸福トヲ増進センコトヲ望マセタマフ大御心ヨリ制定シタマヒタル

モノニシテ、明治二十二年二月十一日、紀元節ノ佳節ヲ以テ、万民歓呼ノウチニ発布シタマヒタルナリ。ワレ等ハ天皇陛下ノ大御心ヲ体シタテマツリ、此憲法ヲ遵奉《ジュンポー》シテアヤマルコトナキヲ期セザルベカラズ。

大日本帝国憲法ハ七章、七十六条ヨリ成ル。第一章ニハ、主トシテ、天皇ノ大権ヲ定メ、第二章ニハ、臣民ノ権利、義務ヲ定メ、第三章ニハ帝国議会ノ組織、権限ヲ定メ、第四章ニハ、国務大臣、枢密顧問ノ職責、第五章ニハ、裁判所ノ権限ヲ定メタリ。又、第六章ニハ、国家ノ会計ニ関スルコトヲ定メ、第七章ニハ、補則トシテ、憲法ノ改正ニ関スルコトナドヲ定メタリ。イマ、第二章ノ条文ヲ掲グベシ。

という本文に次いで、「第二章　臣民権利義務」の十五条の憲法の条文全文がそのまま引用され、次いで、

天皇陛下ハ大日本帝国憲法ヲ発布シタマヒシ日、皇室典範トイフモノヲ制定シタマヒタリ。皇室典範ハ天皇陛下ガ祖宗ノ遺訓ニ鑑ミテ定メタマヒタル、皇室ノ御家法ナリ。十二章、六十二条ヨリ成ル。イマ、皇位継承ノ御事ヲ定メタル、第一章ノ条文ヲ掲グベシ。

とあって、次に「第一章　皇位継承」の九条の典範の条文全文がそのまま引用されている。同書は、また、第十八課から第二十課まで「政務の組織」三章をつらね、最初の第十八課では、

我国の政務は、万世一系の天皇が、之を御統べになるのである。しかし、国務大臣の輔弼によって、天皇の親裁あらせられる大権のほかは、或は帝国議会に与らしめ、或は、政府、又は自治団体に行はしめ、或は裁判所に行はしめになってゐる。

帝国議会の与る政務の範囲は、立法、即ち、法律の制定である。すべて、法律は法律案として、いちおー帝国議会に提出し、其協賛を経た後に制定すべきもので、之を経なければ、制定することはできないのである。しかし、立法権を行ふのは天皇の大権であって、帝国議会は、唯之に与るに過ぎないのであるから、たとひ、帝国議会の

協賛を経た法律案でも、天皇が御裁可にならなければ成立しないのである。即ち、法律は、政府、又は貴族院、衆議院の提出した法律案を、帝国議会が協賛して後、天皇が之を御裁可になって、はじめて成立することになるのである。

帝国議会は、天皇が立法権を行ひになるに当って、之に与るばかりでなく、又、歳出入の予算を協賛する権限を有してゐる。即ち、歳出入の予算は、毎年、政府が之を提出して、帝国議会の協賛を経べきことになってゐる。

その次に、帝国議会の構成を説明し、つづいて

貴族院と衆議院とは相合して、帝国議会の権限を行ふのであるけれども、各議院は、又独立して上奏し、建議し、且、臣民の請願を受けることができる。上奏とは天皇に文書を奉呈し、又は奏聞することをいひ、建議とは、政府に文書を提出して意見を述べることをいふ。又、議院は、臣民の請願を受けると、之を調べて、政府に紹介するのである。

次に、政府、又は、自治団体の行ふ政務の範囲は、行政即ち法律、勅令の範囲内に於て、種々の政務を行ふことである。（下略）

と述べ、第十九課では、行政官庁の種類等を詳述し、第二十課では、まず地方行政について述べ、次に裁判所の説明に移り、

裁判所で、民事、刑事の訴訟を判決する官吏を判事といふ。判事は、いはゆる終身官で、刑法の宣告、又は懲戒の処分によるほかには、免職されるよーなことはない。すべて裁判の公平であるか、偏頗であるかは、国家の威信と、臣民の幸福・安寧とに、大関係のあるものであるが、もし、其裁判を掌る判事の地位が不安であって、容易に、行政官吏のために動かされるものとすると、或は、偏頗な判決をもしないと限らないので、かよーに、終

身官としてあるのである。

裁判の対審、判決は、おほむね、之を公開する。之を公開することも、裁判の公平を保つ上に、最も必要な方法で、秘密は、まゝ、私曲偏頗の媒となることをまぬかれないけれども、之を公開して社会公衆の前に行へば、公明正大となるべきことは自然の勢であるからである。

次に軍法会議につき説明した後に、

こゝに、又、行政裁判所といふ裁判所がある。これは行政庁の違法処分によって、権利を侵害されたもののために、法律、勅令により、特に出訴を許した事件について裁判する所である。

という、行政裁判の説明で結んでいる。かように、国語教科書では、修身教科書よりもはるかに詳細に憲法を説明しているのであって、中等学校ならば法制教科書で説かれる事項をここで説いている形となっている。これは、国定の国語教科書が修身的教材に富み、修身教科書と相まって道徳教育の実をあげるために役立つよう配慮されていたためでもあるが、一つには個々の国民の個人的実践の水平を超えた社会科的素材である憲法を扱うには、個人の「修身」の道を教えるのを主とする修身教科書よりも、客観的事実の叙述文を多くふくむ国語教科書の方が適当と考えられたためではないかとも思われるのであって、少くとも、結果的には、社会科に相当する学科目の役割を国語科で代行させようとしたものと見ることが可能であろう。

さて、第一期国定教科書における憲法の取り扱い方を通覧すると、後の時期の教科書に比べて、比較的に立憲主義がすなおに説かれており、ことに国語読本の場合にそれがいちじるしい。例えば、天皇の大権の説明についても、「国務大臣の輔弼によって、天皇の親裁あらせられる大権」、「帝国議会に与らしめ」、「裁判所に行はしめ」といった説明は、きわめて婉曲ながら、天皇の大権が国務大臣・帝国議会・裁判所によって制限されることを暗示しているとも見られるし、法律は議会の協賛「を経なければ、制定することはできない」とか、裁判が「行政官吏のために動かされるものとすると、或は、偏頗な判決をもしないと限らない」とか、「行政庁の違法処分によって、権利を侵害されたもの」とかいう叙述のスタイルにも、国家権力の制限あるいはその相互控制などの趣旨がはっきりと表現されていて、明治憲法の解説としては、比較的穏当なものと言ってよいのではなかろうか。ことに、憲法条文のサンプルとして臣民の権利に関する規定を主とした第二章の全文を引用したのは、もっとも注目に値するが、これと連関して『高等小学修身書』第三学年用の第十二課に「他人の自由」と題する一章があり、

社会の安寧秩序を妨げざるかぎりにおいて、何人も行動の自由を有す。されば、決して、他人の行動を妨ぐることなかれ。

また、社会の安寧秩序を妨げざるかぎりにおいて、何人も思想の自由を有す。されば、他人と思想を異にすることありとも、その人に対して、決して思想の自由を妨ぐるがごときことあるべからず。

われ等は、また、社会の安寧秩序を妨げざるかぎりにおいて、信教の自由を有す。おのれの信ずるところにより て安心するは、人人の自由なれば、決して他人の信仰を妨ぐべからず。

と説いていることが考え合わされるのである。修身という個人道徳的観点を大前提としている関係上、個人対個人の関係に問題が限定され、国家権力対個人の関係が取り上げられていないうらみはあるにしても、ここでの「行動の自由」「思想の自由」「信教の自由」の尊重論が、憲法上の権利を念頭において強調されたものであることは、教師用書のこの部分で

人は思想の自由を有するが如く、また信教の自由を有す。大日本帝国憲法第二十八条にも「日本臣民ハ安寧秩序ヲ妨ケス及臣民タルノ義務ニ背カサル限ニ於テ信教ノ自由ヲ有ス」とあり、信仰は人心の内部に属し、各人の自

由に任すべきものにて、他より阻害せらるべきものにあらず。されば社会の安寧秩序を妨げず、また臣民たるの義務に背かざるかぎり、如何なる宗教を信ずとも妨なし。昔は信ずる所の宗教の異なるがために他を迫害せし例少からず。これ野蛮なる行なれば、文明国にありては、もとよりかかることあるべからず。

という解説の施されているところからみても明らかである。さらに第二十二課「社会の秩序」において、「社会の秩序を保つに大切なるものは、法令なり。されば、かりそめにも、これを破るべからず」と例のごとき遵法論を説きながら、これにすぐひきつづいて

もし、他人、これを破りて、わが権利を侵害することあらば、相当の手続を経て、その回復をはかるべきなり。

という、「権利闘争論」を連想させる強烈な権利意識が力説されていることや、前述のとおり国語読本に憲法第二章の全文の引用されていることなどを綜合して考えてみるとき、第一期教科書では、全体として、人権保障を眼目とする近代憲法の根本理念が、明治憲法という枠の中としてはかなりの程度まで理解できるように配慮されていると言えるのであって、後年の教科書には見られないこの期の特色として注目しなければならないであろう。第一期教科書の編集されたのは、すでに教育勅語の権威がゆるぎなく確立して以後の時期に属するけれども、明治前半期の啓蒙思想のなごりがなお一掃されることなく存続していて、それが右のような形で教科書の内に散発的ながらその姿を現わしたものと考えられる。

とはいうものの、そうした要素は、どこまでも前代のなごりにすぎないとも言えるのであって、基本的にはやはり検定教科書以来の傾向がそのまま維持されている。『尋常小学修身書』では、兵役・納税・遵法という国民の義務の側のみを強調しており、『高等小学修身書』でも、第二学年用に第二十七課「国民の務」の一章を設け、くり返し義務の観念を説くに力を注いでいるのである。義務については章まで立てて詳論しながら、憲法で保障された権利につい

ては説明さえもない。第四学年用第二十四課で憲法を正面から取り上げながら、立憲主義の精神を説くこともなしに、憲法の章名や条数を掲記するにとどめたのは、『国語読本』との重複を避けたためであるにもせよ、修身教科書での唯一の憲法の説明の仕方としては、あまりにも形式的との批評を免れないであろう。第四学年用第二十七課「議員選挙」で国民の参政権という、立憲政治の根本にふれる問題を取り上げるに当っても、

すべて選挙に際しては、公正を旨として、適当なる人物をあぐべし。ゆゑに、まづ、その選挙せんとする人の人となりを知りて後に選挙するをよしとす。他人の勧誘、教唆等を受けて、所信を枉げ、または、金銭、物品、その他の利益のために、意見を変ずることあるべからず。

と説き、選挙にとって最も重要であるはずの政治上の主義主張の問題を黙殺した上、選挙運動を否認するにもひとしい訓戒を示すなど、参政権行使の用意を教えるものとしてはいちじるしく一面的に流れている。国語教科書での憲法の取り扱いは、修身教科書に比べるとはるかにましであるけれど、それでも、例えば『尋常小学読本』では、議会の制度を「マコトニ、アリガタイコトデゴザイマス」と、上からの恩恵として受け取らせようとしているし、『高等小学読本』では、国民は「此憲法ヲ遵奉シテアヤマルコトナキヲ期セザルベカラズ」と言って、憲法を「遵奉」の対象としてのみ理解する教育勅語註釈書以来の一貫した姿勢をうけついでいる。そのほか、「人民ノ主権者ニ迫リテ、幾多ノ紛乱ヲ重ネ、鮮血ヲ流シテ制定セル」「西洋立憲国ノ憲法」と「天皇陛下」の「大御心ヨリ制定シタマヒタル」大日本帝国憲法とを対比させたり、「立法権を行ふのは天皇の大権であって、帝国議会は、唯之に与るに過ぎない」と議会の権限を消極的に表現したりするあたりには、やはり穂積憲法学的な発想を感じないではいられないであろう。

このように、第一期教科書には、自由主義時代のなごりがかなり残っているとはいえ、『勧善訓蒙』や『威氏修身書』が教科書として使われていた明治初年の状況とは到底同日に談ずることができないのであるが、局部的にもせよ

自由主義的な要素の残っていたことが、反動的な国体論の信奉者たちの強い不満を呼びおこし、その角度からの教科書改訂の要求が現われ、いっそう右寄りの線にそった改訂が行なわれることとなった(12)。そうした事情に基づいて新しく編集されたのが第二期の国定教科書であって、明治四十三年から八年間にわたり使用されたのである。

第二期の国定教科書では、憲法の最も詳しい説明を国語教科書で行なってきた第一期教科書における教材配分の方針を改め、憲法についての総論的説明は修身教科書に統合され、国語教科書は各論的説明だけを分担することとなった。すなわち、第一期の『高等小学読本』八の第十四課と『高等小学修身書』第四学年用第二十四課とにおける憲法の説明を、今回は『高等小学修身書』巻二の第十七課・第十八課二章にわたる「国憲国法」でまとめて行なうこととなり、国語教科書での憲法の説明は『尋常小学読本』巻十二に第二十六課「帝国議会」の一章を存置するのみとなった。「国憲国法」という教育勅語の用語を以て章名にあてたところからみると、第一期の国語教科書のように、憲法を客観的に説明する方針を改め、教育勅語的な観点からの実践上の問題として取り扱うのが適当と判断した結果かとも推認される。

第二期教科書が、上記のような事情の下に改訂されてでき上ったものであるところから、憲法の取り扱い方も、自然と第一期のものと異ならざるを得ない。「国憲国法」の章では、

我等大日本帝国臣民たるものは常に国憲を重んじ国法に遵はざるべからず。

我等臣民たるもの常に国憲を重んじ国法に遵はざるべからず。

我等臣民たるものは常に憲法を尊重し聖旨の厚きに対へ奉らんことを期すべきなり。

皇室典範・大日本帝国憲法の外詔書・勅書・法律・命令等ありて、いづれも我が国臣民たるものの遵奉して怠るべからざるものなり。

市町村条例の如きも亦国法の一なり。我等は他の国法と同じく之を遵奉せざるべからず。

国憲を重んじ国法に遵ふは我等の重大なる務なり。故意に国憲国法に違背する者の罪悪は論ずるまでもなけれども、之を知らずして遵奉を怠る者も亦臣民たるの本分に背くものなり。

とくり返して遵法の精神が強調される一方、第一期教科書の顕著な特色であった憲法第二章全文の引用が姿を消し、代わって

其の第一に曰く「大日本帝国ハ万世一系ノ天皇之ヲ統治ス」と。これ実に我が帝国の万世一系の皇統と相依りて終始し古今永遠に亙りて変ることなきを明かにしたるものなり。

という第一条本文の引用とその精神の闡明のための説明文が新たに加えられ(13)、他方、「他人の自由」の章も削除されて、第一期教科書に見られた人権意識はほとんど第二期教科書では影を潜めてしまっている。「帝国議会」の章は、国語教科書に残されたせいか、かなり第一期国語読本の語調を多く保存しているが、「天皇は国務大臣の輔弼によりて一切の政務を親裁し給ふ」という表現にわずかに大権の制限が暗示されている程度にとどまり、権力分立主義を理解させるに足りるような説明がほとんど見られなくなったのは、やはり看過しがたい。貴・衆両院の上奏権・建議権および臣民の請願を受くるの権を述べた後に、「要は下情上達の道を開かせ給ふ聖慮に外ならず」と言い、帝国議会の「議員たる者は至誠奉公の赤心を以て忠実に其の職責を尽すべく、一般選挙人も亦公平無私の精神を以て参政の公職に最も

適任なる人物を選出せざるべからず」と説くごときも、立憲主義的な議会の説明とは言いがたいものがあるとの感を禁じがたいのである。

この第二期教科書は、明治四十一年九月に設置された教科用図書調査委員会によって編纂されたのであるが、修身教科書の編纂を担当した同委員会第一部の初代の部長が穂積八束であったという事実は、私たちにとり看過できないところであろう。上杉慎吉の伝えるところによれば、「予ノ留学ヨリ帰朝シタル頃(明治四十二年夏)ハ先生(穂積)ハ最モ熱心ニ小学校修身教科書ノ編著ニ従事シ居ラレタリ。先生ガ斯ノ事業ノ為メニ如何ナル苦心ヲ為サレタルカハ、之ヲ目撃シタル予ニ非ザレバ想像ダモ及バザル所ナリ」とのことであって、第二期修身教科書と穂積とのかような積極的な結びつきを私たちは注目しなければなるまい。しかし、何分小学校の段階では、穂積憲法学の理論をそのままの形で教科書にもちこむことは、教育技術的にも困難であり、むしろ彼自身執筆には関係していないが、中等学校の検定教科書において、小学校教科書よりもいっそう露骨に穂積憲法学の主張がとり入れられていることは、次項に詳細に実証するとおりである。

(ロ)　官僚政治時代の中等学校教科書における憲法の取り扱い

さて、ここで小学校の教科書から眼を転じて、中等学校の検定教科書における憲法の取り扱い方を検討してみようと思う。

中等学校においては、明治十年代の後半に入ってからも、一時「現行法令」を授ける学科目の置かれたことがあるようであるが、そこではもはや憲法は取り扱われず、それさえも短期間に廃止されてしまったこと、前に述べたとおりである。その後十数年にわたり、中等学校においても、政治・法律・経済等の社会科的な学科目は存在しなかったのであるが、明治三十四年文部省令第三号中学校令施行規則[16]において中学校の学科目として「法制及経済」が設けられ、「現行法規ノ大要及理財、財政ノ一斑ヲ授クヘシ」と定められ（後に「帝国憲法ノ大要及日常ノ生活ニ適切ナル法制上及経済財政上ノ事項ヲ授クヘシ」と改められている）、やがて師範学校や高等女学校の学科目にも加えられて、中等学校では憲法を正面から取り上げる学科目の成立をみたのであった。小学校の場合、教科目の性質と児童の発達段階とに制約されて、憲法を教材として取り扱うにしても、あまりつっこんだことは教えられなかったのであるが、中等学校の法制科では、ある程度まで学問的・体系的な説明が可能でもあり、また必要ともされたので、法制の教科書を見ることにより、教育の領域での憲法の取り扱いがどういう学説を基礎としているかがはっきりしてくるのであり、小学校の教科書の検討だけでは十分確認し得なかった点でも、こちらの方で明確にし得る場合が少くないのである。検定の法制教科書が全部で何種類くらい出たのかは調査できなかったが、私の閲覧できたものに次の二十六種の教科書があり[17]、これだけでも全体の傾向を把握するには十分かと思う。

仁井田益太郎校閲・普通教育研究会編『中等教育法制綱要』（明治三十四年三月発行） 溝淵孝雄著『法制教科書』（同三十四年四月発行・三十五年四月五版発行・年月日不明文部省検定済） 神藤才一閲・高橋正熊・松本敬之合著『中等法制経済教科書法制之部』（同三十五年四月発行・同十一月再版） 持地六三郎・岩田宙三共著『中等教育法制教科書』（同三十五年六月発行・同十二月再版） 仁井田益太郎著『中等教育法制大要』（同三十九年二月文部省検定済） 小原新三著『中等教育法制教科書』（同三十九年四月発行・同七月再版） 宝文館編輯所編『最新法制経済教科書』（同四十一年三月発行・同十二月再版） 前田孝階・松井康義共著『法制経済綱要法制之部』（同四十二年八月発行） 岡田朝太郎修訂・土屋彦太郎・相川茂郷合著『中等法制経済教科書』（同四十三年二月文部省検定済） 岡松参太郎・清水澄・中島信虎閲・日本大学著述『中学法制経済要義』（同四十三年四月発行・四十四年三版・文部省検定済） 岡本一郎著『中等学校教科用書法制大意』（同四十四年四月発行） 和田垣謙三著『法制経済新教科書』（同四十四年十二月発行・四十五年三月再版） 織田

万『新編法制教科書』(大正元年八月発行) 桜田広利『法制経済教科書』(同元年十月発行) 吾孫子勝・気賀勘重共著『中等法制経済教科書』(同元年十月発行) 織田万・田島錦治共著『法制経済教科書』(同三年十月発行・四年一月再版) 中村福太郎著『法制経済教科書』(同四年十二月発行・六年七月再版) 鳩山秀夫・河田嗣郎共著『近輓法制経済教科書』(同四年十二月発行・十五年九月十三版) 中島信虎著『改訂新編法制経済教科書』(同五年三月訂正発行・十年三月再版) 赤司鷹一郎著『中等教育法制経済教科書』(明治四十五年二月発行・大正七年二月訂正十版) 宝文館編輯所編『新撰法制経済提要』(大正五年一月発行・十年九月訂正七版) 佐々木惣一著『法制経済教科書法制』(同十一年十一月発行・十二年三月文部省検定済) 小林清貞編『中等教育法制経済教科書』(同十四年十一月発行) 黒川善一・谷口弥五郎共著『近世法制経済教科書』(同十五年十月発行) 清水澄著『法制経済教科書』(同十五年十月発行・昭和二年二月文部省検定済) 清水澄校閲・坂田増太郎著『最新法制経済教科書』(昭和二年九月発行)

右の内、まず大正前半期までのものについて主な特色を拾い出してみると、第一にすべてが「皇位ハ統治権ノ本体ナリ。所謂主権ナル語ハ、統治権ノ別称ナリ」(普通教育研究会)というように天皇主権説を自明の理のごとく説いており、天皇機関説を採った例は、この時期のものには、管見の属するかぎり一つも見出されない。中には「欧州ノ学説ヲ見ルニ、国家ハ主権者ニシテ君主ハ単ニ国家ノ代表者タルニ過ギズト為スモノ多シ。此ノ如ク、君主ヲ以テ主権者ニ非ズトスル思想ハ、君主専横ノ弊ニ懲リテ、之ヲ矯正セントスル主意ニ出デタルモノニ外ナラズ。而シテ此思想タルヤ、実ニ我建国以来ノ思想ト相容レザルモノトス」(仁井田)と明らかに天皇機関説を以て「我建国以来ノ思想ト相容レザルモノ」としてこれを非難するものさえあった。その他、「欧州諸国ニ於テ、(中略)或ハ議会ハ元首ト共ニ統治権ヲ共有スト為スノ見解アリ。然レドモ、此ノ種ノ見解ハ、我ガ国体ト相容レズ」(小原)と言い、君民共治説をはっきりと否定するものや、あるいは「法制及ビ経済ニ関スル学説ノ如キハ、学者間ニ種々ノ議論アリテ一定セザルモノ多キガ故ニ、成ルベク普通ノ解説ヲ主トシ、学説ノ異同ヲ挙ゲテ評論スルガ如キハ避ケザルベカラズ。生徒ヲシテ偏説ノ先入主ト為リ、空論ニ馳セテ軽躁ニ流ルノ弊害ニ陥キラシメザラムコトニ注意スルヲ要ス」(持地岩田巻末持地「法制経済科ニ就キテ」)と言い、暗に「普通ノ解説」とする天皇主権説のみによって教授することを慫慂し、天皇機関説を「偏説」としてその紹介をさえ抑制しようとしたものも見られるのである。

第二に、統治権の絶対無限を説いているものが多い。「法トハ、主権者ガ臣民ヲシテ遵奉セシムル行為ノ規則ナリ」「凡ソ国法ナルモノハ、憲法ニアレ、法律ニアレ、命令ニアレ、悉ク　天皇ノ制定シ給フ所ニシテ、天皇ハ国法ノ上ニ立チ、敢テ国法ノ支配ヲ受クルコトナシ」(普通教育研究会)「憲法ハ天皇ノ制定シ給ヘル所ニシテ、天皇ハ超然トシテ当然憲法ノ上ニ在ラセラル。故ニ憲法ヲ以テスルモ天皇ヲ強制シ束縛スルコト能ハズ。憲法第三条ニ於テ『天皇ハ神聖ニシテ侵スベカラズ』ト言フハ則チ此意ヲ明ニシタルモノナリ。而シテ憲法第四条ハ天皇ガ憲法ノ条規ニ依リ統治権ヲ行ハルルコトヲ規定シ、実際ニ於テハ天皇モ亦法ニ従ヒ給フコト多ク、敢テ一般臣民ト異ナル所ナキガ如シ。然レドモ天皇ガ法ニ従ハルルハ之ニ依リテ統治スルヲ便利ナリト信ゼラルルガ為ニシテ、臣民ガ他ノ命令強制ノ為ニ法ニ従フモノト同ジカラザル事ヲ注意スベシ」(持地　岩田)「天皇は(中略)即ち主権者にして、何者も天皇を羈束する能はず、天皇は神聖にして侵すべからず(憲法第三条)とは、皇位は法律以上に在るの意にして、唯に、天皇の尊厳を示すのみに非ず」(土屋　相川)「統治ノ権タル絶対ニシテ為サザルナク、無限ニシテ及バザルナシ」「憲法ハ天皇ノ権力ヲ制限スル独立ノ力ニ非ズ。憲法ハ、天皇ガ其ノ絶対ニ無限ノ権力ニヨリテ発セラルル所ニシテ、之レヲ廃止スルト否トハ、一ニ天皇ノ意思ニ存ス」「統治権トハ、治者ガ被治者ニ対シ、命令スルノ権力ナリ。此権力ハ一国ニ於テ最高無制限ノ力ニシテ、国内ハ勿論、国外ニ対シテモ、決シテ拘束ヲ受クルモノニアラズ」「法ハ主権者ニ対シテハ其効力ヲ及ボサズ。主権者ハ、国家ノ最高権ヲ有スルモノナレバ、若シ之ニ法ノ効力ヲ及ボスベキモノトスレバ、如何ニシテ其尊厳ヲ保持セン。殊ニ主権者ハ法ヲ制定シ、法ノ上ニ卓出スルモノナレバ、従ツテ其法ノ適用ヲ受クルコトナキハ、正ニ理ノ当然ナリ」(岡本)「第四条ニ『天皇ハ国ノ元首ニシテ統治権ヲ総攬シ此ノ憲法ノ条規ニ依リ之ヲ行フ』トアリ。即チ天皇ノ権力ハ最高無限ナルモ、本条ハ統治権ヲ行ハルルニ当リ準拠セラルベキ標準ヲ示サレタルノミ」(桜田)などとあるのがその例である。これに対し、「立憲国に於ては或範囲に於て君主は他の機関の制限を受け、他機関の参与なくんば有効の政務を処理するを得ざるものなり」「一度憲法の成定せられたる上は、大権の行動は一に其規定に準拠せざる可らず。立憲国に於ては、憲法の認めたる以外に国権発動の形式方法あるなし。若し之あらば畢竟違憲たるを免れず」「立憲政体の国に於ては、或政務は必ず機関によるを要件とす。即憲法第五条に『天皇は帝国議会の協賛を以て立法権を行ふ』とあり。即立法は必ず議会の協賛を経ざる可からざるを示したるなり。又(中略)憲法第五十七条に『司法権は天皇の名に於て法律に依り裁判所之を行ふ』とあり。故に、天皇は自ら裁判する事を得ず、必ず裁判所なる機関によりて司法権を行はしめざる可らず。又憲法第五十五条には『天皇は必ず国務大臣を設け其副署を以て法令及詔勅を発せざる可らず』とあり」(高橋　松本)「立憲君主国に於ては君主の権力は制限せられざるを得ず。即ち君主の下に、之を制限すべき議会ありて、立法権に参与し、司法権は主権者の干渉を離れたる独立の裁判官によりて行はれ、君主の行為は責任ある大臣の副署を要すること是なり」「天皇は国家最高の権力を有すと雖も、憲法の制限の下に於て統治権を行ふ」(和田垣)「行政権は社会の須要に応じて自由に活動することを得るも、尚ほ其の活動は常に法律の範囲内に於てすることを要す。是れ偏に政府の専断を制限して、人民の利益を保障するの旨に出づ。我が憲法に於て、天皇は統治権を総攬し給ふも、憲法の条規に依りて之を行はせ給ふべきものとし、其発動の条件と之に参与すべき機関の職権を定めたるは、畢竟此の近世諸国の通則に依り、立憲の本旨を明にしたるに外ならず」(織田)というごとく、少数であるが、立憲制においては、統治権あるいは君主権が憲法の規定により制限されることを強調しているもののあることは、注目に値しよう。

第三に、主権の絶対無制限を説いたその当然の結果として、ほとんどすべてが臣民の絶対無限の服従を力説している。「臣民は統治の客体にして、絶対無限に主権に服従すべきものなり。臣民の服従程度が、法令に依りて定められたるを見て、臣民の主権に服従する義務が、法令に依りて創設せられたるとなすなかれ。国権に服従するは、臣民の臣民たる本質にして、現行の法令は、只、其の限度を定めたるに過ぎず」「国家は其の目的を達するため、職として国力維持と国力増進とを為さざるべからず。之に対して、個人臣民は、自己の利益を犠牲として、国家の目的のために供せざるべからず。彼の公租・公役に服し、或は義勇奉公に赴く可きが如きは、其最も著しきものなり。此等の負担は、臣民が国家より受くる保護の対価にあらず。国家の目的を達するがために、臣民たる身分を有する個々の人民より致すべき絶対義務なりと知るべし」「臣民は、統治の客体なり。統治せらるる者なり。臣民は絶対無限に主権に服従す。統治の関係は、事実的関係にして、強者が自己の意思を以て弱者を支配するものなるが故に、強者たる主権者は、弱者たる臣民に対し、常に絶対の権力を有し、臣民は、又之に対して、無限の服従を為す義務を有す」（溝淵）「臣民は国家に対して永久隷属の関係あるものなり。（中略）此隷属関係より国家に対しては絶対無限の服従となり、国家は又臣民に対して保護の責任を負ふ。（中略）国家の保護あるは此服従あるが為なり」「臣民は国家に対して絶対服従の地位にあり。従て自然に権利を有せず。只国家によりて与へられ法律を以て認められて、始めて権利あるのみ」（高橋　松本）「臣民ハ絶対無限ニ天皇ニ服従ス。絶対トハ猶ホ無条件ト言フガ如ク、臣民ノ服従ハ外国人ガ内地ニ滞在スルノ間帝国ノ主権ニ服従スルガ如ク、一定ノ条件ニ係ルモノニ非ザルヲ云フ。従テ臣民ハ如何ナル場合ニ於テモ主権者ノ意ニ反シテ服従ヲ脱スルコト能ハズ。臣民ノ服従ハ又無限ナリ。無限ナリト云フハ天皇ノ命令ニ制限ナク如何ナル事ヲモ命令スルヲ得、臣民ハ如何ナル命令ニモ必ズ服従セザル可ラザルヲ云フ。蓋シ臣民ハ主権ノ保護ニ依テ其生ヲ保ツモノニシテ、保護ノ益〻充分ナルニ従ヒ愈〻完全ナルコトヲ得ベク、而シテ完全ナル保護ハ完全ナル服従ニ伴フヲ以テナリ」（持地　岩田）「臣民は（中略）国家の主権に絶対に無限に服従せざるべからず。若し、服従を欠かんか、主権行はれず。即ち国家亡ぶ。吾人は生れながら日本帝国の臣民なり。服従は合意約束によらず、之を絶対と云ふ。又、服従の義務に一定の限度なし、故に無限と云ふ。蓋し絶対無限の服従は、臣民が完全なる保護を受くる要件なり。臣民にして無限に服従すれば、国家の権力は完全なり。随つて完全の保護を与ふるを得べし」(土屋　相川)「国民ハ統治権ニ対シ絶対的服従ノ義務ヲ負フモノトス」(岡本)「臣民　絶対無限に統治権に服従する者をいふなり」(吾孫子　気賀)「国民ハ絶対的ニ其ノ主権ニ服従スルモノナリ。絶対的トハ、関係的ニ対スル理ナリ。外国人ハ、他国ノ領土内ニ在ル間ノミ其ノ国ノ主権ニ服従スルモノナルヲ以テ、其ノ服従ハ関係的ナリ。国民ノ服従ハ絶対的ナリ。何レノ時、何レノ場所ニ至ルモ、本国ノ主権ニ服従セザル可ラズ」(中村)などと説かれているとおりである。かような立場をとる以上、臣民の抵抗権の認められないのは当然であって、ことさらに説明するまでもないとされていたようであるが、中には「統治機関ハ、其ノ職権内ニ於テハ、国法ヲ解釈スルノ力ヲ有スルヲ以テ、臣民ハ妄リニ自己ノ見解ニヨリテ、機関ノ行為ノ違法ナルヤ否ヤヲ決スルヲ得ズ。違法ノ行為モ、苟モ機関トシテノ行為ナル以上ハ、臣民ハ之レニ対シテ服従ヲ拒ムヲ得ザルモノトス」(宝文館)と明言した例もあった(18)。

臣民の服従義務のみを一方的に強調する立場に立つのであるから、臣民の権利保障の面に対しては、その説明はおのずから消極的ならざるを得ない。「法ハ、毎ニ国家ノ利益ヲ目的トス」(仁井田)「憲法は、国体政体の大原則を定めたる法なり。其実質は国によりて一ならず。或は之を以て君主と国民との契約となすものあり、或は人民の権利の保証となすものあり。我憲法は、統治の原則を定めたるものにして、(下略)」(土屋　相川)「我ガ憲法ハ統治権ノ主体タル天皇ガ統治ノ原則ヲ定メタルモノナレバ、君臣相互ノ間ニ成レル規約ニアラズ。又国民ノ権利ヲ保証スル為メニ作レルモノニアラズ。之レ我ガ憲法ノ特色トスル所ナリ」(中村)とことさら日本憲法における権利章典の意義を否定的に評価しようとするものさえ見出される。しかし、憲法に臣民の権利を規定した明文のある以上、これを全く無視するわけにもいかないところから、「臣民ハ無限ニ統治権ニ服従ス。故ニ、臣民ニ対スル統治権ノ作用ニハ、本来、何等ノ制限ナキモノトス」と言いながらも、「主権者ハ、臣民ニ対シテ自由ニ統治権ヲ行使スルヲ得ベシト雖モ、猥ニ之ヲ行使スルヲ欲セザルガ故ニ、法ヲ設ケテ自ラ統治権ノ行使ヲ制限ス。（中略）主権者ハ、臣民ノ自由ヲ重ズル主意ニ基キ、法ノ限定セル範囲内ニ於テ其自由ヲ認メ、且ツ自ラ之ヲ侵サザルノ制限ニ服ス。此自由ハ即チ主権者ニ対スル臣民ノ権利ニシテ、主権者ノ義務之ニ伴フ」（仁井田）とも言い、論理の一貫性を犠牲にして常識的妥協を試みたものもいくつか見られるのであるが、ここでも例外的に国民の権利の保障を立憲制の本質として積極的に強調するものが一、二あったことは看過せらるべきでなかろう。「臣民とは当然に絶対無限に服従すべき者をいふなり。絶対的に統治権に服従するが故に、統治権の完全なる保護を享け、玆に法律上一定の権利を享有す」と絶対服従説を形式上採用しながら、同時に「臣民は絶対に統治権に服従すべきものたりと雖も、立憲国に於ては、統治権者の命令は一に法規に準拠すべきものなるを以て、臣民も亦法規以外に於て服従を強制せらるることなし。即ち臣民の服従義務は国法の範囲内に限るものにして、絶対服従の意義亦是に外ならず」とした和田垣の教科書、および同様に「臣民とは国家統治権の下に在りて絶対的服従の義務を負ふ者にして、其の絶対的服従の義務あるが故に、統治権の完全なる保護も亦独り之を受くることを得」と言いながらも、「憲法が臣民の権利を保障するは国家の公力と私人の利益との分界を明にし、以て国権の妄動を制限するの意に出づ。立憲制度の精神は一に此に存す」「兵役納税の二大義務を命ずるにも亦法律の定むる所に従ふことを要す。又是れ国権の妄動を制限する所以なり」と言っている織田の両種の教科書がそれであって、前段でも例示したとおり、この和田垣・織田の両人の著作は、高橋・松本合著の教科書とともに、この時期の法制教科書としては、比較的立憲主義の精神を忠実に示した例外的存在として特筆に値するのではなかろうか。

第四に、「帝国議会は、天皇が帝国を統治するに要する機関なり。（中略）国民の代表者にあらず」（溝淵）「議会ハ天皇ノ機関ナリ。則チ治者ガ立法権ヲ行使スルニ際シ使用スル道具ナリ。故ニ議会ヲ以テ自ラ立法権ヲ有スル治者トナシ、若クハ国民ヲ代表スル被治者ナリトナスハ、皆謬説タルヲ知ルベシ」(持地　岩田)と、議会が国民の代表機関であることを否定するものが多いが、「帝国議会は国家の機関にして、主として法律の制定に参与し、国民の意思を代表して、間接に政府の行動を監視するものなり」「法律制定の事たる、国家の重大なる為政行為にして、之が監督を怠る時は、動もすれば私曲に流れ、国民全体の利益を侵害するの虞あり。是に於てか政治上国民の代表者たる議会の参与を必要とし、其承諾の下に法律を制定せしむ」(高橋　松本)「政治上ノ見解ニ於テ、衆議院ハ、国民ノ輿論ヲ照映スルノ機関ナリト謂フコトヲ得」(小原)「帝国議会は、国民の代表者として立法権に参与し及び行政を監督することを以て主たる任務とする統治機関なり。即ち議会は国民を代表するの機関にして、議会の意思は軈て国民の意思と看做さるるなり」(和田垣)というように国民の代表機関であることを肯定するものもいくつかある。

第五に、国務大臣の責任について、大多数のものは、「其の責に任ずとは、自己の過失につき、天皇に対して責任を負ふことをいふものにして、此の責任を問ふ者は、帝国議会にあらず、又裁判所にもあらず。此等の機関以外に於て、天皇が親ら之を処分し給ふなり」(溝淵)「国務大臣ハ輔弼ニ就テ責任ヲ有ス。此責任ハ天皇ニ対シテ有スルモノナルコト言ヲ俟タズ」(持地　岩田)「国務大臣ハ若シ輔弼ノ責ヲ完ウセザルトキハ、天皇ニ対シ奉リ其責ヲ負フ」(仁井田)「国務大臣若輔弼ノ任ヲ完ウセザルトキハ、天皇ニ対シ、其ノ責ヲ負フ。外国ニ於テ国務大臣ハ、多ク議会ニ対シ責ヲ負フ。我国ニ於テ、国務大臣ハ議会又ハ国民ニ対シ責ヲ負フト謂フハ、我ガ国体ト相容レザルナリ」(小原)「国務大臣ノ責任ノ性質ニ関シテハ、幾多ノ議論ヲ存スレドモ、要スルニ、其ノ責任ハ輔弼ノ職務ニ就キ、天皇ニ対シテ、責ニ任ズルヲ云ヒ、天皇ニ代ハリテ責ニ任ズルニモ非ズ、又議会ニ対シテ責ニ任ズルニモ非ザルナリ」(宝文館)「其の責に任ずとは、最も重大なる場合と雖免官を超ゆることなく、民事上・刑事上の責任は勿論、国民に対しても何等の責任を負ふにあらざるなり」(前田　松井)「国務大臣は、天皇に対し責任を有す。(中略)大臣の責任を問ふは、専ら天皇の大権に属し、我憲法上、帝国議会は斯の如き権能を有せず」(土屋　相川)「国務各大臣ノ責任ハ天皇ニ対シテ有スルモノナリ。即チ各大臣輔弼ノ任ヲ完ウセザル時ハ其責任ヲ問フハ天皇ノ大権ニ属シ、帝国議会ニ対スル責任ニアラザルヲ以テ、議会ハ其責任ヲ問フノ機能ヲ有スルモノニアラズ」(桜田)「国務大臣其ノ輔弼ヲ過ルトキハ、天皇ニ対シ、責任ヲ負フモノトス」(中村)というように、天皇に対する責任のみに限定し、議会または国民に対する責任を認めていないのである[19]が、僅少ながら「其責に任ずとは、大臣が輔弼行為の過失につき直接には天皇に対し、間接には国民に対して責任を負ふをいふ」(和田垣)のごとく、国民に対する間接の責任を認めたもの、「我国に於ては国法上大臣を免黜するは独り、天皇のみ能くする所にして、如何に国憲に違背し公益を壊乱するの行為ありとも、議会国民の得て如何ともする能はざる所なり。然りと雖、議会には上奏の権あり、以て不法の大臣の免黜を請ふを得べく、又建議質問の権あり、以て政府を警戒し其非政を攻撃するを得べし。只国法上此権を有して之を行使するを得ざるのみ。而して立憲国に於ては、民心の帰趨する所にあらざるよりは政府も其地位を全うする能はざるものなるが故に、必しも国法上大臣を免黜するの権なきを憂ふるに足らざるなり」(高橋　松本)のごとく、議会が実質的に内閣を左右する力あることを認め、議院内閣を肯定するにちかい見解をさえもらすものなど、珍しい例外も見出されないではない。

これと連関して、「輔弼は、国務大臣各単独に之を為すものにして、決して、大臣が相合体し、連帯の責任を以て天皇を輔弼するにあらず。内閣と称するは、法理上行政大臣の合議府にして、国務大臣の会合にあらず。憲法が特に国務各大臣と宣言したる所以も、亦此に在るなり」(溝淵)「仮令数多ノ国務大臣アル場合ニ於テモ各個独立シテ職責ヲ有シ、決シテ一団トナリテ連帯職責ヲ有スルニアラザルハ、憲法ニ於テ特ニ国務各大臣云々ト言ヘルヲ以テ明ナリトス」(持地　岩田)「責ニ任ズベキ大臣ハ各大臣単独ニシテ、各大臣連帯ノ責ニ非ザルコトハ、憲法ノ明定スル所ナリ」(宝文館)「責に任ずべき大臣は、各大臣単独にして、各大臣の集合体なる内閣其責を負ふに非ず」(土屋　相川)「国務各大臣ハ連帯シテ輔弼ノ責ニ任ズルニアラズ、各大臣単独ニ責ニ任ズルモノトス」(桜田)「責ニ任ズベキ大臣ハ、輔弼ニ過失アリシ大臣ノミニシテ、国務大臣全体ノ連帯責任ニアラザルナリ」(中村)などとあるように、その責任を各大臣単独責任とし、内閣の連帯責任を否定する説明、および、「副署ハ国務大臣ノ義務ニシテ之ヲ拒ムノ権能アルモノニ非ズ」(持地　岩田)という国務大臣の職務の独立を否定する説明を施したものが、やはり多数を占めているが、これに対しても、少数ながら「国務大臣が、天皇を輔弼すとは、単に　天皇の指揮に従て施行するの謂に非ず。(中略)　天皇に諫言して憲法及法律に違反し若くば其他の不利不当なる施設更廃を中止し之を匡済するの義務あり。故に大臣は只機械的に　天皇の指揮を施行するに止まらず、独立の意見を以て行政諸般の事に当るの責任を負ひ、其の意見若し天皇の聴納を得ざるに於ては其の職を退くの自由を有す」(高橋　松本)という例外的な説明を下したものもある。

第六に、憲法列記の大権事項を以て特に親裁を必要とする事項とし、および憲法に法律によるべき旨を明記された事項以外は法律によって定められることを要しない、という説明を下したものが多い。「大権事項ハ法律ヲ以テ規定スルコトヲ得ズ。立法事項及ビ大権事項ニ属セザル事項ハ法律ヲ以テスルモ命令ヲ以テスルモ自由ナリ。之ヲ自由立法事項ト云フ」(持地　岩田)「憲法上ノ大権事項ト憲法上ノ立法事項トハ互ヒニ対立シテ侵スコトヲ得ズ。(中略)此ノ両種ノ事項以外ノ事項ハ、法律・命令何レヲ以テ規定スルモ可ナリ。之レヲ法令共同ノ事項トナス」(宝文館)「憲法に『何れの機関にも委任せずして天皇の親裁せらるべきもの』と定めたる事項を、憲法上の大権と称す」(日本大学)などとあるのが、その例である。[20]

以上特に顕著な特色と思われるものを列挙してきたのであるが、僅少の例外を除く大多数の教科書に共通するそれらの特色が、いずれも穂積憲法学に特有の主張であったことは、一見してただちに理解せられるであろう。もっとも、君主権の絶対無制限を君主の神聖不可侵と結びつけて説明したり、臣民の服従の絶対無制限を外国人の服従義務との比較の問題としてのみ説明したりするごとき、穂積憲法学の基本論理をやや歪めたものもあるし[21]、何といっても教科書であるために常識的な妥協を行ない学理上の一貫性を犠牲とした点(例えば臣民の絶対無限服従義務と権利保障との妥協など)もないではなく、すべてが穂積憲法学の論理を完全な形で祖述しているともいえないけれど、とにかく文部省の統制下におかれた中等教育の法制科の教科書の大部分が、きわめて明確に穂積憲法学の思想を祖述する態度を共通に示している事実は[22]、小学校の国定教科書の場合には十分に確認できなかった問題を疑問の余地ない程明らかに立証するに足りるものであって、穂積憲法学が明治憲法体制下の日本で演じた最も重要な役割が那辺にあったかを、何よりも端的に物語っているとみなければならない。穂積憲法学と正面から意識的に対決する姿勢をとっていた美濃部達吉が、学校教科書における憲法の説明の仕方に終始批判的な意見を持していたのは、当然であった。彼が明治四十五年の著作『憲法講話』の中に

国体には君主国体と共和国体との区別があり、政体には専制政体と立憲政体との区別があるとして居る説がありますが、此の説は頗る広く行はれて居りまして、中等教育の教科書などには多くは此の説に依つて居るやうでありますが、私は此の説を以て断じて誤であると信じて居ります。

———

天皇の大権は敢て此等の列記のみを以て尽きたものではなく、其の列記は唯其の重なるものを挙げたに過ぎないので(中略)あります。(中略)然るに従来之とは大変に違つた説が広く行はれて居りまして、是れ迄出来て居る中等教育の法制教科書などにも多くは其の説を取つて居るやうであります。其の説に拠ると、(中略)此等の列記事項を称して大権事項と謂ふのであります。(中略)此等の事柄に付ては法律を以て之を定むることは全く之を許さ

ないのであるといふのが第一の点で、第二には又此等の事項に付ては必ず天皇の親裁を必要とするので之を行政官庁に委任して行はしめるといふことは是も憲法の許さない所であるといふのが第二の点であります。（中略）是は可なり広く行はれて居る説で、殊に私共の先輩でありまする穂積博士が熱心に其の説を唱へられて居るのでありますが、私は之を以て根拠の有る説とは信ずることが出来ないのであります。

と批判を加えているのは、いずれも教科書が穂積学説を祖述している点を婉曲に非難したものであるが、昭和九年の『日本憲法の基本主義』においては、最初にまず穂積の名を挙げてその学説の大要を紹介し、

是が故穂積博士の主張の要点で、此の説は其の後多くの学者に依つて祖述せられたのみならず、文部省の編纂に係る国定教科書の中にすら、其の説を採用して居り、殆ど官撰の学説とも見るべき有様を為して居る。私は斯かる思想に対して強く反対するもので、それは立憲政治の精神を無視し、憲法を根底より破壊するものであると信ずる。

とまで痛言している。穂積憲法学は必ずしも国家運営の現実面においては、支配階級によりそのまま採用されなかったのに反し、かえって一木から美濃部にいたる天皇機関説のほうが正統的憲法学の地位を獲得していたと見ることができるにもかかわらず、教育の世界にあっては、美濃部の学説に対しては固く扉がとざされたのである。文部省では、一時美濃部憲法学をも受け入れる方針をとった時期もあったらしく、明治四十四年には美濃部をして中等教員の講習会で憲法の講演を行なわしめ（前引『憲法講話』はそのときの講演をもとにしてまとめたものである）、また「文部省から出版する予定を以て、中等教育の法制教科書の起草を」[23]美濃部に嘱託したこともあり、さらに中等教員検定試験の法制の試験委員に毎年美濃部を嘱託していたほどであって、最初は美濃部を意識的に疎外していたわけではなかったようであるが、それにしても教科書に関するかぎり美濃部学説の採用された形迹は管見の範囲内では全く見出され

ないばかりでなく、『憲法講話』の内容をめぐる上杉慎吉の機関説攻撃に端を発し上杉・美濃部の論争が展開せられるにおよび、文部省はたちまち美濃部への中等教員試験委員嘱託を永久にやめ、せっかく脱稿して提出されていた法制教科書原稿をも出版しないで闇に葬ってしまったということであるから[24]、結局において教育界における穂積学説の独占的地位は終始ゆるがなかったわけであった。

(ハ) 憲法教育の実情に対する批判の発生

教育の世界での憲法の取り扱いは右のごとき実情であったが、このような実情に対しては、心ある人々の間では早くから疑問がいだかれていた。ことに小学校教育に立憲主義の精神を培う用意がいちじるしく欠けていることは、立憲政治の健全な発達を妨げるものとして、黙止しがたいと考える人々が少くなかったようである。明治憲法下では、慣例として教育に関する事項は命令により定められることとされており、事実上政府の独裁に委ねられる形を呈していたが、衆議院において、政府の反省を促すための建議が何度か議員により試みられている。明治三十五年三月、第十六回帝国議会において、衆議院議員根本正らは、「憲政の完美を期するには国民をして政治上普通の智識を養成し議員を選挙し以て其の生命財産の権利を保護せしめざるべからず。然るに国民にして貴重の選挙権を軽視する者尠しとせず、其の結果啻に一身の不幸を招くのみならず、延て国家の進運に影響を与ふるや大なりとす。故に政府は国民をして選挙権の重要なることを知らしむが為憲政の要旨を普通教育教科書中に編入し、以て速に之が実行を期せられむことを切望す」という建議案を提出し、代表者根本が趣旨説明のために演壇に登り、

極簡単に申しまするが、立憲政治の人民は宜しく権利義務と云ふことを知りませぬければなりませぬ。然るに、(中略)大切なる選挙権を棄てました人が十万百二十六人ございます、即ち五分の一と云ふものは其自分の生命に

も財産にも重きを置かないと云ふやうな者がある訳であります。故に今日此普通教育に於て立憲政治の何たるかを知らせて、此選挙権の大切なる事を教へると云ふことは最も大切なことである。

云々と論じた。同四十四年三月の第二十七回議会では、議員村松亀一郎が、「初等教科書中に政治、法律、経済等に関する事項を増加し以て児童をして政治的智徳を涵養せしむべし」という建議を行ない、その趣旨説明のための演説の中で、次のように主張している。

是は今日の文部省の取つて居られますところの教育の方針に一の改革をなさうと云ふ考が、此中に籠つて居るのであります。今日まで文部省の教育に対する方針と申しまするものは、彼の小学校の修身書、即ち教師用の修身書、其他等を通読して見ますのに、(中略)所謂軍国の民を作ると云ふことが、頗る周到綿密に出来て居ります。(中略)それから家族的親和を計ることに於て又可なり良く書いてあります。(中略)それから近頃になりまして、(中略)所謂産業の民を作らんとすることに稍々力を致すやうであります。(中略)所が独り大に欠けて居る、頗る其方針が誤つて居ると云ふのは、立憲政体の治下にある国民に政治のことを教へることが甚だ粗である、粗なるのみならず、私の見るところでは、寧ろ此方面には国民の知識を近づかしめないと云ふ位のやうに見えるのでありきす。(中略)僅に此尋常小学読本の第十二の第二十四課に大国民の品格と云ふことがある、其次には第二十五課に自治の精神と云ふことがある、其次に第二十六課に帝国議会と云ふことがある、是だけありますけれども、其他見当らぬのでございます。土台教育の方針の中に政治的思想の涵養をする考がなくて作つたところの教科書であるが故に、縦令多少の政治上に関する事柄が多少加味してあつても、教員之を教授する間に一切此精神と云ふものを入れて教授するのでない。(中略)此の如きことは、憲法発布以前と以後とに於てたんと変りはない。(中略)今日の如き文部省の方針で、僅に是だけのものを教科書中に置いて、而して教員其意を受けて誠に冷淡に唯此処に書いてあるところだけを生徒に示すと云ふことでは、如何にして此日本の国民をして真に立憲国民たらしめることが出来ませうか。

村松は、翌四十五年三月の議会でも、政府に対する質問の中で、ふたたびその持論を述べて、当局の反省を促した。

維新前の農工商の教科書を見まするに、（中略）単に納税の責任を教へただけのことである。（中略）納税の責任に伴ふところの権利は一言半句教へてないのである。単に国民は租税を造る一の動物の如く教へてある。（中略）此の如き国民の思想では到底此健全なる立憲政体の美を済すと云ふことは、私は勿論困難であらうと思ふ。（中略）教科書の中で高等小学修身書第三学年用には、一番初めに教育に関する勅語があります。其次に戊申詔書が書いてあります。（中略）併ながら是と相並んで彼の憲法発布のときの勅語、是又立憲国民を教へるに於ては必要欠くべからざるものである。（中略）教科書の前の二つの詔勅を掲げるならば、是もやはり相並んで憲法発布の詔勅をも掲げて、さうして吾々臣民若くは子弟をして之を捧読し拳々服膺せしむべきことを奨めると云ふことは、甚だ必要なことであつて、今日の日本に於ける欠点は、即ち政治的知識の欠点を補ふ上には、至大の効果のあることと信ずるのである。

憲法の本文ではなく勅語を教科書に掲げて「捧読」させるという方法が、はたして立憲思想の涵養に適切かどうかははなはだ問題であるにしても、論者は勅語の権威を逆用することによって教科書の内に立憲主義的要素を増加させる突破口を作ろうとしたものであろうと思われる。

京都帝国大学で教育学講座を担任する教授谷本富は、明治三十八年から三十九年にかけて行なった講演をまとめて刊行した著作『新教育講義』において「国民教科の不備」な点として、現行教科書の「偏倚」を指摘し、ことに憲法教育にははなはだ欠陥の多いことを強調した。

国家に関する方で遵法正義と云ふ事に成ると、現行教科書は不備である。否、此方でも納税の義務とか選挙に関する心得とかは実に鄭寧に教へてあるが、併し乍ら国民の権利義務と云ふことの中で、今日の教科書には一般に義務の方を教へるには非常に骨を折つて居ながら権利と云ふ事を教へるには甚だ冷淡である様に見受ける。固より権利と云ふ事を余り早く教へると、服従心が無くなると云ふ杞憂もあつて至極御尤とは思ひますけれども、モー少し国民の権利を教へるのが好いのではあるまいか。諸君、此の国土に属する国民から云へば、無論皇室が第一であります。併し彼の国家に属する国民と云ふ方からは、皇室の尊きは勿論、尚外にモー一つ教へるものがある。夫れは何であるかと云ふと、憲法である。然るにドウも此の憲法と云ふことが鵜の目鷹の目に探し見たが、修身書の中にも読本の中にも書いて無い。憲法と云ふ事をハッキリ書くと云ふ事は、国家に属する国民の側の教育上からは必要ではありますまいか。私の見やうが悪いか知らぬが、私の見た丈では憲法と云ふ文字が出て居らぬやうである。尋常科四年の二十四課に法令を重んぜよと云ふ事があつて、松平定信の事が例になつて居る。法令を重んぜよとあるから、此処だ此処だ玆に憲法の字があらうと思つて繰返して見ると、タッた一言、「法令を重んぜねばなりません」と書いてある丈けである。(中略)ドウかもーちッと憲法と云ふ者の極めて大切なる所以を明かにして貰いたい。(中略)唯だ僅に高等科第二年に及んで、修身書中に　天皇陛下の聖徳を頌し奉る序でに憲法を御発布になつたと云ふ事がある。さうして教師用の本を見ると、憲法は七章七十六条より出来して居るものであると云ふ事が書いてあるが、夫れ丈けでは憲法の何たるか分りますまい。憲法は　天皇陛下の御発布に成つたるものにて七章七十六条より出来て居るものである。(笑)之れ丈けでは分らぬと思ふ。唯だ最後に高等科四年の第二十四課の所に行きまして、「国民の務め」と云ふのがある。其処で憲法の事を一言して居る。夫れは斯う書いてある。「法令は皆此の憲法に基いて制定せらる」とある。併し憲法と云ふものはモーチッと広大な意味のある事でありますまいか。所で今度は読本の方であるが、どう書いてあるかと云ふと、私の見た丈では矢張憲法の事が無い。唯最後の高等科の第八冊の第十四課の所に憲法は教へてある。即ち憲法の第二章の人民の権利義務と云ふ所の全文が掲載されてある。此処だ、諸君、私は学校で国民の権利義務を教へるのであるなら、今少し前の方で言つて貰ひたいのである。（中略）四年の義務年限中には憲法は終に習はずして過ごすのはをかしなものです。義務年限を延長してなりとも、モー少し憲法の事なども委しく教へて貰ひたい。諸君、日本の人は法律と云ふと兎角馬鹿に窮屈なもののやうに思ふのぢやけれどもね、殊に折角大御心を注がれて下し賜ひし御聖徳に対し、勢ひ憲法は重んぜなければならぬのぢや。即ち此の国家と云ふ点に於いては憲法は根本的必要ぢや。是れは元来一面には国民の権利と云ふ事を言ひ現はしたのであるから、或点までは之れを知らせて置く必要がある。夫れをハッキリ義務年限中に現はして無いのは欠点であらう。

谷本が、国民の権利意識の涵養という観点から憲法教育の充実を力説したのは、注目に値するが、こうした考え方が、穂積八束流の憲法学を排斥し国家法人説に左袒する立場から出ていたことも看過しがたい。明治四十年の講演をまとめた著作『新教育の主張と生命』において、彼は次のように言っている。

我が国今日の論者の中にも、動もすれば君主即国家説を奉じて揚々たる者があるが、それは所謂曲学阿世の議論をなす人で、畏れながら我が聖天子に於かせられましては、決して左様な思召はない事であらうと思ふのであります。（中略）国家人格説と云ふ方が、之れは只今一般に行はれて居る。夫れは即ち国家と云ふものは権利能力の主体であると云ふ様に見るのでありますが、（中略）今日に於てエリネツク氏は現に此の説を奉じて居る相であり升。（中略）国家は法人なりと云ふ事は即ち夫である。（中略）兎に角国家と云ふ様なものが個人を離れて一の実体であると云ふ風に説かうとするのは、夫れは旧来の思想であつて、個人を離れて特別に国家社会の存在を話さうとするから、或は君主であるとかなんとか云ふのは、恰も彼の社会有機体説に於てノヴイコー氏がエリテーを以て社会心を代表せしめんとしたのと同じで、今日に於ては学問上受取り難い説になつて居るのでムいまする。

『万朝報』は、明治四十四年五月三日号紙上に「新制小学修身書と桂内閣の国民観」と題する論説を掲げ、新制の『高等小学修身書』第三学年用に批判を加え、「其見解は甚しく偏狭に失するものあり」、「泰西の偏狭なる国家主義を捉へ来りて濫りに之を我国民に注入せんとする」ものであるとし、憲法の取り扱いについても、

本書は憲法に依りて保障せられたる臣民の自由をも国家の権力に依りて制限し得べしと為し、何故に国民が参政権を有するか、何故に言論の自由を有するか、毫も之を善用する方法を説かずして、専ら国家が圧迫を加へ得る理由を説明するに力めたり。即ち自治を説くに方りては、「自治と称ふるも固より法律の規定に依り、政府の監督の下に立ち、国の公の行政の一部を負担するものなることを忘るべからず」と云ひて、自治の発達を説かず、個人の自由、言論の自由に関しては、「秩序」を説くに方りて、「秩序を害せざる範囲に限らる」と云へるに過ぎず。本書は全編を通じて此主旨ならざるなく、最初より我邦の思想界は険悪なりとの前提を置きて、政府が擅ままに圧迫を加ふることあるも、国民は当然是に服従すべき義務あることを示さんとするに過ぎず、名を修身書に仮りて其実政府の国民に対する方針を指示するものなりと認むるを得べく、英国の国民読本が、国民に進取潤達の気象を養成し、陋劣ならざる国民たるを誇らしめ、国民は思想に於て、行為に於て喜怒哀楽の場合に於て、共に倶に一致団結して大国民たらざる可からざることを示すとは、其主旨霄壌の差ありと謂ふ可し。

と痛論している。この論説は、たまたま第二期の『高等小学修身書』第三学年用一冊だけを取り上げ、特にこれを桂内閣の政策と結びつけて批判したにすぎないのであるが、その非難は大体そのまま国定以来の全教科書の基本精神にあてはまるのではなかろうか。

早稲田大学教授浮田和民は、大正二年公刊の『新道徳論』において、次のように、公教育の内容に痛烈な批判を加えた。

立憲的道徳を人民に発揮せしめんとするには、先づ学校教育から改めなくてはならない。学校の教育法が今日専制時代であるか立憲時代であるかを考へずして行ふと云ふ事であつては、何時までも立憲政体の完全に成立することはないのである。現今我国の教育制度を観るに、国体に対する所の倫理は甚だ完全に行はれて居る。（中略）併しながら今日の教育制度に於ては、我国が立憲政体であると云ふことを教育者が自覚して居ると云ふ事実が少ないのである。教育者にして憲法を読むことが殆んど稀であると云ふやうな状態である。（中略）今日の必要として学校教育上教育勅語と同じく帝国憲法を尊重せしめる方針を執らなければならぬ。

このような見地に立ち、浮田は現在日本国民にとって特に「立憲的道徳」の必要な所以を力説している。

国家に対する人民の一般道徳は、大に昔日と異なる所がなくてはならぬ。（中略）立憲政治と云ふは、外でもない、国家と政府との区別を明かにし、政府は憲法上に於て其権力を制限せられ、其憲法上に与へられたる権力以外に何等の権力を用ゐることは出来ない事になつて居る。（中略）而して人民は、憲法上に於て保障せられて居る凡べての権利及び自由を享有す可きことを要求せられて居るのである。（中略）政府は憲法上与へられたる権限以外に一歩も出ることを許されぬ。又人民は憲法に依つて保証せられて居る所の自由を十分に用ゐることの出来る権利を有つて居る、又其権利を用ゆべき義務があるのである。

封建的専制政治に至つては、土地及び人民は君主若くは諸侯の私有財産の如き状態になつて居る。之れに反して立憲政体は、国家の目的は人民にあると云ふことを明白にし、人民を人格あるものとして取扱ふ所の政治である。即ち国家は人民を以て政治の目的となし、決して人民を唯政治の方便若くは材料として取扱ふものでない。

こうして彼は、「立憲的道徳は、人民に向つて大に之れ迄とは異なる所の行為を要求するものである」と力説してやまなかった。浮田の主張は、いわゆる国体や教育勅語等の既存の体制・権威を肯定した上でのものであり、きわめて常識的・妥協的な側面を有しながら、憲法教育に対する改革意見としては、もっとも根本的な問題を提起したものといえよう(浮田が大正デモクラシー運動の理論的指導者として、国民の側から自発的に形成される憲法思想の典型的表現者でもあったことは、次節で改めて紹介する)。

(二)　政党政治時代の小学校教科書における憲法の取り扱い

国定教科書を立憲政治下にふさわしいものに改めよという要求は、大正デモクラシーの時代に入ると、ついに抑えきれなくなり、唐沢氏の所謂第三期の国定教科書の編集に際しては、ある程度まで立憲主義的要素が加味されることとなった。第三期教科書も、天皇制イデオロギーを強化した第二期の改訂の精神をくずさずに維持しているから、全体としては必ずしもいちじるしく面目を改めたとまでは言えないのであるが、その使用期間が大正七年から昭和八年という、政党政治の全盛期であった関係上、少くとも憲法意識に関するかぎり、第一・第二両期に比べ、はるかに立憲主義的色彩を濃くしてきたのであった。大正十二年六月附『尋常小学修身書修正趣意書』に、「義務教育ノ期間ニ於テ、帝国憲法ノ精神ト其ノ大要トヲ知ラシメ」るために、新たに「憲法」の一章を設け、『国民ノ務』三課ト聯関シテ、立憲国民トシテノ心得ヲ養ハ」しめるよう配慮した旨述べているのをみても、第三期教科書編集の態度に時代の動きがよく反映しているのである。

第三期の『尋常小学修身書』巻六では、(25) 冒頭に近い第二課「国運の発展」の中で昔は、国民は国の政治にはもとより、自分等の住む町や村の政治にもたづさはらなかつたのです。それが今日では、自分等の住む市町村の事は大体自分等の間ですることになり、また衆議院議員を選挙しなどして国の政治にも参与することになりました。

と、国民の国政参与を特筆し、前引修正趣意書のように特に第十七課として「憲法」の一章を立て、次のように記している。

国の規則はすなはち法令であつて、国民はこれによつて保護され、社会はこれによつて安寧秩序を保たれるのです。国民がもし法令を重んじなかつたら、国は秩序がみだれてその存立を全うすることが出来ません。我が大日本帝国憲法は、天皇がこれに依つて我が国をお治めになる大法で、したがつて法令の本になる最も大切な規則です。明治天皇は皇祖皇宗の御遺訓に基づかれて、国の繁栄と国民の幸福とをお望みになる大御心から、君臣共に永遠にしたがふべきこの大法を御制定になり、明治二十二年の紀元節の日に御発布になりました。憲法には万世一系の天皇が我が国をお治めになることを示して、昔から変らない国体の本を明らかにしてあります。また国民に国の政治に参与する権利を与へ、法律によつて、国民の身体・財産等を保護し、国民に兵役・納税の義務を負はせることがきめてあります。さうして天皇が我が国をお治めになるのに、一般の政務については国務大臣をお置きになつて輔弼をおさせになり、法律や予算は帝国議会の協賛を経ておきめになり、裁判は裁判所におさせになることになつてゐます。

これにつづいて、第十八から第二十課まで「国民の務」三章があり、各章で兵役の義務、納税の義務、選挙の心得を説いている。「憲法」の章で冒頭に国民の遵法のみを一方的に力説しており、これがこの章の主眼であったことは、教師用書でこの章の「目的」を大日本帝国憲法の大意を授けて之を尊重し遵奉すべきことを教ふるを以て本課の目的とす。

と規定していることからも明らかであるし、「国民の務」の章においても、兵役・納税の義務を詳説するにつとめ、権利についてはわずかに選挙権のみを、それも「務」という義務の角度から説くというふうに、国民の服従面に力点を置いて憲法を取り上げている点では、最初からの基本的な姿勢を少しも変えていない。しかし、「君臣共に永遠にしたがふべき大法」という表現によって、君主もまたこの憲法に拘束されるものであることを婉曲に示し（もっとも児童がそのように理解できたかどうかは、はなはだ疑わしいが）、また国務大臣の輔弼、帝国議会の協賛、裁判所による裁判を説明した最後の一節は、第一期国定国語教科書「政務の組織」の内の最良の部分を復活させたものというべく、三権分立主義とあわせて、天皇の大権行使が他の国家機関によって実質的に制約されることを暗示しており、「国民に国の政治に参与する権利を与へ、法律によつて、国民の身体・財産等を保護し」という一節等とあわせ見るとき、憲法の基本的説明としては、相当に立憲主義的な見方に立っていると言ってよさそうである。『高等小学修身書』巻二では、第二期教科書の「国憲国法」という章名を継承し、これを第十七課から第二十一課の五章に拡大し、憲法を中心に、遵法・選挙・納税・兵役等の心得をくり返し説いているが、第十七課で

国民は憲法に基づいて参政の権利を与へられてゐる。参政の権利は国民が国家の政治に参与する権利であつて、国家の政治に参与するのはまた国民の義務である。それ故、我等は智徳を修養して此の権利を行ひ、義務を果し、立憲帝国の臣民たるに恥ぢないことを期すべきである。

と国民の参政権の重要性を強調し、第十九課では

帝国議会の議員を選挙するには、選挙人は国を思ふ真心から自分が適任者と信ずる者を選ばなければならない。それ故、深く注意して予め候補者の性行や意見を知ることが大切である。又今日の政治は、政治上の意見を同じ

くしてゐる者が集つて組織する政党によつて国民の意見が代表されることが多いから、候補者がどんな政党に属してゐるかを知ることも必要である。

と言い、前には、「まづ、その選挙せんとする人の人となりを知りて後に選挙するをよしとす」とのみ言って人物本位の投票をすすめていたのを改め、所属政党の識別の必要を教えるにいたったのは、画期的な変化といわなければならない。大正デモクラシー時代に入って、現実の政治上の慣行として政党政治がようやく成立した結果、教育の領域でも初めて政党が立憲政治運用の不可欠の要素として公認されることとなったのである。

かように、第三期の国定教科書に新しく立憲主義的な要素の附加されたのは、大きな進歩といえるのであるが、全体の考え方は、やはり国民の服従の観念を基軸としていたことも、さきにふれておいたとおりであって、必ずしも根本的な変革がなされたとは言えない。『高等小学修身書』第三学年用に第四課「憲法」の一章が立てられ、

憲法は、天皇が国家を統治せられる根本の法則をお定めになつたもので、統治権を行はせられるのに、此の条規によらせられ、臣民の権利と財産の安全とを保護せられる国家の大典である。

と言い、天皇の大権行使が憲法により制約せられることを間接に示すとともに、臣民の権利の「保護」が憲法の重要な内容をなすことを教えるなど、憲法の説明としてはかなり的確な叙述を行ないながらも、そのすぐ後に「国民は皆之を敬重し、遵奉しなければならない」とあいかわらず国民の「遵奉」をくり返し、さらに少しく後の方では、

凡そどんな国にあつても、国家を構成する各人は、国家に完全に服従することによつて始めてりつぱな国家の一員であるといふことが出来る。

と説き、次の第五課「公正」の章の中でも、

国法は国民に権利を与へるけれども、権力は与へない。国民は国家の権力によつて其の権利を全うすることが出

来る。それ故、我等は常に国家の保護の恩恵に浴することが大であることを忘れてはならない。」と言い、国民の服従と国権の保護の恩恵とを最大限に強調しているのであって、ここにいたっては、穂積理論に忠実に即した論法を展開するにいたった。このことは、『尋常小学国語読本』巻十二の第十八課「法律」において、帝国議会の協賛による法律の制定および命令制定の手続を説明しながら、よい法律を作るという側面を全然捨象して「いやしくも国民たる者は必ず之を守らなければならぬ」「我々は常に国法にしたがつて幸福な生活を営み、あはせて国の品位を高めることにつとめなければならぬ」という国民の法律の遵守義務の側面のみを強調する態度から、さらにそれをいっそう極端にまで進めた『尋常小学修身書』巻四の第二十四「法令を重んぜよ」のように、「国法にそむいて生きてゐるよりも、国法を守つて死んだ方がよい」という理由で甘んじて冤罪に死んだソクラテスのはなしを掲げ、いかなる不法不当な権力の行使に対しても抵抗は許されないという、絶対服従の心情を児童に与えようとしたごとき意図とよく符合するものであって、明治憲法下において最大限に立憲主義の精神を導入した第三期の国定教科書さえも、ついにこの思考態度を脱却できなかったことを記憶しておかねばならないであろう。

(ホ)　政党政治時代の中等学校教科書における憲法の取り扱い

中等学校の検定教科書についてみても、大体同じことが言えるようである。大正後半期から昭和初年の政党政治の確立期に出た法制教科書を通覧しても、その大部分はやはり従来どおり穂積憲法学による説明をくり返しているにすぎない。「最高独立の権力を主権といひ、(中略)絶対無限の権力である」(清水)という主権絶対無限説、「人民は絶対に主権に服従するものならざるべからず」(中島)「人民は絶対無限に主権に服従すべきもので」(小林)「臣民は絶対無限に国家の統治権に服従する」(鳩山　河田)「臣民は其国家の統治権に絶対無限に服従する。ここに絶対の服従とは、国内に在ると外国に滞在するとを問はず服従の義務を有するものであつて、法令が許した場合の外、自己の意思に依り自由に其支配を免れることのできないことをいふ。無限の服従とは君国の為めには法律命令の定めるところに従つて一身の利害を犠牲にし場合に依つては身命を抛つても尽瘁しなければならないことをいふ。斯の如く臣民は、国家の統治権に絶対無限に服従するものなるが故に、国家の構成員として国家の完全なる保護を享有するのである」「臣民は本来、国家に対して絶対無限の服従を為すべきものであつて、特に臣民の義務として列挙すべきが如きものはない」(清水)「主権に絶対無限に服従すべき人民を国民といふ」「臣民は自由にその服従関係を離脱する能はず。之を絶対の服従といふ。また臣民が国家の統治権に服従する限度には特別の制限なく、君国のためには身命を犠牲として尽瘁せざるべからざることあり。之を無制限の服従といふ。蓋し統治権の目的は、国家の秩序を維持し国民の生活を安全ならしめその利益を保護するものなれば、統治権に絶対無限に服従するは、統治権の完全なる保護を受くる所以の道なり」(坂田)という臣民絶対服従説、「議員は、或は国民の代表者なりとか謂ふ誤解を生じ易きも、議員は斯の如き代理又は代表たる地位を有する者に非ず。選挙は議員として最も適当なる者を選ばしむるが為に行はるるものにして、選挙人の意見を代理又は代表せしむるが為に選挙せしむるに非ざるなり」(中島)「統治作用の原動力は天皇にあつて国民の総意に非ざるが故に、議会は国民の意思を代表せしむる為に設けたものではない」(小林)という議会非国民代表説、「国務大臣は、其意見を採納ありしと否とに拘らず総て国務に関し天皇に対して責任を負へるものなり」(中島)「国務大臣は其輔弼宜しきを得なかつた場合に、国務の全般に亙り天皇に対して一切の責を負ふのである。この責任は輔弼の結果であつて、決して天皇に代りて其責に任ずるのでもなく、又外国の例の如く議会に対して責任を負ふのでもない」(小林)という国務大臣は天皇に対してのみ責を負うとの説、「憲法上の大権とは、何れの機関にも委任せずして必ず親裁あらせらるべきものを謂ふ」(中島)「大権は即ちこれら独立機関(議会・裁判所)の参与を要するものとは全く異にして、天皇の親裁したまふことを憲法上の要件とするものなり。帝国憲法が此の如き天皇の大権を認めたるは、またわが憲法の特色の一つなり」(鳩山　河田)という大権事項親裁説等、いずれも従前の教科書と全く同一の穂積学説による説明の仕方を踏襲したものであり、多数の教科書の基調は大正デモクラシーの時期を経過してもほとんど思想的進歩のなかったことがわかる。ただ、さすがに政党政治の現実を全く無視することはできなかったために、政党にふれる叙述を加える教科書も若干現われてきた。宝文館の『提要』が「帝国議会両院議席平面図」に「衆議院各党派席」を示し、上欄頭註に「衆議院党派別」として政友会・憲政会・国民党等の各政党議員数を列記したのはその一例であるが、それにもかかわらず本文の「議員の任務」には、「議会は公論を代表し、大政を協賛すべき立法府なれば、議員たる者は常に国家国民の利害を以て念とし、情実・党派等の為に左右せらるることなく、固く公義を執りて参政の本旨に負かざるを期すべし」という叙述を行ない、政党を否認するにもひとしい態度をとっているのは、看過しがたい(この本の初版は大正五年に出たので、初版当時の思想がそのまま残っているのであろうが、大正十一年の訂正八版になおこの叙述のある事実は軽視しがたい)。そういう態度に比べれば、「帝国議会の権限」の節の内に、活字を落してではあるが、「政党　意見を同じうするもの団結して之が実現を期するも亦当然の帰結なり。(中略)我が国に於ても近時大いに発達し、所謂政党政治の実現を見るに至れり。蓋し国民の政治思想の発達は政党の消長に大なる関係を有するものなれば、立憲国民は各政党の政綱に対し厳正なる批判を加へその行動を監視し、政党の健全なる発達を期せざるべからず」と政党の積極的意義に言及した坂田の教科書には、さすがに時代の趨勢がある程度まで反映していると言えよう。そして、それよりもさらに注目に値するのは、僅少の例外ながら天皇機関説を採用した教科書が初めて現われたことである。従来の教科書にも、穂積憲法学を採らないで立憲主義的思想を比較的忠実に説明した例外が少数存在したことは上述のとおりであるが、この時期の教科書の中では、佐々木の著と黒川・谷口共著との二つの教科書を例外の出色のものとして特筆しておきたい。両書ともに「既に一度帝国憲法の布かれたる以上、天皇は必ず帝国憲法の定むる所の方法を以て統治権を発動せしめ給ふを要し、憲法に違反し給ふことを得ず」(佐々木)「天皇不可侵の地位は、統治権の行使に対しても無責任なるを認めたるものと解してはならない。統治権の行使は帝国憲法の条規によるを要するのであつて、憲法に違反することは出来ないのである」(黒川 谷口)と君主権の憲法による制限を認め、「臣民は国家を構成する者なるが故に絶対的に国家の統治権の支配を受く。(中略) 然れども現今立憲国に於ては国家統治権の作用に一定の制限を付せられ、其の結果其の範囲に於て臣民は国家に対して或要求を為すことを得べく、乃ち国家に対する臣民の権利なるもの生ず」(佐々木)「臣民は国家を構成するものなるが故に絶対的に国家の統治権に服すべきものである。併しながら立憲制度の下に於いては国家は一定限度に於いてのみ其の統治権を行使し得るものなるが故に、臣民も亦一定の範囲に於いてのみ統治権に服するものであつて、従つて玆に絶対に服するといふは、一定限度に於ける統治権に対して服従することが絶対なりとの意味に外ならない」(黒川 谷口)と臣民の無制限服従義務を否認し、「国家が帝国議会を設くるは、国家統治の基礎を立つるに当て政府之を専断することなく広く国民の輿論に依るの趣旨に出づ。故に両院議員なる者は能く国民の意志の存する所に依て事を決すべきものとす」(佐々木)「帝国議会は国民の名に於いて国務に参与する国家機関である。国家が帝国議会を設けるのは、国家の統治に当つて政府がこれを専断することなく、広く国民の輿論によるの趣意に出づるものである。此の意味に於いて帝国議会は国務に参与するの機関たると同時に、また政府の施政を監視するの機関であるといふことが出来る」(黒川 谷口)と議会の国民代表機関としての性格を強調するなど、穂積憲法学の基本論理に対立する機関説憲法学の特色を発揮しているほか、佐々木の教科書では、枢密院の機能を説明した項下に「若し能く此の趣旨を貫くことなからんか、枢密院は徒に内閣を制肘するの機関と為り、国家に二箇の政府あるの観を生ぜしむべし」という痛烈な枢密院批判をさえ敢て試みているほどである。ただ佐々木は、「或者が国家統治権を総攬するの地位に在るとき、其の者が主権を有すと云ひ又其の者を主権者と呼ぶことあり」と言って天皇主権説と外見上同一の説明方法を用いることにより天皇機関説を明示するのを回避したが、黒川・谷口共著の教科書では、序文中に「内容においては類書と多少趣を異にするものあるを信ずるもので、(中略)必ずしも通説に拠つてゐない」と言っているとおり、「通説」化していた穂積憲法学を斥け、はっきりと「主権は大日本帝国これを有し、統治権は帝国最高の機関としての天皇これを総攬したまふところである」と記して、勇敢に天皇機関説による説明を企てたのであった。私の見たテキストには文部省検定済の文字がなかったから、はたして機関説による教科書でも検定に合格できたかどうか明らかでなく、この教科書が現実に学校で使用されたものと確認し得ないのを遺憾とするが、それにしても天皇機関説による法制教科書の執筆が行なわれたことだけでも、大正デモクラシー思潮の教育界への影響を物語る事実として、やはり特筆しておく必要があると言えるのではなかろうか。ただこれがどこまでも僅少例外の事実にとどまり、教育界の大勢を動かすものでなかったことに、それ以上に大きな意味があることを忘れてはなるまい。

中等学校における法制経済という教科目は約三十年にわたって存続したが、昭和六年、中学校教授要目の全面改正が行なわれた際に廃止せられ、これに代わって新たに公民科が設けられた。法制経済の内容は、教科書からも窺われるとおり、法律学・経済学の概要を圧縮しただけのもので、法制の場合には実定法の条文法学的説明を簡略化したにすぎない、制度の外形についての皮相な解釈に終始したきらいが強く、教育上の配慮も十分といえず、しかもその実質が上述のごとき性格のものであったところから、心ある人々を満足せしめ得るものではなかったようである。美濃部達吉が、立憲思想をいっそう普及させるために学校における特別の教育を必要とするという意見に反対し、「自分は、今日の中等学校に於いて、法制経済の科目を必修せしめて居ることに就いてすらも、頗る疑惑を抱いて居るもので、此の如き特別な科目を中等学校で教授することは、ややもすれば浅薄な表面的形式的の知識を授くることにのみ流れ易く、真に健全な政治的常識を養ふ所以ではないと思ふ。寧ろ国語や、修身や、歴史、地理などの科目中に於いて、併せてこれを授くる方が、一層適当な結果を得る所以ではないかと考へて居る。それは兎に角、単に制度の知識を授けることだけであれば、（中略）私はそれに依つては、何等の効果をも期待し得ないことを信ずる」と言っているのは、[26]一つには法制経済の科目では彼の強く反対する穂積学説による授業しか行なわれていない現実に基づいたのでもあろうが、同時に「単に制度の知識を授けることだけ」に終っている法制経済科への批判でもあるのであって、法制経済科への不満を最も適切に代表する見解と言ってよいであろう。公民科は法制経済科のこうした欠陥にかんがみ、学問的体系を犠牲にしても教育上の効果をいっそう強化する目的で、できるだけ被教育者の生活に即した理解し易い形態を採用する方針の下に新しく考案せられたものであって、最初の教授要目[27]には、憲法関係の事項として左のような教材をふくめることが要求されている。

第四学年

人ト社会

人ト社会　共同生活ト共存共栄　国家ノ重要意義

我ガ家

家庭生活　我ガ国ノ家族制度　戸主・家族　親族・婚姻　戸籍・相続

（中略）

神社

神社　敬神崇祖
宗教
　宗教　信教ノ自由
公安
　警察ト公衆　災害防止　公衆衛生
地方自治
　地方自治ノ沿革　地方自治ノ精神　我ガ郷土
市町村
　市町村ノ自治　公民　議員ノ選挙　市町村会　市役所・町村役場　市町村ノ財政　市町村ノ財産
府県
　府県ノ自治　府県庁　我ガ府県
（下略）

　第五学年

国家
　人類ト国家　国家ノ要素　国体ト政体　我ガ国家
皇室ト臣民
　天皇　皇位継承　皇室典範　皇室及皇族　皇室ト臣民
　詔勅ノ事ニ説及ベシ

立憲政治
　立憲政治　帝国憲法　臣民ノ権利義務
帝国議会
　帝国議会　議員ノ選挙　議会ノ作用　政党
国務大臣枢密顧問
　国務大臣　内閣　枢密顧問
裁判所
　司法　裁判所　訴訟・調停・陪審
国防
　国防　兵役　我ガ国ノ軍備　国防ト国民
（中略）
財政
　歳入歳出　租税　官業　公債
（中略）
社会改善
　社会問題　社会政策　社会事業　社会改善

教授要目の中に「政党」の一項が設けられたのは、国定教科書中に政党の重要性を書き加えたのと対応するものであって、大正デモクラシー思潮の公教育への浸透を物語っている。ただこの時期においても、教育の領域において天皇制イデオロギーを強化する方針はかわることなく堅持せられ、むしろ前よりも強化された趣さえないではなく、公民科の新設も決して立憲思想の浸透を主目的とするものではなく、むしろ国民の国家権力への自発的随順の心情を涵養するのが最も大きなねらいであったことは、公民科新設の契機となった昭和四年五月二十四日の文政審議会特別委員会の報告書中に「特ニ遵法ノ精神ト共存共栄ノ本義トヲ会得セシメ、公共ノ為ニ奉仕シ協同シテ事ニ当ルノ気風ヲ養ヒ、公民的陶冶ヲ為スヲ旨トシ、云々」と言い[28]、公民科の要旨を説明した昭和六年一月二十日の文部省訓令に「公民科ニ於テハ法制上、経済上及社会上ノ事項ニ関シ之ガ事実的説明ヲナシ、以テ道義ニ帰結セシムルヲ旨トシ、修身、国語、歴史、地理、実業等ノ諸学科目ト聯絡裨補シテ其ノ教授ノ効果ヲ全ウセンコトヲ期スベキノミナラズ、訓練ト相待チテ公民的徳操ノ涵養ニ力ムベキナリ。修身ト公民科トハ各独立ノ学科目トナシタルモ、両学科目ハ極メテ密接ナル関係アルモノナルヲ以テ、修身ヲ兼ネ修メテ之ガ知識ノ豊富ナル教員ヲシテ公民科ノ教授ニ当ラシムルハ極メテ望マシキコトニ属ス」と、特に修身との不可分の関係を強調しているなどの事実に徴しても明白である[29]。もっとも教材の性質上、教師の扱い方如何によっては国家権力にとって危険な方向を生ずる虞がなかったわけでない。大正十五年十一月の全国中等学校修身及訓育協議会で「中等学校に於ける公民教育の方案如何」につき協議の行なわれた際、「公民教育を施す結果、国民教育を弛緩せしめるやうなことはないか」とか「公民教育は革命をそそるものであるから、絶対に行ふべきでない」とかいった意見の発表されたのも[30]、当時の思想界の背景とあわせ考えるならば、必ずしも「滑稽[31]」な心配であったとばかりは断定しがたかったけれど、公民科の趣旨が前述のごときものであり、その取り扱い方についても、例えば租税のことを教えるについても、従来の法制経済科でのように、「寧ろ『国家の権力は我等に強制的に重大なる負担を課するものである』といふやうなことを考へ」させるごとき教え方をして「一種の回避的心情をさへ起すやうになる」欠陥を改め、「租税が国民として当然なる責務であることを理解せしめて、納税に対する積極的態度を養成」し、「納税義務を自発的に履行せしむる精神的態度を養成することを主目的とすべきものである」とされ、また、「事実を理解せしめるといふよりは、寧ろ軽率に而も未熟な主観的意見を滔々と述べて是非の論議を行ふ傾きが多」く、「ややもすると自分一個の立場から政治問題・経済問題及び社会上の問題等に就いて、是非の批評をなしたくな」り、「それが意想外の悪い結果を生じやすいことになるのであるから、くれぐれもこの点は注意しなければならぬ」と戒められる(32)、といった実情であったからには、実際問題として到底「危険」な学科ではあり得なかった。むしろ大正デモクラシー期における国民の下からの民主主義的自覚と反体制思想とを解消させ、上からの思想統制を有効に貫徹させるための方策として機能するものでしかあり得なかったことを注意しなければなるまい。法制経済科に比べて教育技術の面では格段の進歩を示したとはいえ、その進歩した教育技術が後向きの教育目的達成の手段として利用されたのであるから、公民科の演じた政治的機能は法制科以上に強力に国民思想統制に役立つ結果となったのである。そこで具体的に公民科において憲法がどのように取扱われていたかを、その検定教科書について検討してみたいと思う。この場合も公民科の検定教科書が全部で何種類出ているか調査することができなかったが、私の閲覧できた左の二十三種の教科書だけでも(33)、所期の目的を達するためには一応足りると考えられる。

河津暹・井上貞蔵共著『新制公民教科書』(昭和五年十二月発行）大瀬甚太郎著『新制公民科教本』(同六年十一月文部省検定済）湯原元一著『中等公民訓』(同七年二月検定済）高田保馬・森口繁治共著『中等新公民教科書』(同七年三月検定済）水野錬太郎校閲・白上佑吉著『女子公民科教科書』(同七年四月検定済）日本大学不撓会編『新撰公民教典』(同七年八月検定済）穂積重遠・四宮茂共著『新撰公民教科書』(同七年十一月検定済）神戸正雄・佐々木惣一共著『女子公民教科書』(同七年十一月検定済）末吉庄市著『最新中等公民教科書』(同七年十二月検定済）丸山鶴吉著『女子公民科教範』(同八年一月検定済）塚原政次著『中等公民新教科書』(同八年二月検定済）佐藤寛次・近藤康男共著『中等公民新教科書』(同八年十二月発行）平沼騏一郎校閲・田中寛一・堀江季雄共著『中等公民新教本』(同九年一月発行）太田正孝著『改訂太田公民教科書』(同九年十月検定済）土屋良遵著『女子公民科教本』

(同十年二月検定済）河田嗣郎著『最新公民教科提要』(同十年十二月検定済）木村正義著『改訂女子公民教科書』(同十一年一月検定済）服部文四郎・遊佐慶夫共著『女子公民科教科書』(同十一年一月検定済）広浜嘉雄著『改訂新撰公民科教本』(同十二年一月検定済）原房孝著『皇国公民教本』(同十四年十一月発行・十五年四月再版）広浜嘉雄著『新撰日本公民科教本』(同十四年一月発行・十八年六月四版）河田嗣郎・鳩山秀夫共著『公民科教科書』(同十二年十月発行・十八年七月四版）戸田貞三著『新撰中等公民教科書』(同十二年九月発行・十八年八月四版）

まず昭和十二年の改正以前の教授要目に準拠したものについて検討すると、第一に法制科時代には見られなかった新しい現象として、教授要目にしたがって政党を正面から取り上げ、独立の章節を立てて説明していることが挙げられる。例えば湯原の『公民訓』が「政党」という見出しの下に三ページにわたる説明を行ない、

とにかく立憲政治には必ず政党が伴ふことには疑がない。たとへばどんなに適切緊要な政治上の意見でも、多数者の賛同を得ねば実際上の勢力にはならないから、政党の起るのは実に已むを得ないことである。そして、政党が政府を刺戟し、また相互に牽制しあふと、自然に秕政も行はれないやうになるから、政党の効用は決して少くない。

云々と論じ、塚原の教科書が、第七課「輿論と政党」と題する七ページにわたる一章を設け、

議会政治が政党政治に化するのが自然の勢で、近年政党政治が政党内閣を組織せしめるに至つたのである。蓋し政党政治に於ては、議会に多数を占める政党が院議を左右することとなるのであるから、内閣も多数党を基礎として組織することがなかつたならば、到底其の党の政策を実現することが困難である。而して内閣は秕政のため国民の信望を繋ぐことが出来なかつたならば、或は総辞職を為し、或は議会を解散して其の責任を明かにして信を国民に問ふべきである。

（中略）

思ふに、政治の要道は国利を進め民論を増すにある。而してこのやうな政治は輿論・政党を基礎とする立憲政治でなければならない。

と論じているように、政党が立憲政治の不可欠の要素として大きく評価されているのは、政党政治時代の客観情勢をよく反映するものと言わなければならないであろう。しかし、仔細にその記事を検討して行くと、必ずしも政党が無条件で肯定されているわけでないことが判明する。上引湯原教科書の文中に「政党の起るのは実に已むを得ないことである」という表現の用いられているのは、まさしく語るに落ちたものであって、政党をせいぜい必要悪としてしか評価できない古い憲法感覚があいかわらずその根底に潜んでいることを物語っているのである。そして、政党の積極的機能の説明と同時に必ず政党の弊害についての批判の附加されているのが常であって、「政党内閣は国民輿論の支持を得て議会に於て与党の議員が常に多数を制してゐなければならない。これがため政党内閣は常に善政を行はうとする長所があるけれども、その半面には事績を挙げることを急ぎ、不急不用の事業を行ひ、民意に迎合するため国家の大事を忽にするなど、国政を党利・党略の犠牲に供する弊がある」（大瀬）「若し夫れ唯党勢の拡張・党利の壟断を事とするやうであつたならば、同党異伐の悪風が醸成されて排擠・闘争を繰返し、目的のために手段を選ぶことなくして政治道徳を破壊し選挙界の腐敗を招来して、国民が政党を信頼せぬやうになり、議会に対しても嫌忌たらざる感を懐かしめるものである。これ政党が其の根本義を誤ることに由来するもので、憲政のために悲まざるを得ない」（塚原）という類の政党批判を附加することを、どの教科書も忘れていない。政党には弊害が伴なうから、「一般国民は何れの政党・党派にも属することなく、常に身を公平無私の立場に置き、国家・社会の高処から政府の施政を批判し、各政党の公表する主義・政策を比較し、政党の首領の人格・閲歴、その主義・政策を実行する忠実の度合などをも研究しておくべきである」(大瀬)と国民の政党加入が立憲政治のためにマイナスであると公言したものさえあるほどである。もちろん政党に矛盾・欠陥の多かったのは確かな事実であるから、それを明記したのは当然ともいえるが、問題は、矛盾・欠陥の多いのは政党ばかりでなく、官僚機構にも軍隊にも裁判所にも、その他あらゆる社会組織が矛盾・欠陥にみちみちており、政党の矛盾・欠陥も根本的には全社会機構の矛盾・欠陥に由来するものにすぎないにもかかわらず、他の領域についての矛盾・欠陥はつとめてこれを隠蔽し、ときには強弁を弄してまで弁護をしておきながら、ひとり政党についてのみ比較的率直に矛盾・欠陥を明言するのを憚らなかったところにあるといわなければならない。しかも、政党の矛盾・欠陥は単に上引例文に言っているような諸点のみにあったわけではなく、むしろ既成政党が資本家・地主の利益を代表するいわゆるブルジョア政党であって、国民の大多数を占める無産大衆の利益を代表するものでなかった点にあったのではないか。現に政党政治を否定する穂積憲法学に対抗して政党政治の成立に理論的基礎を与える役割を演じた美濃部達吉でさえ、政党政治の根本的な問題点がそこにあることを認め、彼自らは社会主義に反対の立場にありながら、政党政治の弊害を少しでも是正するために無産政党の議会進出に大きな期待を託したのであった。(34) 政党の矛盾・欠陥を真に科学的に解剖しようとするならば、そのような角度から問題を取り上げるべきであったが、公民科の教育では、階級闘争を頭から否定し、無産階級解放運動を罪悪視する立場を大前提としているので、政党の矛盾・欠陥についても前記のような範囲にその批判を限定せざるを得なかったことと認められる。それにしても、「近時官吏の綱紀粛正の声が高いのは、往々官吏であつて私利私欲に迷ひ、官権を濫用し、不正をなすが如きことがあるからである。官吏たる者は互に相戒めてかゝる弊風を一掃し、上は天皇に対し一身を捧げ、下は一般民衆に対し公明懇切を尽し、以て国務の健全な発達を図らなくてはならない」(河田)というように、官僚機構の弊害に対する批判を交えたものもあるけれど、この種の批判はきわめて稀であり、一般に官僚機構の矛盾には目をつぶるのが常例であったのに対し、一方、政党に対してだけ何故ことさらに批判を避けなかったかといえば、それは前記のとおり政党を「已むを得ない」必要悪としてしか認めない官僚主義的政治意識にその原因があったのであろう。すぐ後に詳しく述べるように、公民科の教科書が前代以来ひきつづき穂積憲法学の思想を基本的に踏襲していることを考えれば、政党に対してのみ特にその矛盾・欠陥を暴露するのを憚らなかった理由も、おのずから理解せられると思われる。

そのことはさて措き、政党が大きく取り上げられるとともに、政党内閣政治が肯定されていることも、法制科教科書には見られなかった大きな特色といえる。「議会に政府と政見の等しい者が多数あることは憲政の運用上好都合であるから、欧米諸国では夙に議員の多数を占める政党を以て内閣を組織してゐるが、我が国でもまた近年この制度を採るやうになつた。政党内閣では衆議院議員の総選挙を行つた結果、与党の議員数が反対党の議員数より少ければ直ちに総辞職を行ふのを普通とし、党派の分合その他の事由により政府を信任する者が少数になれば、君主に奏請して衆議院の解散を行ふかまたは総辞職をなすべきである」(大瀬)「現在では衆議院に多数を占むる政党の首領が大命を受けて内閣総理大臣となり、その政党に属する議員が各国務大臣となるを普通とする。これを政党内閣といふ。その場合には各国務大臣がよく一致して輔弼の任に当ることが出来る筈であり、又連帯して輔弼の責任を負ふことになるのであつて、これが政党内閣の特徴である」(穂積　四宮)「内閣は議会に於て多数党が支援しなければ政策を実現することが出来ないから、多数党の首領が大命を拝して内閣を組織するのが憲政の常道であるとせられてゐる」(丸山)というような記述のなされるのが普通となったのは、何といっても「憲政の常道」が慣行化し、政党内閣政治が一応確立した時代であったればこそであろう。中でも最も徹底した政党内閣主義を貫いたのは、高田・森口共著の教科書であって、立憲政治においては、「民意を代表すると考へられる議会の両院の議員の中から大臣を択んで天皇を輔弼せしめ、天皇は大臣の啓沃する所に従つて大権を行使せらるると云ふ仕組が採用せられて居るのである。立憲政治を公民自治の政治であると云ひ、民意に依る政治であると云ふのは、何れも此の仕組の或働きに著目して謂つた言葉である」と「民意に依る政治」を強調するばかりでなく、「議会の営む作用は、政府の行ふ所と人民の欲する所とを合致せしめ、人民の同意に依る政治を実現することを目的とするものであるが、民意に依る政治の実を挙げる為には、議会をして、更に政府が忠実に立憲主義の要求する所に従つて国利民福を図るか否かを監視せねばならぬ。此の種の作用は通常各院単独に行はれるのであるが、人民一般の意思を直接に代表すると解せられる衆議院の意思が重んぜられることは勿論である」「各議院は其の希望又は意向を表明する為、各種の決議をなすが、其の中特に重要なものは不信任決議である。此の決議は、下院が其の多数の意向に反対する態度又は政策を採用したる政府に対し、之を信任しないといふ意思を表明する決議であつて、政府の政治上の責任と密接なる関係を有つ」「かくの如く、政府が政治上、下院に対して責任を有し、其の運命が下院議員の多数の信任にかゝつて居ることは、結局下院が民意を反映するものと認められて居るからである。憲政の常道とは、議会と政府との間に、かゝる関係のあることを認め、内閣制度が完全に運用せらるゝことを云ふ」と衆議院中心の政治を「憲政の常道」となす民主主義的理念をきわめて明快に説述している点、公民教科書の中では類例の少い特色を発揮しているのである。さらにそればかりでなく、「我が国に於ける階級の対立は愈〻強まらうとしてゐる。また其の間に成立する社会問題の解決は困難を加へようとしてゐる。かゝる事情の下にあつては、社会政策の実現を著々実行し、階級間の調和を促進することが何よりの急務である。これと共に議会政治の運用が円滑に行はれ、無産者の意向が充分議会に於て代表せらるることを必要とする。若しさうでないとすれば、我が国の社会問題は極めて解決し難いものとなるであらう」と言い、美濃部の主張と同じような理由で、無産政党の議会進出を積極的に期待するにいたっては、他の教科書に全く例を見ない本書独得の主張であって（他にも、政党中に無産党の存在だけを記したものは一、二あるが、それもごく僅少で、他の大部分は無産党の存在すら記していないのである)[35]、この教科書がいかに群を抜く卓抜なものであったかが窺われよう。それはさておき、政党内閣主義が支持されるにいたったことと関連して、「閣議を経た事件は、(中略)全閣員の責任がある。茲に国務大臣の連帯責任がある。故に若も重要問題について大臣中に意見が分れ、その一致を見ることが出来ない場合は、結局内閣不統一の責を負うて辞職せねばならぬこととなる」(末吉)「国務大臣は各自独立して天皇を輔弼し奉るものであるけれども、相互に密接な関係を有するから、其の間の連絡統一を図ることが必要である。此の為に、国務大臣は内閣を組織する」(河田)などとあるように国務大臣の連帯責任が承認されるようになったのも、あるいは「憲法上の理論としては、国務大臣は天皇に対しては直接に責任を負ふのであるけれども、しかし間接には国民に対してもその責に任じなければならぬ」(湯原)「副署によつて国務大臣は天皇に対し奉つてばかりでなく、国民に対してもまた責任を負ふのである」(河田)「国務大臣は天皇に対しては直接にその責を負ひ、国民に対しては間接にその責に任じなければならぬ」(広浜『新撰公民科教本』)とあるごとく国務大臣の国民に対する責任が説かれるようになったのも、また「人民一般の意志を直接に代表すると解せられる衆議院の意思」(高田　森口)「議会は全国民を代表するものであつて、その議決は国民の意志の表明と看做され、国民はその代表者を議会に送ることに依つて国政に参加するわけである」(佐藤　近藤)「帝国議会は国民の代表者として、統治権の立法作用に与らせることを本旨とする憲法上の機関である」(田中　堀江)など と国会が国民の代表機関であることの明記されるにいたったのも、政党内閣政治を肯定することから自然に導き出された論理の転換であったのであろう。

衆議院の多数党による議院内閣政治を承認することは、輿論に基づく政治の承認を意味し、したがって当然輿論の問題を取り上げざるを得ないこととなる。輿論についての解説が欠くことのできない項目となった点は、成文法上の制度の解説のみで能事終るとしてきた法制教科書と異なる公民教科書の特色であって、「立憲政治は輿論に依る政治と言はれるが、輿論とは社会の多数人に依つて要望せられる意見であり、其の勢力が社会的に或期間持続せられ、各個人がそれに或程度まで拘束せられることを認めるに至つたものを言ふ。かくのごとき勢力を得る意見は、必ず社会に於て指導的地位を有する者が之を懐き、其の意見が発表せられ、漸次民衆の意見として確立せらるるに至るものであつて、民衆の中の或少数者が実に其の原動力である。併し此等の個人の意見の中には、感情や独断や偏見を混じて居ることもあるし、圧迫又は利害に捕はれ、附和雷同して発表せらるることもある。不真面目な煽動や宣伝に依つて正当なる批判を蔽ひ、針小棒大の言論に依つて輿論が作らるる場合も少くない。故に立憲政治を行ふに就いて真に社会を指導するに足る公正なる輿論を成立せしむる為には、やはり個人の自覚が必要であり、健全なる思想と主張とが、言論・新聞・雑誌・著書等により、又講演・演説等により漸次社会的な勢力を得るに至ることが望ましい。政党の活動に依つて輿論を形成するときにも固より此の条件が必要である。公民が公正なる輿論を作る為には、何よりも冷静なる批判力が必要である」(高田　森口)というごとき記述はその典型的な例である。ただ右の引用文にも窺われるとおり、ここでも政党についての解説の場合と同じく、輿論の尊重よりもその弊害の指摘にいちじるしく神経質な傾向が窺われるのであり、「立憲政治は民意を基礎として行はれるのであるから、固より輿論を顧みねばならないが、国民の無自覚と政党の弊風とは輿論の質を無視して数に於て勝を制しようとする勢を示すことが珍しくない」(塚原)とか、「多数で決定したからとて必ずしも正しいとも良いとも謂はれない。不純な動機から出た輿論や私心から出た輿論よりは少数の意見の方が却つて良い場合もある。(中略)多衆会同したときの輿論は煽動に依りて動く傾向があるから、一個人宛の意見から成立した輿論とは謂はれないことがある。(中略)国民は新聞・雑誌の選択に注意すると共に、常に修養を怠らず識見を培ひ、政治的輿論の如きは一派のものにのみ惑溺せず、之が数種ある場合は冷静に批判して帰趨を定めるやうにせねばならぬ」(丸山)とか言うにいたっては、輿論の害を説くほうにむしろ急な観さえなしとしない。もとより抽象的にはこれらに言われているとおりであって、多数の意見が常に正しいと限らないのは当然であるが、実際問題として右のような説明の仕方は輿論を否定的に評価する印象を与えかねないのではないだろうか。輿論の健全な発達を期するためには、単に国民各個の主観的な心がまえに依存するのではなく、言論・集会・結社等の表現の自由が最大限に保障されていることを必要とし、それらの自由をいちじるしく制限していた明治憲法下の治安立法にこそ最大の問題がふくまれていたにもかかわらず、その点に触れることのできなかった教科書に対して、輿論の育成についての正当な解説はもともと期待できなかったと言ってもよいであろう。[36] 輿論が問題となる以上、輿論形成のために不可欠の新聞・雑誌等の言論機関の役割の重視されるのも当然であるが、ここでも、「輿論は共同の声であるけれども、不正の宣伝や煽動に依つて生ずることがあるから、其の源が悪ければ随つて輿論も悪い。輿論は新聞や雑誌の醸成することが甚だ多い。随つて公正不偏の態度と高邁の識見とを以て社会を指導する新聞・雑誌の現れることは、政治発達の要件である。我々は新聞・雑誌の選択を厳にし、不知不識の間に避《(僻カ)》見に囚はれないやうに注意せねばならぬ」(白上)というように、新聞・雑誌の不可欠な役割を強調しながら、新聞・雑誌が「不正の宣伝や煽動に依つて」民衆の間に「不知不識の間に避見」を流布する(この場合、「不正の宣伝や煽動」「避見」とは具体的にどんなものを念頭に置いて言っているのか、想像に難くない)という、言論活動に対する危惧・警戒のほうが先に立っているのも、みのがせないところであった。

　政党政治を承認しながらも、その基礎をなす政党や輿論の取り扱いに若干の問題点のあったこともさることながら、それよりもいっそう重大なのは、このような時期においてさえ、なお公民教科書の中に従来の古い考え方に執着して政党内閣主義の採用とそれに伴なう論理の転換にふみ切ることのできなかったものが少くなかったという事実である。「国務各大臣は相互に独立して輔弼するもので、決して団体を構成し多数決を以て進言する必要があるものではない。

即ち大臣は連帯責任を負ふものでない」「国務大臣の任命その他は天皇大権の自由の範囲に属するもので、たとへ議院に於て不信任を表示せられることがあつても、之を以て直ちにその進退を決せねばならぬといふ法律上の理由は存しない」(河津　井上)「我が国に在つては、(中略)議会に多数の議員を擁する党派が必ずしも内閣を組織するとは定まらない。ただ組閣の事は専ら天皇の大命に俟つものであることを注意しなくてはならない」「議会政治といふ名に囚へられることなく、我が国にはおのづから我が国に適切妥当なる議会政治のあることを知るべきである」(河田)といったように、議院内閣主義を否定するにひとしい説明を加えている教科書が依然として跡を絶っていない。やがて五一五事件によって「憲政の常道」が崩壊した時期に入ると、「憲政の常道」を説明したその直後に「しかし、政党内閣制なければ立憲政治なしと考へることには問題がある」と叙述する広浜の『新撰公民科教本』のごとき教科書も現われてくるのであって、公民科における政党政治の正当視が結局政党内閣の存続という外的条件によってかろうじて支えられていた、基礎の弱いものであったことが理解せられるのである。政党内閣政治を承認しながらも、「帝国議会は天皇の機関であつて臣民の機関でないことは勿論であるが、議会は臣民を以て組織し、特に衆議院議員は一般人民の公選にかかるところから議会を以て国民の代表会となし、其の権利・利益を保護主張する機関であるといふのは誤である。臣民が議員を選挙するのは、唯天皇の機関を組織するために公の職務を行ふに止まり、自己の代人を選挙するのではない。(中略)このやうに議会は一個の機関に過ぎないもので、憲法が明かに之に与へる職権の外何等の権限をも有することなく、而かも其の権利は天皇が憲法に依つて議会に与へたものであるから、議会自ら其の権限を伸縮することが出来ないのである」(塚原)というように、穂積学説を踏襲して議会の国民代表機関としての性格を否定し、議会の権限を縮小して解釈する(この説に従えば政党内閣制の基礎となる内閣不信任決議も許されないことになる)ものあることも、みのがせないところであろう。

このように、政党政治が一般に正当化されるようになったにもかかわらず、公民教科書における憲法の理解の仕方が、法制経済教科書の時代に比べて必ずしも根本から一新されたわけでなかったのは、重要な事実であった。少数の例外を除き、大多数の教科書は憲法の基本的な理解の仕方においてあいかわらず穂積学説による説明を踏襲しており、そこへ穂積学説において排斥された政党内閣主義を木に竹をついだような形で挿入したにすぎない、というのが実情だったと言える。

第一に、天皇を国家の機関と記した教科書は一つもない。昭和四年に上杉慎吉が死んで以後、東大では美濃部、京大では佐々木惣一がそれぞれ唯一の憲法講座の担任者となり、天皇機関説が昭和十年初頭までは正統的憲法学として憲法学界を独占する状況であったにもかかわらず、この時期の公民教科書に天皇を機関と記すことができなかったのは、政界・学界と教育界との間に大きな思想的ギャップの存在したことを物語る事実として、看過しがたいところではなかろうか。大瀬の教科書では「国家は最高の法人である」と言い、佐々木の教科書では「国家は共同団体であるから、意志を有し」と記しており、ともに国家法人説を採りながらも、天皇を機関とは記していない。機関説憲法学の有力な代表者である佐々木が、法制教科書でも公民教科書でも天皇を機関と記し得なかったのを見れば、天皇機関説は検定教科書のきびしいタブーであったのであろう(そう考えると、天皇機関説を明記した黒川・谷口共著『近世法制経済教科書』は検定に合格していないのではないかとも想像される)。まして昭和十年の初めに機関説問題が発生して美濃部迫害が行なわれ、大学においてさえ機関説の講義が不可能となるにおよんでは、中等学校で機関説が国禁の思想となったことは言うまでもなく、昭和十一年に検定に合格した服部・遊佐共著の教科書では、「純然たる君主国では君主が主権者であるから、統治上に於ける君主の意思は即ち国家の意思となる。故に統治権の発動のために機関を要しない」という本文に「純然たる君主は国家最高機関ではない」という頭註を加え、わざわざ機関説を否定しているほどである。次に、以前の法制教科書の大多数と同じように統治権または君主権の絶対無限を説き、「天皇が其の客体たる臣民に対するや、絶対無限の権力を以て臨み給ふのである」「憲法の改正は帝国議会の議に付するのであつて協賛を経るのではない。(中略)憲法の条項を変更するのは専ら天皇の大権に属し、議会は天皇の諮詢に応じて可否の議決を奉答するに止まる。(中略)約言すれば、天皇が常に憲法を変更する権能を有し、機関の制限を受けることがないのである」(塚原)とあたかも天皇単独の意思で憲法を左右し得るかのように説くものもあるけれど、全体としてこの種の説明は法制教科書の場合に比べるとはるかに少くなった。それにもかかわらず、臣民の絶対無制限の服従義務の強調は依然として多数の教科書でつづけられている。「主権に対して絶対的服従の義務を有する人民を国民といひ、我が憲法では之を臣民といふ。(中略)外国人も我が領土内に居住する間は我が主権の支配を受けるのは勿論であるが、しかし服従の義務は絶対的でなく、国際法及び国内法の規定の範囲に止まるものである。国民は国家と密接不離の関係にあるから、たとへ外国に移住してゐても主権に服従すべきで、例へば戦時に際し帰国の命令を受ければ直ちに帰国しなければならぬ」(大瀬)「権力関係及び法律関係からいふと、我等は皇室に対して絶対的服従の義務を負うてゐる。それゆえ、我等はもし必要ある場合には、各自の生命・財産を君国に提供することをも躊躇しないであらう」「臣民とは国家の主権に絶対無限に服従する内国人をいふ。外国人も主権に服従するけれども、それは在留中に限るから、臣民とはいはない」(湯原)「臣民は(中略)国家の統治権に対して絶対無限に服従すべきである。かくして始めて国家は統治権を完全に行使することも出来れば、また臣民を完全に保護することが出来るのである。国権に服従することを、徒らに自由を奪はれるが如く考へる者があるとすれば、それは大なる誤である」(不挟会)「臣民とは絶対無限に国家の統治権に服従するもので、(中略)外国人の如く国内に居住するを条件とするのではなく、たとへ外国に居住しても、本国の統治権に対して服従しなければならない。之を絶対の服従といひ、又国家の法令に従ふは勿論、身命を抛つても君国のために尽瘁せねばならぬ。これを無限の服従といふ」(末吉)「統治権は国権又は主権ともいひ、(中略)人民は絶対無限に其の命令に服従せねばならないが、又一面から考へると、絶対無限に服従するが為に人民たることを得て国家の絶対的な保護を受けることが出来るのである」(丸山)「臣民とは絶対に統治権に服従すべき者をいふ。一体、我が国に於て統治権の主体たる天皇が其の客体たる臣民に対するや、絶対無限の権力を以て臨み給ふのであるから、吾等臣民も亦天皇に対し奉り絶対無限に服従せねばならぬ」(塚原)「統治権は国内においては、その国民に絶対の服従を命ずることが出来る」(太田)「国民は主権に絶対に服従せねばならぬ」(木村)「人民は無限にその国の統治権に服従する。(中略)人民が国家の保護を受けるのはよく統治権に服従するがためであつて、服従のないところには保護はあり得ない」(服部　遊佐)などとあるのを見ても明らかなように、大多数の教科書がほぼ筆を揃えて臣民の絶対服従を説く点では法制科時代と少しもかわるところがないばかりか、その理由づけまでも法制教科書のそれをそっくり踏襲しているものが少くなく、中等学校の憲法教育が最後まで穂積憲法学の根本思想の枠を破り得なかったことを示しているのである。もともと公民科の新設が、既述のように国家権力への自発的随順を積極的に培養することを目的としたのであったから、絶対服従が以前にもまして強調されるにいたったとしてもふしぎではなかった。服従が絶対視されれば、権利・自由の面が消極的な取り扱いを受けるのは、当然の帰結である。湯原の教科書が「権利のない臣民は奴隷である。奴隷で成立つてゐる国家はやはり奴隷の国家である。国家としてその位置を向上しようと思ふならば、必ず国民に多くの権利を与へねばならぬ」と言っているのは、臣民の絶対無限服従の強調と論理的に相容れないのであり、したがって結局「しかし言ふまでもなくこの権利は絶対でなく、法律の範囲内に於て、しかも社会の安寧秩序を紊さない限りに於いて許されてゐるのである」という消極的結論に帰着せざるを得なかったのである。「兵役及び納税の二大義務は(中略)国民としては寧ろ貴い権利であるとさへ思ふべきであり、従つて我等は進んで之を果さなくてはならない。一般に権利は之を享有することが権利でもあるが、同時にまた之を行ふことが義務と見なければならない場合が少くない。(中略)例へば選挙権の如きは、之を行ふことが権利であるけれども、また同時に義務である」(河田)といった権利の本質を故意に曖昧にさせるような説明とか、「今や権利を主張する者が多くなつて、義務の遂行に忠実な者の少くなつたことは甚だ遺憾とせねばならぬ。固より権利思想の発達は人格観念の向上に由来するのであるから敢て悲むべきではないが、所謂個人主義に基く人格観念は、動もすれば、吾等をして義務を顧みない権利の主張に堕し放恣の行動に陥らしめ易いのである」(塚原)「我等は強く権利を主張すると共に義務の履行についても忠実でなければならぬ。即ち権利をのみ主張し義務を履行することを忘れる如きことは、もつとも慎むべきである。例へば兵役を厭ひ、納税を怠り、更に脱税を図る等は、誠に立憲国民として恥づべきで、かかる者は立憲政治、国家生活について無理解な非国民と云はざるを得ない」(不挾会)「近頃デモクラシーはともすれば無規範・無差別と混同されて社会の秩序を紊し安寧を害してゐる」(木村)という類の権利・自由に対する否定的な説明とかが頻出するのもゆえなしとせぬ。教授要目にしたがって宗教を取り上げ信教の自由を説くに当って、「吾等の生活は国家を離れて営み得ないし、階級の別も現実の社会から除く訳には行かないのであるから、信教の自由が認められても国家・社会の安寧・秩序を害せず、又国民の義務に背かない範囲内でのみ許さるべきもので、憲法が制限的に信教の自由を規定したのは之が為めである」(塚原)「信教の自由の保障の真意義(中略)は如何なる宗教を信ずることも絶対に自由であるといふ意味ではない。国体・国情に反し、社会の秩序を紊り、人心を動揺させるやうな邪教は、厳に之を禁止すべきはいふまでもない。帝国憲法第二十八条に『日本臣民ハ安寧秩序ヲ害セス及臣民タルノ義務ニ背カサル限リニ於テ信教ノ自由ヲ有ス』と定めてあるのは、此の旨を明かにしたものである」(河田)というように、信教の自由の制限面に大きなアクセントの置かれている例の多いのも、同じところから来ている。憲法の条文を原文で引用した箇所は一般にあまり多くないのに、憲法第二十八条のみがしばしば全文掲出され、しかもその引用が信教の自由を明らかにするためでなく、自由の制限を理解せしめる目的で引用されているのも、公民教科書の憲法に対する態度を窺う上で注意に値する事実ではなかろうか。

国民の権利が消極的ないし否定的に取り扱われている傾向をいっそうよく物語るのは、権力の濫用および悪法に対する抵抗権の否定に大きな努力の注がれていることである。まず権力の濫用についてであるが、もともと公民教科書では、政党についてのみはその弊害を指摘するに少しも憚るところがない一方、官僚機構の弊害については完全に頬かぶりの方針をとっているので、権力の濫用といった問題の出てくる余地はないのであるが、教授要目で警察を取り上げた結果、全くこの問題を避けて通りすぎることができなくなった。国民の自由・権利と国家権力とが最も正面から衝突するのが警察権行使においてであり、しかも明治憲法下の日本の警察が人権蹂躙を意に介しない職権濫用を日常の茶飯事としていることは、いわば公然の秘密と言ってよい周知の事実であった関係上、[37]警察を論じる以上これについてなんらかの説明なしにはすませることがむつかしかったため、公民教科書のこの問題に対する態度は珍しく足並みが乱れ、大別して二つの類型を示した。その一つは、警察権の濫用に全く目をつぶり一切を人民側の責任に帰する居直り型であって、「往々警察と公衆との間に衝突が起るのは、多くは双方の誤解や一部公衆の我儘などに基づくのであつて、警察の本来の目的とは少しも関係がない。(中略)だから、我等は出来るだけよく法律、就中警察規則を守つて安寧秩序を妨げる言動を慎むと共に、場合によつては進んで警察と力を協せて共同生活を脅かす危害を除去することに努めねばならぬ」(湯原)「近時誤つた自由解放の思想が流行し、警察を以て濫りに我等の自由を拘束するかの如く誤解する者もあり、殊に労働争議や、政治運動の場合に於ては、往々民衆の敵のやうに思はれることもあつたが、之等は甚しき心得違ひである。警察の取締は公衆の正善なる生活を保護せんが為に邪悪なる行為を制するに外ならぬ。

若し我等が一日でも警察のない場合を想像して我等の生活を顧みるならば、その不安は言語に絶するものがあるであらう。之を惟うて我等は警察と親しみ、之を信頼し、且つその職務に対して感謝しなければならぬ」(末吉)「世には警察官吏を侮つたり甚だしきはこれに反抗したりするものがあるが、これは警察の使命を理解しないものである」(木村)とあるごときがそれで、これに対し今一つは、「我が国の警官は一般に誠実であり、身命を賭して職務を果して居るが、警官としては、職権を濫用したり其の重大なる責務を自覚しない行動が多大に公衆の信頼を裏切るものである点を考へねばならない。公衆としては警官を理由なく恐れ、或は敵視する態度を棄て、感謝と尊敬の念を以て其の命に従はねばならぬ」(高田　森口)「警察官吏は(中略)民衆に臨むや、公明正大にして私情、愛憎の念を挾むことなく、親切を旨として温容を以て接し、苟且にも故らに威厳を保たんとして職権を濫用し苛酷の取扱に陥ることを避け、機微に触れて裁量を誤ることなく、不良を感化して良民を保護するに過誤なきを期すべきである。このやうであつてこそ、真に民衆警察の趣旨に副ふこととなるであらう」(塚原)「警察の制度は吾等の社会生活の各方面に亙つて密接な関係がある以上、権力の濫用に陥ることなく、よく社会の実情に即して運用されることは、社会にとつても個人にとつても望ましいことである。吾等も亦日常生活の保護者たる警察をよく理解して、公安の維持に協力しなければならない」(佐藤　近藤)とあるように、国民の協力を要求しながらも同時に警察に対して権力の濫用を戒めるという間接警告型である。後者のような類型の説明をとるものが案外に多いのは、さすがに警察権の濫用が全くこれを無視するにはあまりにも顕著に過ぎたためでもあろうが、この第二の類型の場合でも、政党の弊害を述べた際のように客観的事実として直接に警察権の濫用を語るのを避け、警察への警告という間接叙述の形をとるにとどめているのは、そのあたりが検定教科書の限界であったからであろう。

次に、悪法の問題では、警察権の濫用についてのように、教科書間の分裂はなかった。もともと公民科が「特ニ遵法ノ精神」を「会得セシメ」ることを主なる目的として新設されたものであることは、すでに述べたとおりであり、教科書がこぞって遵法の精神を強調したのは当然であるが、これが臣民の絶対服従義務の強調とあいまち、悪法に対する抵抗権の否認から進んでは悪法の存在をさえ否定する法実証主義的主張ともなるのは、必然の成行であったとしなければなるまい。大多数の教科書はこぞって次のような教説を展開している。

「悪法もまた法である」といふ諺もある。現行法として存在する以上は、たとひ悪法であつても之を守らなければ、一般法令の威厳を損じ、国家の秩序を乱すやうになる。殊に今日我が国は立憲法治国であつて、国民は国家の立法から府県・市町村の自治法規に至るまで、直接または間接に参与してゐるのであるから、悪法の存在する理由もなく、若し時世の変遷によつて悪法に変じたものがあれば、合法的にこれが改正・廃止の道を講ずべきである。(頭註)『法の善悪を批判するのに自己の立場からだけ見るのは偏見である』（大瀬）

社会は時々刻々進歩するのに反して成文法は固定してゐる。随つて之を社会生活に合せて活用するものは我々である。若し多少の不都合があつても、之を尊重することは法全体を権威あらしめる所以であつて、社会の秩序を維持する上に必要なことである。（白上）

万一多くの国法中に、時勢の変遷に依つて時代に適合せざるに至りたるものがあるとしても、これが廃止変更せらるるまでは、その不当不備を口実として、これに違背する様な事があつてはならぬ。（末吉）

若し或法規が一般に悪法であることが認められたなら之を改廃する正当の道が開かれてゐるから、之が改廃を希望したり、または其の為に正当な手続を履むのはよいが、単に自己が悪法であると考へるだけで之に服従しないやうな態度は法治国民として許すべからざることである。（河田）

法は（中略）その行はれることの久しいもののうちには、多くの不備の点を示したり、既に、今日の時勢に適応し

> なくなつたりしてゐるものもある。（中略）時代に相応しないからといふて、己が恣意を以て法の価値を貶して悪法となし、之に従はざることを当然なりとする者も、間々見受けられるが、かくの如きは、法の不可侵性を無視する者であつて、立憲自治の民たるの資格において欠くるところありといはねばならぬ。法諺に所謂『悪法もまた法なり』に無条件には同意し得ないにしても、個人が自分の一存で悪法だと決めて之に従はざる態度の、法を冒瀆すること甚だしきものなることだけは、無条件に断言することが出来る。法が既に悪法となれば改廃せられるであらう。現行のものである限りは、法には悪法はないのであるから、『常ニ国憲ヲ重ジ国法ニ遵ヒ』と仰せられた教育に関する勅語の聖旨を奉体し、拳々服膺して瘁励の誠を輸さなければならぬ。（広浜『新撰公民科教本』）

こうした教説は、無実の罪による死刑を甘受したソクラテスを遵法精神の模範とした国定教科書の考え方をそのまま公民教科書の中にもちこんだものと言うべく、ここに明治憲法下の公教育の本質が最もよく露呈していると言ってよいであろう。右のような徹底した法実証主義に比べるときは、

> 絶えず変遷する社会事情に応じ国法を朝令暮改することは出来ないから、適度の解釈に依りその不備を補はなければならぬ。されば国法は表面的機械的にのみ遵守せず社会的正義に立脚して共同生活の利益を増進するやうに解釈適用しなければならぬ。これが国法の趣旨に副ふ所以である。たゞ明文の末に囚はれ、字句の厳格なる解釈にのみ没頭するときは、国法は不完全極まるものとなつて、その権威を害ひ、国家の社会の規律たる力を失ふに至るであらう。（服部　遊佐）

と法解釈による条文の欠陥の克服の方法を示したのははるかに適切であったが、右の文にはすぐそれに接続して

> また解釈に依つて救済することを得ない悪法は、請願・建議などの正当な手続に依つて、その改廃を促すことが

出来るが、かやうな例は稀に存するに過ぎないのであるから、その改廃の行はれるまでは依然これに遵ふことが社会の秩序を維持することになるのである。(同)

という文章があり、結局前引諸例と同一の結論に陥っている。わずかに神戸・佐々木共著の教科書が、「法を制定するに当つては、その要求する所のものを道徳的のものたらしめなくてはならない。真に法が行はれるのは、人が法の要求する所のものを是認する時、換言すれば、法の要求が道徳の要求にも合ふものである時である」と言い、きわめて婉曲な表現ながらも、条理と合致しない法の規範力の否定を暗示しているのは、おそらく同様の趣旨を含蓄するものと思われる高田・森口共著の教科書の「公民としては、益〻国法と国民道徳とが合致するやうに努力することが必要であるし、国法をかゝる態度で尊重する精神を涵養することが亦必要である」という説明の仕方とならんで、他に例のない卓見として注目を惹く。

神戸・佐々木の教科書は、穂積憲法学の臣民無制限服従説の祖述が大多数を占めている中で、「既に一度帝国憲法の布かれた以上、天皇は必ず帝国憲法の定めるところの方法を以て、統治権を発動せられることを要する。帝国憲法第四条の後半に『此ノ憲法ノ条規ニ依リ之ヲ行フ』とあるは、即ちこの意を示すものである」と君主権の無制限でないことを明言し、「国家の各作用を各別の国家機関に依つて行ふのは、これに依つて国家の権力の濫用を防ぐのである。国家の作用に国民を参加せしめるのは、これに依つて国民の意志を尊重し、国民の意志に基づいて政治を為すのであつて、国民の自由を保全し、又国家の権力の濫用を防ぐのである」と国家権力の限界の画定が立憲政治の本旨であることをはっきりと述べ、「臣民は義務と共に権利を有する。立憲国たる帝国に於ては、国家統治権の作用に一定の制限を附せられ、その結果その範囲に於て、臣民は国家に対して或主張を為すことを得る。即ち権利を有する」と国民の権利についても積極的な叙述を行なうなど、立憲主義の精神がすみずみまで行き渡っており、公民教科書としては類例の少い名著と言ってよいであろう。これに匹敵するものは、高田・森口共著の教科書であって、この教科書が衆議院中心の「民意に依る政治」の理念の説述に明快を極めていたことはさきに述べたとおりであるが、同時に「立憲政治では、臣民の生命身体自由及び財産は法律に依つて平等に保障するを原則とする。所謂法治政治がこれである」、法治政治においては「人民全体の人格の独立が認められ、且つ之を相互に尊重すべきものとせられた。帝国議会が設置せられ、臣民の権利義務に関する法規は、議会の協賛を経たる法律に依ることを原則とする制度が採用せられたのは、主として此の事と関聯する」と説くなど、国民の権利の保障の説明においても周到の筆を尽しており、神戸・佐々木教科書とならんで、公民教科書中の双璧と称するに足りよう。この二つに比べるとかなり弱くなってはいるが、佐藤・近藤共著の教科書も、「臣民の自由を拘束しその権利義務を規定する場合には必ず法律に依らねばならない」「国家が警察権を行ふため人民に命令強制をなし得る限度は、先づ法令の規定に基いてのみ行ふこと、社会生活の障害を除くためにのみ行ひ、文化の開発を直接の目的としないこと、民事事件には関与しないこと、公の秩序に関係なき国民の私生活にまで干渉しないこと等である」と、国家権力の限界を明示している点など、立憲主義精神の比較的によく貫かれている教科書として、前記二書に次ぐものと言って差支えあるまい。木村の教科書が、一方で臣民の絶対服従を説きながら、「立憲政治は国民の権利自由を保障する政治である。国民の身体・生命・財産その他の権利自由は法律によるのでなければ少しも侵されないことが憲法によつて保障されてゐる」「立法、司法、行政の三機関は、おの〳〵独立してたがひにその権限を侵されることなく、権力の濫用をふせいで国民の権利自由を保障し」、「臣民は法律の定めるところによるの外、国家の命令及び強制を受けないといふ権利を有する」と国民の権利の保障を明確に説明しているのも、注意してよかろう。

このような若干の例外はあったけれど、公民教科書の多数が穂積憲法学の枠に囚われているところに、法制経済科以来の一貫した教育政策が窺われるのであるが、同じく臣民の絶対服従を説くにしても、法制経済科と比べて公民科の顕著な特色と思われるのは、天皇と臣民との関係を単なる権力服従の関係としてでなく、家父長家族的情誼関係として説明する方法が例外なく採用されていることである。「我が帝国は天祖天照大神の神勅に基づいてこの国土に降臨し給うた万世一系の皇室を上に戴き、国民は主として大和民族といつて、天孫及びこれに随従して天降つた民族の増殖した末裔である。そして、天皇は共同祖の直系に当らせられ、国民はその傍系に当る。故に皇室は国民にとつてはその総本家に当らせられ、国民は何れもその分家といふ有難い関係にある。随つて歴代の天皇は民を視たまふことが恰も子のやうであつて、常に仁徳を垂れ給ひ、国民は天皇を仰ぎ奉ることが恰も神のやうであつて、忠誠を尽して仕へ奉るのである。義は君臣であつて情は父子であり、忠孝一致、君民和楽、渾然として玆に三千年、万邦無比の国体を形成してゐる」（大瀬）という叙述に典型的に代表されているように、『古事記』『日本書紀』の神話の典拠に基づき天皇と臣民とを擬制家族的関係としてとらえ、情誼的結合を成すものとして力説するのが、公民教科書のすべてに共通する特色となった。もっとも、この種の考え方は、この時期に生じた新しい思想ではなく、法制教科書においてもつとに散見したところであって、「吾人が現在の天皇に服従するは、卑属が尊属に対する観念、共同始祖に対する観念を以てす。是れ実に我が国体の精華にして」（溝淵）「我国にありては、皇室は臣民の宗家にして、臣民はこれ皇祖の苗裔なり。歴代の天皇は臣民を愛撫し給ふこと赤子の如く、国民の天皇を尊崇すること慈父を慕ふが如し」（坂田）「天皇と国民とは、建国の初めより我大和民族なる一大血族団体を成し、天皇は其の共同始祖の直裔に座ますなり。故に国民の天皇に服従する観念の淵源する所頗る深く、且牢固として奪ふべからざるものあり」（赤司）といった記述がいくつかの教科書に見られたのであるが、制度の解説に終始する傾向の強かった法制教科書では、この種の説明は本質的でない修飾的文章の域を出るものでなかったのに、公民教科書では、天皇国民の法律的関係よりも、この情誼的関係の側に本質的な君臣関係があるとされるようになったのである。「権力のみで統治する法治国は力で之を屈伏することになるが、道義を基本とする徳治国ではさうでなく、主権者はただ仁慈の政を布き、国民は之を感謝し主権の尊厳を認め、これに信頼すると共に敬仰・愛慕の情を懐くのである。かくてこそ始めて理想的の国家といひ得る。而して我が国がそれであつて、かかる国家に生れた我等日本国民は実に至幸至福といはねばならぬ」（田中堀江）という説明は、このような家父長主義的君臣論が何故に必要とされるにいたったか、その動機を自ら率直に告白したものと見なし得るであろう。権力に対し力関係で服従するのでなく主権者の「仁慈」に「感謝し、敬仰・愛慕の情を懐く」ように積極的に誘導するのがまさにその目的であり、天皇制イデオロギーを国民の自発的心情として培養するためには、単に制度の解説に終始する傾のあった法制科に比して、大きな進歩であったが、近代憲法精神を育成するという観点からいえば大きな退歩でもあった。[38] それはとにかく、こうした君臣関係論は、公民科の教授要目において、家族制度や神社崇敬が必須教授事項とせられていたこととも不可分の関係があったのであり、政治・法制の面では立憲主義的論理を貫徹した教科書においても、そうした事項を無視し得ない以上、この種の説明を全く除外するわけにはいかず、「現在の我が国の組織は、不合理な封建制度を打破することに依つて作られたのであ」り、家族制度においても「我々は父や夫を尊敬すると同様に、母や妻をば尊重しなければならない。（中略）家長を尊重することは固より緊要のことではあるが、其の為に其の他の人々を無視する傾向のあるのは不合理な封建制度の遺習であるから、かかる旧来の陋習は一日も早く之を棄てなければならない」として、すべての面で前近代的社会関係の清算を力説している高田・森口共著の教科書にさえ、「我が国に於ける皇室は、単に天皇の御一家として現に国民生活の中心であるばかりでなく、天照大神以来の宗家として過去より未来に亙る情誼生活の中心であり、天祖垂示の顕現として大和民族団結の中心である」とか、「吾々の国民生活には国民的崇仰の的である神社があり、これに縁つて我が国民は精神的に鞏固に結合し、国家の基礎を万世に揺ぎなきものとしてゐる。吾々は常に皇室を中心とせる神霊に対しては、国初以来臣民を憐愍し給ひし鴻恩に報謝し奉ることを思ひ、進んで微忠をいたさんことを誓願するのであり、家々の氏神に対しては祖先に向つての追慕の念をさゝげ、其の志を承け継いで国家に報いんことを希ひ、子孫に及んでもながく愛護せられんことを希願するのである。茲に於て、神社の崇敬は即ち祖先の崇敬と一致し、我が家の祖先を思ふ心は皇祖を崇めまつる心に帰一することとなる」とかいう教説をふくんでいるのであって、ここに公民教科書における近代憲法理念の完全な貫徹を阻む厚い壁のあったことを知るべきであろう。かような擬制家族制的情誼論は、さらに資本家と労働者、地主と小作人などの階級関係における無産階級側の権利の主張を解消させようとするねらいにもつながっていたのである。階級闘争が激化し資本主義体制に深刻な危機の生じた時期に新設された公民科では、むしろそのあたりに大きな使命が期待せられていたもののごとく、多数の教科書が労農運動を排斥し、(39)進んで社会改造思想を非難するのに力を注いでいる事実は、(40)公民科の終局的な教育目的が那辺にあったかを物語るものであって、公民科教育の歴史的解明のためには這般の事情を立入って究明することが必要であるけれど、教科書における憲法の扱い方の検討を課題とする私たちの課題からはいささか逸脱することになろうから、教授要目改正以前の公民教科書の検討は、このあたりで一応とめておくこととしたい。

(へ)　ファッシズム時代の初等・中等学校教科書における憲法の取り扱い

国定教科書は、満州事変以後太平洋戦争の時期にわたるファッシズム時代に二回の全面改編が行なわれる。昭和八年以来の第四期教科書と昭和十六年以来の第五期教科書とがそれであって、第四期・第五期と後のものになればなるほど軍国主義の強調、戦争の讃美の色彩が強くなり、第三期に比べていちじるしい変貌を来しているが、修身教科書における憲法の取り扱い方には、政党政治を肯定する要素がふたたび姿を消したことの外、それほど大きな変化を生じなかった。もともと国定教科書では、第三期にあってさえ、立憲主義をさまで積極的に鼓吹していたわけでなかった反面、ファッシズム時代に入っても、憲法はそのまま存続し、軍・官僚・議会等の力関係や下級の法令に大きな変化が生じたのみであり、従来から国定教科書では国内政治の現実的な動きにはタッチしない方針をとってきているので、この時期にも憲法の制度的解説に特に大きな訂正を加えるだけの理由がなかったためであろう。

しかし、中等学校の公民科では、小学校よりもはるかに具体的に憲法運用の諸問題に立ち入らねばならなかった関係上、かなり大きな変化が現われてくる。公民科教授要目は昭和十二年に改正され、次のように時勢の右傾化を顕著に反映した文字が多くなった。

第四学年

我ガ国

我ガ国　我ガ大君　我等御民

我ガ家

我ガ家族制度　家ノ生活　家ノ存続　家計

本項ニ於テ適宜家ノ神事・仏事等ニ就キテ説クト共ニ家計ニ於テ財産ニ説及ブベシ

我ガ郷土(一)

(事項略)

郷土ノ伝統ニ於テ神社ニ関スル事項ニ説及ブベシ

（中略）

我ガ国体

肇国ノ本義　天皇ノ統治　臣民ノ本分　国体ト祭祀

国体ト祭祀ニ於テ神宮・宮中祭祀・官国幣社等ニ関スル事項ヲ説クベシ

国憲ト国法

帝国憲法及皇室典範制定ノ由来ト其本義　立憲政治　法令　法ト道徳

立憲政治ニ於テ政党ノ任務ニ説及ブベシ

（中略）

国政ノ運用ト我等ノ責務

国運ノ隆昌ト政治　遵法ト奉公

「立憲政治」という大項目が「国憲ト国法」と改められ、「立憲政治」がその下の一小項目に格下げされたのは注目を惹くが、なおこの時期ではいまだ政党解消にまでいたっていなかったので、「国憲ト国法」の項目に「立憲政治ニ於テ政党ノ任務ニ説及ブベシ」という但書が加えられており、政党を無視することはしていない。教科書も、この新要目に則って新しく編集され、または大きな改訂が加えられている。さきに列挙した教科書の内、この新要目実施後に出たと思われるものについて、その傾向を検討してみると、かつての立憲主義思想がほとんど影をひそめ、ふたたび穂積憲法学的な考え方が全面的にあふれ出し、それがこの時期特有の天皇中心主義のスタイルを加味して強調されているのが、まず注意される。「臣民が、完全に国法に服従することによつてのみ、国法は臣民を完全に保護することを得るのである。されば、国法に服従し、君国の存立と発展とに身を捧げることは、臣民の本務として最も基礎的なことであるが、之を貫かんがために要求されるのは、遵法の精神である」(広浜『日本公民科教本』)「我等はこの国体に根ざした臣民の道を自覚し、統治権に絶対服従して、天皇の御栄に奉仕し、以て国家の進展に力を致さなければならない」(戸田)という絶対服従説も、穂積学説にさらに「翼賛政治」理念の附加された表現をとっており、それは、さらに一歩を進めて「参政は、日本臣民としてその臣節を完うするにつき践むべき神聖の道であるから、参政権と呼ばれてゐても、その実は、参政義務なのである」(広浜『日本公民科教本』)「憲法によつて与へられた臣民の権利は、臣民の懿徳良能を発達せしめようとの大御心に基づくもので、兵役・納税の義務とともに、畢竟国民の本分を完うするために認められたものである」「憲法は一般臣民の権利と財産の安全を保障し、法律によるの外、これを侵すことがないと規定してゐる。この規定も外国に於けるが如く、権力者によつて圧迫せられる惧のある民権を擁護するために設けられたものではなく、どこまでも万民を慈しみ給ふ大御心に基づき、臣民をして斉しくその志を述べしめ、その力を伸ばさしめ、以て皇運を扶翼し奉らしめるために、設けられたものである」「我等は謹んでこの大御心を奉体し、欧米の民権思想に惑はされることなく、(中略)以て憲政有終の美を済さねばならぬ」(戸田)と、国民の権利も臣節を完うするための義務とされるにいたり、ほとんど権利の本質を没却するような結果となったのであった。「臣民の自由は戦時又は事変の場合に於いては『国権ハ、危難ノ時機ニ際シ、国家及国民ヲ救済シテ、其ノ存立ヲ保全スル為ニ唯一ノ必要方法アリト認ムルトキハ、断ジテ法律及臣民権利ノ一部ヲ犠牲ニシテ、以テ其ノ最大目的ヲ達セザルベカラズ』(『憲法義解』による)との理由に基づき、必ずしも保障されない」と憲法上の権利の停止をわざわざ『憲法義解』を引いて念をおすところなども、戦時下の人権無視の客観情勢とよく符合している。「国務大臣は各別に天皇を輔弼し奉るべきものである」(原)とか、「帝国議会は、外国のそれの如き人民の代表機関ではなく(ここに「我が帝国議会は、断じて国民の立法府ではなく、云々」という脚註が附せられている)、臣民の力を集め給はんとする有難い聖旨によるものである」（戸田）とか、「己が恣意を以て、ある種の法を悪法と判断し、之に従はざることを当然なりとする態度も、許さるべきではない。法が既に悪法となれば、改廃せられるであろう。現行のものである限り、法には悪法はないのである」（広浜『日本公民科教本』）とか、法制科以来の穂積学説の踏襲がこの時期まで十年一日のごとくつづけられている外に、「祭事《まつりごと》は即ち政事《まつりごと》であつて、祭祀と政治とはその根本を一にし、敬神と愛民とは一致する。毎年政始の御儀には、内閣総理大臣が先づ前年中神官の祭祀の滞りなく奉仕せられた旨を奏上し、天皇はこれを聞し召される。（中略）祭祀と政治とがその根本に於て一致するのが、我が国の善美なる一大特性である」（原）「我が大日本帝国は神国である。即ち神によつて開かれた国であり、また天照大神の御子孫として、現御神にまします天皇のしろしめし給ふ国である」「我等は肇国の本義に徹し、我が国が神国である所以を認識し、以て天皇の統治を翼賛し奉り、臣民の本分を尽くすべきである」（原）といった、復古的神国主義イデオロギーが露骨に現われてきたのが、この時期の公民科教科書のいちばんいちじるしい特色であろう。

教授要目に準拠している関係から、政党についての解説は残っているが、昭和十五年には政党がことごとく解消したために、政党の解説といっても、実際には政党の罪悪に対し追い討ちをかけるような解説が多くなり、これに代わって大政翼賛運動の讃美が加えられる。「我が国の政党が、藩閥官僚に対して、民意を伸張した功績は之を認めねばならぬが、同時に部分の立場の利益を代表して、対立抗争を事とし、議会協賛の本然の姿を逸脱することも尠くなかつたのである。政党の解消また当然であらう」「政党は解消したが、解消せざるを得ざらしめたのは、国民の間に澎湃として起り来つた大政翼賛運動である。大政翼賛運動は、万民翼賛・一億一心・職分奉公の国民組織を確立し、その運用を円滑ならしめんことを目的とするものであるが、それには推進力となる中核体を必要とする。この要望に応へて生誕したのが大政翼賛会である。翼賛会は内閣総理大臣を総裁に仰ぐことによつても知られる如く、あくまで挙国的・全体的・公的なものであつて、断じて政党ではなく、高き政治性を有する公事結社であり、上意下達・下情上通以て国民の総力を政治の上に集結せんことを期してゐる翼賛会を中核体として、活潑な大政翼賛運動が展開せられるところ、そこに、我が国独特の立憲政が期待出来る」(広浜『日本公民科教本』)といった記述がその実例として挙げられる。超然内閣時代には超然内閣主義を説き、政党政治時代には政党内閣主義を支持し、政党解消時代には大政翼賛会を讃美する教科書の不見転ぶりは、政治に従属する教育の独立の欠如を端的に物語るものに外ならないが、しかし実はそのような政治組織に関する解説はさして重要な点ではなかった。何といっても「奉公こそ我等が君国に奉ずる唯一の道である。人が自己を中心とする場合に没我・献身の心は失はれる。個人本位の世界では、自然は我を主として他を従とし、利を先にして奉仕を後にする。西洋諸国民の考へ方と我が国のそれとの相違は正にここにある」(原という「奉公の大義」の強調こそ、戦時下の公民教科書の中心理念であったのであり、ここにいたって民主主義の政治と基本的人権の保障とを基本とする近代憲法精神は全く蒸発し去っている。そして、それが明治憲法下の公教育における憲法の取り扱いの行きついた果てのすがただったのである。

(ト)　歴史教科書における憲法制定の由来の説明の仕方

以上は、もっぱら憲法の規範的あるいは制度的側面についての取り扱い方を見てきたわけであるが、ここで少し角度を変え、教科書の中で憲法制定の歴史がどういうふうに説明されているかを簡単に瞥見しておこう。今までは主として修身・法制・公民の教科書における取り扱い方を見てきたのに対し、歴史の教科書で憲法がどういうふうに扱われていたかを見ておくことも無用ではあるまい。

第一期の国定教科書『小学日本歴史』二の第十六「憲法発布」の章では、まず五箇条の誓文の第一条、元老院の設置、地方官会議の開催、府県会・町村会の設立を述べ、上からの「衆議」尊重の政策の進められたことを説いたのちに、板垣らの民選議院設立建白に及び、「それより、自由民権の説、やうやく盛になれり。かくて、天皇は明治十四年、詔を下して、来る二十三年を期し、国会を開設せんことをつげたまへり」と言い、自由民権運動による下からの国会開設要求が政府をして憲法制定を決断せしめた要因となったことをはっきりと認めている。この教科書の発行されたのは明治三十六年であり、明治十年代の実情が編修者の脳裏にいまだ明確な記憶となって残っていたために、かような正確な叙述となったのであるにちがいない。同じ年に往年の民権運動の志士関戸覚蔵が『東陲民権史』を公刊し、「憲法政治の成立は、恰も此急進突飛なる自由党こそ与りて大に力ありと謂はざるべからず。(中略)世人或は曰ふ、我国の代議制は平和の内に成れりと、是れ当時の事情に暗き者の言のみ」と言い、この少し前の三十二年公刊の『加波山事件』に寄せられた榊原経武の序文にも「専制と戦ひ、暴圧と戦ひ、保守と戦ひ罪悪と戦ふて、名誉の討死をなせるもの如何に多きかを見よ。余輩は断々乎として言ふ、我国の美なる立憲政治は、幾多犠牲の血と涙とに依りて始めて購ひ得たりと」と力説されているのであって、かように憲法制定が下からの闘争の成果であるとする体験に基づく認識がなお社会に根強く保持されている時期において、右のような叙述のなされたのはきわめて自然であったと思われる。この教科書は、憲法の内容についても、「憲法は、国家の根本たるべき大法にして、上は天皇より、下は国民にいたるまで、ともに従ひ守るべきところを定め、一切の政治、法律の本となるべきものなり」と説明し、天皇もまた憲法に拘束されるものであることを承認しているのとあわせ考えるとき、第一期の歴史教科書における憲法の取り扱い方は、明治憲法時代の教科書としては出色のものといってよいのではあるまいか。この期の修身・国語の教科書における憲法の取り扱い方が比較的穏当であったことは、前に見たとおりであるが、それらにはやはり穂積学説的発想が基本に置かれていたのであって、それらよりも、国家権力対国民のダイナミックな対立関係をすなおに認めてよけいなお説教を交えず、淡々と憲法発布の経過を叙述している歴史教科書のほうが、はるかにすぐれているといえるようである。南北朝の対立を客観的事実として承認し、名分論によって歴史を歪曲することを欲しなかった三上参次・喜田貞吉ら編修関係者の、初期アカデミズム歴史学者としての比較的健全な実証主義精神[41]が、こうした叙述を可能ならしめたのであろう。

右からの非難に応えるために編集された第二期の歴史教科書に、全体として右寄りの改訂の多く見出されることは修身教科書の場合と同様であるが、ことに南北朝問題のために三上・喜田が編修業務から追放された結果、憲法についても、上記のような記述方針を維持することは不可能となった。明治四十四年の『尋常小学日本歴史』巻二の第十四「憲法発布」は、『小学日本歴史』の同名の章に比べると、はるかに記事が詳細となっているが、第一期の「自由民権」の文字が消え、「国民の政治思想一般に発達せるを以て」明治十四年国会開設の詔が発せられた、という趣旨の叙述に変わっている外、「我が国体に基づきて、皇室典範及び大日本帝国憲法を制定し」という説明の仕方が新しく採用されたり、発布当日には「国民歓呼して此の盛事を祝す」という一節が加えられるなど、官民の対立面を極力あいまいにし、政府側の意図を一方的に強調する方向に改定されているのであって、分量の増加にもかかわらず、憲法の歴史的理解のためにもっとも重要な自由民権運動の役割の理解はかえって困難となってしまい、憲法制定の歴史的要因の一つである国民の下からの要求という側面がほとんど消し去られる結果となっているのである。

穂積八束の『憲法提要』では、憲法制定の由来において、まず「五箇条ノ御誓文」を特筆大書し、これを以て「実ニ我ガ立憲史上ノ大記念碑ナリ」とし、

此ノ五条ノ政綱ニ依リ先ヅ裁判ノ制度ヲ整ヘ、之ヲ行政ノ外ニ分離シ、以テ司法権独立ノ基礎ヲ置キ、地方制度ヲ改革シ、中央集権ト地方自治トノ適当ナルノ配合ヲ定メ、以テ人民参政ノ準備ヲ為シ、遂ニ明治二十二年ヲ以

テ憲法ヲ発布シ、続テ国会ヲ開設シ、立憲ノ政体ハ玆ニ備ハレリ。

と述べ、憲法発布をことごとく上からの一方的政策の実現という角度だけで説明している。もっとも、この書でも、「我ガ憲法制定ノ当時ノ事情ニ顧ルニ、民間ノ論頗ル極端ナル民権主義ニ馳セ、欧州風ノ国会全権ノ憲法ヲ要求シ」た事実を認めてはいるけれども、しかも「政府ハ勉テ過激ノ論ヲ抑ヘ、国会ヲ開クモ仍政柄ハ之ヲ君主政府ノ手ニ保留セントシ」、憲法制定に一切民意の参与を許さず、その草案は「秘密ノ中ニ査定シ、突然之ヲ発布シタルナリ」と言い、むしろ下からの要求の拒否を貫徹したことのほうをいっそう強調しており、その点では、前引の上からの一方的意図に基づいて制定されたかのごとき説明と必ずしも矛盾するとはいえない。しかしながら、この書の後の方のような説明が、明治憲法制定の歴史的理解として真実に合致するものであることは、この研究の第一編において詳しく実証したとおりであるが、それが真実に合致しているのは、政府の一方的意図が下からの国民的要求を無視して貫徹されたことを率直に承認しているところにあるのであって、前のほうの説明のように、両者のダイナミックな闘争過程を捨象して政府の最初からの既定方針の自動的達成であるかのごとき叙述をなすことは、歴史的真実からいちじるしく遠ざかるものと言わなければならないのである。第一期の歴史教科書が、簡単ながら一応政府対国民の対立関係を回避することなく憲法の由来を述べたのに対し、その点を曖昧にして上からの政策の側のみを強調する第二期の改訂方針は、根底において『憲法提要』の前の方の説明の仕方と精神を同じくするものというべく、国定教科書は、憲法制定の歴史の取り扱いについても穂積学説との論理的一致を示すにいたったと見てよいのではなかろうか。

大正デモクラシー時代の第三期教科書になると、説明の仕方は再転する。『尋常小学国史』の三「憲法発布」には、「又民間にても、政治を論ずるもの多く出でて国民の政治思想おひ〳〵に発達し、速に国会を開かんことを願ふもの相ついであらはれたり。こゝに於て明治十四年に至り、天皇勅を下して、来る二十三年を以て国会を開かんことを告げたまふ」とあり、「自由民権」の言葉は復活されなかったけれど、代わって国会期成同盟を中心とする国会請願運動の圧力が明治十四年国会開設詔の要因として大書され、第一期と大体同じ発想に立ち返ったとみてよい。[42] この期の『高等小学国史』もまた、第二期の明治四十三年の『高等小学日本歴史』の「十二年に始めて府県会を開き、次いで民間の政治思想も漸次進歩したるにより、十四年には天皇詔を下して来る二十三年を期し国会を開設すべきの旨を宣し給へり」という簡単な叙述を改めて、「西南の役後は、政府と意見を異にせるものも、もっぱら言論によりてその主張をつらぬかんとし、各地に政談演説会を開きて輿論をよび起し、またしきりに新聞・雑誌に時事を論じて気勢を高めたりしが、遂に板垣退助ら有志八万余人連署して、国会の開設を請願するに至れり。かくていっぱんの政治思想進みたるにより、十四年天皇勅を下し、来る二十三年を期して国会を開くべき旨を宣したまへり」という詳細な記述に代え、国会請願運動を積極的に特筆大書することを敢てしているのである。大正デモクラシー期にふさわしい歴史的叙述と言うべく、神代の取り扱いなどで第一期・第二期よりもかえって後退した第三期歴史教科書[43]の内では、例外的によくできた部分と称するに足りよう。

憲法制定の要因として下からの圧力を重視する叙述のスタイルは、第五期の教科書にもうけつがれ、昭和十六年の『小学国史』下巻にも、「国会の開設を願ひ出るものが、つぎ〲にあらはれた」という文章が残っているが、太平洋戦争下で編集された第六期[44]になって、この態度は根本的に否定された。昭和十九年の『初等科国史』下の第十二「のびゆく日本」の二「憲法と勅語」では、

明治天皇は、さきに御誓文によつて、国民に政治をたすけさせる御方針をお示しになりました。このありがたい思し召しをいただいて、政府は、その仕組みをどうするかにつき苦心しました。内治では、これが、いちばん大きな問題でありました。

そこで政府は、明治八年、地方官会議を東京に開き、十二年には、府・県会を設け、始めて民間から議員を選び出させ、国民の政治にあづかる糸口を開きました。やがて十四年、かしこくも天皇は、明治二十三年を期し、国会をお開きになる旨を、仰せ出されました。国民は、御恵みに感激して、それぞれ務めにいそしみました。

とあって、『憲法提要』前引の前の部分と同様に、全く上からの一定的意図により慈恵的に国会開設が決定されたかのごとき記述となっている。敗戦直前の昭和二十年三月に出た『高等科国史』下の第十四「国勢の発展」一「政治と教育」になると、

一方、民間に於いても、民選議院の設立を建白し明治七年国会の開設を請願するなど明治十三年民意の尊重、民権の自由を要請する運動が、次第に激しくなつた。しかもその言動は、幕末以来輸入された西洋の政治思想に影響されて、公論と民論とを混同し、とかく過激に亙るものが少くなかつたのである。恐れ多くも天皇は、この趨勢に軫念あらせられ、明治八年、詔書を渙発して立憲政体に漸進すべき御旨を宣べさせられ、更に十四年には、勅諭を下して、来たる二十三年に国会を開き給ふ旨を明示あらせられ、国民の軽挙を厳しく戒め給うた。こゝに国民は、深く反省してその言動を改め、来るべき光栄の日を期して、準備に着手した。

という記述となっており、国会開設運動を記述しながらも、これにはっきりと否定的評価を加えるにいたっている。自由民権が国定教科書において公然と非難されるにいたったのは、この第六期教科書が最初でかつ最後であるが、右のような取り上げ方は、前引『憲法提要』の「民間ノ論頗ル極端ナル民権主義ニ馳セ」「政府ハ勉テ過激ノ論ヲ抑ヘ」という叙述と考え方を同じくするものであり、憲法制定の歴史的説明については、第六期歴史教科書において穂積学説的発想が初めて完全に貫徹されたというべきであろう。

修身教科書等に比べ、歴史教科書において、穂積学説の定着が比較的に困難であったのは、何といっても談理を主

とする修身・法制等の教科と違い、歴史では事実を無視することの困難であったためでもあるし、歴史の領域では憲法学の理論がさほど尊重されなかったせいでもあろうが、しかし、それにもかかわらず、歴史的説明においても、近代憲法の本質から注意を外らすために、憲法制定にとってはきわめて非本質的な事象についての過大な強調が少くないのは、看過しがたいところである。

前述のとおり、第三期の『尋常小学国史』は、第二期よりもすなおに憲法制定の経過を述べているが、それでも「憲法は天皇がわが国家を統べたまふ大法を定めたるものなり」と定義して、君民「ともに守るべきところ」とした第一期教科書の叙述よりは後退を示したばかりでなく、

わが帝国憲法は、天皇が専ら国民の幸福をはかり、相共に国運を進めたまはんとの大御心より制定せられたるものにして、国民こぞつて其の御仁徳をあふぎ、和気上下にみち〳〵たるうちに之が発布を見たり。これ外国に多く例なきことにて、我が国体の万国にすぐれたるところ之によりても明かなり。

という文章が附加されたのである。「和気上下にみち〳〵たるうちに」という発布当日の雰囲気の描写は、第六期の『初等科国史』になると、さらに極度にまで進められ、

この日天皇は、まづ皇祖皇宗に、したしく典範制定の御旨をおつげになつたのち、皇后とともに宮中正殿にお出ましになり、皇族・大臣、外国の使節を始め、文武百官・府県会議長をお召しになつて、おごそかに式をお挙げになりました。盛儀が終ると、青山練兵場の観兵式に臨御あらせられました。民草は御道筋を埋めて、大御代の御栄えをことほぎ、身にあまる光栄に打ちふるへて、ただ感激にむせぶばかりでした。奉祝の声は、山を越え野を渡つて、津々浦々に満ち満ちたのであります。

という美文をつらねるところまで進んだ。憲法の内容がほとんど棚上げされると同時に、発布当日の行事という末梢

的事件にこれほどの字数を割いてその欽定を讃美していることは、前引の自由民権への非難の文章とあいまち、第六期教科書が近代立憲主義からいかに遠い思想的立場に立っていたかを赤裸々に示すものといわなければならない。このことは、中等学校の検定歴史教科書にも見られるところであって、例えば、昭和七年発行の渡辺世祐著『新制国史』上級用下巻に

　二十二年に、天皇は紀元節の佳辰を以て我が大日本帝国憲法を発布せられた。即ち天皇はまづ宮中奉安の賢所を拝し、また皇霊に告祭して後、皇后と共に宮中正殿に出御せられ、皇族・大臣・各国公使・文武の百官並びに府県会議長を召して、発布の大典を挙げられた。そして国民は国を挙げて歓呼し、大典を奉祝して、聖恩の限りなきを謝し奉つた。

同八年刊行の大森金五郎著『改訂新体国史教科書』に

　紀元二五四九年(明治二十二年)二月十一日(紀元節)、天皇は万民歓呼の中に、帝国憲法を発布された。この日、天皇は賢所・皇霊殿を奉祀して、皇祖・皇宗に事由を奉告し給ひ、ついで、皇后と共に正殿に出御まし／＼、皇族・大臣以下文武百官及び外国使臣を召して、憲法発布の式典を挙げられ、親しく帝国憲法を内閣総理大臣黒田清隆に授与された。

本質的でない事実への過度の強調は、次のような現象をも生じている。歴史教科書ではないが、第三期の『高等小学修身書』巻二第十七課「国憲国法(其の一)」には

　皇室典範・大日本帝国憲法制定の当時、明治天皇が御励精あらせられた御事は、漏承つて畏き極みである。皇室典範・大日本帝国憲法の草案が出来て、枢密院会議に付せられると、討議が数箇月の久しい間に亙つたが、天皇は連日臨御になつて、折からの焼つくやうな炎暑をも厭はせられず、一々討議に御耳を傾けさせられた。会議中

に第四の皇子が薨去あそばされた。議長は驚いて「直ちに議事を中止しませうか」とお伺ひ申し上げたところ、天皇は「それには及ばぬ、議事を続けよ」と仰せられた。議長は聖慮の辱さに感泣し、議事を続けて一段落を告げるのを待つて、始めて散会を宣告したといふことである。之に依つても明治天皇が国家の大典を御制定になるのに如何に深く大御心をお用ひになつたかを恐察し奉ることが出来る。

という明治天皇の「御励精」が長々と叙述されており、ここでも憲法制定の歴史にとって最も本質的な問題への関心を外らすことが意識的に企画されていたのである。(45)

最後に、歴史教科書が議院内閣政治の発達をどのように取り扱っているかを瞥見しておくと、まだ超然内閣政治のつづいていた明治年間に編集された第一期・第二期の国定教科書にその記述を求め得ないのは言うまでもないが、大正デモクラシー時代に編集され、修身教科書の方では政党の重要性が説かれるにいたった第三期にあっても、歴史教科書の中に議院内閣政治についての記述が全然ないのが注目される。それは一つには、第一期以来の国定歴史教科書の近・現代史の史実選択の方針が第三期においてもそのまま継承されたところに理由があるのであって、第一期の『小学日本歴史』二が憲法発布以後に次いで「明治二十七八年戦役」の一章を設けたにとどまっているのを見ても分るように、国内政治の実質的変遷を一切取り上げないという方針が最初から確立している。第三期の『尋常小学国史』でも、「明治二十七八年戦役」「条約改正」「明治三十七八年戦役」「韓国併合」「(明治)天皇の崩御」「大正天皇」(この章の内容は、第一次世界大戦への参加、ワシントン会議、皇太子の摂政、大正天皇の死以外に及んでいない)「今上天皇の即位」という章節から成り、ほとんど全部が対外問題の記述にあてられ、国内の事件はただ皇室関係のことのみに限られているというありさまである。明治憲法下では、政党勢力の教育への浸透が極度に警戒され、治安警察法によって学校教員・生徒・児童の政治結社への参加が禁止されていたほどであるから、政党の活動を中心とする議会政治の実情を歴史教科書に記載することは意識的に回避されたのであるにちがいない。したがって立憲政治の発達史上画期的意義を有する護憲運動や政党内閣政治の成立などは、国定教科書では完全に無視されてしまったのであろう。しかし、第三期ではまだ無視されたにとどまるのだから、まだしもであって、第六期の『高等科国史』になると、ちょうど自由民権運動に非難を加えたのと相伴なって、大正デモクラシーもまた否定的評価を附せられた上で紹介されることとなり、第十六「大正の御代」の中に、ワシントン会議についての「当時わが国民は戦勝に酔うて浮華に流れ、不覚にも、米・英の宣伝に乗ぜられて、軽薄な平和思想や自由主義に陥つてゐたので」という記述や、おそらく政党政治を指すものと思われる「政治もまた、ややもすれば憲政の本義を忘れて民主主義の色彩を濃くした」という記述が現われたのである。政党がことごとく解消し、議会が軍・政府に対し実質的な独立性を喪失した翼賛議会に堕し終っていた太平洋戦争下に書かれた教科書として怪しむに足らないことかもしれないが、「憲法ハ既ニ所謂内閣制ナル者ヲ取ラズ、何ゾ政党内閣若ハ議院内閣制ナル者ヲ認メン」という議院内閣政治否認をモットーとする穂積憲法学的憲法思想(46)が、歴史教科書についても、第六期にいたり、完璧な実現を達成したことを認め得るであろう。

さすがに、中等学校の検定教科書では、国定教科書ほどに政党政治無視の態度は厳格ではなく、前引渡辺教科書では、「政党の変遷は頻繁であつたが、政界の分野は概ね二大政党対立し、政党政治は漸く発達し、政党に根拠を置く議会政治の発達、責任内閣制の発達など、憲法発布後、年を逐うて我が憲政発達の跡は目覚ましいものがある」と、抽象的ながら政党政治の発達に言及しているし、同じく大森教科書でも、「昭和二年に至り、憲政会は政友本党と合同して立憲民政党を組織したが、この頃から、政界は二大党が対立し、その総裁の何れかが大命を拝して代る代る政権を握り、互に政策を樹てて相争ふこととなり、漸く政党政治の進歩を見るに至つた」と、かなり具体的に政党政治の成立過程を記述している。

以上教科書における憲法の取り扱い方の変遷をできるだけ綿密にたどってみたわけであるが、すでに明らかなとおり、超然内閣時代、大正デモクラシー時代、昭和十年代のファッシズム期という憲政運用の実質的変化がそれぞれの時期の教科書によく反映していることは認められるけれど、神戸・佐々木共著、高田・森口共著等の教科書の数少い例外を除くと、憲法学説における岡村理論や美濃部法学のように立憲主義に徹した憲法の取り扱いはついになされていないのであり、学問の世界に比していちじるしい跛行的状態を示していることは、否定しがたいところと言わなければなるまい。学界において、穂積憲法学は終始孤立の立場にあり、ことにその晩年には、美濃部らの活動が顕著となるにおよんでいよいよその影薄く、穂積自ら「若多数ヲ以テ決スベシトセバ、我ガ学者ノ通説ハ所謂君主機関説ナルコト論ナシ。予ノ国体論ハ之ヲ唱フル既ニ三十年、而モ世ノ風潮ト合ハズ、後進ノ熱誠ヲ以テ之ヲ継続スル者ナシ、今ハ孤城落日ノ歎アルナリ」[47]という失意の情をもらさざるをえなかったほどであるし、その後継者となった上杉もまた「孤立無援」の境遇を「悲シ」まないでいられなかったことすでに見たとおりであって[48]、学問上における両学派の勝敗は誰の目にもすでに明白だったと思われる。それにもかかわらず、教育の領域では、穂積学説は最後まで正統理論としての権威を失うことなく、憲法の取り扱いは常に穂積学説に従ってなされて来たのに対し、昭和十年以後の十年間を除き学界で優位を保持して来た機関説学派の憲法思想は、教育の領域にほとんど足をふみ入れることができなかったのである。そのことは政党内閣の時代でさえそうだったのであって、わずかに教科書に政党の役割が書き加えられる程度にとどまったのであるから、教育の世界での憲法思想がいかに非立憲的であったか、思い半ばに過ぐるものがあろう。最初に述べたとおり、教育の基本方針が、憲法の制定における民主主義への譲歩を教育の領域で取りもどし、国民の権力への自発的協力を誘導することに置かれていたのである以上、教育の世界において憲法が取り扱われる場合に、その立憲主義的側面が最大限に棚上げされ、前近代的天皇制イデオロギーが極力強調されることになったのも、少しも怪しむに足らないし、そのような取り扱いをなす場合に、憲法をその制定者の主観的意図を超えてはるかに前近代的な立場において解釈する穂積憲法学が最も適切な理論として活用されたとしても、これまた驚くに当らない。明治三十八年十一月十日発行の『新紀元』紙上に掲載された「目前の二大急務」と題する論説の記者が[49]

議会開設せられてより既に十有六年、而して日本国民が果して何程の興味を立憲政治に有したりしかは、頗る疑問たりし也。若し強ひて日本国民の政治的興味如何と問はば、専制主義に対する絶対的服従を以て最も尊敬すべき道義的行為と信じたるが如し。是れ主として遺伝の然らしむる所なりと雖も、政府の教育方針が民主主義を恐怖し厭忌したることの甚しき、遂に能く立憲的趣味の理解を開発すること能はざりしなり。選挙人の選挙に冷淡なる、代議士の議政に懶惰なる、怪むに足らざる也。

と歎じ、大正七年、佐々木惣一が「政治の教育的意味」なる一文を発表し、

我が国に於ては、政治と教育家とは頗る隔離して居る。之には、種々の原因もあらうが、其の有力なる一として、過去に於て、久しく、政府が、教育家をして、成るべく政治に着目せざらしむるの方針を、守つて居たと云ふことを数へざるを得ない。

と言い、昭和十一年に羽仁五郎が雑誌『教育』に発表した論説(敗戦直後に単行本『歴史教育批判』として再刊)において、根本的な視点から国定教科書の非民主的非科学的性格を全面的に批判した中で、

今日政府等もその貴重をとなへて居る立憲制の社会的歴史的意義さへ深くは説明されず上層的な形式的な叙述にをはつて居り、(中略)近代の「明治維新」後の「政党」及び「憲法」及び「議会」またいはゆる「地方自治制」

等のこと等も「国史」読本にも「修身書」にも見えたが、此等は、或は断片的にをはれるのみならず、(中略)「修身書」第六巻第十七課「憲法」にも国民が憲法を守らねばならない事をいましめてあるけれども、政府治者が憲法を尊重すべき所以は述べられて居ないが、之は帝国憲法上論にも明記して述べられてゐる重大事なのである。

(中略)維新後国会開設に至る間の自由民権等について「国史」第五十一章等にも其他にも一言もしてないなどは最も奇異に感ぜしむるものである。「我国民は徒らに坐して自由と憲法の与へらるゝを待つが如き卑屈無気力なる国民にあらず」、とは板垣退助が『自由党史』に題言せるところであつた。なほ、「尋常小学国史」の結論たる「第五十四、国民の覚悟」の章に、我が国近代の進歩を述べその将来を説くに、その我が国近代の進歩が憲法及び之による国民の政治乃至歴史に於ける積極的参加に依れること、且つ将来の進歩もこの憲法による国民の積極的なる意志発現及活動によるべきこと、此等の重大事が叙べられて居ないのは、また甚だ如何か、「国史」教育上看過することのできぬ欠陥ではないか。(傍点原文)

と痛論しているのは、いずれも問題の核心を衝いたものというべく、これらに適切に批判せられたとおり、文部省の統制下の教育界の精神的雰囲気は、およそ近代的立憲国家にふさわしからぬものであったのであって(50)、国民大衆は時代の尖端を行く最新の思潮とは全くかけ離れた考え方を否応なしに幼少年時代からその柔かい頭脳に叩きこまれていたというのが実情であった。

もちろん、最初にも言っておいたとおり、教科書にどのようなことが書いてあろうとも、それが自動的に被教育者の思想を決定するわけではなく、その間に教師の授業、被教育者の受容態度という中間項が介在するのであり、教師も被教育者も、家庭や広い世間からの思想的影響を完全に遮断されているわけでない以上、教科書に対して批判的な態度で臨む可能性も考えられるのである。現に私が大正末年に東京市立余丁町小学校に在学中担任の教師であった岡野太郎という青山師範を卒業してまもなかった若い訓導は、修身の教科書などつまらないことばかり書いてあるから買わなくてもよいと公言して児童に使用させなかったし、尋常二年の児童に向かって「デモクラシーとは、えこひいきなく同じようにすることだ」というデモクラシーの解説をした、という事実もあるくらいである。昭和初年のプロレタリア教育のような正面からの反体制思想に立つ教員の抵抗は、きわめて例外的事例であるにしても、デモクラシー思想によって上からの教育に水割りを加えるくらいのことであったならば、他にも類似の例が相当に存在したのではなかろうか。しかし、たといそのような例があったにしても、政治的自由を奪われ、政治意識啓発の道をとざされていた学校教員の世界では、全体として少数例外に属したであろうし、[51]また、大正十三年に松本師範附属小学校の川井訓導が修身の時間に教科書を使用しなかったのを視学に咎められて休職処分に付せられた事件の生じていることから[52]も窺われるように、そのような教育は権力によってきびしく排除されるのを免れなかったから、大局においては、教授要目や教科書の内容がほぼ忠実に被教育者に伝達される場合が常であったにちがいない。一方被教育者の側では、最初は教えられることをすなおに受け取ったとしても、学校外や卒業後の生活の中で、マスコミその他活きた社会の動きにふれて異質の思想をいだくにいたる場合が相当にあったろうとは思われるが、戦前の階級構造やコミュニケーション発達の限度等からみれば、それも国民全体に対してはきわめて少数例外にとどまったと考えられ、尖端的思想に接触する機会にとぼしく、また接触したとしてもそれを受容する条件にも恵まれていなかった社会底辺の大衆にとっては、学校教育がほとんど唯一の組織的知識の吸収源であって、そこでの教育が決定的な影響力となってはたらいたことと推認せられる。

そのような事情を綜合的に勘案するとき、明治憲法下の国民大衆の憲法意識を間接に推認するためには、もとより完璧な方法と言えないにしても、教科書の内容を検討するのが一つの有力な方法であるように思われたので、教科書における憲法の取り扱い方をいささかこくめいに調査してみた次第であった。

第二節　国民の間で自発的に形成された憲法思想

教育を通して上から注入された憲法思想に対し、国民の間で自発的に形成された憲法思想がどのようなものであったかを、本章の冒頭でふれた分類に従い、(イ)明治憲法を所与として受容しながら、その枠の内で最大限に立憲的な方向にこれを活用しようとした考え方と、(ロ)明治憲法に批判的ないし否定的態度をとり、その部分的改正または全面的廃止を実現しようとした考え方との二つのグループに分って考察してみたい。

(イ)　立憲主義の方向への憲法的自覚

明治憲法を所与として受容しながら、初期のアカデミズム憲法学のごとく、これを官権的角度から解釈するのでなく、人民の権利を守る武器として近代憲法の根本理念に即した立場からこれを活用しようとした試みが、つとに明治時代にさえ実在したことは忘れられてならないであろう。足尾鉱毒に苦しむ渡瀬川流域の農民のために奮闘した田中正造の言動に、そのような卓抜な憲法意識が鮮明に表出されている。(53) 例えば彼は明治三十年二月二十六日の衆議院本会議での演説において、

政府は帝国憲法に「日本臣民は所有権を侵さるる事なし」と明記しあることを知れる乎。鉱業条例に「試掘の事業公益に害ある時は所轄鉱山監督署長、採掘に就ては農商務大臣既に与へたる認可若くは特許を取消す事を得」

とある。是だけの公益を保護し臣民を保護する所の憲法法律が顕著なるにも拘らず、〔政府は〕此の人民を保護しない。人民を保護しなければ、人民は法律を守る義務が無い。

と叫び、四十三年四月一日の日記に

谷中と銅山との戦なり。官権之に加はりて銅山を助く。人民死を以て守る。何を守る。憲法を守り、自治の権を守り、祖先を守り、玆に死を以て守る。

大正元年八月十五日付島田宗三宛書簡[54]に

我憲法は我国政治の大模範、神聖権の大規範で、臣民の権利をたしかめた法律の根本で（中略）ある。

同二年六月七日の日記に

人権の尊さを知らざるべからず。人権は天の所有なり、人之を守る。

というように、くり返し書き記していたばかりでなく、同年九月四日彼がたたかいの中にその生涯を終ったとき、枕頭に遺された信玄袋の中には、日記等の自記の草稿とともに帝国憲法・新約全書各一冊が蔵められており、その憲法の冒頭の勅語中「朕ハ我カ臣民ノ権利及財産ノ安全ヲ貴重シ及之ヲ保護シ云々」の箇所や「憲法第二十七条日本臣民ハ其ノ所有権ヲ侵サルルコトナシ云々」の箇所などの欄外に特示符や関係事項の書き込みがあった、という[55]。これらを見るとき、渡瀬川流域の農民を守ろうとする田中の生涯をかけてのたたかいが、実に人権保障を究極とする近代憲法の理念を原動力として展開されていたこと、しかもその理念が抽象的な観念としてでなく、彼のどろまみれの実践の内に文字どおり血肉化されていたことがまざまざと窺われるのである[56]。

自由民権の生き残りの一人である田中のこの憲法的自覚には、忘れ去られた明治前半期の民主主義的憲法感覚の復活を見るべきかもしれないが、大正デモクラシー期の、戦前における第二次民主主義運動高揚期の冒頭において、近代憲法理念を最もすぐれた形で表現した例として、私たちは浮田和民の主張を挙げることができよう。早大教授である浮田を、アカデミズム憲法学の一例としてでなく一般国民の憲法思想の一例に数えるのは異論もあろうけれど、浮田を専門の憲法学者として扱うよりは、第一次護憲運動の先頭に立った実践的理論家として、むしろ大正デモクラシーを推進した民衆の自覚を代表した思想家と見るほうがいっそう適切と考え、あえてここで浮田を取り上げることとした。

浮田が公権力により国民に上から注入されつつある憲法意識の内容に対し鋭い批判を加えた事実については、前節に述べたとおりであるが、そのような批判を敢行することのできたのは、彼が近代憲法の理念についての、きわめて卓越した認識のもち主であったからである。例えば彼は、『太陽』大正二年四月号に掲載した「立憲政治の根本義」と題する論説において、憲法には広狭の二義があり、狭義の憲法のみが近代的な意味での憲法に値するものであり、「人民の自由を保障するに足」りる内容をもっていなければ狭義の憲法の名に値しないとして、憲法の定義にきびしい枠を与え、「国民を代表する議会は立憲政治の特色の主なるものではあるが、此の形あるばかりで立憲政体が備はつたと言ふことは出来ぬ」、「国民を代表する議会があつても」、「多数決を以て不公平なる決議を為すならば、少数者及び個人の自由は犠牲にせられ、矢張り専制政治に外ならぬのである」、「況んや選挙区の組織悪しく且つ選挙法不完全で代議士が国民を代表せず、実際国会は腐敗政党の機関となつて国民の意志を隠蔽するならば、国会があつても立憲政治が行はれて居ると断定することは出来ぬ。畢竟憲法も議会も政党も、又た三権分立も、立憲政治に要する道具ではあるが、立憲政治そのものではない」と論じて、近代憲法を単に議会政治とか三権分立とかの統治組織の形式のみから考える常識を斥け、「第一は憲法によつて政府の権力を制限し政府をして其の権限を越えざらしむる事」、「第二は政府の権力を制限した結果、爰に人民各自に自由活動の範囲が成立し各人の自由権利が保障さるること」、「第三、国家は君主の独裁又は少数貴族の専断によらず、国民の公議輿論に基づきて法律及び租税を制定し又た内治外交の政策を実行すること」、この三箇条こそ「立憲政治の本体である」と喝破したのであった。護憲運動がこのような透徹した憲法理念を原理とする国民運動であったとは言い難いにしても、浮田の右のごとき憲法意識が、護憲運動に表徴される大正デモクラシー期の国民の自覚の、いわば尖端的な理論的表現であったと見ることは可能であり、その意味で浮田を国民の側から自発的に形成された立憲主義的憲法思想の一つの典型として例示した次第である。

なお、明治憲法の立憲的側面が最小限度にまで圧縮された昭和十年代のファッシズム期においても、明治憲法に内在する近代憲法理念を特に強調することにより権力の濫用に抵抗した勇敢なたたかいを進めた実例も存在するが、その立ち入った考察は他日に譲る。(57)

(ロ)　明治憲法の改正または否定の主張

同じく明治憲法を所与として受用する場合にも、その解釈の如何によっては、きわめて専制的方向にもって行くこともできれば、その反対にいちじるしく立憲的な方向に活用する可能性も存在したことは、上来の考察によって明らかとなったと思うが、もともと明治憲法が明治十年代に下から自発的に提起された立憲主義的憲法制定の要求を封殺する意図の下に制定されたものである以上、真に近代的な憲法理念の完全な発現を切望するならば、どうしても憲法の部分的な改正ないし全面的な否定を試みないかぎり、その目的を達成することは不可能であったといわなければならない。

しかしながら、明治憲法において、憲法改正の発案権は天皇の大権に専属せしめられていたので、国民の側から改正の要求を表現することは「大権」を「私議」するものとして事実上禁止されていたといってもよい。議院法第六十七条・請願令第十一条では憲法改正の請願が禁止されており、大正十二年発行、内務事務官川村貞四郎・警視有光金兵衛共著の『治安警察法論』には、その理由につき、「憲法ハ国家組織ノ根本法ナルヲ以テ、臣民ニ於テ之ニ対シテ云為スベキ性質ノモノニアラザレバナリ」と言っている。権力者がこのような考え方をもっているかぎり、憲法改正の希望の表明は治安紊乱として取締られる危険を伴なっていたのであって、現に昭和十五年六月二十五日、河合栄治郎の出版法違反事件公判において、検事は河合の著書の内に憲法批判の一句のあるのをとらえて「安寧秩序を妨害するもの」と断定しているのである。(58) したがって、憲法改正の意見、あるいは実質的に憲法を改正しなければ実現できないような改革意見はきわめて少く、その稀なる実例も、多くは官憲の弾圧を受けて国民一般に公開されなかったものが大部分を占めている。しかも、それらは結果的にはなんらの現実的効果をあげ得なかったのであるから、そのような潜行的かつ散発的で効果のなかった主張にどれほどの意義があるのかという疑問が生ずるかもしれないけれど、たとい少数の異端的存在にすぎなかったとはいえ、明治憲法下においても、明治憲法に正面から対決する思想が国民の側から自発的に提起された事実の存在したことを確認しておくのは、学問的に決して無意味でないばかりか、明治憲法の全面的否定の上に制定された日本国憲法の下における戦後の憲法思想の歴史的根源を追跡し、さらにさかのぼって明治憲法制定以前の憲法思想と明治憲法廃止以後の憲法思想との両者を歴史的に連続させる媒介項の有無を究明するために、むしろ必要欠くべからざる課題ではないかと考えられるのである。ただこの場合も、その全面的な究明は今ただちに実現し難いので、前節同様若干の標本的実例を例示するにとどめたい。

明治三十四年に片山潜・安部磯雄ら六人の知識人が社会民主党を組織した際に発表された宣言には、社会主義の綱領とともに、軍備の全廃、人民投票制度の採用、貴族院の廃止などの憲法改正を必要とする民主主義改革の目標がいくつか列挙されており、明治憲法に対する全面的な改正意見の表明として、歴史上に大きな意義を占めるものといえよう。

明治から大正・昭和にかけての社会主義運動の展開は、当然に明治憲法体制との全面的な衝突を惹起しないではおかなかった。ことに天皇制の廃止をスローガンとする共産主義運動が明治憲法の全面的否定を主張したのはもちろんであって、君主制・貴族院・枢密院・華族制度の廃止、言論・出版・集会・結社の自由、団結権・罷業権の獲得等の徹底した民主主義的要求に基づく明治憲法への全面的攻撃の姿勢は、ひとり共産主義者のみがとるところであったのである。(59)

敗戦後に作製された民間の憲法草案の内で、もっとも根本的な改正を提示したのが共産党草案であったということも、このような戦前以来の伝統をふりかえってみるとき、偶然でないことが理解されるが、ただ当時の共産主義者は、民主主義の積極的意義を十分に評価することができず、ブルジョア民主主義の一義的全面的な否定のみが強くうち出され、ためにせっかく明治憲法に対し徹底的な否定の姿勢を示しながら、その主張を通し近代憲法理念を自覚できない状態にあった大衆に民主主義と社会主義との統一への道を発見させることには成功しなかった。そのことはすでに一九三五年のコミンテルン第七回大会におけるディミィトロフ報告以来、共産主義陣営の内部においても自覚されてきたところであるが、(60)いずれにしても、明治憲法への左側からの攻撃がついに成功せず、明治憲法の廃止が敗戦にいたるまで実現しなかったことは、日本の民主主義の歴史の上に大きな問題を投げかけているといわなければならない。

なお、北一輝が大正八年に起草した『国家改造案原理大綱』を先頭に、満州事変以後のファッシズム時代に簇出した右翼ファッシストの憲法改正構想が知られているし、(61)僅少ながらブルジョア民主主義の立場からの憲法改正案も存在するのであるが、(62)それらについてはすべて他日に譲ることとする。

（1）『行政法撮要』。

(2) 私はかつて「教育勅語成立の思想史的考察」(『日本思想史の諸問題』所収)でこの点に論及したことがある。この論文は戦争下で起草した草稿を大体そのまま活字化したものであり、まだ近代思想史のアウトラインさえ十分学習していない段階であえて書きあげた、今日では全体として読むにたえぬ幼稚なものであるが、元田対伊藤・井上の相対的対立という基本的着眼点は必ずしもまちがっていなかったと思う。その後梅渓昇氏が「教育勅語成立の歴史的背景」「井上毅の思想的性格」(ともに『明治前期政治史の研究』所収)において、教育勅語成立における山県有朋の積極的役割と元田・井上の思想的等質性とを指摘され、拙稿の盲点となっていた部分について有益な新事実・新見解を示され、次いで海後宗臣氏が『教育勅語成立史の研究』において、教育勅語成立までの多数の草案につきその採否・修正過程に関する精緻な考証を加えられ、教育勅語成立の歴史的経過がようやく精細に実証されるにいたったのである(近く稲田正次氏も新しい研究を発表される由)。

(3) 拙稿「教育勅語」(河出書房『日本歴史大辞典』6所収項目)・拙稿「天皇制思想体制の確立」(『近代日本思想史講座1歴史的概観』第一編第三章。

(4) 江木千之「教育勅語の渙発」・「教育勅語発布ニ関スル山県有朋談話筆記」(ともに『教育勅語渙発関係資料集』第二巻所収)。前註所引海後氏著書を見ると、元田自筆の草案(井上毅起草)の「常ニ国憲ヲ重ジ国法ニ遵ヒ」の箇所は「道徳ノ教育ヲ訓誥セラル。国憲国法ヲ重ズルハ別ニ掲示ニ及バズ」という朱筆の頭註が加えられた上抹消されており、その部分が次の改稿草案で復活され、そのまま最後まで存置されて成文となったという経過が判明する。

(5) 海後氏前引書に紹介された元田註記の勅語草案にこの箇所の復活理由を説明した「此ノ常ニ以下ノ二句旧文之ヲ省ケリ。今之ヲ加フルハ、方今学理局ノ論ヲ以テ或ハ憲法ヲ非議スルコトアリ。故ニ教育上此ノ二句ヲ加ヘテ要旨ヲ示ス」という割註が書入れられている。憲法非議云々が具体的にいかなる事実を指すのか明らかでなく(民権派の左からの批判を指すのであろうか)、またこれが起草者井上、支持者芳川、裁定者明治天皇のそれぞれの意図と一致するものかどうかも不明であるけれど、この一節を解釈するためには、やはり見落すことのできぬ資料である。

(6) 前引拙稿「教育勅語成立の思想史的考察」で特に注意しておいたとおり、教育勅語の起草者井上毅は「一ノ国教ヲ建立シテ以テ行フガ如キハ、必ズ賢哲其人アルヲ待ツ。而シテ政府ノ宜シク管制スベキ所ニ非ザルナリ」(『教育議』)「君主ハ臣民之良心之自由ニ干渉せず」(山県宛書簡)という考え方をいだいていた。海後氏前引書によれば、井上は「政事命令と区別」(山県宛書簡)されたものとしてこの勅語の起草に当る、換言すれば「君主の著作としての教育勅語の試草を」行なうということで「自からの法制観を納得させている」とされている。勅語に大臣の副署のないのはそのためであるが、海後氏の言うごとく、かえって「この方法が教育勅語の絶対性をはるかに強いものとした」。つまり、本来法規としての効力のあるべきはずのない教育勅語が法規以上の強大な権威を発揮できる結果となったばかりでなく、明治三十三年の小学校令施行規則第二条に「修身ハ教育ニ関スル勅語ノ旨趣ニ基キテ児童ノ徳性ヲ涵養シ道徳ノ実践ヲ指導スルヲ以テ要旨トス」と定められたのを始め、同三十四年の中学校令施行規則・高等女学校令施行規則、同四十年の師範学校規程その他多くの教育法規中に援引されることによって、実質上教育に関する基本法として強い拘束力を有するにいたったのである。

(7)　梅根悟氏「戦前における社会科」(『岩波講座現代教育学12』所収)。

(8)　『前橋高校八十七年史』上巻所引。

(9)　同右。

(10)　つとに明治十六年に文部省の編集刊行した『小学作法書』に「皇族又は大臣参議等を見る時も、亦かならず敬礼を行ふべし。若し途中にて、車中に在すを見ば、路傍によりて是をさくべし。此外卿輔議官将校書記官、又は府知事県令、其他、すべて官位ある人に対する時は、かならず是に敬礼することと心得べし。警部巡査及び憲兵は、皆吾がともがらを護りて、難儀災厄等を救ふ職分の人なれば、途中に於ても、路を譲りて、失礼すべからず」と、官吏に対する尊敬が要求されていたのであるが、検定教科書は、その精神をそのまま継承したのである。

(11)　ただし、五期というのは全面的改編による区分であって、厳密にいえば、部分的修正が不断に行なわれていたから、同期の教科書にも、年度によって本文は必ずしも同一でないことを注意する必要がある。ここでは、各年度の変化までを考察することはしない。

(12)　這般の経過については、吉田熊次・海後宗臣両氏「教育勅語渙発以後に於ける小学校修身教授の変遷」(『国民精神文化研究』第十二冊)に詳しい。

(13)　『高等小学修身書』巻二第十九課「義勇奉公(一)」には、兵役の義務に関して「大日本帝国憲法第二十条に『日本臣民ハ法律ノ定ムル所ニ従ヒ兵役ノ義務ヲ有ス』と定められ、徴兵令第一条には『日本帝国臣民ニシテ満十七歳ヨリ満四十歳迄ノ男子ハ総テ兵役ニ服スルノ義務アルモノトス』と定められたり。国民として天皇の統率し給ふ陸海軍に入り国家防衛の事に当るはまた大いなる名誉と謂ふべきなり」と記されている。国定教科書中憲法の条文の原文どおりの引用が、第二期では、第一条と第二十条とになったのは、第二章の全文が引用されていた第一期と比べて大きな変化といわねばならない。

(14)　註(12)に同じ。

(15)　上杉編穂積遺稿『憲政大意』上杉小引。
(16)　官報掲載。
(17)　中等学校の検定教科書をもれなく収蔵してある書庫の存在を私は知らない。今は比較的多くのものを所蔵する国立教育研究所および東京教育大学の各附属図書館の蔵書と著者の架蔵する僅少のものとによって、考察することとした。ただしこれらの書庫の所蔵品の内には、文部省検定済の記載のないものも多く、ことに法制経済教科書の場合その記載のあるもののほうが少いくらいである。おそらくその記載のないのは、正式の検定合格確定以前に頒布された見本用献本であろうと思われ、いずれも後に検定に合格しているのだろうと思われるが、あるいは合格の際に若干の語句の修正がなされているかもしれないし、稀には最後に不合格となったものもあるかもしれない。したがって検定済の記入のないテキストをそのまま検定教科書とみなすことには若干の不安もあるのであるが、検定済の明記されたものだけに限定したのではいちじるしく数が少くなるので、今はしばらくすべてを検定教科書とみなして利用する外なかった。
(18)　なお、この問題は、検定教科書が、「法トハ(他人)主権者ノ意思ニ出デタルモノヲ謂フ。(中略)慣習ガ法ト為ル場合アリト雖モ、是レ亦主権者ノ意思ニ出ヅルモノニ外ナラズ。蓋シ、慣習ハ、主権者ガ之ヲ承認シテ法ト為ス意思ヲ表示スルニ依リ、始メテ法ト為ルモノナルヲ以テナリ」(仁井田)というように、法を制定法と慣習法との二種のみに限り、国家の制定したのでない慣習法までも国家の「承認」によってはじめて法たり得るという考え方を採り、国家の意思と無関係に成立して国家を拘束する法、例えば条理法のごときものを一切認めようとしないことと関連がある。右のような法哲学的命題は、後年の公民教科書にいたるまで、検定教科書の最後まで一貫してとってきたところであり、表現には若干のニュアンスの相違があるにしても、一つの例外もなく、すべてに共通しているところであった。おそらく条理法の存在を承認することは、抵抗権や革命権を容認する危険につながっていたためではなかったろうか。
(19)　この内には、国民に対して責任を負わないと明言していないものもある。仁井田の教科書はその一つであるが、実際に当時学校で生徒の使ったものである著者所蔵の本には、当該箇所に鉛筆で「国民ニ対シテ其責ヲ負ハズ」と書入れてあるから、実際の授業で教師がそのように敷衍したのであるにちがいない。なお、この書入は、法制科の授業の実情を伝える貴重な史料であって、たった一つの例であるから一般化することはできないかもしれないけれど、実際の授業の場でも穂積学説が大きな権威をもっていたことを推測せしめるに足りるのではなかろうか。
(20)　仁井田の教科書には「大権事項ハ、天皇ノ親裁ニ出デ、国務大臣ヲ経由ス可キ政務ナリ。大権事項タルモノハ概ネ左ノ如シ」とて、「㈣陸海軍ヲ統帥シ、其編制、及ビ常備兵額ヲ定ムルコト」をふくめた八項目を列挙している。これによると、統帥権もまた「国務大臣ヲ経由ス可キ政務」とされ、統帥権の独立は否定されることになる。明治三十五年に刊行された藤村守美の『大日本帝国憲法講義』のように統帥権の独立を否定する学説もあったから、これもそういう考えに従ったのであろうか。しかし教科書としては少しく大胆にすぎるので、不用意のためにそのような外観を呈しているだけかもしれない。

(21) 穂積憲法学において君主権の絶対無制限と臣民の服従の絶対無制限とが相関的に成立しているのであって、君主権の絶対無制限を君主の神聖不可侵として説明したり、臣民の絶対無限服従を外国人の服従義務との対比において説明するのは、ともに問題の本質を外れた説明である。もっとも、後者については、穂積自身が「臣民タルノ資格ヲ法律上ニ解釈シテ見マスルト、絶対無限ニ服従スルモノタルコトガ分リマスル。例ヘバ外国人ノ如キハ絶対ニ服従スルモノデハゴザリマセヌ、日本帝国ノ版図内ニ居ルト云フ条件ニ依ツテ其ノ版図内ニ居ル間或程度ニ於テ服従シマスルガ一歩境ヲ出デレバ最早日本帝国ノ主権トハ関係ガナイノデゴザリマス」(『皇族講話会に於ける帝国憲法講義』前篇)という説明を行なった例もあるので、それが一部の教科書に写し取られてひろまったのかと思われる。

(22) 当時の検定の具体的な実情を明らかにする方法がないために、検定教科書が何故にそれぞれ著者を異にしながらいちじるしく画一的に流れたのか、ことに大部分がこぞって穂積学説に従っているのは直接にどういう原因によるものかを知ることはできない。一つには甲の教科書の執筆者が乙の教科書の文章を少しく文章をかえただけで写し取るようなこともあったようで、現に酷似した文章に出あうことが少くなく、そういう教科書間の模倣性が教科書の画一化を導き出した一つの原因でもあろうが、やはり決定的なのは検定によって画一的な枠をはめられるところから来ているのであろう。例外的に穂積学説に従っていない教科書もあるから、穂積学説に従うよう明示的に要求されたわけでもあるまいが、少くとも穂積学説に従うことが検定合格を容易にする道であったことはまちがいあるまい。検定という無言の圧力が教科書の著者や出版者をして一定の方向に自発的に同調させる結果となる点は、昔も今も同じなのではあるまいか。検定制度による教育の歪曲、学問の自由の侵害がこういう点に如実に示されているわけであるが、しかし、検定教科書の内に、今迄指摘してきた和田垣、織田、高橋・松本の各教科書や、後に紹介する佐々木の教科書、公民科の高田・森口および神戸・佐々木の各教科書のように、例外的に画一化されていない個性に富むすぐれた教科書もないではなく、こういう教科書が少数ながら生じ得るという点では、国定教科書制度に比べれば検定制度が比較級的にはまだましであることをも物語っている。

(23) 「退官雑筆」(『議会政治の検討』所収)。

(24)　同。
(25)　以下第三期国定教科書は、第三期最終期の改訂版を底本としていると認められる昭和八年版『小学校教科書総攬』による。
(26)　「選挙革正と政治教育」(昭和五年、『議会政治の検討』所収)。
(27)　官報掲載。
(28)　原房孝氏「公民科概説」(『師範大学講座』第七巻)の引用による。
(29)　官報掲載。
(30)　註(28)に同じ。
(31)　註(28)の書物の著者の意見。
(32)　同。
(33)　註(17)に同じ。
(34)　拙著『美濃部達吉の思想史的研究』第一章四参照。
(35)　例えば田中・堀江の教科書には「今は立憲政友会と立憲民政党が対立し、外に国民同盟、所謂無産政党などがある」と記しているが、その外の教科書は「今日に於ては自由党の系統を承けた政友会と同志会の系統を承けた民政党との二大政党が対立してゐる。其の他にも数派の政党がある」(河田)と無産党の名を出さないか、あるいは政党の現状の記述を全く省略するかのいずれかに属するものが大部分を占めている。
(36)　塚原教科書は本文に引用した文のすぐ後に「憲法に於て言論・著作・印行・集会及び結社の自由を認めてゐるのは、個人の意見発表を尊重して健全な輿論を促さうとする趣旨に出でたものである」と言っているが、憲法がそれらの自由を法律の範囲内でしか認めず、いろいろの治安立法によってそれらの自由が大幅に制限されていたところにこそ問題があるのに、憲法によってそれらの自由が完全に保障されているかのごとく言うのは、むしろ問題の所在をごまかすものに外ならぬ。
(37)　これに関する史料はあまりに多すぎて枚挙に暇がないが、例えば拙稿「刑事訴訟法をめぐる人権保障の要求」(『司法権独立の歴史的考察』所収)二二〇〜二三〇ページ・拙著『権力悪とのたたかい』第四章2等参照。
(38)　公民科教科書が各冊の巻頭にいくつかの勅語・詔書類を別丁として掲出し、天皇の権威によって教育の効果を達成しようとしていることも、重要である。ただし、そこに掲示される勅語・詔書の選択には各教科書によって若干の相違がある。例えば神戸・佐々木の教科書は「御誓文(五箇条の御誓文)」「大日本帝国憲法発布勅諭」「大日本帝国憲法発布上諭」のように立憲政治関係のものに限っているが、丸山のは「皇祖の神勅」「五箇条ノ御誓文」を掲げているし、太田のにいたっては、冒頭に関来観筆の「肇国」と題する神武天皇即位の想像図を掲げ、その次に「天祖の神勅」「御誓文」「皇室典範及憲法制定御告文」「大日本帝国憲法発布勅語」「同上諭」「国際聯盟離脱ニ関スル詔書」を掲げている。末吉のは上巻の冒頭に「宮城二重橋」「宮中正殿」の、下巻の冒頭に天皇の各写真を別丁として掲げるなど、一体に天皇の権威をふりかざしたものが多い。公民教科書の実質が臣民教科書であったことを如実に物語るものといえよう。最も近代憲法精神にみちていた高田・森口教科書といえども、こうしたいわゆる国体観念を全く無視できなかったことは、本文の内にも引用しておいたとおりであるけれども、しかし、なお「吾々は、吾々の祖先が尽忠報国を致した誠心を体得し、我が国の歴史を一層光輝あらしめねばならぬが、其の為には、吾々が現代の国民生活に於て横の連帯関係にあると共に、更に縦の連帯にあることを自覚し、之を未来に発展拡充しなければならない。徒に過去を偲び、時代に逆行するが如きは、真に歴史を尊重する態度ではない」と言って、伝統的権威への盲従を戒め、将来に向っての積極的前進を強調しているのは、やはり本書が他の群書に比して一段とぬきんでていることを示している。

(39)　例えば、「ストライキは工業労働者が資本家に対して一定の希望を達する手段として行はれるけれども、その結果として多数国民の生活を脅威するやうなことになる場合には、国民はストライキをするものを共同の敵と見做さねばならぬ」「小作争議の起つた場合には、地主も小作人もこの法律(小作調停法)に信頼してその始末をつけるがよい。(中略)争議は互に妥協交譲してその勝負をつけない方が、却つてこれに勝つよりも、つまりは利益となる場合が多いものである」(湯原)「労働者はその目的を貫徹する為に、怠業や同盟罷業を以て資本家を威嚇する場合が鮮くない。加之往々にして左傾主義者が之を煽動して過激な破壊的態度に出ることすらあるのである」(白上)「小作争議は地主・小作人相互の地位を窮乏に陥れ、農村自体の疲弊を招く外に何等の利益をも齎らさない。されば地主も小作人も相愛互助の精神に立脚して融和協力し、農業の発展・生活の幸福を図らねばならぬ」(土屋)といった教説をみよ。

(40)　例えば、「社会主義者が現在の経済組織を破壊するより外には社会的解決の道なしとするが如きは、余りに単純なる偏見である。(中略)人間生活に深い根拠をもつてゐる現在の制度を急激に根本的に変革せんとするが如きは、人類の歴史を無視し、破壊を知つて建設を省みざる空想である」(穂積　四宮)「我等は漫りに理想を夢み、現代を呪ひ、現実の社会組織を破壊するが如き態度をとつてはならぬ。現在の社会に欠陥があればこそ、尚更慎重なる態度と、公正なる判断を持たねばならぬのである。徒に模擬に走り議論に偏する事なく、常に淳厚中正であらねばならぬ。甲国で弊害なき事でも、乙国に於ては測らざる弊害を伴ふ事がある。故にその国情をよく考ふると共に急激なる変化は改善に非ずして破壊に至ることを知らねばならぬ」(末吉)

「社会主義は、社会問題の解決は、現在の経済組織のままでは不可能であるとして、之が根本を変革しようとするものである。併し現在の経済組織に欠陥があるからとして、直ちに現在の組織を破壊しようとするが如きは、甚だしい軽率な考へ方である。また破壊すれば彼等の夢想する如き自由と平等の楽天地が生ずると思ふのは、長い人類の歴史と現実の人間性とを無視するもので、思はざるも甚だしきものである」(河田)といった教説をみよ。もっとも、この場合にも、教科書によってやはりニュアンスの相違があり、右の河田の教科書のような強烈な反社会主義的意識を露骨に表明したものもあれば、「かくの如き思想(社会主義)は、終局に於て社会が進むべき方向を示すといふ限りに於て価値があるけれども、そこに達する手段・過程を如何にするかといふことが更に重要でありねばならない。急激なる変革を加へることは、多数の人々を仮令一時的にせよ困難に陥れ、秩序なき混乱の裡に迷はしめる。吾等は今日の社会に於ける社会的欠陥を漸次に改善することによつて、漸次に社会改善を実施しなければならない」(佐藤　近藤)というように、社会主義思想に価値のあることを認めた上で急激な改革だけを戒めたものもある。ことに高田・森口の教科書にいたっては、「社会政策の内容をなして居るものの中には、種々なる形に於ける社会主義、特に国家社会主義の主張からとり入れられたものも含まれてゐる。此等の社会主義思想そのものは、固より我が国情に照して採用しがたいものであるけれども、今日の社会に於ける欠陥と其の疾患とが著しき以上、其の主張中には採つて匡正救治の方法に利用すべきものもある」と、進んで社会主義の積極的意義を説くことをさえ敢てしているのであって、高田・森口教科書の群を抜く思想的な高さがここにもよく現われている。こういうことを書いても検定に合格しているのであるから、検定制度の下では、著者の思想とその思想を貫こうとする良心の如何では、強い統制の下でもある程度まで(もちろん大きな限界はあったが)良い教科書を作り得たことが分る。

(41)　拙稿「日本近代史学の成立」(『日本の近代史学』所収)参照。

(42)　これは第一期教科書の復活であると同時に、ちょうどこの時期に、例えば佐々木惣一が大正四年に発表した「我が立憲制度の由来」において

帝国の憲法も本は国民が憲法を希望するの思想に基いて出来たものであると云はねばならぬ。之は欧州の憲法と同じことである。(中略)帝国憲法は吾々国民が希望したものではないと云ふならばそれが事実に反するのみでなく、それが却て憲法尊重の念を弱からしむるの結果を生じはしまいかと思ふ。それ故に、憲法の由来を説くに当つては、矢張国民の希望に基くものであると云ふ点、殊に吾々の先輩たる幾多の先覚者が奔走したことを明にするが良いと思ふ。(中略)若し我が国に於ては敢て国民の要求があつたのではなく、それにも拘らず、唯君主が御慈悲深くして、憲法を御下しになつたのであ

ると云ふ風に考へる人があるならば、それは事実に反して居る。と論じているように、日本の立憲政治を国民自身の要求の実現として理解しようとする思潮が強くなっていたこととも関係づけて考えてよいのではなかろうか。

(43)　第三期の教科書では、神代説話の分量が第一期・第二期よりかえって増加しているというアナクロニズムが生じている。また、第一期・第二期のおもしろくもない平板な事件羅列に代えて児童の感性に訴える情動的叙述を採用するなど、教育技術の観点からは大きな進歩が見られる点は、法制科から公民科への変化と同じであるが、そのために天皇制イデオロギーの浸透をかえって容易ならしめる結果となっている点でも、公民科と事情を同じくしており、第三期の歴史教科書を全体として評価するならば、やはり後退と見るのが妥当であろう。

(44)　歴史教科書では、昭和十六年に始る第五期の教科書の後に、同十九年に始る第六期の教科書が出ており、他の科目の教科書よりも一期だけ段階が多くなっている。

(45)　公民科教科書における憲法制定由来の記述ぶりをみても、「光輝ある我が憲法は明治二十二年二月十一日紀元節の佳辰に方り和気藹々億兆歓呼の間に渙発され、明治天皇中興の御偉業が玆に成つたのである。然るに他の諸国の憲法の多くは君主の専制に耐へかねた結果生れたもので、所謂君主と人民との協定憲法であるか、又は人民直接間接の意思に依つて制定された民定憲法であつて、其の確定に至るまでには、流血の惨劇を見たことに思を輸すとき、我が欽定憲法の忝けなさに叡慮の程も偲ばれて転ゝ感動せざるを得ない」(白上)といった、官民の対立関係を全く無視した美辞麗句を羅列したものが多いが、ひとり神戸・佐々木の教科書のみが、一応類型どおり「我が帝国憲法は、君臣和気藹藹の中に成立し、これに関して毫も君臣間の紛争などのなかつたことが知られる」と言いながらも、「しかし、我が国に於て、かくの如き君民間の紛争のなかつたことは、決して国民の願望がなかつた為ではない。帝国憲法の成立には、国民中の先覚者の願望が与つて大いに力あるのである。(中略)されば我が国民たるものは、一意帝国憲法を遵守して我が君主が帝国憲法を制定し給うた鴻恩を謝し奉らなければならない。又これと同時に我が先覚者が、帝国憲法制定のために尽くした労に酬いなければならない」と言い、下からの国民的要求が憲法制定の無視すべからざる要因であったことを強調しているのは、この教科書をいっそう高く評価させるに足りる点である。

(46)　「憲法及内閣制」(『穂積八束博士論文集』所収)。

(47)　『憲法提要』。

(48)　第二編第二章第五節参照。

(49)　学校教育のそうした基本的態度に理論的基礎を提供したのが、前近代的思想のもち主たちによって体系化された国民道徳論であった。特に教員養成機関として重要な東京高等師範学校の教授であった亘理章三郎の『国民道徳論』(大正四年刊行)のごときは、その最も典型的なる実例であろう。例えば、この書では、

西洋風の権利思想の発展しなかつたのは歴史上の原因があるので、しかも、其の原因は寧ろ我が国民道徳史の美点とすべき処に存するのである。西洋で権利思想の盛になつたのは、人民が上級者の暴虐・圧制に堪へ兼ねて之に反抗した結果である。我が国では、(中略)一般にいへば民情はよく参酌せられ、仁政は施されたのである。(中略)我が国で民権思想が盛にならなかつたのは、人民が卑屈で権力に抗争する勇気がなかつた為であるなどと評することはもとより出来ない。(中略)我が国民に権利思想の幼稚なのは、一方に道徳的に高かつたことを意味する。(中略)法律に依つて保護せられて居る権利も必しも常に主張すべきものでない、仮令侵害を被つても、法律以上の道徳的解決を要する事があるのである。例へば家族の如き高尚な性質の道徳団体では、(中略)法律上の権利が侵害せられて居ることがあつても、法律上の権利争ひを以て解決すべきものでない。其の他人情恩誼の関係が多く纏綿して居る親知の間柄などでは、単純な権利問題として解決の出来ぬことが多いのである。(中略)権利思想は(中略)常に利益問題となる傾きがある。(中略)此の種の思想の結果は、社会を永久の紛争情態に置くこととなるのである。(中略)さうして義侠献身などの美徳に悪い影響を及ぼすこともあるであらう。所謂権利思想で国民の各個人が富むとしても、之が為に忠君愛国などの心が薄らぐことがあるとすれば、得る所は失ふ所を償はない。

自由といふ思想は、最も多くの誤解を生じ易い思想の一である。(中略)近世、世界に発生する不健全な思想には、仏蘭西革命を起したやうな悖理な自由思想と気脈を通ずるものが多い。我が国の思想界の一隅にも、何となしに国家を不自由なものの如くに感ずる空気があつて、時には国家の検束を破つて、世界的の社会党又は無政府党に加つて、個人の自由を伸さうとするやうな虚妄な空想を夢みて居るやうなものもあるやうである。(中略)

個人の人格を本位とする思想(中略)に伴ひ易い弊害は、人格を以て国家を超越せるものとし、個人を主として国家を人格実現の手段と見る処に存するといはねばならぬ。此の種の思想は個人の自由と権利を高調する所から、国家に対して過当の要求を為し、(中略)国家の統一性を薄弱ならしめる傾がある。

と極力権利・自由の主張を排斥する一方、

法律は当然正しいものと解釈せねばならぬ。(中略) 今日は (中略) 政体は立憲制度で、国民は立法に参し、政治を議する自由を与へられて居る。国民は国家の法律に就いて協賛の責任を負うて居る。従つて、実際上法律と道徳と扞格の生ずることは殆ど無いといつてよい。

と国民の国家法に対する無条件の服従を力説しているのであって、このような理論からは近代憲法の精神は全く理解できないこととなるほかあるまい。このような国民道徳論を高等師範学校で学んだ人たちが師範学校の教員となって小学校の訓導となる人たちを教えることにより、学校教育における基本的方針が維持されるしくみとなっていたわけである。

(50) 大正八年、当時宮城県佐沼中学校長であった橋本文寿が『民本主義と国民教育』と題する著書を公刊しているが、この書では、

天皇の大我に臣民の小我が包容せられるのである。それで天皇は臣民を我として仁愛を垂れ給ふたのである。(中略) 言を求め、諫言を御求めになつた天皇は頗る多い。これ等の事実は今の代議制度とは形式は違ふけれども、上下の意思を通ずることを念とし給ひ、人民の意思を尊重せられた事実である。(中略) 憲法発布も、実は我が国に於て上古より臣民の人格尊重・意思尊重の御仁徳があられ給うたので、その不文法を唯成文法となし賜つたに外ならない。

と言い、憲法を前近代国家における専制君主の慈恵政策と等質的なもののように論じたり、

民本主義は由来君徳で天皇の政治方針にあらせられる。されば人民が天皇に対して民本主義たらざるべからずと主張することは宜しくない。例へば一家に於ても、子が親に対して子の人格を尊重せよ、子の意志を尊重せよと主張したならばどうであるか。かゝる家庭は秩序が紊乱するであらう。(中略) それで子は飽くまで家の為めに、親と云ふ大我に帰一せんければならない。(中略) それと等しく我が国に於ても人民が君主に対して民本主義たるべきことを主張すべきでは無い。

と「民本主義」程度の要請をさえ上からの慈恵としてのみ期待すべきであるとするなど、およそ近代憲法理念からはかけはなれた考え方で立憲政治下の国民の心がまえを説いている。かような考え方が現場の教育者——少くとも校長クラスの——の間では支配的だったのであろうが、大正デモクラシーの時代でさえ、教育者の思想の実態がこのようなものであったことは注目に値するところと言わねばなるまい。

(51) 唐沢富太郎氏『教師の歴史』参照。

(52) 同氏『教科書の歴史』三四五〜三五二ページ参照。

(53) 以下特に註記するものの外、田中については、木下尚江氏『田中正造之生涯』による。

(54) 島田宗三氏「田中正造晩年の思懐」(『武蔵野ペン』七号)による。

(55) 同。

(56) 田中正造の憲法思想をいち早く評価したのは平野義太郎氏であり(『法律時報』第二十巻第十二号座談会「日本法学の回顧と展望」一〇ページ発言)、最近では『思想の科学』一九六二年九月号で田中を「日本民主主義の原型」として再評価しようとする試みが企てられている。ただし同誌掲載「政治家・田中正造のたどった途」で、石井孝氏が「天皇制支配を法制化した明治憲法を人権を守る道具と考えていたこと」を田中の「古さから出る矛盾の現われ」としてマイナスに評価しているのには賛成できない。「天皇制支配を法制化した明治憲法」さえをも「人権を守る道具」として活用しようとしたところにむしろ田中の卓見を見るべきだと思う。

(57) 例えば、不敬事件として起訴される原因となった尾崎行雄の演説や羽仁五郎が『中央公論』に連載した明治維新論など。

(58) 『中央公論』第六十五年第一号附録「河合栄治郎法廷闘争記」。

(59) 大正十四年の日本労働組合評議会綱領草案(『コミンテルン日本にかんするテーゼ集』山辺健太郎氏「解説」所引)・日本共産党昭和三年二月一日発表(『赤旗』第一号)等。なお、大正十四年の無産政党組織準備委員会でも、綱領中に貴族院・枢密院廃止という憲法改正を必要とする項目を準備していた(社会文庫編『無産政党史史料(戦前)前期』)。

(60) 前註所載『テーゼ集』・『現代史資料14社会主義運動1』等。前註所引『テーゼ集』の「解説」において、山辺氏は「だいたい日本の革命運動というものは、民主主義の運動と結合することはほとんどなく、少数者の運動がともすればおちいり勝ちな、否定主義というか反対主義というか、現状にたいする批判と反対が主で」、「『民主的権利の擁護』という、当時のもっとも重要な要求に」ふれることが少かった事実を認めている。

(61) 『現代史資料5国家主義運動2』に右翼の改憲構想が多数収められている。

(62) 例えば、宮武外骨の民本党綱領には、華族制度の廃止を意味すると思われる「君民を阻隔する特殊階級を排除する事」「人為の級階を廃し権利義務を平等ならしむる事」とか「世界の大勢に順応し正義人道に拠つて永久の平和を樹立する事、軍国主義の侵略を排する事、徴兵制度を廃し義勇軍組織となす事」とかいう、改憲によらねば実現できぬ条項が示されている(宮武氏『禁止されたる政党』)。

第二刷増訂

九四頁本文一五行　〈定められたり」、〉の次に左の一項を加える。

薩埵らの『精義』に「元首ニ万機ヲ統轄スルノ権アリト雖モ、之レヲ行フニ付テハ、必ズ憲法ニ従ハザルヲ得ズ。否ラザレバ則チ君主擅制ノ政体トナレバナリ」「此憲法ニ於テ特ニ定メラレタル事ハ、天皇ト雖モ之レニ背クヲ得ザルモノトス」「立憲君主政体ニ於テ（中略）立法行法ノ大権ハ君主擅制政体ニ於ケルガ如ク之レヲ君主一人ニ任放セズ、憲法ヲ以テ大ニ君主ノ権利ヲ制限ス」、

一〇五頁三行　〈くなく、〉の次に左の一項を加える。

薩埵らの『精義』は、「其制限ノ多キニ過グルトキハ、此原則ハ幾ド有名無実トナルノ恐アレバ、立法者タル者ハ成ルベク此原則ヲ尊重シ、法律ノ範囲ヲ寛大ナラシメンコト、偏ヘニ余輩ノ希望スル所ナリ」、

一一七頁一六行　〈場合には、〉の次に左の一項を加える。

「勅令ニ副署シタル国務大臣ハ連帯シテ其責ニ任ゼザルヲ得ザルモノトス」（薩埵ら『精義』）、

一二〇頁九行　〈山田ら〉の上に左の一項を加える。

薩埵ら『精義』が「若シ此権ノ確立セズ行政権ノ為メニ左右セラルルニ於テハ、人民ノ権利ハ将タ何ニ依リテ之レヲ伸暢セン。（中略）司法権ノ確立ハ啻ニ人民ノ権利ヲ保証スルニ欠ク可カラザルノミナラズ、（下略）」、

三〇〇頁六行　〈ことに南北朝問題のために三上・喜田が編修業務から追放された結果、〉の一項を削り、三〇一頁一五行の次に、改行して左の一段を加える。

第二期国定教科書の編纂に当っては、明治四十一年教科用図書調査委員会が設置され、文部省で作製した草案を審議したのであるが、その審議情況について、喜田が昭和八年に私家版として印刷頒布した『還暦記念六十年之回顧』に次の如き記事がある。

> たしか教師用教科書編纂の時だつたと記憶するが、我が議会政治の由来を説明するに就いて、愛国公党の組織、民選議院設立の請願の事などから書き出して置いたのであつた。其の請願書は古沢滋氏の執筆にかかるものなので、何かにつけてとかく御意見が多く、自分等に取つて第一の苦手であつた同氏も、是には必ず満足される事と予想して、聊か御機嫌取り位の積りで居つた所が、案に相違して、それにも亦反対だつた。「今から思へばあんな事は全く児戯に類する様なもので、児童に知らせる必要はないから削る様に」と言はれるのだ。執筆御当人が言はれるのだから間違はなからうが、蓋し三十余年間に於ける古沢氏心境の変化と見るべきものであらう。

第二期日本歴史教科書における憲法制定経過についての記述が第一期教科書のそれと比べていちじるしく変化した背景に、このような雰囲気のあったことを注意する必要があろう。

第三刷増訂

四五頁表　〈○嚶鳴社案〉の欄を左のとおりに改める。

○嚶鳴社案	三?	嚶鳴社	『植木枝盛遺稿』(尾佐竹猛氏『日本憲政史大綱』下・『明治憲法成立史』上)
◎嚶鳴社案?		嚶鳴社?	色川大吉氏『民衆憲法の創造』

四六頁表二行　〈○大日本国憲法〉の欄の次に左の一欄を加える。

◎日本帝国憲法	一三(?)・三・一三以後	千葉卓三郎	『民衆憲法の創造』

四六頁一一行、一二行　〈○憲法草案
○相愛社員私擬憲法案〉の欄を左のとおりに改める。

◎憲法草案(原案)	一四・七・五〜九	矢野駿男	『東京理科大学紀要(教養篇)』2
◎憲法草案(修正案)		相愛社?	同右
○憲法草案(活字本)		同	『近代熊本』8
○相愛社員私擬憲法案	一四・一〇・三	相愛社	同右

五四頁七行　〈植木案や〉を〈矢野駿男案・相愛社?修正案・植木案・〉と改める。

同　〈なす〉の次、〈。〉の上に〈(ただし、矢野駿男案・相愛社?修正案は二院制をとっているが)〉を加える。

五五頁一五行　〈元老院三案〉の次に〈・嚶鳴社?案〉を加える。

五六頁一八行　〈共愛会両案〉の次に〈・千葉卓三郎案〉を加える。
五七頁一行　〈岩倉綱領〉の次に〈・矢野駿男案・相愛社?修正案〉を加える。
五七頁九行　〈ただし、〉の次に〈千葉案・〉を加える。
五八頁六行　〈元老院三案〉の次に〈・嚶鳴社?案〉を加え、〈共愛会両案〉の次に〈・千葉案〉を加える。
五八頁七行　〈矢野駿男案〉の次に〈・相愛社?修正案・相愛社案〉を加える。
五八頁八行　〈元老院案〉の次に〈・嚶鳴社?案〉を加え、〈共愛会両案〉の次に〈・千葉案〉を加える。
五九頁二行　〈けれど、〉の次に〈嚶鳴社?案・〉を加え、〈桜井案〉の次に〈・千葉案〉を加える。
六〇頁一二行　〈これに属する。〉の次に左の一項を加える。
ただその中で矢野駿男案・相愛社?修正案が納税額一円以上としているのが稍異色といえよう。
六〇頁一六行　〈多い。〉の次に〈嚶鳴社?案・〉を加え、〈共愛会両案〉の次に〈・千葉案〉を加え、〈交詢社両案〉の次に〈・矢野駿男案・相愛社?修正案〉を加える。
六一頁一一行　〈元老院案〉の次に〈・嚶鳴社?案〉を加え、〈共愛会両案〉の次に〈・千葉案〉を加え、〈交詢社両案〉の次に〈・矢野駿男案・相愛社?修正案〉を加える。
六二頁一行　〈元老院三案〉の次に〈・嚶鳴社?案〉を加え、〈共愛会両案〉の次に〈・千葉案〉を加える。
六二頁二行　〈矢野駿男案〉の次に〈・相愛社?修正案・同活字本〉を加える。
六二頁五行　〈また、〉の次に〈嚶鳴社?案・〉を加え、〈桜井案〉の次に〈・千葉案・矢野駿男案・相愛社?修正案〉を加える。
六二頁一二行　〈あるし、〉の次に〈嚶鳴社?案・〉を加え、〈共愛会両案〉の次に〈・千葉案〉を加える。

六六頁八行　〈（『近代熊本』8号）〉の次に左の項を加える。

、色川大吉氏『民衆憲法の創造』、稲田正次氏「相愛社憲法草案」（『東京理科大学紀要（教養篇）』2）

七七頁八行　〈鈴木安蔵氏〉以下同頁九行全文にいたるまでを左のとおりに改める。

これを最初に学界に紹介したのは、鈴木安蔵氏が昭和八年に出版した『憲法の歴史的研究』であった。ただ同書はただちに発売禁止処分に付せられたため、ほとんど研究者の眼にふれることなく戦後に及んだのである。

九三頁六行　〈（同月十八日刊）〉の次に〈蟻川堅治註釈『日本憲法註釈』（同月十八日刊）〉を加える。

九四頁本文五行　〈これに対し、〉の次に左の一項を加える。

蟻川の『註釈』は「学理ニ質ダスニ、（中略）主権ハ国家ニ属スルモノニシテ、国家ハ自己ヲ保護スルガ為メ種々ノ事ヲナスヲ得ベシ。然ルニ国家ハ無形人ニシテ、之レガ事務ヲ処理シ其権利ヲ執行センニハ代理者ナカルベカラズ。是ニ於テ、主権ノ帰属ト施行トノ区別ヲ生ズ。主権ノ帰属ハ上ニ述ベタルガ如ク国家ニアルモ、之ヲ施行スルニハ其代理者タルモノノ政体ノ如何ニ由テ、或ハ人民ニアルベク或ハ帝王ニモアルベクシテ、之ヲ要スルニ立君共和等各種ノ政体ヲ生ズル処以ノモノハ、此点ニアルナリ」と一応国家主権説を紹介しながら、「右ハ欧米各国ニ行ハル、処ノ学理ニシテ、我邦ノ如キハ、古来ヨリ一系連綿トシテ天皇陛下ガ主権ヲ総攬セラレ帝国ヲ支配シ給フ処ニシテ、二千五百有余年一回ダモ変更ナキハ、吾人臣民ノ仰デ之ヲ祝シ奉ル処ナリ。故ニ主権ハ陛下ニ帰属スベキハ固ヨリノ事ニシテ、吾人臣民ノ分トシテ毫モ疑ヲ挾マザルナリ」と言い、また

一一七頁一三行の次に改行して左の一項を加える。

ただ少数ながら、蟻川の『註釈』が「元来学理上ヨリ之ヲ述ブレバ、大臣ニハ二種ノ責任アリ。第一ハ皇帝陛下ニ対シテ責任アリ。（中略）第二ハ議院ニ対シテ責任アリ。（中略）第一ノ責任ハ各国皆之ヲ許スモ、第一（二カ）ハ或ハ有

リ或ハ無キ処アリテ、一定ナラズ。然レドモ我邦ニ於テハ、立法ト執行ハ其勢力平均シテ互ニ軽重アルベキモノニアラズ。何トナレバ、二者何レモ皇帝陛下ノ委托ニ出ヅルモノナルノミナラズ、大臣ハ必ズ議院中ノ多数ヲ占ムルモノヲ取ルノ制ニアラザレバナリ。之ヲ要スルニ、二者一方ニ独立シテ皇帝陛下ニ対シ奉リ其責任ニ当リ勢力相平均スルトキハ、其運動温和ニシテ軋轢ノ弊ナキヲ欲スルナリ」という前提から、大臣の責任は二に区別すべきであって、各大臣単独の責任については、「若シ其行為ニシテ不都合ナレバ、独リ陛下ニ対シテ辞職スベキナリ」、また連合の責任については、「各大臣共ニ陛下ニ対シテ辞表ヲ差出スベキナリ」と言っているように、大臣の対議会責任を否定した見解もないではなかった。

■岩波オンデマンドブックス■

日本近代憲法思想史研究

1967年2月25日　第1刷発行
1998年6月25日　第7刷発行
2019年5月10日　オンデマンド版発行

著　者　家永三郎《いえながさぶろう》

発行者　岡本　厚

発行所　株式会社　岩波書店
〒101-8002　東京都千代田区一ツ橋2-5-5
電話案内　03-5210-4000
https://www.iwanami.co.jp/

印刷／製本・法令印刷

ISBN 978-4-00-730879-6　　Printed in Japan